劳动经济学系列丛书

社会保障理论与实践

王　巍　谢淑萍　路春艳　编著

●国家自然科学基金项目（编号：71541023）——东北地区人口结构和人力资源流失问题分析与对策研究

●教育部人文社会科学研究项目（编号：12YJC790190）——城镇职工劳动就业、工资收入与养老保险协调发展仿真研究

●黑龙江省经济社会发展重点研究课题（编号：15011）——黑龙江省社会保障体系建设研究

●黑龙江省博士后研究人员落户黑龙江科研启动资助金（编号：LBH-Q14094）——黑龙江省城镇职工就业、工资和养老保险的联动效应研究

科学出版社

北　京

内 容 简 介

社会保障是经济发展的安全网和减震器，是社会和谐的调节阀和平衡器。党的十八届三中全会提出"建立更加公平可持续的社会保障制度"。全面建成覆盖城乡居民的社会保障体系，实现全体公民共享经济社会发展成果，不仅是社会公民之福，区域发展之福，更是国家富强之福。本书从理论层面系统梳理了社会保障制度的历史沿革，重点介绍了现代社会保障制度的发展现状，同时针对国家和社会关注的热点、焦点问题，深入剖析了养老保险、医疗保险、失业保险、社会救助、社会福利等制度运行的实践效果，以期及时总结经验并将其上升到理论层面，用理论指导实践，用实践丰富理论。

本书可以作为高等学校经济类、管理类及综合类的本科高年级和研究生的教学用书，也可为政府机关、企业、事业单位管理人员，以及从事人力资源和社会保障领域研究的相关专家、学者提供参考。

图书在版编目（CIP）数据

社会保障理论与实践 / 王巍，谢淑萍，路春艳编著. —北京：科学出版社，2016

劳动经济学系列丛书

ISBN 978-7-03-049074-2

Ⅰ.①社… Ⅱ.①王… ②谢… ③路… Ⅲ.①社会保障—高等学校—教材 Ⅳ.①C913.7

中国版本图书馆 CIP 数据核字（2016）第 143931 号

责任编辑：方小丽 / 责任校对：王 瑞
责任印制：徐晓晨 / 封面设计：蓝正设计

科 学 出 版 社 出版
北京东黄城根北街 16 号
邮政编码：100717
http://www.sciencep.com

北京东华虎彩印刷有限公司 印刷
科学出版社发行 各地新华书店经销

*

2016 年 7 月第 一 版 开本：787×1092 1/16
2017 年 5 月第二次印刷 印张：16 1/4
字数：380 000
定价：**42.00 元**
（如有印装质量问题，我社负责调换）

总　序

　　劳动是财富之父，土地是财富之母——威廉·配第。

　　劳动缔造文明，劳动孕育财富，推动人类历史进步，促进经济社会发展。恩格斯说："劳动改变了人本身。"不同的人群有着不同的追求，不同的追求有着不同的劳动，不同的劳动有着不同的收益，不同的收益有着不同的奉献。劳动不仅关系人的健康和智慧，而且关系人的快乐和美好，人的伟大就在于会劳动、能劳动和爱劳动。无论是有形劳动还是无形劳动，都是难能可贵和值得珍惜的。没有劳动的人生是毫无意义的，能体现劳动的生活是幸福美好的。

　　劳动经济学是研究劳动关系及其发展规律的一门科学，其核心是研究投入劳动这一生产要素产生的经济效益，以及与此有关的社会经济问题，即如何以最少的劳动资源投入获得最优的经济效益。劳动经济学作为应用经济学的一门分支学科，与产业经济学、区域经济学、数量经济学及其他经济学有着紧密的联系，与管理学、社会学、人类学、政治学等学科也有一定的联系。

　　19 世纪中叶，劳工政策在经济学著作中初见端倪，许多资本主义国家把劳工政策作为社会经济政策的重要组成部分，力图通过一定的劳工政策来缓解劳资矛盾，以保持经济发展和社会稳定。19 世纪诞生的空想社会主义者，对于资本主义的剥削制度进行了深刻的揭露和批判。科学社会主义的创始人马克思、恩格斯在《资本论》、《英国工人阶级状况》等著作中，深入剖析了资本主义制度的劳工问题，科学预言了社会主义社会的劳动关系。

　　20 世纪初，美国科学管理之父泰勒在 1911 年的著作《科学管理原理》中，对劳动定额和以劳动定额为基础的有差别计件工资制进行实验，这对微观劳动管理具有重大意义。1925 年布鲁姆的《劳动经济学》主要包括就业、工资、劳资关系、劳工运动、劳动立法等内容。英国经济学家凯恩斯提出"有效需求不足"理论和"非自愿失业"概念，对西方劳动经济学的发展具有重要的影响。

　　20 世纪 60 年代，贝克尔（Becker）的论文《时间资源配置理论》在劳动力供给研究方面颇具影响力，将生产、消费和劳动力供给置于一个家庭模式中，解释了在效用最大化行为的支配下，家庭成员如何安排其从事市场性活动和非市场性活动的时间比例，明确了家庭是劳动力供给行为决策中的基本单位。西加诺（Cigno）从多角度讨论、多方位拓展了贝克尔理论模型的实践应用，如多人口家庭的时间分配、劳动力的性别分工等。明瑟（Mincer）和贝克尔的人力资本理论关注劳动力素质等问题，把教育和培训看成个人投资方式，对解决劳动经济学领域的相关问题具有一定的指导意义。

国内劳动经济学主要致力于应用基础理论和政策研究与国际接轨，研究领域主要侧重于劳动经济思想、劳动力市场与迁移、就业与失业、工资与收入分配、社会保障、人力资本、人口发展等领域。众多学者以马克思主义经济理论为基础，借鉴现代西方劳动经济学的研究范式，构建符合中国国情的劳动经济思想框架和理论体系。许多研究团队通过组织实施与劳动经济有关的热点、焦点问题研究，开展国内外学术交流以及信息网络建设，构建服务于经济转型条件下劳动经济问题政府决策的智力支持系统，实现研究单位与政府决策部门的信息共享，建立并完善实时监测劳动经济形势的数据库系统和信息平台。

当前，一些新的制度和政策已经在中国开始实施，如城乡居民养老保险制度、城镇职工养老保险并轨制度、城镇居民医疗保险制度和农村居民最低生活保障制度等，研究这些制度和政策的产生背景、实施效果和社会影响将是当前中国劳动经济学研究所面临的首要任务。国内学者对延迟退休年龄、就业与失业统计、城镇最低生活保障、农村劳动力转移、农民工社会保障等学科前沿与重大问题的研究已取得显著的成果，关注转型时期弱势群体的社会福利，分析判断劳动力市场的发育状况，总结应用劳动经济问题的研究结果，构建完善"十三五"时期劳动经济的政策体系。

"劳动经济学系列丛书"主要包括《劳动经济思想史》、《现代劳动经济学：框架与方法》、《社会保障理论与实践》、《收入分配理论与实证》、《社会保障的经济分析》和《风险管理与社会保障》等，旨在关注劳动经济领域的复杂经济现象，力争在研究视角、研究体系、研究方法上有创新之举，融汇百家之精髓，贯通上下之集萃，方有本丛书之大成。在此向所有为本丛书提供借鉴参考的学术论文、学位论文、新闻报道、调研报告、微信公众号、网络资源等表示谢意！

陶铸先生有句名言——劳动是一切知识的源泉，我们以此为目标，催发吾辈奋进，砥砺吾辈前行，一直走在"劳动经济学"的路上。

王志浩 王 巍
2016 年 6 月

目　　录

第一章 社会保障的产生与发展

> **本章主要内容：**
> ● 社会保障的含义
> ● 国外社会保障的产生与发展
> ● 国内社会保障的产生与发展

社会保障的产生是人类社会文明发展的一项重要标志。人类从以血缘为纽带的家庭保障走向以法律形式确定的、以社会共同力量为物质后盾的社会保障，体现了文明社会对每个生命的关注和人类对自身生存权利的重新认识。

现代意义上的社会保障是伴随工业革命后生产社会化的发展和市场经济的建立而产生和发展起来的，其产生的标志是俾斯麦政府于 1883 年通过立法推行社会保险制度，到目前已有 100 多年的历史。各国建立现代社会保障制度的时间有先有后，制度模式存在差异，发展水平也有高有低，但这并不影响我们从各国社会保障制度发展的实践中，探求其发展规律，得出对中国社会保障制度改革与发展的有益启示。

第一节 社会保障的含义解析

"社会保障"源于英文 "social security" 一词。1935 年美国颁布《社会保障法》，首次提出了社会保障这个概念。1938 年社会保障一词又在新西兰通过的一项法案中使用。1941 年，第二次世界大战时被称做《太平洋宪章》的文件中也曾使用过该词。1944 年第 26 届国际劳工大会发表的《关于国际劳工组织的目标和宗旨的宣言》(又称《费城宣言》)中正式采纳了社会保障这一概念。自此，这一概念被世界各国接受并广泛应用。在中国，1986 年 4 月 12 日六届全国人大四次会议通过了《中华人民共和国国民经济和社会发展第七个五年计划》，这是中国首次在国家的法律文件中提出"社会保障"概念。

由于各国的经济发展水平、社会制度、文化背景以及民族传统不尽相同，所依据的理论体系也存在一定差异，各国根据自己的国情制定符合本国实际情况的社会和经济政策，并逐步建立和发展本国的社会保障制度。因此，目前世界各国对于社会保障概念的界定不尽相同，现对其具有代表性的观点进行分析。

（1）德国学者认为，社会保障主要是指社会公平和社会安全，旨在为失去劳动能力或因意外而不能参加市场竞争的人们提供生活上的保障，并使他们能够获得重新参与竞争的机会。所谓社会安全，主要是指对那些失去劳动能力或因意外困难不能参加市场竞争的人们，或者对那些在激烈的市场竞争中的失败者，在生活上提供帮助，使他们不至于陷入贫困境地，并给他们创造重新参与市场竞争的机会。定义中的社会公平只能是相对的，从经济学的角度讲，社会保障的实施是不同群体收入的再分配，这种再分配起到分配公平的一些效用。这一定义强调社会保障的目的是提高个人本身防范生活风险的能力。德国是较早由政府介入举办社会保险、为公民提供较全面社会保障的国家，其社会保障是应德国工业化进程的需要而建立的一种社会安全制度。

（2）英国学者认为，社会保障是一种公共福利计划，旨在为因失业、年老、疾病或死亡而在收入上蒙受损失的个人及其家庭，通过公共服务、家庭生活补助、医疗保健和各种维持收入的计划提高其福利。所谓"计划"，在管理学者看来是一种结果，是对未来行动方案的一种说明。英国的公共福利计划描绘的是英国社会保障制度的宏伟蓝图，构建十分完善的社会保障项目，覆盖不同的利益群体，以提高全民的福利。这一定义强调社会保障的普遍性，即以提高全民的生活质量为己任。英国是较早由政府介入实行社会保障制度、为公民提供较全面社会保障的国家之一，其社会保障模式是典型的"福利型"。

（3）美国学者把社会保障视为社会安全网，他们认为社会保障就是为生老病死、伤残、孤寡、衣食住行、工作学习等社会问题提供安全保证，使社会保持稳定，并使全体成员免遭或摆脱贫困灾祸，有合理的生活保障，能够安居乐业。这一定义强调社会问题的解决。美国社会保障强调个人自助精神，这种精神充分发挥人的创造能力，鼓励人们多创造财富，从而免遭或摆脱贫困灾祸。为使社会保障真正起到保证社会稳定的作用，美国的社会保障项目覆盖面非常广泛，不仅解决人们的生老病死等生活风险带来的生活贫困问题，还涉及人们的住房、教育、工作等各个方面，其目标是使人们安居乐业。

（4）日本学者认为，社会保障是一种社会保险制度，是指对于因疾病、负伤、生育、残疾、死亡、失业、多子女及其他原因而形成的贫困，以保险的方式并由国家直接负担，从而寻求经济保障；对所有公民确保其最低限度的生活保障，公民的经济生活享有法定保障的权利。日本的社会保障制度特别强调的是从经济层面对生活贫困者的保障，其保障资金以保险的方式筹集和由国家直接负担。保险学认为，保险是以集中起来的保险费建立保险基金，用于对被保险人因自然灾害或意外事故造成的经济损失给予补偿，或对人身伤亡和丧失工作能力的被保险人给予物质保障的一种制度。保险体现的是经济关系与民事法律关系的综合。

（5）联合国国际劳工局社会保障司的观点：社会保障是指社会采取一系列保护性措施，以帮助人们渡过由失业、年老、疾病、生育、工伤和死亡等造成工资或收入损失的难关。定义中强调社会保障的责任主体是社会，而社会是由政府、市场、非政府组织等部分构成的。政府是附属于国家的特定行动者，是国家的代言机构，而国家是一种社会制度的总称，它代表的是拥有全体社会成员并具有强制力量的行动者。市场是一个对资源进行分配、交换以及对社会劳动成果进行消费的场所。非政府组织的社会保障是相对于政府而言的非正式的社会保障力量，由社区保障、社团保障等部分构成，它们分别在各国的社会保障发展中扮演着不同的角色。

（6）"救助型"的社会保障模式，强调社会保障是国家和社会依法对社会成员的基本生活予以保障的社会安全制度，即国家对那些处于最低生活水平线以下的人们实施保障。公民在丧失或中断劳动能力，以及遭受各种风险而不能维持最低生活水平的情况下，有从国家和社会获得物质帮助的权利。

社会保障一词还有许多定义，迄今为止，国外学者对社会保障概念的解释有 30 多种，可见它是个颇有争议的研究领域。从社会保障的诸多定义中，我们可以看到，人们把社会保障看成是一种确保社会生活安定，促进社会稳定、经济发展的社会机制，或一种社会安全制度，或一种公共福利计划，或一种社会保险制度，或一种预防、解决社会问题的安全网，或一种经济分配方式，或一种法律制度，或一种社会政策。这些观点从不同的视角来界定社会保障，仅仅反映了社会保障性质的某个侧面。

基于以上分析，我们认为对社会保障这一概念进行界定，必须把握对其不同界定的共性。研究和比较对同一概念的不同界定，既要看到其差异性的一面，又要看到其同一性的一面，没有同一的本质属性，这个概念就失去了存在的价值。

社会保障的各种不同定义的共同点，主要体现为政府保障社会成员基本生活需求，从而达到促进社会稳定和经济有序发展的目的。就其主要共同点而言，对社会保障可以做出如下的表述：社会保障是以政府为主体，依据法律规定，通过国民收入再分配，对公民在暂时或永久失去劳动能力及生活发生困难时给予物质帮助，保障其基本生活，以及全面增进社会福利的举措和制度安排。其定义的基本要点包括以下几点。

第一，社会保障的责任主体是国家或政府。这是因为，首先，唯有国家或政府有能力担当起社会保障的主体。国家是对社会进行管理的最高权力机关，政府是具体执行国家权力的行政机构，唯有政府有能力通过国民收入的分配和再分配，对全社会实行生活保障。其次，政府承担社会保障职能最具规模经济，可以降低分散化保障过高的执行成本。最后，实现公平和效率的统一、社会经济的稳定增长，是社会的基本目标。因而，国家或政府作为社会保障的责任主体有其寻求稳定和参与发展的内在动因。社会保障是国家和社会采取和建立的一系列有组织的措施和制度的总称。国家作为社会保障的责任主体，既是责任人，也是决策者和监管者，担负着组织、领导、实施、管理和监督社会保障运行的责任。

第二，社会保障的目标是满足人的基本生活需求和增进社会福利。社会保障的这一目标是基于"生存权是人的基本权利"及"效率优先，兼顾公平"的考量。国家和社会筹集社会保障资源，并且用货币资金、实物和服务等资源对贫困者和需要者实施保障。社会保障的对象是全体社会成员。社会保障坚持对不同层次的社会成员实施不同的保障原则：一是对生活水平达不到最低标准的公民，国家和社会通过各种途径提供帮助、照顾、保证和保护；二是对因年老、疾病、伤残、失业、生育、死亡、灾害等原因丧失劳动能力、无生活来源的社会成员提供经济和物质帮助；三是增加公共福利，提高全体成员的生活质量。对贫困者实施保障，提高全体社会成员的公共福利，是为了使整个社会更加稳定、和谐，使社会经济活动更加富有成效，这也是社会保障的根本目的。

第三，社会保障得以实施的保证和依据是相应的社会立法。现代社会保障制度以健全、完备的法律体系为支点，因此，社会保障必须以法律形式进行规范和约束。其法律规范的内容包括：国家、社会保障职能机构、企业和职工个人及各社会保障主体之间的权利与义务；各项社会保障费缴纳比例及保障津贴给付标准的确定与调整；社会保障职能机构的设置、编制、职能、责任与工作程序；各种社会保障基金的管理与投资运营的原则和办法；社会保障管理费的提取比例、使用范围与开支办法等，从而使社会保障制度的运作制度化、规范化。国家通过立法建立包括社会救助、社会保险、社会福利、社会优抚、公共卫生等一系列的社会保障制度，用于指导、规范社会保障的实施。

根据我们给出的定义及国际公认的内容，作为现代国家社会政策的重要组成部分，社会保障可理解为对贫者、弱者实行救助，使之享有最低生活水准；对暂时和永久失去劳动能力的劳动者实行生活保障，使之享有基本生活水准；对全体公民普遍实施福利措施，以保证其生活福利增进，进而实现社会安定，并让每个劳动者乃至公民都有生活安全感的一种社会机制。归纳起来，社会保障一般包括社会保险、社会救助、社会福利和社会优抚等方面。社会保险是社会保障的核心内容。随着社会经济的发展，社会保障还将在增进基本人权，特别是福利权方面不断为提高全体社会成员的生活水平和生活质量做出更大的贡献。

▶本节习题及拓展材料

第二节　国外社会保障的产生与发展

社会保障是现代国家一项基本的社会经济制度，是伴随着工业革命、市场经济的出现而出现的，是工业革命和社会化大生产的产物，也是社会进步和文明的重要标志。揭示和阐明社会保障产生与发展的一般规律和特殊规律，能使社会保障政策与本国的国情及所处的时代相适应，并保持自身的正常、健康、高效运行，为社会保障政策的制定提供科学的依据。

一、国外社会保障的萌芽

社会保障是随着人类社会的产生而产生的。当人类社会产生时，人类为了自身的生存和发展，防御来自大自然、社会等的各种各样的风险，必须过群体生活，依靠全体社会成员的力量共同抵御威胁人类生存和发展的各种风险。因此，从这个意义上说，有了人类社会，就有了社会保障。

社会保障制度起始于社会救助。对贫困者给予救济，自古有之，最早可以追溯到人类社会初期发展产生的社会成员间的互助行为，后来，它被社会用成文或不成文的社会规范固定下来，于是就有了世俗的慈善事业。宗教问世以后，这类社会规范被纳入教义，作为实行宗教精神统治的物质基础之一，于是就有了宗教的慈善事业。慢慢地，这种本来属于人类社会中自发行为的互助互济就变成了自上而下的恩赐，而在恩赐背后受惠者不得不付出接受人身依附关系的代价。这样，随着社会的不断发展和统治阶级或政府的介入，原始的救济便逐渐成为统治阶级用以安抚饥贫者、巩固其统治的一种手段，社会保障也就从一种非正式的制度安排演变到正式的制度安排。

在人类社会从封建时代晚期向资本主义初期的过渡中，英国 15 世纪下半叶开始了"圈地运动"，大量自耕农和佃农成为工厂工人，或是成为流离失所的贫民和流浪汉，沦为城镇贫民和城镇乞丐。17 世纪中叶，英国资产阶级取得了政权，圈地成了政府法令鼓励下的"合法"行动。圈地运动，改革了英国的土地制度，为资本主义经济的发展创造了劳动力与土地资源条件，同时使城市贫民问题越来越突出，社会矛盾越来越激化。

面对大量的社会贫困问题，原有的宗教慈善事业已显得力不从心，自由民的流动也使家庭起不到保障作用，这就迫使政府不得不出面干预。为了阻止劳动力的流动，稳定社会秩序，消除失业、流浪和贫困现象，1601 年英国政府颁布了《伊丽莎白济贫法》，又称旧《济贫法》。该法将已有的宗教或社会救助活动惯例用法律的形式固定下来，首次由官方划定一条贫困线，对有需要的孤、老、病人进行收容，同时为失业者、贫民儿童提供有限的帮助。该济贫法颁布时，英国尚处在一个以农业经济为主体的社会中，政府所提供的社会保障，主要是提供就业保障和财政补贴，兼有强迫劳动和福利救济的性质。实施该法的目的是，针对当时的饥饿问题，把社会动乱缩小到最低的限度，从而使问题的尖锐性在不同程度上得到缓和。可以说，此时的社会救济带有明显的恩赐性和惩戒性，这样的济贫行动和慈善事业，远不是真正意义上的社会救济。

到了 19 世纪上半叶，英国走上了工业化道路，成为资本主义世界中发展速度最快的国家。然而，英国的贫民却日益增多，几乎和工业化的进程同步，并集聚于城市，成为当时政府最头痛的社会问题。同时，工人阶级队伍迅速壮大，工人运动日益发展。为此，英国政府于 1834 年颁布了《济贫法修正案》，即新《济贫法》，决定从工人阶级创造的剩余价值中提取一部分救助贫民。新《济贫法》的主要原则是：认定政府有保障公民生存的义务，认为救济不是消极行动，而是一项积极的福利措施，并由经过专门训练的社会工作人员从事救济事业。因此，新《济贫法》的颁布意味着现代社会救济制度开始产生。

现代意义上的社会保障在人类社会逐步进入资本主义社会以后才出现。新《济贫法》对贫民实施社会救济，安定了社会秩序，对英国在 19 世纪的大发展做出了贡献，也为欧洲其他工业化国家建立社会保障制度提供了理论基础和制度借鉴。其他欧洲国家在土地革命后，也都实行了与英国类似的贫民救济计划，如瑞士于 1847 年和 1871 年制定的《济贫法》，丹麦于 1803 年颁布的《济贫法》，挪威于 1845 年通过的《济贫法》。欧洲各国《济贫法》的普遍颁布实施，是社会团体实施的慈善救济向社会救济的转化，是国家作为社会保障责任主体承担对全体公民的保障责任的开始，是国家建立现代社会保障制度的准备。

二、国外现代社会保障的产生与发展

（一）国外现代社会保障制度的创立

现代社会保障制度是法制化事业，我们可以通过对工业化国家社会保障法制建设的考察，来揭示现代社会保障制度的发展线索。德国是世界上第一个实行社会保险制度的国家。19 世纪 80 年代，当时执政的俾斯麦政府相继颁布了一系列法令：1883 年颁布了《疾病社会保险法》；1884 年颁布了《工伤事故保险法》；1889 年颁布了《老年和残障社会保险法》。这些法令的颁布，标志着世界上第一套最完整的社会保险体系的建立，社会保险制度由此产生。

现代社会保障制度最早产生于德国，是有其深刻的历史原因的。

（1）德意志帝国的统一是社会保险制度建立的政治前提。1871 年，德意志联邦中的普鲁士统一了德国，成为欧洲的强国。为了继续加快国内经济的发展，扩大殖民势力，以取得在欧洲的霸主地位，德意志帝国开始设计并颁布了一套新的社会政策，其中便包括社会保险政策，以解决日益尖锐的劳资矛盾，协调劳资关系。

（2）工人阶级的斗争是社会保险制度出台的催化剂。19 世纪下半叶，在社会主义政党的推动下，德国工人运动蓬勃发展，工人阶级反对资产阶级剥削的阶级斗争和经济斗争日益高涨，工人阶级组织已显示出相当强大的力量。1878 年，德国通过了《反社会党人法》(又称《非常法》)，企图扑灭在德国蓬勃兴起的社会主义运动的火苗。与此同时，德国通过社会保险立法来拉拢工人队伍，借此赢得工人阶级对国家政权的支持，阻止工人运动的进一步发展。

（3）工人自发建立的互助基金会组织的发展为社会保障体系的形成奠定了社会群众基础。在资本主义市场经济条件下，广大工人时常受到失业、工伤、疾病等风险的威胁，于是工人们自发地组织起了具有互助互济性质的基金会。在德国，这种自愿建立的互助组织数量剧增、规模日益扩大。到 1880 年年底已经发展到 6 万名会员，到 1885 年年底猛增到 73.1 万名会员。

（4）讲坛社会主义学派的主张为社会保险制度的出台奠定了理论基础。从 19 世纪 70 年代直至第一次世界大战前夕，该学派鼓吹劳资合作和实行社会改良政策，它一方面反对自由放任的经济模式，主张搞社会主义措施，另一方面又竭力反对马克思主义，处处维护刚刚统一的德意志帝国。讲坛社会主义学派的理论观点和主张得到了俾斯麦政府的欣赏和采纳，并成为其建立社会保险制度的理论依据。为了达到其目的，俾斯麦政府倡导了如下社会保险原则：采取风险分担的方式，即集合多数人的经济力量配合政府之财力，共同分担少数人因遭到意外事故所蒙受的损失；社会保险采取强制性，即凡在法律规定范围内的被保险人都必须参加；保险费除被保险人缴纳和政府补助外，企业主必须依照规定为工人缴纳；疾病保险、死亡保险不得依其年龄或健康状况制定差别保险费率，保险人无权变更保险费率；保险对象以危险性最大、最容易发生意外事故的职业为首选范围，社会保险首先在工厂、矿山开展实施；各行各业各自设立保险计划，工人所得待遇同他的收入相联系，并取决于他个人缴纳保险费的多少。这些原则，至今还被世界上许多国家采纳。

继德国之后，奥地利、丹麦、挪威、荷兰、意大利、法国、英国、芬兰、瑞士、瑞典和比利时等欧洲国家先后实施了单项或多项的社会保险。资本主义发展最早的英国，1908 年建立了老年社会保险，1911 年同时建立了疾病、失业社会保险。1918 年，苏俄人民委员会批准的《劳动者社会保险条例》是第一部社会主义社会保障的法令。德国、英国以及其他欧洲国家普遍实行社会保险，这说明社会保险是当时社会经济发展的普遍的内在要求。但是，在这一时期，各国的社会保障制度只是初步确立，尚未形成完整的体系。

现代社会保障制度在创立阶段呈现出这样几个特点：各项社会保险制度虽然纷纷出台，但仅局限于欧洲国家；社会保险制度虽然已经问世，但社会救助仍然是整个社会保障制度的主体，失业救助、老年救助仍是社会保障的主干；国家虽然在社会保险方面扮演着重要角色，但社会保险基金的筹集主要还是依靠劳动者及其雇主；保障制度成为统治阶级对无产阶级的一种"恩赐"，受助者接受社会保障被视为他的需要，而不是一种权利；社会保险项目虽然名目繁多，但体系混乱、保障面小，如德国社会保险的对象只限于工商业和手工业工人，而规定领取养老金的年龄为 70 岁则更是有些离谱。

（二）国外现代社会保障制度的发展

当欧洲一些国家纷纷颁布有关法规、建立某些项目的社会保障制度的时候，当时工业化程度很高的美国却对由国家出面建立社会保障制度无动于衷，所做的仅仅是一些小范围的、地方性的救济活动。1929~1933 年资本主义世界性的经济大危机给了美国强大的冲击，贫困问题成为美国当时最突出的问题。人们强烈要求政府提供失业救济和社会保险。

1933 年罗斯福就任美国总统后，为了摆脱危机，重振美国经济，缓和国内阶级矛盾，政府开始实行一系列新的社会经济政策，历史上称为"罗斯福新政"。新政把充分就业作为首要目标，强调国家干预社会经济生活，以扩大政府支出、扩大公共工程规模、推行社会福利计划作为解决危机、刺激经济复苏的主要手段。新政影响最深远的是社会保障方面，罗斯福所提出的社会保障思想和措施主要有：社会保障是机器化大生产的客观要求，是一项取代已不适应形势的"家庭保障"的新的重大社会政策；把以"普遍福利"为核心的社会保障制度作为建国策略；建立强制性、多层次的老年社会保险，使人们在展望老年前景时都有一种安全感；建立失业保险不仅有助于个人避免在今后被解雇时去依赖救济，而且还能促使雇主们更好地进行雇工安排，进而通过稳定就业本身来达到防止失业的目的，失业保险实行以地方管理为主；社会保险必须促进劳动者自我保障意识的建立，即保险资金"取之于民，用之于民"；社会保障项目必须逐步展开，防止一哄而上；设立社会保障署，对全国的社会保障制度，尤其是老年保险进行统管。

1935 年，在罗斯福的领导和主持下，美国国会通过了历史上第一部《社会保障法》。据此，一个充分体现罗斯福新政思想的、由联邦政府承担义务的、全国性的、以解决老年和失业问题为主体的社会保障体系得以建立。同时，《社会保障法》的颁布，也使"社会保障"一词正式在法案中出现，实现了形式与内容的统一。美国最初的社会保障制度主要包括老年社会保险、失业社会保险、贫穷盲人补助、贫穷老人补助、未成年人补助（仅限于失去双亲、出走或残疾而无人抚养的未成年人）等，而没有医疗健康保险。1965年以后，美国才颁布医疗健康方面的法律。继美国《社会保障法》之后，许多拉丁美洲国家，如阿根廷、墨西哥和巴拿马等国也建立了包含不止一个项目的社会保险制度。据1993 年出版的美国社会保障总署研究报告《全球社会保障制度》的统计，到 1940 年，实行任何一种社会保险的国家有 57 个；实行老年、伤残和遗属保险的国家有 33 个；实行疾病和生育保险的国家有 24 个；实行工伤保险的国家有 57 个；实行失业保险的国家有 21 个。

现代社会保障制度在这一阶段的特点是：建立社会保险制度的国家明显增多，社会保障制度已从欧洲推广到美洲；各国政府对社会保障制度的干预增加，如 1935 年美国建立了联邦社会保障署；社会保障的理论基础是劳资斗争说，即所有保障措施的制定与规划都是以消解劳资矛盾为出发点，因此保障制度也就局限于城市的劳工及其家属；保障仍局限在局部范围，主要涉及某些特殊危险和不测事由，并以消除贫穷者蒙受直接利益损失为主要目标。

（三）国外社会保障制度的福利国家阶段

1941 年 6 月，第二次世界大战正在进行中，英国政府就从重建战后和平、使公众永获安全感出发，委托牛津大学贝弗里奇教授负责对英国当时的社会保障与相关服务机构的工作效率进行全面调查与研究，以便为战后实行社会福利计划提出具体建议和方案。1942 年 12 月，贝弗里奇提出了著名的《贝弗里奇计划》。他认为，英国社会政策应以消灭贫穷、疾病、愚昧、肮脏和懒散五种社会病态为目标，通过建立一个以社会保险制度为核心的全面社会保障计划，为每一个公民提供儿童补助、养老金、残废津贴、失业救济、丧葬补助、丧失生活来源救济和妇女福利七个方面的社会保障。同时，他还提出了社会保障应遵循的基本原则。在此基础上，贝弗里奇设计了一整套"从摇篮到坟墓"的全面广泛的社会福利计划。因此，《贝弗里奇计划》在英国便有了"贝弗里奇革命"之称。

1945 年，英国工党上台执政。工党政府采纳贝弗里奇的计划，颁布了一系列社会保障法案，即《国民保险法》（1946 年）、《国民卫生保健服务法》（1946 年）、《家庭补助法》（1945 年）、《国民工伤保险法》（1946 年）和《国民救济法》（1948 年）。英国成为当时拥有最先进的社会保障体制的国家。1948 年 7 月，首相艾德礼宣布英国已建成"福利国家"。其后，经过 20 年的改进完善，英国的社会保障制度发展成面向全体社会成员的、高福利化的、统一管理体制的、为公民提供"一揽子"预防性保障的完整的社会保障体系，国家作为最后责任人承担着最后的责任。

1948 年英国宣布建成福利国家之后，福利国家风靡西方。瑞典、荷兰、挪威、法国和意大利等国也纷纷参照执行了贝弗里奇全面社会福利计划，社会福利设施也有了很大发展。其中，瑞典由于对公民实行全民性的普遍保障和广泛优厚的公共津贴，被称为"福利国家的橱窗"。到 20 世纪 60 年代，美国已形成了比较完善的社会保障体系，各项保障项目多达 300 多种。美国联邦政府用于社会保障的开支，1950 年为 105 亿美元，占国民生产总值的 3.7%，占联邦预算支出的 26.2%；1980 年增加到 3 033 亿美元，占国民生产总值的 11.5%，占联邦预算支出的 54.4%。欧洲、北美洲、大洋洲和亚洲的一些其他发达国家也相继宣布实施普遍福利政策。在这一时期，几乎所有的工业国家和部分发展中国家与地区，都建立了包括老年、遗属、失业和疾病保险在内的统一的社会保障制度。社会保障制度的发展进入了成熟时期。

社会保障制度在这一阶段的发展具有以下特点：社会保障的范围不断扩大，即保障对象从城市劳工扩展到城乡劳动者乃至全体社会成员，逐步形成高福利的全社会保障；社会保障从单项保障向综合保障转变，社会保障制度体系化，形成了一套相互联系、共同保障的社会安全网；为促使低收入劳动者参加社会保险，各国纷纷实行强制保险的措施；管理逐步科学化，即社会保障工作已经成为一个独立的社会分工体系，一支专门从事社会保障工作的职业队伍已经出现；社会保障水平普遍提高，许多国家都建立了保障津贴与工资水平挂钩的制度，社会保障费用支出迅速增长。这种保障对象全民化、保障项目系统化、保障标准普遍提高的社会保障制度，一方面有力地促进了社会经济的发展，使战后资本主义国家在一个较长的时期内保持了社会稳定和经济发展。另一方面，普遍的福利政策也带来了许多社会问题。例如，社会保障基金入不敷出，财政赤字居高不下；企业人工成本上升，市场竞争力下降；福利机构庞大，管理不善，效率低下。同时，高福利、高补助的社会保障助长了一部分人的惰性，使社会保障陷入了危机。

（四）国外现代社会保障制度的改革调整阶段

进入 20 世纪 70 年代以来，发达资本主义国家的经济发展进入了滞涨阶段，社会保障制度也陷入了困境。一些国家的政府受新自由主义的影响，开始对社会保障政策和制度进行改革调整。1979 年，英国撒切尔政府下令对英国的社会保障制度做一次全面审查并拟定改革方案，以此为标志，现代社会保障制度进入改革调整时期。英国1987 年 7 月正式通过了社会保障制度改革方案；日本国会批准从 1987 年 4 月 1 日起实行新的养老金制度；美国政府砍掉了一些社会福利津贴；法国、联邦德国、荷兰、比利时和加拿大等国也先后提出并实施了各种调整改革方案。这些改革方案归纳起来主要集中在以下四类措施。

（1）拓展社会保障基金来源渠道。20 世纪 80 年代以来，工业化国家普遍提高了社会保险费的缴费标准。在英国，工人缴纳的社会保险费率从 1979 年的 6.5%提高到 1983年的 9%；在美国，工人和企业缴纳的养老保险费率从 1977 年的 5.85%逐步提高到 1990年的 7.65%，而且缴费上限也由 1977 年的 16 500 美元调整到 53 400 美元。同时，开征社会保障收入所得税。比利时和法国从 1980 年开始向退休金领取者征收所得税，用以支付他们的医疗费；英国从 1982 年、美国从 1984 年开始对收入超过一定标准的年金领取者征收所得税，将其并入保险基金；法国从 1982 年开始对失业救济金超过全国最低工资的部分征收所得税，用于医疗保险的开支。另外还有扩大缴费对象范围、增加福利项目收费等措施。

（2）削减社会保障开支。这主要是通过改革社会保障项目的给付标准，调整支出办法，削减社会福利项目，减少各种社会性津贴，改免费医疗为适当收取治疗费的医疗服务，降低社会保障项目的现行水平和通过享受条件来实现的。例如，在养老保险方面，英国 1986 年立法规定，在计发附加年金时，把按缴费人一生最佳 20 年平均工资收入计算年金，改为按一生的平均工资计算；日本 1986 年实行的年金改革方案，将妇女的退休年龄从 55 岁提高到 60 岁；巴西 1988 年将其养老金的计算方法，改为"95 点"方案，即年龄加上投保时间达到 95 年，才能享有退休金。从 20 世纪 80 年代起，工业化国家也开始对其实施的几乎免费的医疗保险制度实行改革，日本从 1984年起建立了国家、企业和个人三方共同负担医疗费的制度，并从 1986 年开始将医疗费用个人负担率由 15%提高到 20%；荷兰改变了过去病人只付处方费的办法，要求病人自己支付约 15%的医药费。

（3）实行社会保障制度的"私人化"。改变社会保障由国家包办的办法，缩小政府干预社会保障的范围，减少政府干预社会保障的项目，把这些项目交由政府志愿机关、工人合作社和其他社会团体承担，恢复家庭、慈善机构和互助组织等传统的社会保障机制，同时，引入鼓励个人储蓄的激励机制。

（4）改组社会保障内部管理机构，提高社会保障管理机构效率，提高服务质量，减少欺骗和滥用现象。

在西方国家大幅度削减政府开支、进行社会保障政策调整的同时，以新加坡、智利等为代表的发展中国家认识到西方发达国家的模式并不适合发展中国家的国情，于是纷纷改弦易辙，探索更适合本国国情的强制储蓄制度。而前苏联和东欧等原社会主义国家为了更快地发展生产力，在 20 世纪 80 年代以后，也都对本国的计划经济体制进行了市场取向的改革，力图建立起企业和个人共同出资的社会保障制度体系。

这一阶段社会保障制度改革调整的主要特点是：强调社会保障要与国民经济的发展相适应，采取增收节支措施，以实现社会保障基金收支基本平衡；强调国家、企业和个人三方共同负责，特别是要求个人应当为自己的前途及其家庭收入保障担负责任，政府扮演最后出台的角色；注重社会保障体系内部各项目之间的联系和社会保障基金的统筹；立足国情，采取谨慎的过渡措施，以保证社会稳定，减少改革阻力；简化制度，精简人员，加强管理，提高效率，避免重复和浪费。

三、国外社会保障制度的改革与发展趋势

随着社会经济的发展，世界各国都在不同程度上对社会保障制度进行了改革与完善。当前社会保障发展趋势主要有两个方面：发展中国家主要是建立健全社会保障制度，扩大覆盖面，逐步提高保障水平；而许多发达国家的社会保障主要是应对老龄人口迅猛增长、福利刚性负面作用、政府负担过重及利益多元化的挑战。20世纪80年代以来，一些发达国家开始实施一系列改革。英国出现所谓的"撒切尔革命"，美国有所谓的"里根经济学"，欧盟提出了"里斯本战略"，都涉及社会保障制度改革和政策调整。现在国际上对社会保障制度进行改革与调整的最新提法叫做"社会保障机构、制度和待遇重组"。社会保障制度的改革与发展趋势主要体现在以下几个方面。

（1）通过立法改变社会保障基金的筹集模式。例如，对养老保险的改革，一方面，严格控制社会统筹式养老金的给付对象和标准；另一方面，通过立法将个人账户储存基金制的养老计划纳入养老保险基金法定强制执行计划，与国家的养老保险计划并行。另外，国家还鼓励开办个人养老储蓄，国家给予税收优惠。欧洲各国在养老保险体制方面所普遍采取的"三柱体系"，正是这种社会保险基金筹集模式改革的典型代表。在该体系中，第一柱是采用现收现付（由正在工作的一代人供养已退休的一代人）方式筹集养老保险基金；第二柱是由雇员所在公司和雇员共同缴纳养老保险金，存入雇员个人账户进行养老保险金积累；第三柱是实行商业性的个人自愿养老保险计划，政府对个人自愿养老保险金的储蓄实行一定数量的免税政策。由这三根支柱撑起养老保险体系。采取这种筹集模式，使养老保险金积累的规模在国内生产总值（GDP）中所占的比重大大增加，对经济发展起到了积极作用。

（2）通过立法和严格执法措施，改变社会保障资金支出。近些年来，西方经济发达国家对社会保障制度的改革与调整，是在原有的较高社会福利待遇基础上进行的。由于高福利国家社会福利支出过大，开始出现福利危机，因此它们被迫进行调整，其主要措施是，削减社会公共福利开支，限制国家退休金发放数量，严格审查领取社会救济、医疗补贴的社会成员的家庭经济状况，减少国家在社会保障方面的支出，纠正社会福利全民享受的传统做法。

（3）通过立法改变社会保障的管理体制，完善并增强社会保障的法律实施机制，使社会行政管理、事务经办和监督控制分开，确保社会保障活动有效、依法进行。

（4）通过立法调控社会保险基金的投资结构，加强社会保险基金的运营管理。为了使社会保险基金保值增值并更好地支持资本市场的发展，许多国家纷纷通过立法对社会保障基金的投资结构和运营管理采取新的措施。例如，德国原来是利用保险法对养老保险基金进行约束的，但从1998年4月1日开始改由投资公司法进行调整。在社会保险基金的投资结构方面，各国法律规定不一，但都以立法形式规定了养老保险基金投资比例的法定上限。德国法律规定：养老保险基金可投资于股票的比例为20%左右，具体比例由各个养老保险基金计划灵活掌握；可投资于房地产的上限为30%；可投资于流动资金的上限为49%。德国养老保险基金的资产总额目前已达到3 000亿美元，其投资结构的实际状况是：投资于债券的占75%，投资于房地产的占13%，投资于股票的占9%，投

资于现金储蓄的占 3%。英国、瑞士、法国、美国、意大利、日本、智利等国家也都以立法形式规定了养老保险基金投资比例的法定上限。

纵观国外社会保障制度发展的历史,可以发现,社会保障在各国国民经济和社会生活中正发挥着越来越重要的作用,各国政府对其也越来越重视,对社会保障制度的建设越来越关心。目前,各国都在根据自己的国情探索适合自己的社会保障制度的发展与改革之路。

▶本节习题及拓展材料

第三节 中国社会保障的产生与发展

我国的社会保障历史以新中国成立为起点,在 60 多年的时间里,经历了从无到有、从城镇到农村、从职业人群到城乡居民,不断改革、发展和完善的过程。

一、新中国社会保障制度的建立与发展

新中国的社会保障制度是在战争年代供给制的基础上建立起来的,从 1949 年至今,其建立和发展可分为以下五个阶段。

(一)社会保障制度的创建:1949～1956 年

新中国建立之初,面临着经济落后、生产萎缩、大量失业和通货膨胀等严重的社会问题。因此,医治战争创伤、恢复国民经济,便成为党和政府的首要任务。新中国就是在这样的社会历史背景下开始了社会保障制度的创建工作。

(1)建立企业职工的劳动保险制度。1951 年 2 月,政务院颁布并实施了《中华人民共和国劳动保险条例(草案)》。它具体规定了职工在疾病、伤残、死亡、生育及年老不宜继续劳动后获得必要物质帮助的办法,职工供养直系亲属也可以享受一定的保险待遇。1953 年 1 月政务院修订了《中华人民共和国劳动保险条例》(简称《劳动保险条例》),此次修订主要修改了两点:一是扩大了劳动保险的实施范围,范围扩大到了一般工厂、矿场和交通事业的基本建设单位、国营建筑公司;二是调整并提高了部分待遇标准。1956年,全国企业职工参加社会保险的人数达到 1 600 万人,签订社会保险内容集体合同的职工也达 700 万人。

（2）建立国家机关、事业单位工作人员的社会保险制度。自 1950 年，国家在原有供给制待遇的基础上，通过单项法规形式逐渐对国家机关工作人员的疾病、养老、生育、死亡抚恤等做了规定，这些法规包括《革命工作人员伤亡褒恤暂行条例》（1950 年）、《政务院关于全国各级人民政府、党派、团体及所属事业单位的国家工作人员实行公费医疗预防措施的指示》（1952 年）、《关于各级人民政府工作人员在患病期间待遇暂行办法》（1952 年）、《国务院关于女工作人员生产假期的通知》（1955 年）、《中华人民共和国女工保护条例》（1956 年）、《国家机关工作人员退休处理暂行办法》（1955 年）和《国家机关工作人员退职处理暂行办法》（1955 年）。

（3）建立社会救济和社会福利制度。在社会救济方面，1950 年，政务院通过了《救济失业工人暂行办法》，对城镇失业工人进行救济的范围、标准、方法及资金来源等都做了明确的规定。1956 年，中华全国总工会向各级工会发出了《职工生活困难补助办法》，对有关职工困难补助的原则、补助对象、经费来源、补助办法等都做了明确规定。在社会福利方面，1951 年 8 月，内务部发布了《关于城市救济福利工作报告》，指出城镇社会救济福利工作由政府民政部门负责组织实施，保障对象主要是无依无靠的城镇孤寡老人、孤儿或弃婴、残疾人等，民政部门通过设立福利机构为这些孤老残幼人员提供保障。1953 年 5 月，财政部、人事部发布《关于统一掌管多子女补助与家属福利等问题的联合通知》，初步确立了面向城镇居民家庭的津贴政策。1954 年 3 月，政务院发布《关于各级人民政府工作人员福利费掌管使用办法的通知》，对机关事业单位工作人员的福利待遇及经费的来源、管理和使用做了规定。1956 年 12 月，国务院发布《关于国家机关和事业、企业单位 1956 年职工冬季宿舍取暖补贴的通知》，确立了城镇职工家庭的冬季取暖福利政策。

（4）农村社会保障。新中国成立初期，政府财力有限，没有能力向农民提供充分的社会保障，农村社会保障主要是通过高级农业生产合作社组织实施的。1956 年 6 月，一届人大三次会议通过的《高级农业生产合作社示范章程》规定：农业生产合作社对于缺乏劳动力或者完全丧失劳动能力，生活没有依靠的老、弱、孤、寡、残疾的社员，在生产和生活上给以适当安排和照顾，保证他们的吃、穿和柴火的供应，保证年幼的受到教育和年老的死后安葬，使他们生养死葬都有依靠。同时，在农业生产合作化运动中，由农民创造和开展的合作、互助医疗，成为以后农村解决病有所医的重要形式。到 1956 年，中国社会保障制度的奠基工作基本完成。社会保障制度的建立体现了劳动人民当家做主的权利和国家对劳动者权益的保护，体现了社会主义制度的优越性。社会保障制度的建立对恢复和发展国民经济、减轻职工的后顾之忧、保证人民的基本生活和巩固人民民主专政起到了极其重要的作用。当然，由于举办社会保障事业的经验不足，所建立的社会保障制度也有许多不足之处，制度还不够完善或者说不够合理，在其方案设计、内容构成、保障范围以及运行机制和调控手段等方面，都带有浓厚的计划经济色彩；公费医疗中的浪费现象严重，社会保障实施的范围极其狭小，基本上只在国营企业实施，大集体企业参照执行，小集体企业职工也只能享受部分劳动保险，至于占全国人口 80% 的农村劳动者就更谈不上享受劳动保险。

（二）社会保障制度的调整完善与受挫：1957～1978 年

1957 年，周恩来总理在一届人大四次会议的《政府工作报告》和党的八届三中全会的《关于劳动工资和劳保福利问题的报告》中曾两次指出，劳动保险、公费医疗、职工福利等制度方面存在的问题，并提出修改《劳动保险条例》的建议。因此，劳动部与中华全国总工会等有关部门对职工的社会保险和生活福利等制度做了进一步的修改、补充和完善。

（1）建立统一的退休、退职制度。1958 年 2 月，《国务院关于工人、职员退休处理的暂行规定》公布施行，该规定统一了企业、事业和国家机关职工的退休制度；制定了工人、职员因工作致残完全丧失劳动能力后退休待遇的内容；放宽了退休条件；增加了可以提前退休的内容；对于有特殊贡献的人员的退休优惠待遇提高了 5%；调整了退休费的标准。1958 年 3 月，《国务院关于工人、职员退职处理的暂行规定》公布试行。对工人、职员的退职条件和退职标准进行了统一，并且规定了退职费总额以 30 个月本人工资为最高限额，使工人、职员的退职问题得到了妥善的解决。

（2）改进公费医疗与劳保医疗制度。1965 年 12 月，卫生部和财政部颁发了《关于改进公费医疗管理问题的通知》。1966 年 4 月，劳动部和全国总工会联合发出了《关于改进企业职工劳保医疗制度几个问题的通知》。这两个文件分别对国家机关工作人员的公费医疗和企业职工的劳保医疗整顿问题提出了具体意见：看病要收挂号费；营养滋补药品除特批外，一律自理；职工因工负伤、因职业病住院本人适当负担膳费等。

（3）改进对职业病的保障。随着中国工业生产的发展，职业性伤害问题开始突出，为加强对职工的职业性伤害保障，1957 年 2 月，卫生部制定和颁发了《职业病范围和职业病患者处理办法的规定》，将职业中毒、尘肺等 14 种与职业工作有关的疾病正式列入职业病范围，并相应地规定了待遇标准和生活福利内容。1963 年年初，劳动部、卫生部、中华全国总工会、冶金工业部和煤炭工业部联合召开了防止矽尘危害工作会议，对解决矽尘危害、对矽肺病人的安置和生活待遇、还乡休养待遇等提出了具体要求。国务院于同年 2 月 9 日批转了这次工作会议的报告，进一步推动了职业病防治工作的开展。

（4）调整学徒工的社会保险待遇。1958 年 2 月，国务院颁发《关于国营、公私合营、合作社营、个体经营的企业和事业单位的学徒的学习期限和生活补贴的暂行规定》，把学徒工资制改为生活补贴制，相应调整学徒工的社会保险待遇。

（5）妥善解决精减下放职工的生活安置问题。1962 年 6 月，国务院制定和颁布了《关于精减职工安置办法的若干规定》，规定凡精简下来的老、弱、残疾职工，符合退休条件的作退休安置，不符合退休条件的作退职处理；对家庭生活有依靠者发给退职补助费，家庭生活无依靠的，由当地民政部门按月发给相当本人原标准工资 40% 的救济费。此外，对精简下来回乡、下乡职工的有关待遇也做了规定。

（6）发展社会福利、社会救济事业。1957 年 1 月和 5 月，国务院先后发出了《关于职工生活方面若干问题的指示》和《关于国家机关工作人员福利费掌管使用的暂行规定的通知》，对职工的住宅、上下班交通、疾病医疗、职工生活必需品供应和困难补助等问题以及职工福利费用的来源和掌管使用都做了明确规定。1958 年 2 月，国务院实施了

《关于工人、职员回家探亲的假期和工资待遇的暂行规定》。1962 年，内务部、财政部颁发了《抚恤、救济事业费管理使用办法》，对合理、及时地使用抚恤费、救济事业费起到了积极的作用。

（7）发展农村的社会保障事业。这主要是靠公社集体经济支持合作医疗解决看病就医问题。1959 年 11 月，卫生部在山西省稷山县召开全国农村卫生工作会议，对合作医疗形式给予肯定。自此，合作医疗形式在农村进一步兴起和发展，对解决农民的医疗保险问题起到了重要作用。而养老问题方面，除少量"五保"对象由所在乡村农民统筹供养外，绝大部分农民年老后靠子女赡养。

总之，社会保障制度在调整中不断得到发展和完善，得到了广大职工群众的拥护，成就比较突出，为保证社会成员生活、加速社会主义工业化建设、发展经济和稳定社会做出了巨大历史贡献。但是，由于受"左"的影响，一些项目保险待遇改进不够，待遇水平偏高，甚至表现出高福利化的特点；有些项目保险待遇未能进行修改；二元的社会保障制度结构仍未改观，国家保障制与集体保障制并存。

1966 年，"文化大革命"开始，由于当时的"左倾"思想严重泛滥，从思想上搞乱了人们对社会保障的认识，社会保障制度和工作受到了严重的干扰和破坏，特别是在资金筹集方式上出现了大倒退。那时，中华全国总工会被"砸烂"，劳动保险管理机构被撤销，劳动保险基金统筹统管制度随之停止，劳保基金和统筹制度被废除。1969 年 2 月，财政部颁发了《关于国营企业财务工作中几项制度的改革意见（草案）》，规定，"国营企业一律停止提取劳动保险金，企业的退休职工、长期病号工资和其他劳保开支在营业外列支"。这意味着费用由企业自负。这对社会保障事业的发展产生了严重的消极影响。取消社会统筹，使社会保险变成了"企业保险"，造成社会保险费负担在企业之间有高有低，极不平衡；由于未进行必要的资金积累，难以应付即将到来的人口老龄化的需要。内务部及民政部门也被撤销或合并，致使社会救济、社会福利和优抚安置等工作缺乏统一的组织和领导，基本处于停止和瘫痪状态。

（三）社会保障制度的恢复和初步改革：1979～1992 年

改革开放以后，在实事求是思想路线的指导下，社会保障制度的地位和作用被重新认识，在新中国成立以来制定的一系列行之有效的社会保障政策的基础上，又相继制定和颁布了许多有关社会保障的政策、法规。1980 年 3 月，国家劳动总局、中华全国总工会联合发出《关于整顿与加强劳动保险工作的通知》，之后，国营企业开始对中断的企业社会保险管理工作进行全面整顿和恢复。1985 年 9 月通过了《中共中央关于制定国民经济和社会发展第七个五年计划的建议》，这是第一次在国家层次的文件中清晰而明确地提出了"社会保障"概念，使社会保险、社会福利、社会救济、社会优抚等统一归并在社会保障概念之下。1990 年 12 月通过的《中华人民共和国国民经济和社会发展十年规划和第八个五年计划纲要》也指出："努力推进社会保障制度改革。要以改革和建立养老保险和待业保险为重点，带动其他社会保险事业和社会福利、社会救济和优抚事业的发展。按照国家、集体和个人共同合理负担的原则，在城镇各类职工中逐步建立社会养老保险制度，扩大待业保险范围，完善待业保险办法，实行多层次的社会保险。在农村，采取积极引导的方针，逐步建立不同形式的老年保障制度。同时，努力改革医疗保险和工伤保险制度，继续推行合作医疗保险。"这些方针、政策为中国社会保障制度的改革与发展确立了总方针和总原则。

（1）职工养老保险制度方面。1986年7月，国务院颁布《国营企业实行劳动合同制暂行规定》，规定了劳动合同制职工养老保险办法，正式确立了企业、个人和国家三方共同筹集养老保险基金的原则；劳动合同制工人养老保险金采用基金积累式筹集方式；企业按劳动合同制工人工资总额的15%缴纳，劳动合同制工人按不超过本人标准工资的3%缴纳。为适应经济体制向市场经济转轨的需要，1991年6月，《国务院关于企业职工养老保险制度改革的决定》颁布施行。改革的主要内容是：实行基本养老保险、企业补充保险和个人储蓄性养老保险相结合的多层次养老保险制度；实行退休费用社会统筹，建立养老保险基金制度，提高养老保险的社会化管理水平，养老保险基金按以支定筹、略有结余、留有部分积累的原则筹集，由国家、企业和职工个人三方负担，统筹由市县起步，逐步向省一级最后向全国过渡。该决定还提出了养老保险要建立与经济发展和物价增长相联系的调整机制。1992年5月，劳动部提出了具体的改革办法，其内容是：基本养老金由社会性养老金和缴费性养老金两部分组成，社会性养老金按全省职工平均工资的25%计发，缴费性养老金以指数化月平均缴费工资为基数，每缴费1年按1.5%（以后又改为1%）计发，基本养老金每年随社会平均工资增长定期调整。

（2）国营企业职工待业保险制度方面。1986年7月，国务院颁布了《国营企业职工待业保险暂行规定》，该规定的颁布，标志着中国失业保险制度的正式建立。该制度规定了：实施范围；实施对象；企业按其全部职工标准工资总额的1%缴纳待业保险基金（缴纳所得税以前列支）；待业救济金的发放标准。后来，全国国营企业职工、机关事业单位的劳动合同制工人基本全部参加了待业保险，部分集体所有制职工也参加了待业保险。

（3）医疗保险制度方面。1992年3月，劳动部拟定了《关于企业职工医疗保险制度改革的设想》和《关于试行职工大病医疗费用社会统筹的意见》，要求逐步扩大企业职工疾病保险覆盖面；逐步建立疾病保险基金，实行国家、企业和职工个人三方合理负担，职工个人少量缴费；建立控制医疗费不合理增长的机制等。同时，在大病医疗费用社会统筹方面分别对统筹资金的基本原则、范围、基金来源、开支办法等提出试行意见。

（4）工伤保险制度方面。1992年2月，劳动部办公厅发出了《中华人民共和国企业职工工伤保险条例》（征求意见稿），提出了工伤保险制度改革6条基本原则。同时，全国统一的《职工工伤与职业病致残程度鉴定标准》发布试行。到1992年，全国已有15个省70多个县、市先后开始工伤保险制度改革工作。

（5）生育保险制度方面。1988年7月，国务院颁布了《女职工劳动保护条例》，将女职工的生育有薪产假由原来规定的56天，增加为90天，其中产前15天，产后75天，难产的增加产假15天。这样就改变了中国生育保险待遇比世界多数国家相对较低的落后状况。

（6）集体所有制企业社会保险方面。1980年2月，财政部、国家劳动总局发出《关于城镇集体所有制企业的工资福利标准和列支问题的通知》，规定自 1980 年 1 月 1 日起，经省、市、自治区劳动部门和主管部门批准，征得税务部门同意，并且企业条件允许的，集体所有制企业都可以改按营业外费用或其他费用项目下列支社会保险费用。1983 年 4 月，国务院颁发《关于城镇集体所有制经济若干问题的暂行规定》，规定城镇集体所有制企业应根据自身经济力量提取一定数额社会保险金，逐步建立社会保险制度，解决职工的年老退休、丧失劳动能力的生活保险问题。国家允许社会保险基金的征收在所得税前提取。这一规定为城镇集体经济组织，特别是区县以下经济组织发展社会保险提供了法律依据。

（7）农村社会保险制度方面。1978 年后农村各种生产责任制的实施使农村原有的社会保障体系解体，农民被排在了社会保障的网外，农民的保障责任重新回到家庭上来，但是计划生育政策的实施和农村家庭小型化趋势使家庭保障的功能大为弱化。为此，1979 年 12 月，卫生部、农业部、财政部、国家医药卫生管理总局、中华全国供销合作总社联合发布《农村合作医疗章程（试行草案）》，对农村基层卫生组织和合作医疗制度进行全面整顿和改革。改革的方向是：坚持农民群众自愿参加原则，参加自愿、退出自愿，在此基础上改进资金筹集方法。1992 年 1 月，民政部印发了《县级农村社会养老保险基本方案（试行）》，规定：农村社会养老保险在资金筹集方面，以个人缴纳为主，集体补助为辅，国家予以政策扶持；除国家设立农村基本养老保险外，农村基层组织还可根据经济力量，自办各种形式的补充养老保险。

（8）社会福利、社会救济和优抚工作方面。一是改变社会福利由国家统包统揽的做法，依靠多方社会力量兴办福利，逐步实现社会福利社会化以及开展群众性的社会福利义务活动，1982 年 4 月民政部印发了《城市社会福利事业单位管理工作试行办法》；二是为保护残疾人的利益，使残疾人得到社会更多的关心，1987 年 12 月成立了中国残疾人联合会；三是变单纯发放救济救灾款为实行救济救灾同扶贫、扶优相结合，逐步把社会救济的重点转移到贫困户的脱贫致富上，特别是开展对老少边穷地区的重点扶持；四是改革优抚制度，逐步使优抚工作走向制度化、法制化和社会化，1988 年 7 月国务院颁发了《军人抚恤优待条例》；等等。

这一阶段，社会保障制度建设取得的进步是明显的，基本上实现了由"企业自保"向"社会互济"，由"国家包揽，企业包办"向"三方合理分担"，由"平均主义"向"效率公平兼顾"以及由"福利分配"向"基本保障"的转变。然而，由于中国社会保障制度的改革才刚刚起步，养老保险和医疗保险改革处在试点阶段，失业保险处于初建阶段，且在指导思想上还没有真正解放。因此，社会保障制度的改革需要深化和创新，即在实施范围上需要扩大，在结构体系上需要完善，在运行机制上需要规范，且其综合性和社会化程度需要提高。

（四）社会保障制度改革的深化：1993～2002 年

1992 年 10 月，十四大报告提出了建立社会主义市场经济体制的目标，指出要"深化分配制度和社会保障制度的改革"，"积极建立待业、养老、医疗等社会保障制度"，并把深化社会保障制度改革作为经济体制改革的四个重要环节之一。1993 年 11 月，十四届三中全会《中共中央关于建立社会主义市场经济体制若干问题的决定》，则把建立多层次的社会保障体系作为建立社会主义市场经济体系的重要组成部分，明确社会保障体系包括社会保险、社会救济、社会福利、优抚安置和社会互助、个人储蓄积累保障。1997年，十五大报告又进一步明确了当前和今后一个时期社会保障改革的主要任务，即建立社会保障体系，实行社会统筹和个人账户相结合的养老、医疗保险制度，完善失业和社会救济制度，提供最基本的社会保障。以上这些文件为中国社会保障制度改革的深化和创新确立了总体框架和思路。这一阶段社会保障制度改革的重点包括以下内容。

（1）养老保险制度的改革。党的十四届三中全会的《中共中央关于建立社会主义市场经济体制若干问题的决定》，提出了养老保险实行社会统筹和个人账户相结合的原则。1997 年 7 月，国务院颁发的《国务院关于建立统一的企业职工基本养老保险制度的决定》，指出：按本人缴费工资数额的 11%为职工建立基本养老保险个人账户，个人缴费全部记入个人账户，其余部分从企业缴费中划入。基本养老金由基础养老金和个人账户养老金组成。基础养老金月标准为省、自治区、直辖市或地（市）上年度月平均工资的20%，个人账户养老金月标准为本人账户储存额除以 120。

（2）失业保险制度的改革。党的十四届三中全会通过的《中共中央关于建立社会主义市场经济体制若干问题的决定》明确将劳务市场更名为劳动力市场，同时将待业保险正式定名为失业保险。1999 年 1 月，国务院发布了《中华人民共和国失业保险条例》（简称《失业保险条例》），扩大了失业保险的覆盖范围，提高了失业保险费的费率和失业保险基金的统筹层次，重新确定了失业保险金发放的标准，明确规定了失业保险基金的支出项目，确定了劳动、财政、银行三家互相监督制约，实行收支两条线管理的机制等。

（3）医疗保险制度的改革。1998 年 12 月，国务院颁发了《国务院关于建立城镇职工基本医疗保险制度的决定》。该决定为当前城镇职工医疗保险制度改革提出了基本框架和改革思路。

（4）工伤保险制度的改革。劳动部于 1996 年 8 月颁发了《企业职工工伤保险试行办法》，规定：适用范围为中国境内的企业和职工；实行社会统筹，设立工伤保险基金，并实行社会化管理服务；强调工伤保险与事故预防、职业病防治相结合。在待遇标准上提高了水平，并发给相当于伤残职工本人 18 至 24 个月工资的一次性伤残补助。工伤保险费根据各行业的伤亡事故风险和职业危害程度的差别实行差别费率，同时根据企业发生工伤和职业病及使用工伤保险基金低于或超过控制指标的情况，在行业标准费率的基础上降低或提高费率，实行浮动费率。这样，工伤保护就由企业福利转变为社会保险。国家技术监督局于 1996 年 3 月颁布了《职工工伤与职业病致残程度鉴定》国家标准（GB/T 16180—1996）。有了工伤社会保险的试行办法和工伤残疾鉴定标准，全国的工伤保险制度改革就有了规范性的办法，这可以作为制定国家法律法规的草案。

（5）生育保险制度的改革。1994 年 12 月，劳动部颁发了《企业职工生育保险试行办法》，在生育保险基金的社会统筹、生育保险待遇、基金管理等方面做了相应规定，生育保险开始进入制度化轨道。

（6）建立健全城镇居民最低生活保障制度。从 1995 年起，国家开始着手改革城市救济制度，即对城市救济对象逐步实行按最低生活保障线标准进行救济。1997年9月，国务院下发了《关于建立城市居民最低生活保障制度的通知》，对保障对象的范围、保障标准、保障资金的来源和有关政策措施做出了明确规定，要求地级以上城市在1998年年底以前建立起这项制度，县级市、县政府所在镇在1999年年底以前建立起这项制度。今后要进一步面向不同的社会群体建立多元化的最低生活保障制度。

（7）农村社会养老保险改革。中国是一个农业大国，农村人口占总人口的80%，农民养老问题一直是党和政府十分关心的重要问题。1995年10月，国务院批转了民政部《关于进一步做好农村社会养老保险工作的意见》，肯定了在农村群众温饱问题已经基本解决、基层组织比较健全的地区逐步建立农村社会养老保险制度，是建立健全农村社会保障体系的重要措施。从此，农村养老保险工作进入稳步发展阶段。为了加强领导，防范金融风险，保证养老保险基金安全，1997年10月民政部在山东烟台召开了全国农村养老保险管理工作现场经验交流会，制定了《县级农村社会养老保险管理工作规程》，重申了基金管理政策，提出了防范风险的要求，推广了烟台市全面推行县级规范管理的经验。

这一阶段，社会保障制度改革的深化，对于建立社会主义市场经济体制，深化国有企业改革，促进国民经济持续、快速、健康发展，调节社会不同群体的收入分配，具有极其重要的作用。但是，社会保障制度仍很不健全，主要表现在：统筹层次低，覆盖范围窄，基金支撑能力和调剂能力弱，法制化程度低，用人单位和劳动者社会保险意识不强，社会化程度和管理水平不高等。社会保障体系的健全和完善还要有一个相当长的过程，还有许多新情况、新问题需要进行深入的探索和研究，以寻求解决的途径和办法。

（五）以城乡统筹为目标的社会保障制度的全面发展和创新：2003年至今

进入21世纪以来，党中央、国务院以"和谐社会"、"科学发展观"和"以人为本"的理念推动社会保障制度建设，提出了"2020年，覆盖城乡居民的社会保障体系基本建立，人人享有基本生活保障"的目标，社会保障制度被提升到前所未有的战略高度，制度建设开始进入以统筹城乡为目标的全面发展和创新阶段。十八大报告明确指出：改革和完善企业和机关事业单位社会保险制度，整合城乡居民基本养老保险制度，逐步做实养老保险个人账户，实现基础养老金全国统筹，建立兼顾各类人员的社会保障待遇确定机制和正常调整机制；整合城乡居民基本医疗保险制度；把制定渐进式延迟退休年龄纳入顶层设计。由此可见，养老保险并轨、医疗保险并轨，探索养老金可持续发展的养老保险改革已势在必行。

（1）养老保险制度。2005年11月，劳动保障部、财政部联合发布《关于扩大做实企业职工基本养老保险个人账户试点有关问题的通知》，决定2006年选择6~8个有积极性且有一定实力的省、自治区、直辖市进行扩大做实个人账户试点，鼓励有条件的地方做实个人账户，个人账户的比例从5%起步。2005年12月，国务院发布《国务院关于完善企业职工基本养老保险制度的决定》，在确保基本养老金按时足额发放、扩大基本养老保险覆盖范围、逐步做实个人账户、改革基本养老金计发办法、建立基本养老金正常调整机制等方面做出了明确规定。其中，个人账户规模由本人缴费工资的 11% 调整为 8%。2007 年 1 月，劳动和社会保障部、财政部联合发布《关于推进企业职工基本养老保险省级统筹有关问题的通知》，以确保企业离退休人员基本养老金按时足额发放为中心，在不断规范和完善省级调剂金制度的基础上，积极推进省级统筹工作的开展，并明确了省级统筹的标准。2007 年 2 月，劳动和社会保障部、财政部联合发布《关于进一步做好扩大做实企业职工基本养老保险个人账户试点工作有关问题的通知》，2007 年各试点省份可根据自身的承受能力，在不增加本地区基本养老保险基金缺口、不影响企业离退休人员基本养老金当期发放的前提下，研究是否提出 2007 年将做实个人账户比例提高到 4% 的申请。2008 年 3 月，国务院印发《事业单位工作人员养老保险制度改革试点方案》，决定在山西省、上海市、浙江省、广东省、重庆市先期开展试点，与事业单位分类改革配套进行。2008 年 4 月，人力资源和社会保障部、财政部联合发布《关于提高做实企业职工基本养老保险个人账户比例的通知》，批复天津市、山西省、河南省、湖北省、湖南省、新疆维吾尔自治区将做实个人账户比例从 3% 提高到 5%，中央财政按规定给予补助。2015 年 1 月 14 日，《国务院关于机关事业单位工作人员养老保险制度改革的决定》发布，标志着养老金"双轨制"正式终结，3 700 万名机关事业单位工作人员与企业员工一样，将纳入统一的养老保险制度体系。十八届五中全会明确提出：实现职工基础养老金全国统筹。

（2）失业保险制度。2000 年 10 月，劳动和社会保障部颁布《失业保险金申领发放办法》，明确了失业保险金申领、发放和失业保险关系转迁等问题。2006 年 1 月，劳动和社会保障部、财政部联合发布《关于适当扩大失业保险基金支出范围试点有关问题的通知》，决定自 2006 年 1 月起，在北京、上海、江苏、浙江、福建、山东、广东七个省市开展适当扩大失业保险基金支出范围试点工作。2009 年 7 月，人力资源和社会保障部、财政部联合发布《关于延长东部 7 省（市）扩大失业保险基金支出范围试点政策有关问题的通知》，明确了延长试点政策意见，江苏、浙江、福建、山东、广东五省可以参照北京、上海两市做法等内容。

（3）医疗保险制度。2003 年 5 月，劳动和社会保障部发布《关于城镇灵活就业人员参加基本医疗保险的指导意见》，对灵活就业人员参保方式、激励措施和待遇水平、医疗保险管理服务工作等方面做出了明确规定。2004 年 5 月，劳动和社会保障部办公厅发布《关于推进混合所有制企业和非公有制经济组织从业人员参加医疗保险的意见》，将医疗保险覆盖面扩大到混合所有制企业和非公有制经济组织从业人员，进一步完善了医疗保险制度。2007 年 7 月，国务院发布《国务院关于开展城镇居民基本医疗保险试点的指导意见》，提出 2007 年在有条件的省份选择 2~3 个城市启动试点，2008 年扩大试点，争取 2009 年试点城市达到 80% 以上，2010 年在全国推开，逐步覆盖全体城镇非从业居民的目标。2008 年 2 月，国务院召开城镇居民基本医疗保险扩大试点工作会议，明确 2008 年工作任务是使扩大试点城市的数量达到全部地级城市数量的一半以上。2008 年 6 月，人力资源和社会保障部、财政部联合发布《关于做好 2008 年城镇居民基本医疗保险试点工作的通知》，强调完善财政补助政策。2008 年，政府对试点城市参保居民的补助标准由 2007 年的不低于人均 40 元提高到不低于人均 80 元，其中中央财政对中西部地区按人均 40 元给予补助，对东部地区参照新型农村合作医疗（简称新农合）的补助标准同步提高。到 2008 年年底，扩大试点城市的居民参保率力争达到 50%左右。2009 年 3 月，中共中央、国务院发布《中共中央 国务院关于深化医药卫生体制改革的意见》，明确了人人享有基本医疗保障的目标和多层次的医疗保障体系构架，为医疗保障体系改革指明了方向，是指导当前和今后一个时期推进和发展医疗保障事业的纲领性文件。2009 年 3 月，国务院发布《医药卫生体制改革近期重点实施方案（2009—2011 年）》，决定 2009~2011 年重点抓好五项改革：一是加快推进基本医疗保障制度建设；二是初步建立国家基本药物制度；三是健全基层医疗卫生服务体系；四是促进基本公共卫生服务逐步均等化；五是推进公立医院改革试点。2009 年 4 月，人力资源和社会保障部、财政部联合发布《关于全面开展城镇居民基本医疗保险工作的通知》，对全面开展城镇居民基本医疗保险工作进行部署。同时，统筹解决包括关闭、破产集体企业退休人员和困难企业职工等在内的其他各类城镇人员医疗保障问题，切实保障他们的基本医疗需求。

（4）工伤保险制度。2003 年 4 月，国务院颁布《工伤保险条例》，对工伤保险基金的构成、缴纳、管理，工伤认定的范围、程序，劳动能力鉴定的标准及工伤保险待遇、监督管理、法律责任等提出了具体要求，为相关问题的处理提供了法律依据。这是中国第一部工伤保险法规，于 2004 年 1 月 1 日正式实施。2007 年 2 月，劳动和社会保障部、卫生部、国家中医药管理局联合发布《关于加强工伤保险医疗服务协议管理工作的通知》，对工伤保险医疗服务协议管理的方式、协议医疗机构的条件，以及工伤职工就医和医疗服务费用管理等问题进行了明确和规范。2008 年 3 月，人力资源和社会保障部发布关于印发《工伤康复诊疗规范（试行）》和《工伤康复服务项目（试行）》的通知，对开展工伤康复试点工作做出进一步规范。2009 年 7 月，国务院法制办公室公布《工伤保险条例（修订草案）》，向社会公开征求意见。

（5）生育保险制度。2004 年 9 月，劳动和社会保障部办公厅发布《关于进一步加强生育保险工作的指导意见》，要求各地将建立和完善生育保险制度纳入当地劳动保障事业发展规划，协同推进生育保险与医疗保险工作，切实保障生育职工的医疗需求和基本生活待遇，加强生育保险与医疗服务管理。

（6）农村社会养老保险和合作医疗制度。2003 年 1 月，国务院办公厅转发卫生部等部门《关于建立新型农村合作医疗制度意见的通知》，对新型农村合作医疗的目标和原则、组织管理、筹资标准、资金管理等问题提出了指导意见。2003 年 6 月，劳动和社会保障部发布《关于农垦企业参加企业职工基本养老保险有关问题的通知》，规定从 2003 年 7 月 1 日起，各地要将农垦企业及其职工纳入当地基本养老保险范围。对农垦企业的保险范围、管理原则、缴费标准进行了统一规定。2004 年 1 月，国务院办公厅转发卫生部、民政部、财政部等部门《关于进一步做好新型农村合作医疗试点工作的指导意见》，要求农民自愿参加，原则上农民个人每年每人缴费不低于 10 元，集体出资部分不得向农民摊派。2004 年 6 月，劳动和社会保障部发布《关于农民工参加工伤保险有关问题的通知》，要求用人单位必须及时为建立劳动关系的农民工办理参加工伤保险的手续。2006 年 5 月，劳动和社会保障部下发《关于实施农民工"平安计划"加快推进农民工参加工伤保险工作的通知》，开展推进农民工参加工伤保险工作 3 年行动计划，切实推进农民工特别是矿山、建筑等高风险企业农民工参加工伤保险工作。2007 年 4 月，劳动和社会保障部、国土资源部联合发布《关于切实做好被征地农民社会保障工作有关问题的通知》，对进一步明确被征地农民社会保障工作责任，确保被征地农民社会保障所需资金，规范被征地农民社会保障资金管理，加强被征地农民社会保障工作的监督检查都提出了详细的要求。2008 年 10 月，中共十七届三中全会决议提出，建立个人缴费、集体补助和财政补贴相结合的新型农村社会养老保险制度；依法征收农村集体土地，按照同地同价原则及时足额给予农村集体组织和农民合理补偿，解决好被征地农民就业、住房保障问题；做好被征地农民社会保障，做到先保后征，使被征地农民基本生活长期有保障。2009 年 2 月，人力资源和社会保障部办公厅发布《关于印发农民工平安计划二期工作方案的通知》，计划用两年左右时间，进一步推进农民工特别是服务业农民工参加工伤保险工作，基本实现有劳动关系的农民工都参加工伤保险。2009 年 9 月，国务院出台《国务院关于开展新型农村社会养老保险试点的指导意见》，按照加快建立覆盖城乡居民的社会保障体系的要求，逐步解决农村居民老有所养问题。2013 年 3 月第十二届全国人民代表大会第一次会议上公布的《关于国务院机构改革和职能转变方案的决定》中提出按照同一件事由一个部门负责的原则，将城镇职工基本医疗保险、城镇居民基本医疗保险、新型农村合作医疗制度进行合并。2014 年 2 月 21 日，国务院出台了《国务院关于建立统一的城乡居民基本养老保险制度的意见》，提出"'十二五'末，在全国基本实现新农保与城居保制度的合并实施，并与职工基本养老保险制度相衔接。2020 年前，全面建成公平、统一、规范的城乡居民养老保险制度"。2014 年 7 月 1 日开始实施《城乡养老保险制度衔接暂行办法》。

经过多年的努力，中国特色社会保障框架体系已初步建立：基本养老、基本医疗、失业、工伤、生育五项社会保险制度基本建立并逐步完善，以最低生活保障为重点的城乡社会救助体系基本形成，各项社会保障覆盖范围不断扩大，保障水平稳步提高。特别是近些年来，我们进一步加快了社会保障制度建设的步伐。

二、我国社会保障体系建设面临的新问题

社会保障制度是现代国家治理体系的重要组成部分，关乎基本民生改善和社会公平正义。在中央领导下，各地区各部门各方面扎实工作，我国城乡社会保障体系建设取得了重大进展，保障制度逐步完善，保障范围逐步扩大，保障水平逐步提高，进入了统筹城乡、全面推进的重要时期。同时要看到，我国是一个有 13 亿多人口的发展中大国，长期处于社会主义初级阶段，社会保障体系建设时间不长，还存在公平性不足、统筹层次不高、适应流动性不够、可持续性不强、管理体制不顺等问题。国务院及其有关部门要认真贯彻中央决策部署，坚持从国情和实际出发，大力加强城乡社会保障体系建设，建立更加公平可持续的社会保障制度。站在新的历史起点，社会保障体系建设面临诸多新要求和新挑战，其主要表现在以下五个方面。

1. 工业化加速，对社会保障形成空前压力

改革开放 30 多年来，我国成功解决了 13 亿人口的温饱问题。进入工业化中期阶段，产业结构深度调整，社会结构和利益格局发生变化，社会风险加大，公众的利益诉求趋于多元化，对社会保障水平和公平性提出了更高的要求。一是各类无社会保障群体诉求增加，新老问题交错，解决体制转轨遗留问题的任务更加急迫。例如，仍有一部分关闭破产企业的退休人员没有基本医疗保障，"小集体"企业职工和原家属工普遍游离在养老保险制度之外等，有些已成为诱发社会不稳定的因素。二是已经有了基本保障的群体，由于待遇差别而产生的攀比现象日趋普遍，调整的难度加大。特别突出的是企业的高级技术人员与事业单位同类人员的退休待遇落差较大，而事业单位又坚持与公务员的退休标准作比照；社会低收入群体"要社保不要低保"的呼声也很强烈。往往是解决一个问题，引发一片攀比。三是公众对社会保障管理服务的方式和效率提出了新的要求，如大量出现异地养老、异地就医，群众强烈要求改善公共服务方式，提高服务效率。

2. 城乡结构急剧变化，农村的社会保障问题凸显

2009 年年末，我国的城镇化率已达 46%，比改革开放初期提高了一倍多，随着城镇化进程的加快，到 2020 年城镇化率有可能到达 60%。这种快速变化的格局凸显了现行社会保障的制度缺失：一方面，大量在城乡之间流动的农民工，尚缺乏适合其特点的政策安排，特别是需要长期积累的养老保险，大多数人没参保，少数参保的也普遍在春节回乡时"退保"。主要原因是现行缴费标准较高，企业难以承受，由于社会保险权益无法跨地区转移、接续、累计，农民工担心流动就业后拿不到养老金。另一方面，大量青壮年劳动力转到城镇就业，留在农村的多是老弱妇孺，"空巢化"状况严重，传统的土地保障和家庭养老难以为继，若不加紧解决，农民特别是老年农民的贫困化将加剧。我国城乡二元结构和地区发展失衡的现状是历史形成的，在相当长的一个时期内不会完全改变。如何既体现公平普惠，又适应城乡之间和区域之间发展不平衡、财政支撑能力各不相同、单位和个人缴费能力差异大等现实状况，加快推进覆盖城乡的社会保障体系建设，还需要一个长期艰苦探索的过程。

3. 人口老龄化来势迅猛，社会保障长期资金平衡压力巨大

人口老龄化是 21 世纪全球性难题，我国面临的形势更为严峻，其主要有三个特征。一是来得早。西方国家都是完成工业化后进入老龄化，而我国是"未富先老"。二是来得快。西方国家老龄化从 5% 上升为 10%，普遍用了 40 多年时间，而我国只用了 18 年。2008 年年末，我国 60 岁以上人口近 1.6 亿人，占总人口的 12%，2014 年达到 2.03 亿人，占总人口的 15%，中国人口老龄化发展趋势预测研究报告中预测，到 2030 年，我国 60 岁以上老年人口占总人口比重将达 23.2%，而且每年以 0.4% 以上的速度增长。三是持续时间长。由于人口基数大，预计我国在 21 世纪 30 年代进入老龄化高峰后，将高位保持30~40 年时间。初步测算，到 2050 年我国每四个人中就有一个老年人。人口老龄化对养老保险和医疗保险影响重大。经验数据表明，老年人的平均医疗费是中青年的 3 倍以上。

值得注意的是，一方面我国人口预期寿命不断增长，部分大城市居民预期寿命已接近80岁；另一方面提前退休的现象仍然比较普遍。长此下去，必然导致社会保险基金"生之者寡，食之者众"的局面，收支缺口逐步扩大，制度运行隐藏着重大危机。

4. 市场化和就业方式多样化，社会保障管理水平和服务能力不能适应

20世纪80年代我国开始改革社会保障制度，是从市县起步的，因而至今保留了很多低层次统筹、区域封闭管理的特点。随着市场经济的发展，人们在城乡、地区、行业间的流动性日益增强。而现行的社会保险管理受财政"分灶吃饭"体制制约，地域分割，分散管理，资金结存苦乐不均，不符合"大数法则"，难以发挥大范围共济和防范风险的功能。同时由于跨地区调度资金和转接社保关系的困难，阻碍了劳动力的合理流动。市场化带来就业方式的多样化，灵活就业群体的数量和比例呈明显上升趋势，其主要特征是劳动关系、就业岗位、工作时间、工资收入四个"不确定"。而传统的社会保障管理是以稳定的就业群体为对象、以几十万个用人单位为依托的，如今要面对数以千万计、时常变动的个体参保者，还要保证终生准确记录和结算、支付，管理服务的手段和能力都明显不足。

5. 经济全球化对我国影响加深，社会保障面临多重挑战

经济全球化为我国经济发展提供了机遇，扩大了国际市场，增加了就业和社会保险的参保人数和基金征缴收入；同时也对我国社会保障的稳定性、可靠性带来现实冲击和潜在风险，主要表现在：一是我国社会保障处在快速发展期，覆盖面的扩大和保障水平的提高，带动企业人工成本逐步走高是必然趋势，在资本和商品高度自由流动的背景下，这会在一定程度上影响国外投资流入和我国出口产品的竞争力。二是我国经济的外贸依存度很高，国际经济的周期性波动、汇率的变化都可能导致国内一批企业，特别是中小企业停产关闭，从而造成社会保障压力。三是我国社会保障基金将会更大规模地进入资本市场寻求保值增值，在出现国际金融危机时，势必增大社会保障基金的投资风险。在全球化背景下，我们已经不可能仅在本国范围内考虑社会保障制度的建设问题。

三、我国社会保障制度的未来发展

党的十七大提出，到2020年，实现"覆盖城乡居民的社会保障体系基本建立，人人享有基本生活保障"的目标。党的十八大又进一步提出，要坚持全覆盖、保基本、多层次、可持续方针，以增强公平性、适应流动性、保证可持续性为重点，全面建成覆盖城乡居民的社会保障体系。这是对当前和今后一个时期我国社会保障制度建设的总体规划和战略部署。实现这一目标，关乎国运、惠及全民，造福当代、泽被子孙，在建设中国特色社会主义伟大事业中具有特殊重要的意义。

（一）我国社会保障制度建设的基本原则

1. 坚持从基本国情出发，与经济社会发展要求和水平相适应

我国人口众多，人均 GDP 尚处于中等国家水平，城乡之间、地区之间经济发展不平衡，城乡二元结构仍未根本改变。立足这个基本国情，基本保障应从低水平起步，充分考虑各方面的承受能力。同时，根据城乡、区域不平衡的特点，制度设计不搞"一刀切"，而是根据不同人群的实际情况和地区经济发展水平，有针对性地确定适当的制度模式和待遇标准。

2. 坚持公平与效率相结合，权利与义务相对应

在保障模式上，坚持以缴费型社会保险制度为主体，以非缴费型福利项目为补充。建立社会保险待遇水平与缴费挂钩的激励约束机制，引导和鼓励劳动者积极就业，多劳多得，早缴费、多缴费、连续缴费和长期缴费，并将保障范围积极向预防性领域延伸，特别是做好失业预防、工伤预防和疾病预防工作，建立避免重蹈有些国家"福利陷阱"的必要机制。同时，要根据社会经济发展，不断提高待遇水平，适当缩小待遇差距，让全体人民共享社会经济发展成果。

3. 坚持立足当前，着眼长远，处理好改革、发展与稳定三者之间的关系

改革和制度创新都要注重保持政策的连续性，坚持试点先行，及时总结经验，由点及面，渐次推进改革。坚持统筹城乡、整体设计、分步实施、配套推进，先解决制度从无到有的问题，循序解决覆盖面从小到大、待遇水平从低到高的问题，量力而行，积极而为，稳妥推进社会保障体系建设。

从现在起到 2020 年，在超过 13 亿人口的东方发展大国，实现上述目标，将是一项前无古人的伟大壮举，意义重大，任务艰巨，时间紧迫。我们应坚持党的十八大确定的发展方向和目标任务，着力解决现实突出问题和历史遗留问题，完善以缴费型社会保险为核心的制度模式，统筹兼顾，不断探索，大胆创新，扎实工作，重点在增强公平性、适应流动性、保证可持续性方面努力。

（二）当前社会保障制度建设的重点

我们正处在一个大变革、大调整时代。全面深化改革构成了我国社会保障制度走向成熟、定型的最大机遇，经济持续增长和新型城镇化、国家治理现代化的推进为这一制度的改革与发展提供了有利条件。但长期形成的利益失衡与利益固化藩篱、人口老龄化所带来的压力、大规模的人口流动与就业高流动性、体制性障碍造成的路径依赖以及现行社会保障制度存在的缺陷，又构成了重大挑战。新时期深化社会保障改革的核心使命，就是在理性设计顶层方案的条件下，多管齐下，促使这一制度走向成熟、定型。

1. 增强公平性

（1）尽快弥补老年保障的制度缺失，构建完善的社会保障体系。

我国的基本医疗保障和城乡居民低保制度，目前已规定覆盖城乡全体居民。但在老年保障方面，还有农民、农民工和城乡无保障老人三个群体，无法纳入现行的社会保险制度。没有制度保障，是最突出的不公平。为此，我们需要加强制度建设或做出相应政策安排，编织出一张更加严密的社会保障网。

第一，建立农村居民养老保险制度。中央已经决定建立新型农村社会养老保险制度，实行个人缴费、集体补助、政府补贴相结合的筹资模式。这一制度的建立将彻底改变我国农村自古以来养儿防老的历史，同时可以极大地推动减贫目标的实现。应抓紧启动试点，总结经验，逐步推广。这里最关键的问题是，要吸取新型农村合作医疗的成功经验，各级政府投入资金支持，调动广大农民参保的积极性。

第二，制定实施农民工参加养老保险的办法。农民工已经成为我国产业工人的重要组成部分，其老年保障问题从长远看应在职工养老保险制度框架内解决。

考虑到目前农民工收入普遍较低、就业流动性强，并有一部分返乡养老，可以适当降低缴费比例，通过全国信息联网和发给社会保障卡来实现跨地区累计权益，达到规定条件的，可以与城镇企业职工一样按月领取基本养老金，也可转回农村。有关部门已经拟定了办法，应争取尽早出台。

第三，对城乡无保障老人实行老年补贴制度。目前城乡无养老保障的老年人约有1亿人，他们的生活贫困问题越来越突出。北京、上海等10多个城市针对这一情况已经建立了由地方政府出资、按月发放养老补贴的制度，并且取得了很好的社会效果，可以在有条件的地区推广。在此基础上，可考虑逐步建立由中央政府主导的全国老年补贴制度。

如果弥补了以上三个制度缺失，我们就把社会各类群体都纳入了老年保障制度，将全面实现党的十七大提出的"老有所养"的要求。

（2）扩大各项社会保障制度覆盖面，努力做到应保尽保。

已经有了制度安排的社会保障项目，要不断扩大覆盖面，将符合条件的人员尽可能纳入制度范围，保障他们的基本权益。职工医保、城镇居民医保，按医改方案要求三年内实现参保率达到90%以上。当前问题比较突出的是，城镇职工基本养老保险，规定企业按工资总额的20%缴费，这在世界上是比较高的。主要原因是，计划经济时期没有为退休人员留下必要的积累，同时也与现行制度覆盖面不广有关。各地为了保障离退休人员的养老金发放，不得不从一开始就规定比较高的缴费比例。但这种高缴费，降低了制度的吸引力，使众多的小企业和低收入群体力不能及，"望而却步"。要通过适当降低缴费基数和费率等措施，鼓励和引导私营企业、个体灵活就业人员参加基本养老保险。

这样，既可以扩大覆盖面，改善缴费者与领取者的比例，又反过来为保持适度较低费率提供支撑。要采取财政投入、多渠道筹资等方式，积极解决体制转轨过程中的历史遗留问题，将集体企业职工的养老保障问题、关闭破产企业退休人员医疗保障问题、"老工伤"人员工伤保险待遇问题，尽可能纳入现行社会保险体制妥善解决。

（3）逐步提高基本保障整体水平，合理界定各类人员的待遇差距。

随着经济发展，要有计划、分步骤地提高保障水平，让人民群众更多地分享社会经济的发展成果。在提高整体水平的同时，要合理界定各类群体的待遇差距，发挥社会保障调节社会分配的功能。对企业与机关事业单位同类退休人员待遇落差问题，要通过政策调整控制待遇差距的进一步扩大。同时，要逐步缩小职工医保、居民医保和新型农村合作医疗三套医疗保险制度在报销比例方面的差距。与此相适应，要提高城乡最低生活保障标准；有条件的地方，可以逐步缩小城乡低保标准的差距。

2. 适应流动性

（1）提高社会保险统筹层次。养老保险应尽快实现省级统筹，在大范围分散风险、提高资金使用效率的同时，实现社会保险权益在省（自治区、直辖市）范围内的无障碍转续和累积计算。对于跨省流动，要制定全国统一的政策，养老保险主要解决关系转移接续问题，医疗保险主要解决异地就医费用结算问题。在此基础上，实施基础养老金全国统筹，通过进一步划分中央与地方的责任，形成基础养老金由中央负责、个人账户养老金由地方负责的格局。从体制上消除影响劳动力合理流动的障碍。基本医疗保险、失业保险、工伤保险等，也要逐步实现地市级统筹、省级调剂，有条件的地区要向省级统筹迈进。

（2）做好同类制度之间的政策衔接。要注重制度的整体性设计，以人为本，适应人们的现实需要，而不能让制度"拴死"人。城镇职工养老保险和新型农村社会养老保险制度，虽然保障水平不同，但如果都采用"基础养老金+个人账户"的结构，两套制度就能够互通互联，适应劳动者的城乡流动；农村现有的一些特定群体的保障政策（如计划生育对象的老年补助、村干部和老党员的补贴等），可以在基本养老保障制度之上附加。机关、事业单位基本养老保险的制度设计，如果也采用类似结构，职工的行业、岗位转换就大大方便了；对于需要体现差别的，可以用建立职业年金等方式安排。基本医疗保险制度，要逐步打通城乡医疗保险制度之间的转换路径，保证各类人员在城乡之间流动时的医疗保障权益。应鼓励各地根据实际情况，建立统一的城乡居民医疗保障制度。条件成熟的时候，还可以与城镇职工基本医疗保险制度进一步整合为统一制度。为了提高社会保障制度设计和执行的整体性，应结合政府机构改革，进一步理顺社会保障行政管理体制，整合社会保障管理资源，减少因部门分治造成的"制度裂痕"和推诿扯皮，提高运行效率。

（3）加快建设社会保障信息管理系统。解决适应流动性和社会保障管理服务能力不足的矛盾，靠增加人手，解决程度总是有限的。根本出路在于提高信息化水平。要加快建立标准统一、全国联网的社会保障信息管理系统，并与其他公共管理系统实现数据共享。通过信息化手段，及时、准确记录保障对象的缴费和权益，做到"跟踪一生，记录一生，服务一生，保障一生"。尽早实现每人一张社会保障卡，全国"一卡通"，社会保障对象随时随地可以查询自己的权益记录，转移就业可以持卡接续，异地就医可以持卡结算，为人民群众提供方便、快捷、优质的社会保障服务。

3. 保证可持续性

（1）做大社会保障基金的盘子。

保证社会保障的可持续发展，特别是应对老龄化高峰的挑战，必须不断增强我国社会保障资金支撑能力。可考虑的措施有如下几个方面。

第一，进一步调整财政支出结构，增加对社会保障的投入。近年来，各级财政对社会保障的投入逐年增加，但占财政总支出的比重仍然相对较小。应根据财政收入状况，逐步把这一比重加大到 20% 左右。同时，可以把各类社会保障收入（单位和个人、家庭缴费，各级财政补助，社会捐赠等）整合起来，建立单独的社会保障预算，并不断提高社会保障总量占 GDP 的比重，使之逐步达到 10% 左右。

第二，继续做实养老保险个人账户。我国养老保险实行社会统筹与个人账户相结合的模式，这是根据国情做出的正确选择。目前的突出问题是个人账户"空账"缺口还比较大。个人账户"空账"将为未来社会保障的发展留下巨大的"隐形债务"。根据相关模型计算，虽然目前全国城镇养老保险基金有结余，但随着老龄化的加剧，到 2022 年前后，养老保险当期支付就将出现缺口，而后的几十年内，缺口逐渐增大，届时财政负担将极为沉重。中央已经做出逐步做实个人账户的决策，应坚定不移地推进，真正实现现收现付模式向部分积累模式的转变。具体步骤和进度可以根据财政承受能力确定。同时，应继续扩大全国社会保障基金规模，充实国家战略储备。

第三，开辟社会保障基金投资渠道。随着养老保险个人账户的做实以及各项社会保障基金的结余增加，基金安全和保值增值的问题凸显。基金被挤占挪用是损失，贬值缩水也是损失。2015 年，全国社会保障基金和企业年金基金市场化投资运营已经取得成效和经验，养老保险个人账户积累资金也应当进入市场运作。由于养老保险基金具有长期积累和追求低风险、稳定回报的特性，特别适于做长线投资，应当在严密规则、切实加强基金监督的情况下进入资本市场，在追求合理回报的同时，增加资本市场的稳定性。因此，应尽快制定相关投资运营办法，积极稳妥地开展社保基金投资运营，同时吸取美国次贷危机引发金融危机的教训，健全监管机制，严防违规运营。

（2）加快社会保障立法步伐。

我国社会保障经过 20 多年的改革和加速发展，已经积累了许多成功经验和行之有效的做法，制度模式已经基本确立，应当通过立法加以确认和强化，以增强社会保障制度的规范性和稳定性，避免在制度模式选择方面继续争议不休，或出现反复和折腾。《中华人民共和国社会保险法》于 2011 年 7 月 1 日施行。建议在充分研究吸收社会各方面意见的基础上，抓紧研究制定养老、医疗、企业年金、基金监管和投资运营等方面的法规和规章，逐步构建比较完善的社会保障法律法规体系。

（3）择机延长法定退休年龄。

我国现行的退休年龄是 20 世纪 50 年代规定的，当时我国人口的平均预期寿命只有40 多岁。政策规定男职工年满 60 周岁退休，女干部 55 周岁，女工人 50 周岁；实际执行结果是，提前退休现象普遍，平均退休年龄只有 52 周岁。延长退休年龄，是各国应对老龄化的首选政策。我们也要根据人民健康水平提高、人口预期寿命延长的实际，在统筹研究就业市场供求状况、充分考虑群众心理承受能力的前提下，采取柔性策略，适时调整退休年龄。首先可选择部分就业替代性差的人群进行试点，如对高级知识分子、各类专业技术人才、高技能人才等，实行弹性退休政策，允许他们自愿延迟退休，并在社会保障相关政策上给予更多倾斜。条件具备时，对男女职工实行统一的小步渐进式的延迟退休，争取用 20 年左右的时间，将男女法定退休年龄逐渐提高到 65 周岁，并逐步缩小男女退休年龄的差别。这不仅是减轻基金压力、实现社会保障可持续发展的需要，也是科学开发和合理利用我国人力资源的客观要求。

（4）发展补充性保障，建立多层次保障体系。

补充性社会保障项目，包括企业（职业）年金和补充医疗保险、公务员医疗补助等，还包括商业养老、健康保险和社会慈善事业等。2008 年，我国补充性社会保障发展仍较滞后，在整个社会保障体系中发挥的作用有限。例如，企业年金，经过多年发展才积累了 1 500 多亿元，受益面不到 1 000 万人。企业退休人员反映待遇水平偏低，一个重要原因就是企业年金没有普遍建立起来，只能依靠基本养老保险；推进事业单位养老保险制度改革，也需要同步建立职业年金，使事业单位工作人员免除待遇水平降低的后顾之忧。为完善我国社会保障体系，国家应通过更有力的税收优惠政策，鼓励用人单位为劳动者建立补充保险。同时要充分利用市场资源，引导和规范各类社会机构和市场主体兴办补充性社会保障事业，以满足人民群众更高的或特定的社会保障需求，逐步构建具有中国特色的多层次多支柱的现代社会保障体系。

经过我们的努力，真正建成公平、普惠型的社会保障制度，全面满足城乡居民的社会保障需求，确保国民的生活质量并能够切实维护个人的自由、平等与尊严，最终实现中国特色的社会主义福利。

▶本节习题及拓展材料

推荐阅读书目

刘晓梅，邵文娟. 2014. 社会保障学. 北京：清华大学出版社

张一名. 2010. 社会保障知识读本. 北京：红旗出版社

推荐阅读材料

济 贫 法

圈地运动以后英国偷盗者、流氓人、乞讨者增多，社会不安因素急剧增加。1601 年英国颁布了第一个有关济贫的法律——《伊丽莎白济贫法》。作为英国第一个重要的济贫法，它不仅是这一法律制度的发端，而且为这一法律制度的发展确定了基本原则，因此

也被称为世界上最早的社会保障法。

根据《伊丽莎白济贫法》，治安法官有权以教区为单位管理济贫事宜、征收济贫税及核发济贫费。救济办法因人而异，凡年老及丧失劳动力的，在家接受救济；贫穷儿童则在指定的人家寄养，长到一定年龄时送去作学徒；流浪者被关进监狱或送入教养院。这一法律遵循的基本原则就是，让那些没有工作能力的人，如孤儿、无人赡养的老人和身体残疾的人，得到救济或赡养；给那些有劳动能力的人一份工作，让他们能够以此谋生。

此后，英国政府又在这部法律规定的原则基础上，颁布了一系列相关的法律。1662年，斯图亚特王朝通过《住所法》，这部法律规定，贫民须在其所在的教区居住一定年限，才可以获得救济。1723年又进一步规定，受救济者必须进入济贫院。由于在执行中问题多多，1782年，政府又做出相反规定，除了年老及丧失劳动力的人必须集中起来接受救济，对有劳动能力的人仍采用把原料发给他们，让他们在家做工的办法进行救济。1793年对法战争开始后，各地发生抢粮事件，于是伯克郡济贫官员于1795年5月在斯皮纳姆兰村开会，决定向收入低于公认最低生活标准的工人提供补助，允许他们在家得到救济，即所谓"斯皮纳姆兰制"。此后，这一制度在英国各郡广泛采用，成为缓和阶级矛盾的重要措施。

但是，工业革命后，英国大规模使用机器，家庭手工业趋于没落，造成了大量无业流民。贫困化加剧使政府用于贫民救济的财政支出数额增加。在这种情况下，政府认为旧的济贫法已经无法适应形势的需要。

1834年议会通过《济贫法（修正案）》（The Poor Law Amendment Act of 1834），又称《新济贫法》。该法取消了"斯皮纳姆兰制"的家内救济，改为受救济者必须是被收容在济贫院中的贫民。但是，收容所内的生活条件极为恶劣，劳动极其繁重，贫民望而却步，因此，收容所被称为劳动者的"巴士底狱"。有人这样描述济贫院的基本情况：在砖铺的地面上到处是贫困的妇女以及满脸脏物到处乱爬的孩子，老年妇女躺在床上气喘吁吁无法动弹，或围坐在火炉旁大声咳着，老年男子弓着背忙着活计，苟延残喘。政府就是用这种方法来减少受救济的人口和济贫的支出的。

可以说，这部新的法律不仅没有改善工人的生存状况，反而使他们陷入更加绝望的境地。

资料来源：百度百科，http://baike.baidu.com/link?url=FctpS4wRjgOUwRLu7NN25yK-8TWyYlnxotO11Po98tY9nrHSqwAcPi2ko7zMoO9G

第二章　社会保障基本理论

本章主要内容：
- ●边沁的功利主义理论
- ●福利经济学理论
- ●新福利经济学理论
- ●凯恩斯主义理论

社会保障理论的发展随着实践不断发展演变，逐渐形成了较为完备的理论体系。

第一节　边沁的功利主义理论

19世纪欧洲自由主义最典型的发展是在英国，其主要表现形式就是功利主义。而功利主义是英国近代自由主义的重要翼翅，边沁就是公认的功利主义创始人。

一、边沁功利主义形成的历史背景

边沁的功利主义实际上是18世纪末、19世纪初英国工业革命和"改革时代"的必然产物。边沁几乎目睹了英国工业革命的全过程和社会的变化，边沁功利主义代表着英国工业资产阶级利益。工业革命之前，英国资产阶级中的土地贵族和金融贵族在经济上、政治上均占有优势地位。在工业革命中，工业资产阶级的经济实力逐渐超过了土地贵族阶级，但是他们在政治上仍处于无权地位，仍遭贵族阶级的欺压。经济实力对比的变化导致了政治权力的争夺和思想观念的变化。这种强烈的反差现象使他们无法容忍，从而强烈呼吁重新分配政治权力。边沁的思想学说正是集中反映了英国工业资本家在这一时期的愿望与要求。他的主要著作是在法国大革命期间与革命以后，同时也是在英国大工业发展时期写成的。功利主义正是在这种场合充当了资本主义生产关系和工业资产阶级的自由权利的辩护律师。

此外，边沁对 19 世纪 30 年代的英国立法起到了巨大的推动作用。其功利主义法学使整个 19 世纪英国制度一直处于不断合理化改革的过程中，对其他西方国家的立法和司法发展也产生过重大影响。他极力反对 17 世纪以来的古典自然法学的理性法观点，认为它们是虚构的；大自然将人类置于苦乐两大主宰之下，人的天性是避苦求乐，功利原则就是一切行为都适从这两种动力的原则。谋求功利是人们行为的动机，也是区别是非、善恶的标准；是自然人和政府活动遵循的原则，也是道德和立法的原则。最好的立法是达到"最大多数人的最大幸福"，最好的立法就在于促进社会幸福。

二、边沁功利主义形成的思想渊源

功利主义学说的思想渊源最早可追溯到古希腊时代，我们在苏格拉底哲学、昔勒尼学派、德谟克利特的幸福论、亚里士多德伦理学，特别是伊壁鸠鲁的快乐论那里，可以找到功利主义思想的源头。

第一，快乐主义学说的影响。他们认为，"快乐是衡量一切价值的尺度"。德谟克利特说，"快乐与不适构成了应该做或不应该做的事的标准"，"快乐与不适决定了有利与有害之间的界限"。在这里实际上已经提出了后来的功利主义的基本命题。伊壁鸠鲁则是古希腊哲学史上影响最大的快乐主义者，他发展了德谟克利特的快乐论，他说："快乐是幸福生活的开始和目的。"正是上述快乐主义学说构成了边沁功利主义的人性论基础。

第二，经验论传统的承袭。边沁功利主义思想继承了从古希腊罗马时代到近代英国经验论传统，尤其是把霍布斯、洛克以来的感性经验论作为其哲学基础。哲学经验论主张，个人的一切知识都来自于自己的经验，经验的最终来源是人的心灵所得到的感官印象。例如，洛克曾说，事物所以有善恶之分，只是由于我们有苦乐之感。所谓善就是能引起（或增加）快乐或减少痛苦的东西；要不然它亦使我们得到其他的善，或消灭其他的恶。边沁功利主义正是继承了经验论的这一传统，明确将作为道德标准的体验归结为快乐和痛苦，并进一步指出，判断行为是否合于道德，通过检视行为的后果是否能够最大限度地增加人的快乐或是减少痛苦来实现。

第三，英国情感论学派的合理利己主义公益论的启示。英国情感论学派探究了人性的两种倾向——自私和仁爱及其相互关系，并由之解释人的道德行为和社会道德现象，从而为功利主义预制了理论探讨的基本背景和问题模式；另外，由哈奇逊第一次提出了"最大多数人的最大幸福"原则（简称"最大幸福"原则），并提出了计算原理，从而为边沁功利主义"最大幸福原则"的提出开掘了更为直接的理论来源。

第四，18 世纪法国启蒙运动中的爱尔维修、霍尔巴赫等的唯物主义观点也给予边沁很大的启示。爱尔维修主张用约束个人利益的方式来追求个人利益，以使个人利益与公共利益相结合，这种方法为边沁功利主义奠定了方法论基础。霍尔巴赫也认为人的本性是自爱自保，但他同时强调人有理性，"人为了自己的利益，应当爱其他的人"。这些公益论理论深刻影响了边沁的功利主义思想。

第五，18 世纪意大利著名的法律改革家贝卡里亚的思想对边沁功利主义学说的产生也有过较为直接的影响。除了"最大多数人的最大幸福"原理的确立曾受贝卡里亚的影响外，边沁提出细致而周详的关于快乐与痛苦的计算法最早也是受到贝卡里亚的启示。

归纳起来，上述伦理学家对功利主义伦理学的产生提供了两个重要的思想来源：一是对道德目的性的强调，即道德是为了人的幸福或快乐；二是对利己与利他关系的探讨，逐渐阐明了道德是为了最大多数人的最大幸福。

总之，边沁作为系统的功利主义的奠基人，他的理论的形成和他所生活的那个时代密不可分，同时有着深厚的伦理学思想渊源。功利主义的产生首先具有鲜明的时代特征，反映了边沁所生活于其中的那个时代的基本的经济、社会要求和思想状况，并推动了社会经济、政治和思想观念各个方面的变革；并且它的产生也不是一蹴而就的，具有明显的历史继承性。在其看来，功利是这样一种事物特性，它能给人带来快乐（或利益、好处等）或者减轻、避免痛苦（即不幸福）。一言以蔽之，功利就是趋乐避苦。

三、边沁功利主义思想的核心内涵

边沁的思想实质上就是功利主义，所以他为功利主义规定了一个总体原则，即"最大幸福"原则。边沁的这一总体原则构成了现代西方社会政治改革的行动范式和实践目标。边沁把"最大多数人的最大幸福"作为根本的道德原则和政治目标，是建立在一个最基本的事实或假设上的，即避苦求乐是人的本性和利益归宿。这决定了人的行为动机与目的在本质上是同构的。关于功利主义的概念，边沁认为功利主义就是按照看来势必增大或减小利益有关者的幸福的倾向，亦即促进或妨碍这种幸福的倾向，来赞成或非难任何一项行动。作为一种伦理学说或伦理学派，是指将功利当成道德标准的思想理论，它以追求最大多数人的最大幸福为最高道德原则。从基本结构上看，边沁的功利主义由苦乐原理、效果论和功利原则三个理论基点构成。他认为人类的一切行为动机以及合理性依据都来源于快乐或痛苦的免除，亦即利益或幸福，它不仅是个人的利益与幸福，而且是整个社会最大多数人的利益与幸福。不仅是从行为的动机强调苦乐对人的行为的支配作用，也是在行为效果意义上强调苦乐的支配作用，这实际上就是把苦乐看成在本质上就是恶与善的代名词。

功利主义的"功利"，包含的内容有如下几点：第一，功利就是趋乐避苦。强调和宣扬功利，就是唤醒人们对本性意识的回归与强化。不管我们是什么样的人，也不管我们身处什么地位、环境，担当什么样的社会角色，都会避免痛苦，追求快乐。第二，功利主义讲的"功利"，是"快乐"、"幸福"和"利益"的代名词。也就是说，功利就是利益，追求功利就是追求利益。但这里所说的"利益"并不是单指对物质利益的追逐、获得、享受与满足，还包括精神上的、情感上的、心灵上的利益追求、获得与满足。第三，边沁的功利主义思想，是以个人为出发点，但它的归宿却不是个人，而是社会。因此，要客观地理解他的"功利"观念，需很好地理解"当事人"的概念，即功利就是给利益攸关的当事人带来快乐或防止痛苦的事物特性。这里的"当事人"既可以是指自己，也可以是指他人。因而，在边沁的功利主义思想里面，"功利"不仅是个人的，也是社会的。功利不仅仅是个人对自身利益生活的追求，也是个人对自身利益之外的社会理想的设定与追求，这就是边沁功利主义的"功利"概念的基本内涵。

功利主义的两个出发点和前提：一是功利原理或最大幸福原理。所谓功利原理，就是人们一切行为的准则取决于是增进幸福抑或减少幸福的倾向。不仅私人行为受这一原理支配，政府的一切措施也要据此行事。按照边沁的看法，社会是由个人构成的团体，其中每个人可以看做组成社会的一分子。社会全体的幸福是由组成此社会的个人幸福的总和。社会的幸福是以最大多数的最大幸福来衡量的。如果增加社会的利益即最大多数的最大幸福的倾向比减少的倾向大，这就适合于功利原理。二是自利选择原理。所谓自利选择原理，按边沁的说法是，什么是快乐、什么是痛苦，每个人自己知道得最清楚，所以什么是幸福也是个人所知道的。个人在原则上是他自身幸福的最好判断者。同时，个人追求一己的最大幸福，是具有理性的一切人的目的。

在人类社会生活中，自利的选择占着支配地位。当人们进行各种活动的时候，凡是对自己的最大幸福能有最大的贡献，不管对自己以外的全体幸福会带来什么样的结果，他都会全力追求，这是人性的一种必然倾向。

边沁功利主义思想的内在结构：从基本结构上看，边沁的功利主义由苦乐原理、效果论和功利原则三个理论基点所构成。

（一）苦乐原理：苦与乐是人类至上的主人

2012年，边沁在《道德与立法原理导论》中认为，追求快乐逃避痛苦是人做出行为选择的终极原因。能够使人快乐、感到幸福的外物，都是人们不由自主追求的，而使人痛苦、感到不幸的外物，都是人们要竭力逃避的。在他看来，趋乐避苦是人的自然本性，人的一切所思所想都受其支配。自然把人类置于两个至上的主人——苦与乐的统治之下。只有它们两个才能够指出我们应该做什么，以及决定我们将要怎样做。快乐和痛苦是决定人们行为应该如何的标准，人类的一切行为动机以及合理性依据都来源于快乐和痛苦，因而，追求快乐或是避免痛苦就成为人类行为的最深层动机和最终目的。因此，边沁为此提出了七种快乐量的计算方法。他认为，若要知道苦乐价值的大小，从快乐和痛苦的相对值来看，涉及以下七个要素：①快乐的强弱度，即感受快乐的强度大小。②快乐的持久性，即快乐持续的时间长短。③快乐的确定性，即感受快乐是否确实。④快乐感受在时间上的远近。⑤快乐的增值性。伴随着某种快乐或痛苦之后，能否继续增加快乐或痛苦，如果一种快乐发生后能继续增加当事人的快乐，这种快乐是有增值性的，其幸福量就大。⑥快乐的纯度。伴随着某种快乐或痛苦后，不会产生相反的感觉，如得到一种快乐，之后不会因此而感到痛苦。⑦快乐的广延性，即快乐或痛苦的影响范围，人数多少。感受快乐的人数越多，幸福的量就越大，反之就越小。

（二）动机与效果：唯效果论

边沁认为一个行为是否善良，是否符合道德，不是看行为实施者的主观意志，而是在于一个行为是否带来好的效果。只要一个行为能够带来快乐的结果，那么，这个行为也就是合乎道德的行为。在边沁看来，动机在一般意义上是中性的，不存在绝对好或绝对坏的动机，因而根据动机判断善恶是不可能的。从本质上讲，人内心的动机，总可以归结于某种快乐或痛苦。每种快乐都是善，而痛苦本身就是一种恶，而且是唯一的恶。在边沁看来，每个人内心的动机总是为了追求快乐，而不可能是为了寻求痛苦。快乐即善，每种快乐都是善，痛苦即恶，是唯一的恶。那么每个人的动机都是善的，都是为了追求快乐。

（三）功利原则：追求最大多数人的最大幸福

功利原则指的就是：当我们对任何一种行为予以赞成或不赞成的时候，我们是看该行为是增多还是减少当事者的幸福；换句话说，就是以该行为是增进还是违反当事者的幸福为准。边沁的功利原则还包括其最高道德准则：追求最大多数人的最大幸福。从个人到最大多数人，从利己主义的快乐论到利他主义的幸福论，这中间必然涉及个人与社会的关系，不然无法过渡。为此边沁提出了"合成说"，试图将个人利益与社会利益统一起来。在他看来，个人利益是关键，社会利益不过是个人利益的总和，是个人利益的简单相加。他极力反对牺牲个人利益，认为失去个人利益，社会利益也就不存在了。所以，从中可以看出，虽然边沁以最大多数人的最大幸福为最高道德准则，但其实质上是利己主义者，未看到社会利益与个人利益质的不同。也就是说，边沁的功利原则包括两个方面的内容：其一是个人的快乐或幸福。其二是最大多数人的最大幸福。至于两者之间的关系，边沁认为，后者是前者的简单叠加。他说："社会利益又是什么呢？——它就是组成社会之所有单个成员的利益之总和。"总之，功利原则是边沁的社会理想，也是现代西方社会政治改革的行动范式和实践目标。

边沁功利主义思想在理论和实践上具有积极历史意义，但也存在一定缺陷。

1. 道德的唯效果论忽视了道德对人的自我教育功效

边沁认为，行为的善恶由行为的效果来决定，而非行为的动机。在他看来，行为的道德本质就是功利，只有行为的效果才是评价行为的道德价值的根据。道德只能作为达到功利的手段，道德的价值就在于它的"有用性"。边沁这种完全以行为结果是否达到目的为判断行为正误的标准，只注重行为效果、不考虑行为动机，给他的道德理论带来了局限性：一方面，它忽视了行为效果给行为者的心灵和性格方面带来的影响，忽视了人们内心的道德意识和道德情感，陷入狭隘效果论；另一方面，这种片面的、过于强调行为效果的道德评价思想，绝对化地置于个人普遍情感之上，使边沁主义显得生涩。

2. 没有注意到快乐的质差

毋庸置疑，边沁的苦乐计算法是一种创见，确有一定的可取之处，它至少为分析行为结果提供了客观可测的依据，同时在一定程度上也可运用于行为预测和行为选择。然而，这种方法在实践中是难以成立的。因为边沁的苦乐计算法只强调快乐的数量，而否认快乐的质的差别。边沁的这种认为快乐只有量的区别没有质的区别的思想，会导致这样一个结果：就所产生的快乐而言，在歌剧院与在饭桌上没有什么区别，所不同的只是快乐的量的区别。边沁还将快乐的量化形式贯穿于他的整个伦理学体系之中，因此，受到很多质疑与批判是必然的。对于这两个问题，很早就被学者发现并加以修正，如功利主义的另一大家密尔就提出了高级的快乐与低级的快乐的区分，并肯定了高级的快乐一定在质上优于低级的快乐。

3. 狭隘的目的论

其出发点和落脚点最终仍然是个人主义。既然从个人主义出发，追求和实现个人利益的最大化，那就不可能实现社会利益的最大化，社会理想也就变成了一句空话；反之，要使社会利益得到最大化，就不能保证个人利益的最大化。

社会利益并不是个人利益的简单叠加。而边沁认为公共利益是个人利益的集合，把社会利益看做"个人利益的总和"，这无异于承认逻辑上"一般是个体的简单相加"。在此基础上，边沁甚至做出一个更为荒唐的推理：部分就是整体。然而，公共利益作为一个整体概念是不能简单分割的，更不能直接等同于其中的"个人利益"。边沁更没有能够正确回答"集体利益和个人利益发生冲突时，应当如何处理"的问题。

4. 将财产上的平等与平均财产等同起来的错误性

边沁将快乐分为四项目标，即生存、平等、富裕和安全。其中，平等又分两个位阶：第一种平等是伦理和法律下的平等，因为人们感受苦与乐的感觉是平等的。这种平等在法律上就表现为公正不偏和同罪同罚。第二种平等是经济和财产上的平等，边沁认为这种平等是不存在的，因为财产上的不平等乃是社会发展的前提，平均财产只会侵犯安全，结果是破坏财产。

总之，边沁的功利主义思想无疑具有巨大的积极意义，但也存在着许多缺陷，我们应该采用辩证的、历史的、公允的态度正确评价它，并结合当前时代特征，有针对性地吸取其精华，摈弃其糟粕，才能做到博采众长、为我所用。

第二节　福利经济学理论

福利经济学是社会保障制度的重要理论基础。它产生于 20 世纪 20 年代，以英国经济学家庇古（Arthur Cecil Pigou）的著作《福利经济学》（1920 年）一书的出版为标志。

《福利经济学》对福利的概念及其政策应用做了系统论述，从理论上论证了国家举办社会福利的必要性及政府应该采取的政策措施，在西方经济学说历史上具有划时代的意义。庇古因此被称为福利经济学之父。

一、福利经济学的思想渊源

福利经济学的直接先驱者是霍布森（J. A. Hobson，1858～1940年）。霍布森主张经济学要以社会福利为研究中心。他从伦理观点出发研究福利问题，认为人生的目的在于追求福利，福利的基础是财富。财富是由劳动、土地、才能、资本等生产要素共同生产出来的。在生产中，工人、资本家、企业主和地主通力合作，创造了一种"非生产性剩余"。这种"非生产性剩余"是由于各种生产要素的所有者在议价时能力的不平等以及各种经济势力所形成的，因而政府应以课税的方式或政府独占的方式将这种剩余用于社会福利。因此，经济学的中心任务应是发现现行社会制度下财富分配所依据的原则，提出改进财富分配不均的办法，从而增进人类福利。他认为，为实现"最大社会福利"，国家必须干预经济生活。这种干预不仅包括分配领域，还应当包括生产领域；国家不仅可以通过税收政策改善财富分配状况，以及实行诸如最低工资立法和免费医疗、老年抚恤金、比较充分的失业救济等"合理的健全的社会政策"，以改善劳动人民生活，此外，还应当对一些企业进行直接管制，以便把个人利益和社会利益调和起来，使"最大多数人的最大幸福"得以实现。

二、福利经济学核心思想

福利经济学的创始人是庇古。庇古以马歇尔等的一般经济理论为基础，构建出社会福利分析框架，建立了福利经济学的理论体系，并在此基础上提出了一系列重要的经济政策主张。它从生产资源有效率的配置和国民收入在社会成员之间的分配这两个方面来研究一个国家实现最大的社会经济福利所需具备的条件和国家为了增进社会福利所应采取的政策措施。庇古的福利经济学，相对于他以后的福利经济学来说，被称为"旧福利经济学"。

庇古认为，福利是一个人获得的效用或感受到的满足，它包括两类：一类是广义的福利，即"社会福利"；另一类是狭义的福利，即"经济福利"。广义的福利包括对财物、知识、情感、欲望的占有而产生的满足，涉及自由、家庭幸福、精神愉快、友谊、正义等内容。而所有社会成员的这些满足或效用的总和便构成了社会福利，而这些是难以用货币计量的。故经济学只能研究社会福利中可以直接或间接用货币计量的那部分"社会福利"，即"经济福利"。经济福利虽然只是总福利中的一个部分，但却具有决定性的影响，它可以在一定程度上反映社会的状况。

庇古把国民收入作为衡量社会经济福利的尺度。他认为："经济福利和国民收入这两个概念是那样对等，对其中之一的内容的任何表达，就意味着对另一个内容的相应表达。"在他看来，国民收入总量越大，一国经济福利也就越大。在国民收入既定的情况下，收入分配愈均等，经济福利亦愈大。庇古把国民收入的大小和国民收入分配的均等化作为检验社会经济福利的两个标准。他认为，凡是能增加国民收入总量而不减少穷人的绝对份额，或者增加穷人的绝对份额而不影响国民收入的总量，都意味着社会福利的增进。在福利经济学文献中，生产资源最适度的配置被称为检验社会福利的"效率"标准，国民收入的分配趋向平均称为"公平"标准。因此，国民收入极大化和国民收入均等化就成为福利经济学中的两个重要命题。

一方面，由于经济福利的大小可以通过国民收入水平的高低来衡量，所以，促进国民收入增长的政策也就是促进社会福利增加的政策。庇古认为，增加国民收入总量的关键在于使生产资源在各个生产部门的配置能够达到最优状态。而生产资源实现最适度配置所需具备的条件是，任何一种生产资源在其所有各种用途上的边际社会纯产值都相等，此时，耗费一定资源所生产出来的国民收入达到极大值。所谓边际社会纯产值是与边际私人纯产值相对应的一个概念。边际私人纯产值是指生产者个人从追加一个单位投资获得的收入增加值；边际社会纯产值是指从整个社会的角度看，该投资给社会带来的收入增加值。当每个生产者个人从他所生产的产品中获得的利益恰恰等于整个社会从这个产品中获得的利益时，国民收入达到极大值。一般来说，资本主义自由竞争可以使边际私人纯产值与边际社会纯产值达到一致。但由于内部、外部经济等因素的影响，两者往往会发生背离。生产者个人从事生产活动时，有可能对社会上其他生产单位造成损失或为其带来收益，如造纸厂的废水污染了河流、湖泊，可能使渔业或水产养殖业遭受损失。从社会角度看，这时的边际社会纯产值就小于边际私人纯产值。而如果生产者修建一条铁路，他在取得铁路经营收入的同时对铁路沿线的资源开发和生产起了推动和促进作用，在这种情况下，边际社会纯产值大于边际私人纯产值。因此，国家应采取适当的调节措施，对边际私人纯产值大于边际社会纯产值的部门课税；而对边际私人纯产值小于边际社会纯产值的部门给予补贴等，以消除两者之间的背离，实现生产资源的最优配置，使国民收入极大化，从而增进社会福利。也就是说，政府的这种干预有助于增加整个社会的经济福利。

另一方面，庇古认为，在国民收入总量不变的情况下，政府通过一定的收入再分配政策，改变国民收入的原有分配格局，实现"收入均等化"，也可能提高整个社会的福利水平。在这里，庇古依据的是边际效用递减规律。庇古认为，和商品一样，货币也服从边际效用递减规律。当货币占有量很少时，货币增加（或减少）会使总效用增加（或减少）很多；当货币占有量很大时，货币增加（或减少）只会使总效用增加（或减少）很少。也就是说，随着货币收入的增加，货币对持有者的边际效用是递减的。简而言之，富人货币收入的边际效用很小，而穷人货币收入的边际效用很大。相对富裕的人失去一定数量的收入，对他而言只是比较小的牺牲；而相对贫困的人若获得同样数量的收入，就能满足他比较迫切的需要。因此，如果政府把富人的一部分货币转移给穷人，将会增加一国的经济福利。

在理论分析的基础上，庇古提出了一系列实施社会保障的原则与措施，主要包括：①福利措施应当不以损害资本增值和资本积累为宗旨，否则就会减少国民收入和社会福利。因此，从富人那里转移货币，自愿转移比强制转移好。自愿转移就是资产阶级将其收入的一部分用于教育、娱乐、保健等福利事业，或创办一些科学和文化机构；强制转移是指政府通过征收累进税和遗产税来实行收入的转移。②庇古认为，将富人的收入转移给穷人也有两种方式：一是直接转移，如举办一些社会保险或社会服务设施；二是间接转移，如政府对穷人必需品的生产部门、工人的住宅建筑、垄断性的公用事业等进行补贴，以降低这些商品的售价，使穷人受益。但是，不论实行直接转移收入还是间接转移收入措施，都要防止懒惰和浪费，以便做到投资于福利事业的收益大于投资于机器的收益。③由于救济有工作能力而不工作的人会减少国民财富，因而庇古反对实行无条件的普遍的补贴制度，认为最好的补贴是那种"能够激励工作和储蓄"的补贴。在实行补贴时应附有以下条件，即先确定受补贴者自己挣得生活费用的能力，再给予补贴；否则，就会使有工作能力的人完全依靠救济。④庇古认为，在不损害国民收入总量的前提条件下，改进社会文教卫生事业，改善劳动者及其子女的文化和健康状况，以及实行诸如社会保险、社会救济等保障措施，也是增加社会经济福利的一个途径。

庇古的上述理论与主张无疑对"福利国家"的形成产生了重要的推动作用。在他所构建的社会福利框架中，首次将社会福利与国民收入联系在一起，又将社会保障发展与国民经济发展联系在一起，从而使充分就业、经济安全等福利国家的目标具有全社会的性质。他提出的"收入均等化"主张尽管在资本主义制度下不可能真正实现，但他提出的转移支付以及一些改善社会福利的措施，却对后来福利国家建立的社会保障理论和制度产生了重要影响。庇古对社会保障问题的分析，比前人确实有较大的推进。这种推进甚至可以构成经济学在社会保障问题上思想进程中一个颇为重要的里程碑，标志着社会保障经济理论从福利经济学开始步上了一个新的台阶。

第三节 新福利经济学理论

庇古的福利经济学提出后，一些经济学家，如卡尔多（Kaldor）、希克斯（Hicks）和伯格森（Borgson）等，针对旧福利经济学的不足提出修改、补充和发展，形成了一套自己的福利经济学理论，这套理论被称为新福利经济学。

新福利经济学家运用"序数效用论"、"帕累托最优"（Pareto optimum，又称帕累托效率）、"补偿原理"和"社会福利函数"等分析工具来说明政府应当保证个人的自由选择，通过个人福利的最大化来增进"整个社会的福利"，以此实现社会福利的极大化。当一国的经济福利总和增加时，整个社会的福利保障水平也就随之提高。

新福利经济学认为，最大福利的内容是经济效率，而不是收入的均等分配。所谓经济效率，是指生产资源的使用达到最适度状态，即实现了帕累托最优。当资源得到最适度配置时，经济就是有效率的，因而才能达到最大社会福利。

一、帕累托最优

帕累托最优是新福利经济学的核心概念之一。它作为检验社会福利的一种标准，实际上是把影响社会福利的收入分配这个因素抽掉，单纯从资源配置的效率这个因素来说明社会福利的极大化。"帕累托最优"指的是这样一种状态：当资源的重新配置已经不可能使任何一个人的处境变好，除非至少使另一个人的处境变坏。反之，所谓"帕累托无效率"指的是，一个经济还可能在其他人效用水平不下降的情况下，通过重新配置资源和产品，使一个或一些人的效用水平有所提高。在存在帕累托无效率的情况下，若进行资源的重新配置后出现了以下两种情况中的任何一种，即意味着这样的资源配置导致社会经济福利有所增进：①它使每一个人的处境变好；②至少有一个人的处境变好，同时没有一个人的处境变坏。这种重新配置就是"帕累托改进"。

实现"帕累托最优"的条件包括交换的最适度条件、生产的最适度条件以及生产和交换的最适度条件。交换的最适度条件要求任何两种商品的边际替代率（即两种商品的边际效用的比率）对于一切个人来说，都必须相等。此时，全社会已经没有任何人能通过继续交换来改善处境而不危害他人的利益。在完全竞争经济中，当每一个消费者在收入允许的范围内将消费品组合调整到每一种消费品的边际效用与它的价格比率都相等时，就能使消费者的满足达到极大化；否则，有可能增加某种消费或减少某种消费来增加福利。生产的最适度条件要求投入所有部门的任何两种生产要素的边际技术替代率都相等。在完全竞争经济中，出于利润极大化的动机，生产者会将生产一定量某种产品的各种要素的数量调整到每一种要素的边际技术替代率与其价格的比率都相等为止；否则，生产者有可能通过增加某种商品的生产或减少某种商品的生产来增加利润。

生产和交换的最适度条件是指行业间的投入配置和消费者之间的商品分配都达到最优状态，即消费者对于任何两种商品的边际技术替代率与任何生产者在这两种商品之间的边际产品转换率相等。

二、补偿原理

帕累托最优的标准在现实生活中很难达到。实际上，任何社会变革都可能使一部分人的福利受损，而使另一部分人的福利改善。如果不能触动任何人的利益，等于否定社会变革。为解决"最适度原理"的矛盾，卡尔多和希克斯等在20世纪30年代末期提出并论证了所谓"假想的补偿原理"。它的实质是，如果一些社会成员经济状况改善的同时不会造成其他社会成员状况的恶化，或者一些社会成员状况的改善补偿了其他社会成员状况的恶化，社会福利就会增加。根据这一原理，假定一项经济政策实施后其政策效应是一方得利、另一方受损，如果得利总额超过损失总额，那么，政府可运用适当政策向得利者征收特定租税，以补偿受害者，这样做对任何人都没有不利而对一些人有利，因而增进了社会福利。即使一项政策措施使贫者愈贫、富者愈富，但是，只要它使国民收入总量有所增加，也被认为"增进了社会福利"。

三、社会福利函数理论

伯格森、萨缪尔森、阿罗等则认为，补偿是否恰当，须在受益人受益之后再评价，事前是无法知晓的，所以补偿原理并不科学。伯格森和萨缪尔森把福利最大化寄托在最适度条件的选择上。在他们看来，生产和交换固然应符合最适度条件，但生产和交换达到了最适度条件，并不一定表明福利达到了最大化。经济效率是福利最大化的必要条件，合理分配是福利最大化的充分条件。只有将所有分配方面及其他支配福利的因素一并列入，编制一种"社会福利函数"，当这个函数达到最大值时，才算达到了福利最大化。

这一理论认为，社会福利和影响社会福利的各种因素之间存在一定的函数关系，这些影响因素可能有各种不同的配合。在一定的收入分配条件下，社会福利的最大化就在于个人对各种不同配合的选择。个人的自由选择是决定个人福利最大化的重要条件；而社会福利又总是随着个人福利的增减而增减。因此，要使社会福利最大化，政府应当保证个人的自由选择，进行"合理"的收入分配。

20世纪40年代以后，英国后起福利经济学家利特尔（L. M. Little）提出了个人经济福利增加的标准，他想在资本主义社会中把个人利益和社会利益协调起来，使"社会福利"达到最大化。在他看来，一个社会要达到"最适度"状态，除了要满足生产和交换的"最适度"条件以外，还要求福利在个人之间进行理想的分配，而实际收入的平均分配能使幸福达到最大化。利特尔试图以这一理论为基础，创造一套新的社会福利标准，作为"福利国家"的指导原则。

自从福利经济学产生以来，其理论虽然经过了一些变化，但新旧福利经济学之间并没有本质的区别。它们都建立在边际效用价值学说、消费者"自由选择"学说和自由竞争学说之上，都包含两个方面的内容：一是论证竞争市场的有效性及其例外，得出了福利经济学的第一个基本原理，即竞争的市场注定是帕累托有效的；二是认为政府通过采取适合的收入分配政策能够有效地矫正"市场失灵"，实现社会福利的最大化或帕累托最优，得出了福利经济学的第二个基本定理。福利经济学的这些理论为福利国家的社会保障制度的建立提供了重要理论依据。

第四节　凯恩斯主义理论

20世纪30年代西方社会经济危机的出现，催生了西方社会保障理论的发展。凯恩斯（Keynes）在1936年出版的《就业、利息和货币通论》，标志着社会福利理论的新发展。凯恩斯认为：国家的生产和就业状况主要取决于社会成员对商品的有效需求，但是由于存在三大基本心理规律，社会就会出现有效需求不足，从而导致经济危机与失业的发生。因此国家必须对自由市场经济进行干预，通过政府有目的和有意识的财政支出与收入来影响消费倾向；并通过个人间的财政转移支付，对失业者、贫困者给予救济，从而刺激消费需求，拉动社会生产的发展。凯恩斯的追随者们进一步论证了社会保障在宏观经济中的短期均衡效应和长期均衡效应。在短期内，经济萧条和大规模失业缘于有效需求的不足，直接诱因是消费水平过低。由于穷人的消费倾向高于富人，国家应通过对富人增加税收，然后转移支付给低收入者以减少储蓄、增加消费支出，从而实现宏观经济的均衡。而在长期内，在经济繁荣时期，企业与个人收入都有显著的提高，企业和职工的缴费以及政府的收入会迅速增加，社会保障税收也同样会迅速增加；与此同时，失业率低，社会保障支出少，这样社会保障基金将会收多支少，由此将会抑制私人消费需求和投资需求的过度增加。在经济萧条时期，企业利润与个人收入增长放缓，企业和居民的缴款以及政府的税收难以增加，社会保障收入难以增长；与此同时，失业率逐渐上升，社会保障支出将会增加，由此会刺激消费需求与投资需求的增加，从而使经济运行走出萧条的低谷。社会保障政策对整个经济的平稳运行起到促进作用，因此被称为国家经济的稳定制度。

凯恩斯的经济理论是在 20 世纪 30 年代的世界性经济危机和传统自由放任经济学陷入困境的历史背景下产生的。30 年代的世界性经济危机，不仅使以马歇尔为代表的自由放任经济学说面临挑战，同时对范围狭小的、低水平的社会保障制度和不能适应市场化、社会化发展要求的社会保障理论造成了极大冲击。在严重的危机形势下，各国拉开了国家干预经济的序幕。罗斯福"新政"以及"凯恩斯革命"使国家干预经济论逐渐成为西方各国的主导经济学说，成为各国政府制定经济政策的主要依据。与此同时，"凯恩斯革命"也使国家干预主义与社会保障结合起来，使国家干预论的福利经济思想逐步形成，并在西方福利经济理论中占据主导地位。

1936 年，英国经济学家凯恩斯在其发表的《就业、利息和货币通论》中，运用总量分析方法，提出了有效需求理论以及国家干预经济的思想。

一、凯恩斯有效需求理论的主要内容

凯恩斯认为，有效需求是决定社会总就业量的关键因素，能否达到充分就业取决于有效需求的大小。有效需求的不足是引起经济危机和严重失业的根本原因。要解决失业和危机，实现充分就业，必须依靠政府对经济的干预和调节。他认为，充分就业并非意味着完全没有失业，而是指除了摩擦性失业和自愿失业以外，消除了非自愿失业时的一种状态。非自愿失业是指愿意接受现行工资和工作条件但仍找不到工作的失业。只要政府采取必要的政策措施，非自愿失业是可以消除的，从而可以达到充分就业。在这里，凯恩斯把造成非自愿失业的原因归结为有效需求不足。

所谓"有效需求"，是指商品的总供给价格与总需求价格达到均衡状态时的总需求，或能够给资本家带来最大利润量的社会总需求。总供给价格是使社会所有企业家雇佣一定量工人进行生产时所要求得到的全部商品的最低卖价，这个最低的预期收益能保证他们收回成本并取得最低利润。在市场经济中，推动企业生产的是利润，每个企业家将雇佣能使他获得最大利润的一定数量的工人。整个经济雇佣的总人数是所有企业家雇佣人数的总和，要诱使全体企业家提供一定的总就业量，就需要最低数额的收益。这个诱使一定就业量的最低价格或收益就是总供给价格。总需求价格是指所有企业家雇佣一定量工人进行生产时，他们预期社会对其产品愿意支付的价格。当总需求价格大于总供给价格时，企业为得到更多利润，就会扩大生产，增雇工人；相反，当总需求价格小于总供给价格时，企业会缩减生产，解雇工人；只有在总需求价格等于总供给价格时，企业才会既不扩大生产也不缩减生产，既不增雇工人也不解雇工人。这时企业所得到的利润最大，因而生产和就业也只有在此时才达到均衡状态，这时的总需求才是有效需求，它不仅决定了国民收入的大小，而且决定了社会总就业量。

有效需求不足，即消费需求和投资需求不足，会导致实际均衡收入小于充分就业的均衡收入水平，从而引起严重的失业。凯恩斯把造成有效需求不足的原因归结为三大基本心理规律，即边际消费倾向递减规律、资本边际效率递减规律和流动偏好规律。

（1）边际消费倾向递减规律。凯恩斯认为，随着收入的增加，消费也增加，但消费增加的幅度总赶不上收入增加的幅度。也就是说，在收入增量中用来增加消费的部分所占的比例越来越少，即边际消费倾向出现递减趋势，从而导致对消费品的需求不足。由于消费需求不能和收入同步增长，随着产出和收入的增长，收入和消费之间的差额即储蓄就会不断增加，这样在有效需求和总供给价格之间就有一个逐步增大的缺口不能弥补。要弥补这一缺口，必须增加个人或家庭收入以刺激社会总消费。但是，社会消费并不仅仅是个人或家庭消费的简单相加，还要受国民收入分配的影响。由于社会各个阶层的边际消费倾向并不相同，富有者阶层的边际消费倾向较低，贫穷者阶层的边际消费倾向较高，因此，国民收入分配的均等程度将直接关系到社会总消费的数量。国民收入分配越是不均等，社会消费需求就会越小；反之，则越大。也就是说，在边际消费倾向递减的前提下，如果政府能够通过一定的政策修正国民收入的分配状况，使富有者阶层的财富向贫困者阶层转移，就可能促进社会消费上升，从而刺激总需求。

（2）资本边际效率递减规律。凯恩斯认为，有效需求不足的另一个原因是投资量的不足，而投资量则是由资本边际效率和利息率决定的。资本边际效率是指企业增加一笔投资，预期可以得到的利润率。凯恩斯认为，资本边际效率是随其投资的增加而递减的。这一方面是因为生产增加后，产品产量增加，价格下跌，其收益必然下降；另一方面，随着投资增加，社会对资本资产（如机器设备、厂房等资本品）的需求增加，又会使它的供给价格提高，企业重置成本上升，这两方面共同作用必然导致资本边际效率呈递减趋势。这无疑会抑制资本家投资的积极性，从而导致社会投资的不足。

（3）流动偏好规律。凯恩斯认为，资本边际效率递减是投资需求不足的一个重要因素；但是，投资不仅仅取决于资本边际效率，还取决于利息率。即使资本边际效率下降，即利润率下降，但只要资本边际效率还高于利息率，投资引诱仍存在，投资也会增加。凯恩斯用流动偏好规律说明利息率的决定作用及其不能无限降低的原因，从而论证了投资需求不足。所谓流动偏好是指人们愿意以货币形式持有收入或财产的心理动机。

凯恩斯认为，首先，家庭和企业由于交易动机、预防动机和投机动机而愿意持有货币，即货币需求很大。这样一来，即使增加货币供给，也很难降低利息率。其次，当利息率降至某一水平时，就会出现"流动偏好陷阱"，即家庭和企业对货币的需求无限大，在这种情况下，不管中央银行增发多少货币，都会漏到"陷阱"中去，从而不会对利息率下降产生任何压力，利息率将保持不变。由于利息率的下降受到阻碍，企业会认为投资成本较高而不愿意投资。这样，由消费需求相对不足造成的缺口难以由企业的投资需求来弥补，于是造成有效需求不足，并进一步导致失业的出现。

正是由于上述三个基本心理规律，消费需求和投资需求所构成的有效需求经常低于社会总供给水平，导致社会总就业量总是低于充分就业的水平。在这种情况下，市场机制的自发作用无法促使社会总供求自动实现均衡。因此，要维持充分就业水平的有效需求，解决失业问题，就必须依靠国家的干预和调节。

二、凯恩斯的政策主张

基于国家干预经济的理论，凯恩斯提出了一系列政策主张。他认为，有效需求不足是失业和危机的根源，因此他把政府干预经济的重点放在了总需求方面，从而形成了一套以需求管理为核心的政策措施。总体而言，凯恩斯的整个经济政策、措施基本上都是围绕着扩大政府开支、弥补私人有效需求不足这个中心展开的。

凯恩斯认为，国家对经济干预和调节的范围，不应仅限于再生产领域，而是要扩大到国民收入分配领域。国家干预经济的政策措施包括如下几个方面。

（1）国家应指导、鼓励和支持全社会成员多消费，以扩大消费需求，促进经济繁荣。"国家必须用改变租税体系、限定利率以及其他方法，指导消费倾向"。

（2）实行投资社会化，以刺激投资需求。降低银行利率、增加私人投资，是弥补消费需求不足和私人投资需求不足的关键性措施。

（3）政府应采取赤字财政政策，通过举债的办法来筹集资金。由于传统的收支平衡的财政政策不能起到创造就业机会和增加国民收入的作用，因此，个人应摒弃传统的节俭美德，国家应摒弃传统的健全财政政策，实行扩张性的财政政策。凯恩斯认为，政府的一切支出都是生产性的。一方面，政府可以扩大公共福利支出，提高转移支付水平，如增加失业救济金、养老金等福利支出，为特殊群体提高额外津贴，延长失业救济领取的期限等；另一方面，政府可以通过举办公共工程、增加政府购买等措施刺激需求增长，实现充分就业。

（4）实行通货膨胀政策。凯恩斯认为，通货膨胀对于克服经济危机、扩大就业具有重要作用。它既可以扩大社会支付能力，又可以压低利率。低利率既能刺激消费，又能刺激投资。此外，通货膨胀还能提高物价，压低实际工资，增加资本家的利润，从而相应地提高资本边际效率，增加资本家对劳动力的需求，有助于扩大就业。

（5）政府应积极实行社会福利政策，主张通过累进税和社会福利等办法重新调节国民收入的分配。凯恩斯认为，分配不均会降低消费倾向，不利于经济发展和就业增加。因此，累进税可以缩小收入分配的差距，增加消费需求，刺激经济增长，提高就业水平。另外，"国家可以向远处看，从社会福利着眼"而大搞社会福利。政府用于社会福利保障方面的财政支出是扩大消费需求的有效途径，增加全社会成员尤其是失业者在福利保障方面的消费，则可以刺激经济发展。总之，为了增加有效需求，实现充分就业，国家必须积极干预经济生活，通过财政支出，进行大规模的基础设施建设及各种有关福利设施的建设。也就是说，国家可以借助发展社会福利事业的途径，即可以通过采取充分就业、消灭贫困、实行累进税、实施最低工资法、改革教育等方法来提高社会的保障水平，从而提高居民的有效需求。

由此可见，凯恩斯所主张的政府积极干预经济的理论和政策，是资本主义国家克服市场缺陷、对付经济危机、制定经济政策和建立社会保障制度的主要理论依据。它强调政府参与经济的重要性，认为由国家承担起私人和市场无法承担的老年救济、失业保障等社会责任，是一种克服市场失灵和反危机的有效措施；另外，国家参与的社会保障还是一种收入再分配工具，在一定条件下能够缓解贫困，缓和社会矛盾。

凯恩斯的理论对西方国家的社会保障政策产生了重要影响，成为当时和后来相当长时期内西方福利国家社会保障制度的理论依据。

需要指出的是，凯恩斯经济理论虽然强调了国家干预和调节经济的重要性，但它并不否认市场的作用，国家对经济的干预和调节是为了弥补市场的缺陷，缓解经济周期波动和各种社会矛盾，其目的是维持社会再生产的连续性。从这一目的出发，政府对社会保障制度的干预也是有限度的，仅以能够维持资本主义再生产的连续性为尺度。

尽管如此，第二次世界大战后，凯恩斯理论仍然成为各国建立社会保障制度的重要理论基石之一。当然，由于该理论对社会保障制度影响程度的不同，也造成了各国社会保障制度的差异。

社会保障的上述流派在社会发展中实际上是循环往复、交替出现的，所谓新理论不过是旧有理论的回归、修正或综合，这些理论流派主要是围绕市场与政府、公平与效率、权利与义务之间孰重孰轻所展开的争论。在西方社会中，社会保障理论流派及其政策实践的本质是西方国家与政府对经济、社会矛盾的回应与调整。其实，在社会主义国家同样面临着类似的矛盾与争议。因此，系统研究与学习社会保障理论，对于我国社会保障事业的健康发展显然具有重要的理论与现实意义。

推荐阅读书目

盖锐，杨光. 2009. 社会保障学. 北京：清华大学出版社

王德高. 2010. 社会保障学. 武汉：武汉大学出版社

推荐阅读材料

经济自由主义和第三条道路

经济自由主义（economic liberalism）：提倡市场机制，反对人为干涉经济的经济理论和政策体系。它作为一种口号，最初由法国路易十五的外交大臣达让逊提出，后来魁奈等确认社会中存在着不以人的意志为转移的自然秩序支配着社会的发展。亚当·斯密宣扬"一只看不见的手"的原理，对经济自由思想做了进一步的发挥。"自由经济"思想是亚当·斯密整个经济学说的中心，李嘉图也阐明过同样的思想。经济自由主义是在资本主义世界长期发挥重要作用的思想主张。经济自由主义者并非无政府主义者，他们并非一概反对政府的作用，然而在绝大多数的案例中，他们的研究结果都表明，政府的干预过度了。亚当·斯密在《国富论》一书中认为，在商品经济中，每个人都以追求自己的利益为目的，在"一只看不见的手"的指导下，即通过市场机制自发作用的调节，个

人为追求自己利益所做的选择，自然而然地会使社会资源获得最优配置。20 世纪 30 年代，凯恩斯国家干预主义取代了经济自由主义而占据统治地位。到了 70 年代，在凯恩斯主义面对"滞胀"局面而束手无策的形势下，资本主义世界又纷纷兴起了新的经济自由主义思潮。它认为，生产资料私有制是一切经济活动的前提，特别是市场经济中一切活动的前提；交换和市场的自发运行有充分的效率；自由贸易是最好的外贸政策。新经济自由主义坚决反对政府的过多干预。新经济自由主义不同于亚当·斯密的经济自由主义之处在于，亚当·斯密的经济自由主义主张实行完全自由放任的经济政策，新经济自由主义则一般都主张在国家干预下强调经济自由。

经济自由主义是古典自由主义中的经济部分。

经济自由主义理论发展于启蒙时代，亚当·斯密被视为第一个阐述此思想的学者。他主张政府对经济的干预应降至最低，但他也不反对由国家提供一些基本的公共财产。一些发展于 18 世纪的理论认为，人们只要保留他们拥有的经济设备，而不是交由国家控制，那么就会创造出一个和谐、平等且日益繁荣的社会。这加强了 18 世纪末期，各国纷纷走向资本主义经济制度的潮流，后来随着第二次工业革命的进行，在 19 世纪末 20 世纪初转为垄断资本主义制度，并发展成国家垄断资本主义。

私有财产和个人契约组成了自由主义的基础。早期的理论，假设个人经济活动是大量建立在自我利益之上，（看不见的手）让他们在没有任何限制之下行动并产生最佳的结果，（自发秩序）同时提供了最低标准的公共资讯与正义。例如，没有任何人被允许去胁迫或窃取。

经济自由主义支持政府除去对市场的限制，并认为国家有提供公共财产的合法地位。例如，亚当·斯密认为国家应担任起提供道路、运河、学校与桥梁等私有实体无法有效执行的角色。然而，他更喜欢使用者对这些财货的消费付出一定比例的费用（如公路收费系统）。另外，他支持能促成自由贸易的报复性关税，也提倡著作权和专利，以激励创新。

最初，经济自由主义，是用来对抗那些支持封建特权、贵族传统和君主的，为了他们本身利益而运转国家经济的人士，而这些到了 19 世纪末 20 世纪初被大量废除。

19 世纪中期，林肯遵循辉格党的经济自由主义，加强国家控制，如对铁路的供应和管理。《太平洋铁路法》（Pacific Railway Acts）提供了第一条跨大陆铁路的发展依据。

今日，经济自由主义结合了古典自由主义、新自由主义、自由意志主义和保守主义的一些学派，特别是自由保守主义。

第三条道路不单单只是走在中间，或只是一种妥协或混合出来的东西，它的提倡者看到了双方主义都有不足之处，所以偏向某一极端也不是一件好事，第三条道路也正是糅合了双方主义的优点、互补不足而成的政治哲学。

第三条道路主要内容：在社会民主主义的基础上，肯定自由市场的价值，强调解除管制、地方分权（非核心化）和低税赋等政策。美国前总统比尔·克林顿、英国前首相托尼·布莱尔（Tony Blair）、德国前总理格哈特·施罗德以及西班牙前首相萨帕特罗等的政策就体现了"第三种道路"的核心理念。

在比尔·克林顿领导下的美国参议院中间党派，强调政府在财政上的保守、用一系列所谓"工作福利"的政策来代替旧有的"高福利"政策以及对于自由市场的维护功能。但是同时，这些政治家避免将自身与纯粹的"自由放任主义"经济学者和其他自由主义者相混同。

一般认为，第三条道路不是一种意识形态，因为其不涉及政治运动。试图将第三条道路政治化的那些人被称为激进中间派（radical centrism）。

资料来源：百度百科，http://baike.baidu.com/view/715266.Htm；http://baike.baidu.com/view/721410.Htm

▶本章习题及拓展材料

第三章 现代社会保障理论的发展

本章主要内容：
- ●社会保障与公平、效率
- ●社会保障与市场、政府
- ●社会保障与公共品

第一节 社会保障与公平、效率

效率和公平是市场经济下社会必须妥善处理的永恒主题，实现效率和公平之间的协调是建设和谐社会的重要内容。在市场经济下，每一个微观主体都试图追求自身利益的最大化，但是由于各种各样的原因，微观主体从事市场经济活动的结果并不总是与自己的最初愿望相一致，于是出现了社会成员之间的贫富差别。如果这种差别超过了一定的程度，就可能引起社会的不稳定，继而破坏社会经济健康发展的条件和秩序，从而导致效率的损失。而当社会成员之间的收入差别被控制在一定的程度之内时，便能够保证社会经济健康发展的条件和秩序的正常。这就是效率和公平之间的辩证关系。这种关系已经被古今中外众多的思想家所认识并加以阐发，并通过一定的制度安排来保证效率与公平的适度均衡。这种制度安排就是社会保障制度。政府从收入分配公平原则出发，利用国家政权的力量调节劳动者之间的利益关系，对国民收入分配格局进行调整和控制，就是社会保障的再分配功能。

一、公平与效率是贯穿社会保障制度发展过程始终的两大基本原则

公平与效率是一对范畴。公平作为一种道德要求和品质，是人类社会各种制度、系

统乃至重要活动的一种重要道德性质，它指按照一定的社会标准（法律、道德、政策等）、正当的秩序合理地待人处事。马克思主义认为，公平是不同的实践主体在社会文化活动中按双方都能接受的规则和标准采取行动和处理相互之间关系的准则。人们对于公平的观念不是抽象的，而是具体的；不是固定不变的，而是处于不断变化之中的。因此，不能脱离生产力的发展水平和国情来空谈公平。或许可以借助罗尔斯对公正的看法来理解什么是公平：当且仅当境遇较好者的较高期望是作为提高最少获利者的期望计划的一部分而发挥作用时，它们是公正的。公平可以分解为权利公平、机会公平、规则公平、分配公平，或者说起点（参与机会、权利）公平、过程（规则、程序）公平、结果公平。所谓效率，简单地说，是投入与产出的一种关系，即在投入一定时如何使产出最大，或在产出一定时如何使投入最小。公平与效率之所以会成为一对范畴，是因为创造财富与实现人的全面发展是现代社会生活的两大根本命题，这两大命题互相关联、相辅相成。创造财富多，就为实现人的全面发展创造了更好条件；人的更充分的发展，又会促进社会财富的充分涌流。创造财富的核心问题是效率问题；实现人的全面发展的核心问题是公平问题。可见，公平与效率，二者互为目的和手段，统一于社会生产力的发展过程之中。

（一）公平是社会保障制度遵循的首要原则

1. 社会保障制度是工业社会中以公平、互济为特征的一项基本的社会化制度安排

在人类社会进入工业社会以后，市场经济取代了小农经济，机器化大生产代替了原来小作坊式的生产方式，劳动者逐渐与生产资料相分离。随着城市化的不断推进，越来越多的农村劳动者离开土地，进入城镇工作与生活。这便产生了一个规模庞大的无产者阶层。也就是说，在工业社会，家庭与个人解决养老、医疗等问题的能力大大降低。过去主要依靠家庭或个人解决的养老、疾病等问题，逐渐演变为一种社会成员普遍面对的社会风险；与此同时，随着小作坊生产方式被机器化大生产取代，劳动者的工伤、失业风险也大大增加。而这些风险的增加，不是由劳动者个人原因引起的，而是与社会生产方式相联系的。所以，以社会化的制度安排来抵御养老、疾病、工伤、失业等社会风险，关乎每个社会成员的切身利益。从微观层面看，它能够帮助社会成员个体解决自己遇到的困难；从宏观层面看，它通过化解社会风险和矛盾，维护社会稳定，避免由社会风险带来的矛盾激化和社会动荡，从根本上保障经济社会的持续发展和社会成员的稳定生活。这种建立在全民愿意共担风险、互相"照顾"的共识基础之上，以公平、互济为主要特征的社会化制度安排便是现代社会保障制度。

2. 现代民主的发展和社会文明的进步强化了社会保障制度维护社会公平的价值取向

社会保障制度天生以公平、互济为己任，这一点与现代民主的发展要求是完全相符的，与社会文明的进步趋势是完全适应的。在现代民主社会，人们的自由、平等意识大大增强，"平等的公民"的观念深入人心，对社会公平公正有了更高的需求。

人们不仅关注起点公平和结果公平，而且关注权利公平和规则公平。现代社会保障

制度不仅契合了现代社会追求社会公正的核心价值取向，而且通过一系列制度安排使每一个人都不致陷入贫困无助的境地，进而缩小了贫富差距，缓和了社会矛盾，维护了"社会基本结构的正义"（罗尔斯语），保障了社会公平。而且在实践中，随着现代民主的发展和社会文明的进步，现代社会保障制度维护社会公平的价值取向将得到进一步强化。

我们可以把社会保障制度的公平观概括为：与社会生产力水平相适应，以促进社会公平为根本目标和评价标准，给同类的人以同样的权利和待遇，将不同类的人的待遇差别控制在社会公认的合理范围之内并尽可能缩小这种差距，以维护起点公平、过程公平，实现结果公平。这里所说的待遇，既指被保障人可以获得的保障水平，也指其参加社会保障的条件和具体规定。我们认为，对人群进行分类必须坚持三条标准：①职业特点，如是正规就业人员还是灵活就业人员或是农民等。②对社会的贡献与社会的需要程度，如是否为劳动者。而在劳动者中，公务员又具有一定的特殊性（社会对公务员个体自律性与队伍相对稳定性具有更高需求），也可以单独划类。③有无需要救助的其他原因，如残疾、贫困等。以此为标准，可以粗略地把人群划为六类：一是企、事业（经营性）单位职工；二是公务员及部分事业单位职工；三是农民；四是灵活就业人员；五是老人和儿童；六是困难群众（残疾、贫困、无人赡养的老人、无人抚养的儿童）。这样制定划分标准，是考虑到对人群分类过细会造成制度结构过于复杂，增加制度成本；分类过粗，则会缺乏可行性，并会因为难以照顾到不同人群的具体特点而不利于实现社会公平。以上三条标准，既可以充分考虑到不同人群的特点，又可以避免划分过细的问题。

社会保障的公平度可以划分为四个级别。公平度最高的为第一级别：给同类的人以相同的待遇，且不同类人之间的待遇差距合理；公平度次高的为第二级别：同类人待遇不同，但不同类人之间的待遇差距在可承受的范围之内；公平度较低的为第三级别：同类人待遇相同，但不同类人之间的待遇差距超过合理范围；公平度最低的为第四级别：同类人的待遇不相同，且不同类人之间的待遇差距超过合理范围。第二级别比第三级别公平度高的理由在于，不同类别之间的待遇差距超过合理范围是一种大范围的不公平，极容易造成社会矛盾激化，形成群体对抗，甚至引起社会动荡。同类人的待遇不同，属于局部的不公平，虽然会引起社会矛盾，但在一定时期内尚可维持，不致形成群体或阶级对抗。

（二）效率是社会保障制度遵循的又一重要原则

对社会保障制度来说，效率同样是一项重要的目标和价值，同样是现代社会保障制度得以产生、存在和发展的最根本理由。可以说，促进效率是现代社会保障制度的天然属性。尼古拉斯·巴尔和大卫·怀恩斯在联合主编的《福利经济学前沿问题》一书中，就把"制度的效率目标"列为现代社会保障制度的四大目标之首。他们认为，社会保障制度的效率目标可以细分为宏观效率、微观效率和对个体的激励三方面。宏观效率主要是指社会保障制度作为一项基本的社会化制度安排，作为上层建筑的重要方面，在促进生产力乃至整个经济社会发展方面的作用。这主要体现在：一方面，社会保障制度通过调节收入差距来缓解社会成员之间的矛盾，为促进经济发展提供稳定的环境；另一方面，雄厚的社会保障基金既能有力地支撑经济发展，又能成为调节经济波动的蓄水池。微观效率主要是指社会福利资源在不同项目中的合理配置以及福利提供方式的不同选择的效应问题，这主要体现为制度自身的运行效率，即制度层面的效率问题。在这一层面，社会保障制度的效率目标就是，在公平理念的指导下，在确保社会保障目标实现的前提下，最大限度地降低制度运行成本；或者是，在保持现有成本的情况下，最大限度地提高制度的效果，即保障水平。社会保障制度对个体的激励主要是指福利资金的来源和支出对私人经济行为的影响。这主要体现在：一方面，完善的社会保障可以解除社会成员的后顾之忧，促进社会成员不断提高自身素质，进而激发全社会的创造活力；另一方面，如果社会保障水平过高，则可能会损害社会成员的竞争精神和进取心，进而甚至降低或牺牲全社会的创造活力。

既然促进效率同样是社会保障制度的目标和价值，那么社会保障制度就应关注效率、促进效率，着眼于实现效率。我们可以把社会保障制度的效率观概括为：以提高制度结构的合理性和制度运行的规范性为前提，以提高社会保障需求的满足程度和社会保障资源的利用程度为手段，最大限度地发挥社会保障制度对经济社会发展的促进作用和对人的全面发展的激励作用。

二、社会保障中的公平与效率的关系

在上述分析基础上，我们对公平和效率关系的协调问题进行分析说明。

1. 公平与效率的协调

公平与效率的协调是社会保障制度安排中的难点。这一问题其实也是经济分析中的难点。

两者关系协调中一种最理想的结果，当然是在不损害效率的情况下，实现收入分配的调整。其情况如图 3.1 所示。

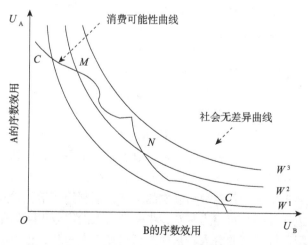

图 3.1 收入再分配理论上的理想状态

图 3.1 中纵横轴是社会成员 A、B 两人的序数效用，*CC* 是消费可能性线，线上每一个点都符合帕累托效率要求，*W* 是社会无差异曲线。按图 3.1 中的情况，在第二条社会无差异曲线与消费可能性曲线的相割中，有两个交点 *M*、*N*。从 *M* 到 *N* 移动，社会成员 A、B 间的收入分配发生了变化，但这种变化在 *CC* 线上进行，而且是在同一条无差异曲线上进行，因而经济效率并未受到影响。

但是，这种既不影响效率，又可实现公平的"两全其美"的结果很难出现。图 3.1 显示的这种结果，一般只有通过市场机制来实现，即通过市场竞争下 A、B 两人收入的"此消彼长"来实现。这种自由竞争下的一次分配，出现任何结果都是有可能的，它并不是一种指向明确的、以缩小贫富差距为目标的收入再分配。市场在本质上是不管贫富之间的再分配的，在竞争机制作用下，它甚至会拉大贫富差距。

弥补收入分配上的市场失灵，主动地、刻意地按公平目标进行收入再分配，只能通过政府这只"有形之手"。而政府在履行收入分配职能时如何既达到公平目标，又不损害效率，就是一个甚为棘手的问题。

因为，已如前述，从公平和效率的基本关系上说，这两者是一种互相替代、互为机会成本的关系，"鱼与熊掌不可兼得"。而且，这种替代关系往往是一种带有很大或然性的关系。对此，奥肯于 1999 年在《平等与效率》中就曾指出，"国家以什么代价用平等来交换效率？任何一个通过了基础经济学课程的人，都可以滔滔不绝地说出正确的公式化原则，增进平等达到这样一点：更多的平等所增加的好处正相当于更大的非效率所增加的代价。一如那些在基础课里反复讲授过的原则，这条原则提供了洞察力，但很难适用于现实世界。大多数对平等和效率两方面进行再分配的措施，其后果是不确定和有争议的"。因此，如何实现公平与效率之间的合理转换，减少类似于"奥肯漏桶"损失的各种转换中出现的无谓损失，就成为我们必须注重的问题。

2. 补偿理论和公平与效率的协调

从经济学角度看，如何解决好上述问题是一个理论分析相对单薄的环节。对于公平与效率的转换，主要可资运用的就是福利经济学中的"补偿理论"。

"补偿理论"基本理念的简单表述，就是在追求经济增长或社会福利总量增加的过程中，以总量上"得"大于"失"的效率标准为基础性权衡依据，并通过将得益者所获收益增量中的一部分用来补偿受损者所蒙受损失的方式，以体现对公平的维系。

实际上，这类观念早在福利经济学产生之前就已存在。例如，马歇尔在谈到当时英国的贫富差异问题时就说过："财富的不均……确是我们经济组织的一个严重缺点。通过不会伤害人们的主动性，从而不会大大限制国民收入的增长的那种方法而能减少这种不均，显然是对社会有益的。"他还提出了对收益递减的商品征税，得到的税额将大于失去的消费者剩余，再用其中部分税额补贴收益递增的商品，可得到的消费者剩余将大于所支付的补贴的观点。正是沿着其老师马歇尔的思路，福利经济学创始人庇古以人际间可比较的基数效用和边际效用递减律为基础，主张把富人的部分边际效用较低的收入转移给对该部分收入边际评价较高的穷人，从而既可提高穷人福利，也可增加全社会的福利总量，以求通过这种收入均等化来实现社会福利的最大化。其后，随着旧福利经济学向新福利经济学的转化，霍特林（1938 年）、卡尔多（1939 年）、希克斯（1940 年）、西托夫斯基（1941 年）、李特尔（1950 年）等相继提出了各种有关"补偿理论"的概念和观点，推动了"补偿理论"分析方法、理念的发展。

卡尔多（Nicholas Kaldor，1908~1986 年）认为，如果一项经济政策的改变使某些人得利，而使另一些人受损，只要能使那些得利者补偿受损者而有余，也就实现了社会福利的增加。他说："因此，在任何情形下，当某项政策导致物质生产率的增长，从而切实增加了收入总量时，经济学家对这项政策的立场就完全不受个人之间满足的可比性问题的影响。因为在这些情况下，有可能使每一个人的情况都比以前更好，或无论如何使某些人的情况好起来而不会使任何人的情况坏下去。经济学家没有必要去证明——事实上他们也永远不能证明，由于采取某些措施的结果，社会上没有人将受到损失。为了使他们的观点能够确立，他们只要显示出，那些受损者所遭受的损失能得到充分补偿，而社会上其余的人则仍比以前更好，就足够了。"

希克斯（John R. Hicks，1904~1989 年）的观点与卡尔多相似，但他在分析中运用了消费者剩余、预算线、无差异曲线等更符合新福利经济学要求的概念和手段，并提出了至今仍在经济分析、财政税收分析中被广泛使用的希克斯补偿变动（Hicks' compensating variation，HCV）和希克斯等价变动（Hicks' equivalent variation，HEV）概念。通过论证，他的结论也是，"我们能否判断，一种生产的重组，如果使 A 的境况变得更好，而B 的情况变得更糟，这是否意味着效率的增加呢？持怀疑态度的人会说不能客观地做出这种回答。因为一个人的满足是不能加到另一个人的身上的。充其量我们只能说：从 A 的观点来看，这是效率的增加，而从 B 的观点来看，就不是这回事了。但实际上，存在着一种简单的办法来改变这种怀疑论者的想法，只要通过一种完全客观的试验，就能使我们分辨出哪些生产的改组是增加了生产效率的，而哪些生产的改组是不能增加生产效率的。如果说 A 的境况是由于这种重组而变得如此之好，以至于他的境况的改善能在补偿 B 的损失之后还有剩余，那么这种重组就是效率的明确增加"。

就今天的经济学而言，卡尔多与希克斯补偿理论所留下的影响是较为明显的。他们两人的"补偿理论"，从另一个角度表述，也就是今天人们常说的"卡尔多改进"和"希克斯改进"。但是由于他们两人的理论主要是从效率角度着眼，没有涉及真正意义上的收入再分配，甚至并不一定要求补偿的实施，因而，沿着相对更为注重公平的方向，他们的理论又得到西托夫斯基、李特尔的发展。

西托夫斯基（Tibor Scitovsky，1910~2002 年）在卡尔多与希克斯"补偿理论"的基础上进一步指出，卡尔多-希克斯补偿理论只是片面地考虑了原来的收入分配，而没有考虑到情况改变以后的收入分配。如果推行一种符合卡尔多-希克斯标准的变革，特别是补偿又没有切实支付的话，那么变革前后的实际收入分配将不相同，甚至，卡尔多-希克斯标准可能还会导致收入分配向相反的方向变动。因此，他提出了检验经济变动效果时应该依循的标准，"我们认为，应按以下原则谋求福利。首先，我们必须看清在新境况下是否有对收入进行重新分配的可能，以使每一个人都比他原来的境况更好。其次，我们必须看清，从原来的境况出发，如果依靠对收入进行再分配这个单一的办法，是否不可能达到一种对于每一个人来说都比新境况更好的状况。如果第一种结果有可能而第二种结果不可能，那么我们就可以得出结论：新境况优于旧境况。如果第一种结果不可能而第二种结果有可能，那么我们就可以得出结论：新境况比旧境况更糟。如果两种结果都有可能出现或都不可能出现，这就不适合于我们对福利的谋求"。西托夫斯基所主张的两个标准中，第一个标准实际上是对卡尔多-希克斯效率标准的重复，而第二个标准强调变动以后应使每一个人的境况达到最好，应该说带有了比卡尔多和希克斯更多的对公平效果的追求。

李特尔（I. M. D. Little，1918~2012 年）以卡尔多、希克斯与西托夫斯基补偿理论为基础，在西托夫斯基两项标准的基础上，又增加了一个对收入再分配结果进行检验的标准。从思维的逻辑递进关系说，我们确实可以这样问，即使是有了一个卡尔多-希克斯标准的福利增量，又按西托夫斯基的标准对利益受损者进行了补偿，但在存在人际偏好差异的情况下，这种补偿的结果是公平正义的吗？因此，这里还存在一个评判标准的缺环。在李特尔的分析中，针对这一评判标准的缺环，他就指出："收入分配是一个伦理方面的变量，它的数值，有利的或不利的，是给定的，我们必须求得一个包含有这个变量的标准。"与这种认识相适应，李特尔进一步提出了对补偿进行检验的三项标准，即卡尔多-希克斯标准满足了吗？西托夫斯基标准满足了吗？任何再分配都是适当的或都是糟糕的吗？

李特尔认为，这三项标准加在一起，才能构成完整的标准体系。他说："不论是卡尔多-希克斯或者西托夫斯基标准，单独地或共同地，都不能被认为是福利标准。随便哪一种标准，连同认为所涉及的再分配是适当的那种判断，都可以认为是经济福利增加的充分（但非必要的）标准。"

实际上，经过层层增加而在李特尔理论中集成的三项标准，构成了对卡尔多、希克斯改进的结果进行评价的标准。其中，卡尔多-希克斯提出的"既得利益者能够补偿受损者而有余"的标准，既是这三项标准的组成部分，也是一个作为逻辑起点的基础标准。也就是说，如果经济的改进不能形成一个新的福利增量，而且这个新的增量如果达不到补偿受损者而有余的程度，那这种改变充其量只是原有利益的再分配，是没有更积极的社会福利意义可言的。在此基础上，再加上西托夫斯基的应使每一个人境况变好的公平标准，到再加上李特尔对收入再分配结果检验的标准，这个标准体系就构成了在卡尔多、希克斯改进范围内对新的福利增量的效率、公平结果进行检验的准则。从另一个角度说，这三项标准实际上也是对这种新的福利增量的效率公平关系应如何处理、如何对两者进行合理转换的标准。

3. 社会保障作为补偿手段

从补偿理论的角度说，社会保障中相当部分的支出，都带有补偿的意义。

社会保险中的统筹部分、社会助援、社会福利支出，都带有补偿的意义。经济的增长，可以通过这些方式进行补偿，以实现效率与公平的转换。

对于补偿的方式，即到底使用货币还是实物进行补偿，一般认为，为实现补助的经济效率，同时在考虑受补助者消费者主权的情况下，应以货币形式进行补偿。但若存在以下条件，则可用实物补偿。

其一，供方掌握更充分的信息，并可以站在受补助方的立场做出更合理决策的。例如，医疗补助方面就存在实物补助这种情况。

其二，对所补助的物品或服务，接受方的选择余地很小，或者是不可能拒绝的，如对义务教育方面的非现金补助。

其三，实物补助是出于维护基本人权目的的。例如，在一些民族、国家，有重男轻女的文化传统，为维护女孩子受教育的权利，可进行直接的教育补助。

其四，所补助的物品是难以替代的。例如，低收入家庭的粮食等必需品，它是一定要消费的。如果替代性强，受补助者很可能会把所补助的物品卖掉，换取货币，等于还是货币补助。

按照相关经济分析，设计合理的实物补助，是能够促使受补助者把补贴额用到"有益"的支出上的，如图 3.2 所示。

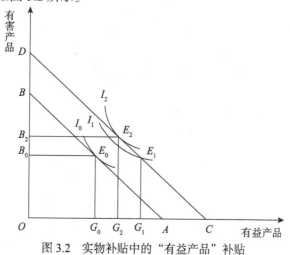

图 3.2　实物补贴中的"有益产品"补贴

图 3.2 显示，在不存在收入补助时，低收入者初始的预算线是 AB，均衡点为 E_0，此时他购买 G_0 的"有益产品"和 B_0 的"有害产品"。若政府向他发放 G_0G_1 的"有益产品"作为补助，新的消费结构点变为 E_1 点。若是用现金代替实物补助，使他的预算线上移到可以消费 E_1 水平的"有益产品"，这时，他会按照原来的消费偏好选择移到更高的无差异曲线的 E_2 点上。处于 E_2 点只会购买 G_2 的"有益产品"，而对"有害产品"的消费则会增加到 B_2。西方的现实证明，一些补助以实物形式发放（如美国的食品券及英国曾经实行过的免费学校午餐），可以促使受补贴者把补贴额用于消费"有益产品"，如住房、孩子的食品上，而不是用于"有害产品"，如香烟、酒和赌博上。

除上述这些情况之外，一般而言，补助都应以货币形式发放为宜。

在货币补助的情况下，如何使补助带来更好的效益，相关研究也形成了一定的认识。

如果说，高收入者的效用不但取决于他自己的收入，而且还和低收入者的消费有关、也就是说，低收入者的消费对高收入者的福利存在外部性。例如，低收入者购买衣服、粮食增加了对高收入者产品的需求；或者是，低收入者接受教育后给高收入者的生产生活环境带来了好处。这样，就存在如下函数关系：

$$U^H = f\left(Y^H, C^L\right) \tag{3.1}$$

但是，现实中并不是低收入者的全部消费对高收入者都是存在正的外部性的，都是可以提高高收入者的效用的，如低收入者酗酒。因此，需要对低收入者的消费进行分解，即

$$C^L = C_G^L + C_B^L \tag{3.2}$$

其中，C_G^L 是对高收入者而言的低收入者的好的、具有正外部性的消费（如教育消费）；C_B^L 是低收入者的坏的消费（如酗酒）。在人际效用难以比较的情况下，低收入者哪些消费是好的，哪些消费是坏的，取决于高收入者的判断和感受。

这样，以上函数式可改变为

$$U^H = f\left(Y^H, C_G^L, C_B^L\right) \tag{3.3}$$

这样，低收入者的消费和高收入者的效用就存在两种关系：$\dfrac{\partial U^H}{\partial C_G^L} > 0$，两者同向变动；$\dfrac{\partial U^H}{\partial C_B^L} < 0$，两者反向变动。因此，要使高收入者在低收入者的消费中受益，或者说，要使补助给全社会带来更大的效益，就应考虑满足以下条件：

$$\frac{\partial U^H}{\partial C_G^L} - \frac{\partial U^H}{\partial C_B^L} \geqslant 0 \tag{3.4}$$

$$\frac{\partial U^H}{\partial C_G^L} - \frac{\partial U^H}{\partial Y^H} \geqslant 0 \tag{3.5}$$

在式（3.5）中，∂Y^H 表示高收入者因转移支付而导致的收入减少所引起的效用的减少。如果能做到使低收入者"好的"消费的外部性能大于高收入者收入减少所带来的效用减损，则庇古等所认定的收入再分配可以提高全社会福利的结论就可以变成现实。

在社会保障运行的现实中，公平与效率两大目标协调中的一个关键问题，就在于如何处理好社会保障的缴费与受益这两方面的关系，在这两者关系的协调中做出公平与效率的合理权衡，提供合理的制度安排。西方"福利国家"的经验教训表明，如果缴费与受益之间的关系处理不好，不仅会严重损害社会保障制度的效率，也会给公平目标的实现造成影响。因此，社会保障制度的设置中必须妥善对待公平与效率关系这一重大问题，以便在追求公平目标的同时，力求效率目标的实现。

三、社会保障是公平与效率的最佳结合点

如何"寻求效率与公平的最佳结合点"呢？对于这个问题，我们需要从经济学角度扩大到政治学和社会学的视野来进行思考。在现代社会，只有社会公正才能成为其基本制度设计和安排的基本依据，它也是社会成员实现"基本福利权利"的保障，因而也必然成为社会经济运行的"公平与效率的最佳结合点"。作为在社会公正基础上的公民"基本福利权利"的表现形式，社会保障（包括基础教育、医疗保健、失业津贴、最低生活

保障等）必然充当实现公平与效率相结合的基本社会制度。因为社会保障正是国家从社会公平和社会正义出发，依据强制手段对社会资源进行再分配，为社会中生活困难和可能发生困难的成员提供物质上和精神上的保护，保证社会经济活动健康发展的一种基本社会经济制度。作为一种运行体系，社会保障在其制度结构中，会内生出一种平衡公平与效率的机制，保障社会经济的顺利发展。

社会保障制度中的公平，是指由于完善的社会保障制度是面向全体社会成员的，因而形成一种机会公平的保障；又由于社会保障为社会成员提供基本生活保障，使社会成员不至于因遭受某些社会风险的侵害或因先天的生存能力弱势，而陷入生活困境，这就为社会成员的基本生存能力提供了一种过程的平等；社会保障通过收入再分配功能的发挥，起到调节收入差距的作用，使社会成员能享有一定程度的结果平等的权利。而社会保障的效率，主要表现在：第一，完善的社会保障可以缓解贫困，保障社会成员基本生活，调节收入差距，缓和阶层矛盾，解决社会问题，从而创造一个安定的社会环境，这无疑是提高效率的重要前提。第二，完善的社会保障可以调动社会成员的积极性，它可以为社会成员提供基本的生活保障，消除各种社会风险的危害，免除后顾之忧，从而调动社会成员的劳动积极性。第三，完善的社会保障可以保证社会再生产所需劳动力的供给。社会保障提供健康保障和教育培训保障，从而提高社会成员的身体、心理和技能素质。社会保障还可以促进劳动力市场的完善和劳动力的合理流动，有利于劳动力资源的有效配置。第四，社会保障基金可以支持经济发展，缓解经济波动的危害。在经济萎缩时期，社会保障可以保障社会成员的基本生活，增加需求，刺激经济增长；在经济高速增长时期，社会保障可以通过收费，增加积累，防止经济增长过热和发生通货膨胀。

从以上公平与效率的关系中可以看出，社会保障中的公平与效率，是社会保障制度中一个问题的两个方面，是这种制度内生的，它们是有着一致性和统一性的。特别是从机会均等的角度理解的公平，即使收入分配结果上存在着差距，仍可认为是平等的。但如果由于现实条件的机会不均等造成个人收入差距过大，造成多数社会成员心态失衡，导致社会认同度下降、社会不安定、经济发展中的效率下降，这时，公平与效率则发生冲突。所以，社会保障中公平与效率的冲突主要体现在个人收入分配结果的社会意义上的合理差距的公平观念和效率的冲突。正是这种冲突，要求制度设计做出价值判断的选择。

目前，我国正在社会主义市场经济的基础上向和谐社会的目标发展，其中社会发展、全体居民收入水平提高、民主改进、社会政治亲和等，都是和谐社会的重要标志，建立广泛统一的社会保障制度则是和谐社会的重要基础。应该说，我国目前从总体上已经初步建立了社会保障制度，并使之成为社会主义市场经济的重要组成部分，但这种制度是低水平和不平衡的。由于这种制度过多从经济角度考虑问题，不可避免地忽视了政府应该承担的责任。当前我国社会保障制度中存在的主要问题是保障水平低，特别是制度覆盖不平衡。低水平和不平衡的社会保障，再加上就业严重不足和较大的收入差距，已成为当前我国社会发展面临的三大最主要问题，也是许多人民群众普遍缺乏安全感和"幸福感"的重要原因。这些事实说明，本来应该给大众带来福利的社会保障制度却严重忽视了占人口大多数的农村居民，这与我们建设和谐社会的发展目标是相违背的。

如果说社会保障制度的建立更多的是考虑人权（体现到公民的"基本福利权利"或

"经济权利"上）的要求，更注重社会公平，那么这种公平对促进社会经济效率同样具有重要的意义。我国的现实情况及世界的发展趋势都说明，无论是从社会公平的角度，还是从经济效率的角度，建立覆盖全体居民的广泛统一的社会保障制度理应成为我们持有的基本价值理念，理应成为和谐社会不可或缺的重要内容。可以说，现在是一个特别需要广泛统一的社会保障的时代。

社会保障制度作为收入和财产再分配的重要工具，是对效率分配的一种矫正，以期使社会更加公平。收入均等化和过多的按需分配会对经济造成灾难性的破坏，欧美一些国家的福利政策也证明了这一点。在中国现阶段生产力还相对落后的情况下，社会保障制度的建设更应该处理好效率和公平的关系，不能把公平与效率割裂开来，或者对立起来。在新的历史条件下，我们要更加重视社会公平问题，由"效率优先、兼顾公平"转向"效率与公平并重"。

▶ 本节习题及拓展材料

第二节　社会保障与市场、政府

社会保障与经济发展之间的关系不仅表现在公平与效率上，还表现在政府与市场之间的关系上。

一、保险与保险市场失灵

（一）保险的概念

作为风险防范的重要手段，保险是以集中起来的保险费建立保险基金，用于对被保险人因风险事故造成的人身或经济损失进行补偿的一种制度。保险的这一定义包含了两层意思：其一是风险防范的共同努力；其二是风险的转移。

保险在概念上也有狭义和广义之分。广义的保险包括由社会保障部门所提供的社会保险以及由第二部门保险公司按照市场规则所提供的商业保险。狭义的保险则是指商业保险。

为说明保险市场的失灵问题，需先对商业保险做简要说明。

商业保险是指在市场条件下，由保险人和投保人之间以契约形式确立的经济关系，根据合同的约定，投保人向保险人支付保险费，保险人通过所收取的保险费建立保险基金，就保险合同规定范围内的灾害事故所造成的损失，对投保人进行经济补偿或给付的一种经济行为。

作为一种市场运作方式，商业保险有几点需要说明的地方：其一，它是一种市场交换行为，保险人与被保险人之间就某一特定的保险产品按市场价格形成交换"买卖"关系；其二，买卖双方法律地位平等，以平等的身份签约、履约；其三，以自主自愿为原则，保险产品的供需双方均自主自愿地出现在保险市场，在守法守约条件下，参保人的进入和退出是完全自主自愿的；其四，以合同为依据，买卖双方的权利和义务由合同规定；其五，保险金的给付以合同约定的保险事故的发生为条件，投保人一旦受到保险责任范围内的损失，就可以获得经济补偿。

经长期发展，商业保险已成为人们防范风险的非常重要的手段。但是，商业保险毕竟不能承担起保险应该承担的全部功能，其主要原因就在于保险市场的失灵。

（二）保险市场失灵的原因与表现

保险市场失灵是市场失灵中非常突出也非常典型的一个方面。

保险市场失灵，是指在保险产品的供需中，市场机制未能使相关资源的配置达到帕累托最优的效果。

保险市场作为整个市场体系中的重要组成部分，在运作中，既有一般市场所应有的性质，也有其自身的特点。与之相应，在市场失灵方面，保险市场既有一般的市场失灵原因，也有一些较为特殊的原因。对社会保险作用的发挥而言，保险市场较重要的市场失灵有如下几点。

（1）逆向选择（adverse selection）。逆向选择是由于信息不对称而导致的市场向与正常标准相反的方向做出选择的状况。在保险市场中，这是一种非常突出的市场失灵表现。

在保险领域，如果信息是对称的，通过精算设计的保单对作为潜在投保人的全体异质人群都应该具有吸引力。但如果保险公司掌握的信息不充分，只按照有限的信息设计保险产品的价格，就会引起逆向选择。此时的逆向选择是指那些风险比一般人更高的投保人，发现保险报价比较具有吸引力，从而更乐于购买保险，因为他们可以用低于其出险水平的价格购买保险，并获得较高的偿付。另外，低风险投保人由于感到保险费用过高和偿付过低，还要用自己交纳的保费"供养"高风险者，从而被迫退出保险市场。这样，就形成了高风险投保人驱逐低风险投保人的逆向选择现象。这样，逆向选择使投保人组合的风险比一般人群大，无法全部获得分散化组合带来的风险降低的好处，保险公司的利益也受到损害（保险公司的赔偿概率超过其预期赔偿概率）。这种逆向选择的过程会不断持续下去。例如，为了改变亏损状况，保险公司会按更高的出险概率设计保单，从而使愿意购买保险的人变为更容易出险的人，有更多的风险相对较低的人群则退出市场，从而使保险市场交易产品的平均质量不断下降，最后使市场上只剩下高风险的投保人。

（2）道德风险（moral hazard）。道德风险是指由于信息不对称，某一经济活动主体为增进自身效用而采取不利于他人的行为，从而使参与合同的一方所面临的因对方改变行为而损害到本方利益的风险。在保险市场，这同样是一种突出的市场失灵的现象。在保险市场上，不论是投保人还是保险人都存在着道德风险问题，都会因此降低保险市场的效率。

对投保人而言，道德风险来自保险公司不能观测到投保人在投保后的防范措施，从而面临的投保人松懈责任甚至采取"不道德"行为而引致的损失。具体地说，投保人的道德风险又分为事前道德风险和事后道德风险。事前道德风险是指投保人在投保后，由于保险可以降低乃至抵消风险损失，在防损方面产生了松懈，降低了对所保风险的预防措施，使损失发生的概率上升，从而给保险公司带来损失。例如，买了汽车险后，随意驾车或更为极端的是个别投保人甚至会促使损失的发生，从而获得保险公司的理赔。事后道德风险则是指投保人在减损方面行为产生的背离。例如，给家庭财产投了足额保险的人，当发生火灾时可能会袖手旁观，因为他可以获得足额赔偿。另外，比起未享受失业保险的人，享有该保险的人可能在找工作时付出的努力较小。

对保险人而言，道德风险是指保险公司违约，从而给投保方带来损失。较突出的有在理赔时保险公司想尽办法免责，或用各种手段拒付、减付赔偿金。此外，保险人的一些对投保人不负责任的行为，也都可视为道德风险问题。例如，保险公司可能会滥用保险基金进行投机活动，使投保人蒙受损失的可能性增大。

（3）外部性和公共品问题。商业保险所面临的外部性问题，突出表现在与"公平"和"互济"有关的方面。保险作为一种共担风险、风险分摊的制度设施，在制度设计中无疑要具有一定的互济内容，这种互济性，在一定程度上也有助于公平的实现。但是，任何一个险种所具有的互济性、公平性，都是与外部性呈正相关的。互济范围越广、公平功能越强、外部性越大，产品的公共品（public goods）属性就越强。但是，基于商业保险管理、运作能力的有限性，对于超出一定互济范围的、高出一定公平水平的保险产品，保险公司就没有能力也没有兴趣开发。例如，对于医疗保险，商业保险公司更愿意接受低风险人群投保，为规避业务亏损或破产的风险，商业医疗保险公司还会在制定投保价格和条件时十分小心，以进行客户的筛选，力争在它们认可的客户群体中形成互济，商业医疗保险公司之间甚至会对同一"优质顾客群体"展开竞争，以提升自己的业绩。这样，大量非"优质"的人群就会被排斥在外，更广泛意义上的"互济"与"公平"就难以实现。

社会保障所涉及的险种，很多是带有较为强烈的"公平性"的，这就使社会保障产品带有较强的外部性，具有公共品的属性。对这类具有强外部性的准公共产品，市场机制是失效的，商业保险机构更是难以提供的。

（4）市场不完全（market imperfection）。对"市场不完全"可以做出很多定义，该用语也往往与"市场失灵"等价。此处"市场不完全"的含义主要参照 Ramon P. DeGennaro（2005 年）的定义，指任何因素所导致的正常的、应有的经济活动被妨碍、被扭曲。这实际上主要是指由市场机制的需要而导致某一种市场的"缺失"。

从一般理论说，如果市场机制是有效的，那么，有什么样的需求，通过价格、竞争机制的作用，都会出现相应的供给，从而形成相应的市场。但是，在保险领域，很多合理的、极具社会意义的需求是不能通过市场来满足的。例如，穷人是最希望得到保险的维护的，但商业保险则不可能提供专门针对穷人的教育、就业等而设置的险种。同样，在医疗保险领域，通过商业保险机构进行筹资的市场机制失效现象，也是一种普遍现象。这种状况是由商业保险的性质决定的。作为以利润最大化为目标的盈利组织，商业保险公司维持其运营的基本条件可表示为

$$(A+B)/C \leqslant 1$$

其中，A 是平均管理成本，B 是平均赔款支出；C 是平均保费收入。该条件的含义为：保费收入必须大于或至少等于赔款支出和管理成本之和，保险公司才能正常运营，否则就会亏损，难以为继。因此，在不少领域，商业保险按此条件是很难开展业务的。例如，上面所说针对穷人的险种，按此条件就不可能开设。又如，如果通过市场机制，用商业化的价格来维护农业保险的经营，也往往以失败告终，从而出现农业保险市场的缺失。

（5）市场势力（market power）。市场势力是指经济活动主体在市场中的地位，主要是指卖方或买方不适当地影响商品价格，将价格制定在竞争性水平之上或之下的能力。一个经济活动主体要获取市场势力，主要通过控制战略性资源、开发创新手段、采用有利自身的反进入策略、利用规模经济、寻求利益相关者的支持等途径实现。市场势力会使价格和数量背离充分竞争下的供求平衡，使市场不能通过价格信号有效配置资源，导致市场失灵。在保险市场，供需双方，特别是保险产品的供方，往往实力雄厚，较容易获取市场势力，从而强势抬高产品价格，使势单力薄的需求方或者被迫接受较昂贵的产品，或者被排挤在市场之外，这些，都会使经济活动主体的行为发生扭曲。

（6）流动性约束（liquidity constraint）。流动性（liquidity）是指某种资产能够便捷地按适宜价格作为支付手段的特性，流动性约束是指资产的流动性受到抑制、扭曲。本来，一个完整的资本市场意味着没有流动性约束的存在；反之，若出现流动性约束，就意味着市场失灵的存在。例如，在资本市场上，如果一种资产或预期支付索取权的变现能力受到限制，就形成流动性约束，也就表明资本市场失灵的存在。就保险市场而言，流动性约束往往会发生在低收入人群身上。他们会由于不能自由借贷而被迫增加储蓄，从而增加养老等储蓄对其他储蓄的挤出效应，致使全社会储蓄总量增加的同时，投资反而减少。

（7）系统性风险（system risk）。已如前述，系统性风险又称整体性风险、基本风险，前面提到的社会风险，就是系统风险的一种。更一般地说，系统风险是指由经济活动主体之外的因素造成的、无法通过活动主体自主行为消除的风险。非系统性风险（又称个别风险）则是可以通过经济活动主体的自主行为加以防范的风险。在保险领域，系统性风险是指影响所有保险参与者、使被保险人产生普遍相似性反应的因素。例如，当宏观经济处于不景气状况时，各种企业会普遍处于开工不足状况，失业人口大量增加，对失业保险的需求就会大量增加。又如，在发生重大灾情时，对财产保险的需求会大幅上升。对于这类局面，商业保险往往是束手无策、一筹莫展的。其基本原因就是，保险公司作为一个商业机构，它较易应对的，是经其精算认定的发生率内的风险，一旦面临大面积的系统风险，其调动资源的能力就显得捉襟见肘，变得难以应对。

正是由于上述市场失灵现象的存在，因此，尽管商业保险在全社会保险体系中占有重要的地位，发挥着重要的作用，但它毕竟不能承担起全部的保险职责，市场失灵所导致的"缺口"，就应用其他方法加以弥补。

二、社会保障的政府职能

由于保险市场失灵的存在，政府就需要承担起弥补市场失灵的职责。当然，较严格地说，保险市场失灵的存在只是为政府提供社会保险产品提供了合理理由。更全面地说，社会保障制度所要应对的，是人类文明进程中工业化、城市化、市场化所带来的更广泛的问题。这些问题中有很多也是市场机制难以解决的。社会保障制度也因此成为政府为适应现代社会需要，在更大范围内弥补市场失灵而承担的一项职责。

（一）政府承担社会保障职能的主要原因

政府介入社会保障事务最基本的经济学原因，就在于市场失灵的存在。具体地说，在市场经济条件下政府为弥补市场失灵而承担起社会保障职能的原因，又包括如下几个主要方面。

（1）社会保障的公共品属性要求政府承担起责任。社会保障制度是市场经济体制中必须配备的制度，社会保障产品是市场经济条件下必须提供的产品。但是，对于社会保障产品这种具有公共品性质的产品，由于缺乏市场价格和"搭便车"行为的存在，市场是难以有效提供的。而在第二部门因市场失灵而不能有效提供这类产品的同时，第三部门因受"自愿失灵"约束，也没有足够的能力承担起这一职能。因而，只能由第一部门即政府承担起提供社会保障产品的职责。政府可通过公共决策机制解决公共品的"定价"问题，也可运用民众赋予的公权，通过强制手段解决社会保障制度运行中所遇到的"搭便车"等行为，使各种道德风险现象得到有效抑制。也就是说，社会保障所具有的公共产品属性既是导致社会保障中市场失灵的主要原因，也是政府介入社会保障领域的基本理由。

（2）社会保障所要实现的公平目标需要政府的介入。社会保障的首要价值是公平，社会保障所承载的重要功能是实现社会正义。社会保障所要追求的公平效果，是通过涉及面广、力度大的收入二次分配实现的。这种大强度的再分配就决定了只有在政府的主持下才能奏效。通过三大部门的比较也可以清楚地看出，社会保障的公平目标实际上只有假手政府部门才有较充分的条件得以实现。换言之，第二部门在自由竞争机制下通过市场实现的初次分配实际上往往只会拉开收入差距，而第三部门受权力制约、受资源动员能力的限制，也难以承担起大规模收入再分配的功能，因而，为实现社会公平而进行的大规模再分配就只能依靠政府。在实现公平正义方面，政府向来发挥着至关重要的作用。运用所拥有的公权力量和公共决策机制，政府能够较为有效地统合各方面的诉求，能够强制性地推行实现公平所需采取的措施，从而可以有效实现社会保障所要达到的公平目标。

（3）社会保障所要应对的社会风险，需要动用政府的力量。已如上述，社会保障所要应对的社会风险是一种系统风险。面对这种风险，存在市场失灵，在市场机制作用下的商业系统难以发挥有效作用。同时，第三部门也难有大的作为。因此，要应对社会风险，也需要政府发挥其作用。相比第二、第三部门，政府通过公权，拥有较强的资源动员能力，可通过立法、执法、税费征收等手段，较为有效地筹集应对系统风险所需的人力、财力和物力，从而得以应对社会保障所需应对的社会风险。

（4）社会保障能够较为有效地统合不同的利益诉求。这一点也是政府部门和第二、第三部门明显不一样的地方。在保险产品的设计上，保险公司是以利润为导向的，无利可图的业务或风险太高的业务，保险公司都没有开发的动力。而第三部门受慈善的特殊性和慈善的父权心态等自愿失灵因素的制约，也不可能从全社会的角度考虑保障品的提供。而公共部门因为是向全社会负责的部门，必然会在产品设计时较切实地考虑社会各方面、各阶层的利益诉求。用公共选择的解释，就是政府决策须取决于选民、民意代表、行政系统、利益团体相互作用的结果，或者较主要的，取决于中间投票人对社会保障的需求，按照社会的共同选择设置和提供社会保障产品。

（5）社会保障是政府职能演进的大势所趋。政府的职能是伴随人类文明的进程，依社会经济的发展而变化的。从一方面说，社会保障制度的发展和政府职能的演变同样是交织、互动地进行的。工业化、城市化、市场化的推进，既是决定社会保障制度演化的重要因素，也是影响政府所扮演角色变化的重要因素。但是，从另一方面说，政府职能的变化毕竟有其自身需要依循的规律。也正是在这种规律的作用下，政府从原来履行简单职能的"夜警"，逐步演变为今天承担起越来越多职责的"公共部门"。因此，政府要承担起社会保障的职能，也与政府本身职能设置上的变化改进密切相关。从西方历史看，尽管现代社会保障制度是随着工业化的推进而产生的，但是，社会保障制度首先是在历史学派占统治地位的德国产生和发展的，而历史学派是强烈主张政府对经济的干预的。至于英法等国，在相当长一段时期内，是古典经济学占统治地位，它们的社会保障制度的发展就较为缓慢。到凯恩斯革命后，政府对经济的干预大大加强，收入分配职能被视为政府必须履行的基本经济职能，社会保障制度在西方也相应得到了快速的发展。时至今日，按普遍认同的政府职能观，社会保障已是政府义不容辞的职责。

（6）社会保障是应对经济全球化挑战的需要。政府承担起社会保障职责，也是应对经济全球化挑战的需要。对此，国际劳工组织专门指出：全球金融、产品和劳动力市场相互联系的迅速增长对维持和加强社会正义提出了新的挑战。任何地区的金融和经济危机都具有高度的蔓延性，其对劳动力市场和社会福利带来的影响势不可挡，在这样的世界中，个人单独应对经济危机的能力与以前相比更加无效。全球社会危机诸如流行病和气候变化对个人社会保障的水平造成了类似的影响。为抵消额外和系统的全球危机，国家社会保障制度比以往任何时候都需要进一步加强。全球化中蕴蓄的风险和机遇需要有效的社会保障加以应对。

（二）公共部门经济学视角下的社会保障政府职能

从公共部门经济学方面，可从三个角度分析认识政府在社会保障中的职能。其一，从政府经济职能理论角度看，社会保障与整体经济关系中政府作用的发挥；其二，从社会保障本身制度角度看，社会保障运行中政府职能的具体配置；其三，从财政分权理论角度看，社会保障职能在不同政府层级间的划分。

1. 从政府经济职能理论看政府作用的发挥

公共部门经济学是以整体经济的眼光看待政府行为的。分析政府的每一个举措，也都是看它给整体经济、全体基金活动主体带来的影响。政府经济职能理论也是从整体经济的角度来看待政府作用的发挥的。

一般而言，公共部门经济学强调政府的三大经济职能，即资源配置职能、收入分配职能和宏观调控职能。三大职能又分两个层次。资源配置职能和收入分配职能被视为两大基本经济职能，是政府必须注重、切实履行的职能。宏观调控职能固然重要，但排序上次于两大基本职能。因此，把握政府在社会保障中的作用，可从两大基本职能着眼，即从资源配置职能和收入分配职能来衡量社会保障中政府作用的发挥。

联系现有的社会保障分类，根据社会保障中政府在两大基本职能方面发挥作用程度的不同，也可划分为三种类型。

第一类属于"重实效国家"（positive state）。在注重实效、强调"适者生存"的国家，政府以保护自由竞争的市场活力为主要目标，把维系社会稳定和保障公民个人权利作为主要职能。在这种国家，收入再分配的力度不大，社会保障支出会维持在相对较低的水平上，政府在社会保障方面动员的经济资源，相对比重也较小。美国就属于这一类的国家。

第二类是普遍保障国家。这类国家注重通过社会福利政策保障公民一定程度的生活水平，较注重发挥社会保障的收入再分配功能，提供的社会保障水平也超过第一种类型的国家。除对老年、疾病、丧失工作能力和多子女的人提供经济保障外，对于社会成员的教育和就业技能的培养也承担一定的费用和责任，公共部门在社会保障中动员的资源也较多。英国就属于这一类型。

第三类称为社会福利国家。该类型的国家不仅保障公民一定程度的生活水平，而且努力提升社会福利水平，并通过提供社会福利政策更大程度地追求收入分配的平等。除实行第二类型国家的保障项目以外，对儿童的培养、保健教育等也进入福利覆盖范围。这类国家社会保障中政府动员的资源最多。属于这一类型的有瑞典、丹麦和挪威等国家。

这三类国家在社会保障开支的比重、政府干预的程度以及对平等的强弱等方面，从前者到后者呈现逐步加强的趋势。

2. 从社会保障制度本身看政府职能的发挥

社会保障是个庞大的系统。这个庞大系统由许多具体制度构成。整个系统的运行，涉及众多的环节。在这些制度、环节中，政府都担当着具体的职责，发挥着具体的作用。总而言之，政府在社会保障运行中所履行的职能，主要体现在四个方面。

其一，政府是社会保障制度运行的主持者。这种主持者身份又可具体化为政府在社会保障运行中担当的管理者、规划者、统筹者、监督者和最后责任承担者等身份。可以说，社会保障制度若离开了政府的主持，与政府的责任无关，就不能被称为社会保障了。同样，如果离开了政府对社会保障资源的统筹、规划，也不能算做社会保障。实际上，在当前社会保障制度改革中，即使是一些通过市场化由非公共部门提供的社会保障产品，政府也在统筹组织、监督管理等方面履行着应有的责任。例如，养老金的个人账户，就是按政府法规实现强制性储蓄的。

其二，政府是社会保障制度的供应者。社会保障制度涉及的面非常广，较主要的包括：①社会保障法律法规；②社会保障政策规划；③与社会保障资格、义务、待遇等相关的规则标准；④社会保障行政管理制度；等等。政府是这些制度的构建者、维护者和实施者。因为，只有政府才能利用其所拥有的公共决策机制，从而可以按公众需要制定出合理的法规政策；也只有政府运用其掌握的公权和行政系统，才能有效地维护和推行社会保障政策。可以说，整个社会保障制度的建设和维护，都需要政府运用公权和公共管理设施才能够实现。只有通过政府，才能为社会保障制度提供法律保障，提供社会保障运行所需的各种制度条件。当然，在社会保障运行中，政府本身也须严格依法行政。

其三，在社会保障资金的筹集和管理中，政府都承担着重要的责任。社会保障所需资金的筹集，有很多具体方式，大体而言有三类：一是通过一般性的税收筹集；二是通过目的税（社会保障税）的征收筹集；三是用非税方式筹集。无论哪种方式，实际上都带有强制性，政府在其中都发挥着重要的作用。在实行基金制的条件下，政府对基金的安全、基金的保值增值，也都负有重要责任。

其四，政府是社会保障公共服务的供应者。随着社会保障的发展，由它所供给的公共服务种类已越来越多。在公共服务的供应中，主要采用两种方式：一种是政府生产（public production），如政府直接开办公立医院，供给医疗服务，政府直接派人从事社区服务等；另一种是政府提供（public provision），如政府向第二部门甚至第三部门购买某种服务，再供应给社会保障受益人。

这四大方面的职责，若要更具体地说，则由于各国社会保障制度的巨大差异性，因而，在不同制度下，政府在社会保障运行中所发挥的作用又各有不同，甚至存在很大的差异。例如，在社会保障制度提供方面，政府固然是社会保障制度的建立者、维护者和实施者，但同时也可以是社会保障制度的完善者和促进者、社会保障制度推行中的强制者、公共诉求的协调者，甚至还可以是社会保障中"制度失灵""政府失灵"的责任承担者。又如，在资金筹措方面，具体差异也很大。为显示这种差异，也可以联系现有的社会保障分类加以说明。按照保障范围的不同，社会保障被划分为普遍保障模式、就业保障模式、救助型保障模式等三种类型。在这三种类型中，政府筹集资金的责任大不相同。普遍保障模式面向全民实施，其经费来源于财政拨款或专项征税，政府的筹资责任就很重。就业保障模式主要对工薪者实行社会保险，其经费基本来源于雇主与雇员的缴费，政府的筹资责任相对较轻。其中，有一些国家采用基金积累制，由政府立法强制雇主与雇员缴费建立个人账户，并往往把个人账户的保值增值事宜腾让给市场，此时政府在资金管理上的责任也相应减轻。救助型保障模式面向在政府制定的贫困线下生活的低收入群体，其经费虽然来源于政府财政，但因为保障面窄、给付水平低，因而，政府的筹资压力实际上并不太大。

3. 从财政分权理论看政府作用的发挥

在一个存在多级政府的国家里，社会保障的职责是由各级政府共同分担的。要把握社会保障权能在各级政府间的配置，从公共部门经济学视角看，主要以财政分权理论为分析依据。

财政分权理论，即财政联邦主义。按照第一代财政联邦主义理论（first generation fiscal federalism，FGFF），特别是按照马斯格雷夫的财政分权理论，在政府的三大经济职能中，收入分配职能和宏观调控职能应由中央政府履行，资源配置职能则应由地方政府承担。马斯格雷夫特别指出，只有由中央政府行使收入分配职能，才能使一个国家的每个公民的基本权利得到较为一致的维护。

按此观点，由于社会保障带有强烈的收入再分配功能（特别是与第一代财政联邦主义理论并存的社会保障制度更是如此），而且，社会保障又确实涉及了每一个公民的基本权利，因此，社会保障职能应主要由中央政府（联邦政府）以及较高层级的地方政府（省政府或州政府）承担。现在，世界各国的工薪税（payroll tax）普遍由中央（联邦）政府及省政府或州政府征收的情况，是和这一观念分不开的。

按照在新公共管理运动中形成的第二代财政联邦主义的理论（second generation fiscal federalism，SGFF），情况有所变化。在新公共管理运动中，强调上级政府对下级政府的放权、分权成为压倒性的主流声音；在此背景下所形成的新财政联邦主义原则体系中，地方自治原则（principle of autonomy）、下级治理优先原则（principle of subsidiarity）成为被普遍接受的原则。

下级治理优先原则背后的理念，实际上还是第一代财政联邦主义时期施蒂格勒、奥茨等已经提出来的理论，即下级政府更了解当地居民的需求，由地方政府进行资源配置，效率更高。按照地方自治、下级治理优先等原则，不少国家在新公共管理运动中都对社会保障制度进行了积极的放权分权改革，使社会保障职权在各级政府间的配置格局发生了一定的变化。特别是随着社会保障发展中公共服务项目的增加，这些项目的实施，本身就带有更多的资源配置成分，其操办责权的下沉就更属顺理成章。例如，在新公共管理运动浪潮中，美国从20世纪80年代就开始推行社会保障制度改革，缩小联邦政府操办社会福利的规模，把社会福利、社会救助与公共服务的责任与权力下放给州和地方政府，仅1984年，联邦政府就把原由自己操持的食品券、未成年子女补助等44项社会保障项目，交由州和地方管理，通过打包拨款（block grants）等方式，让州和地方政府担负起更多的社会保障责任；并通过政府购买服务等形式，发挥民营机构在公共服务供给中的作用，联邦政府则只保留对此类公共服务生产与供给的监督职能。尽管在新公共管理运动中各级政府间社会保障权能的调整是普遍现象，但由于各国国情不同，权能调整的方法路径也不同，因而也不可能出现一个统一的模式。

▶**本节习题及拓展材料**

第三节 社会保障与公共品

一、公共品理论

社会保障与每个人生活密切相关。社会保障在当今社会无处不在，通过和社会中每一个成员接触，社会保障产生了巨大的累积效应。当问题出现时，社会保障制度提供了人们反映其需要、相关主体对其进行帮助的渠道，并对帮助方式进行有序改革。人们的基本需要如果得到满足，那么破坏性的社会冲突就可极大程度地避免。

社会保障对公众的有意影响主要体现在以下三个方面。

第一，预防意外状况的发生。人的一生总会有意外问题发生，这些问题会阻碍人的成长、自立及发展。通过预防意外问题的发生，社会保障不仅可以节减解决问题所需开支，减小不幸者的痛苦，而且可以使人们生活更加绚烂多彩，发展更加顺利。

第二，加强人与人之间、人与社会之间的联系。人皆有恻隐之心，每个人或多或少都会想对他人提供帮助。但现代社会复杂程度不断增加，人们的怀疑心态也逐渐提高。人们纳税时，有时会对税金的去向和用途产生怀疑。但是，如果我们看到财税被使用在社会保障上，并且确实提高了人们的生活水平，看到一个个不幸者因社会保障的帮助得到了物质、精神上的关怀时，那么我们就会心存温暖，认为社会环境非常美好，对社会的认同感就有可能不断增强。我们也会进一步认识到，人们有时虽可能陷入孤立无助的境地，但我们有共同的责任去帮助，社会保障机制可以使我们做到这一点。

第三，重视人的价值的实现。社会保障的基本原则之一，认为每个人都应该过上一种惬意舒心的生活。每个人的生命只有一次，因而是宝贵的，每个人都应好好地、有尊严地活着。任何组织和个人都不得轻率地侵犯他人的权利。社会福利的这些信念如果被坚定不移地强化和实施，全社会就会形成明确的、坚定的、稳定的社会认同感。每个人都会从社会保障中受益。

社会保障对公众的影响是我们每个人都希望得到的，正因如此，社会保障就具有了公共产品的性质。社会保障实质上是一种基于人和社会发展的需要而产生的公共产品。

公共产品也被称做公共物品或者公共品。广义的公共产品包括宏观经济管理、政府管制、反垄断、再分配以及国防、外交、义务教育、公共卫生、基础设施等。狭义的公共产品主要是指能够直接为公民提供安全和社会福利水平的产品，如国防、外交、义务教育、公共卫生、基础设施等。公共产品理论在近代发展非常迅速。奥地利和意大利的学者早在 20 世纪末就运用边际效用价值理论论证了政府和财政在市场经济运行中的合理性与互补性，形成了公共产品理论。萨缪尔森在 1954 年、1955 年分别发表了《公共支出的纯粹理论》（*The pure theory of public expenditure*）和《公共支出理论的图式探讨》（*Diagrammatic exposition of a theory of public expenditure*）。在这两篇文章里，萨缪尔森将物品分为"私人消费品"和"公共消费品"，他对公共产品的定义是：每一个人对这种产品的消费并不减少任何他人对这种产品的消费。这一描述成为关于纯粹的公共产品的经典定义。马斯格雷夫和皮考克的《财政理论史上的经典文献》中在萨缪尔森的基础上将物品分为公共物品、私人物品和有益物品。维尔·埃克又进一步将有益物品分为三类：政府为实现最低限度的政府职能而必须提供的物品，为维护自由竞争的市场制度、提高经济活动效率而必须提供的物品，为提高国民综合素质而提供的物品。之后，布坎南、奥尔森等学者在此基础上对公共产品提出了不同的见解。

公共产品理论的影响非常巨大。该理论的出现和繁荣为社会保障理论和实践提供了重大支持。社会保障的公共产品性质就是在该理论出现和繁荣之后确立的。同时，将社会保障定义为公共产品也是符合现代民主政治理论的。现代民主政治要求政府必须为民众谋福利，这样它才具有合法性和权威性，因此政府必须承担社会保障责任符合现代民主政治理论。当然，预防问题、加强人们和社会之间的联系、重视人的价值这些公共产品的提供，仅仅依靠社会保障制度的实施是远远不够的，只有社会保障和其他社会制度相互作用才有可能得以充分实现。

二、社会保障产品具有一定的公共产品属性

社会保障产品具有一定的公共产品属性。这可以从如下几个方面体现。

首先，社会保障的终端产出（或其中的一些重要产出）是不可分割的。

公共产品的常用表达式是

$$X_g = X_g^i \ (i = 1, 2, \cdots, n)$$

其中，X_g 是某种公共产品；i 是个人。该表达式强调的是公共产品人际间的不可分割性。社会保障产品的终端产出（或起码是其中的一些重要产出）就是不可分的。社会保障和其他公共产品一样，其效用是多维的。社会保障产品固然会给受益者个人带来好处，但这只是其所具效用的一部分，与此同时，它也给全社会带来了"公平正义"和"安全平和"，这也是社会保障产品的重要效用。严格地说，这种"公平"和"安全"效用才是社会保障真正的终端产出。若只追求个人效用，商业保险就足以解决问题了。实际上，社会公平和经济安全正是人们构建社会保障制度所要追求的两个最重要的目标，若没有这两种终端产出，也就不称其为社会保障了。而这两种终端产出是很难进行人际分割的。或者退一步说，在社会保障产品的多维效用中，既有给个人带来的效用，也有给全社会带来的效用，而这里面最核心、最重要的效用，即给全社会带来的经济安全和公平正义效用，只能由全体社会成员"联合享有"，是很难分解到每一个受益者身上的。这是社会保障品公共产品属性的表现之一。

其次，社会保障终端产出（或重要产出）的消费是非竞争性的。

从另一个角度讲，经济安全和社会公平是一种整体性的"秩序"和"环境"，每一个社会成员都可以从这种"秩序"和"环境"中获得好处，但是某个个人对这种"秩序"和"环境"的消费，并不影响其他社会成员对这种"秩序"和"环境"的同时消费。他

们之间的消费是非竞争性的。很多社会保障产品都具有这一类的特征。例如，义务教育、卫生医疗的重要产出是文明程度的提高，是公共卫生环境的改善，都具有消费的非竞争性。这些，都是社会保障产品所具有的公共产品属性的体现。

最后，社会保障在一定程度上具有非排他性。

社会救助、社会保险和社会福利具有不同程度的非排他性。为实现社会公平，社会保障中的社会救济、社会福利和社会保险中的统筹部分，都是一种纵向再分配，或是将社会普通公民的收入向社会救助对象转移，或是将高收入阶层的收入向低收入阶层转移，从而体现了这些产品的非排他性。从具体制度安排看，社会救济和社会福利的供给不需要受益与贡献的对等性，只要达到领取待遇的条件，就可依法获得相应的待遇。所以，社会救助和社会福利与社会保险相比，少了一个排他性门槛，非排他性就显得更为明显。同理，社会保险虽然主要采用受益与贡献对称的原则来供给，但其中也往往具有互济分享的部分，如现收现付制（pay—as—you—go）下的养老保险，我国养老、医疗保险的统筹部分，在这一部分，也具有较为明显的非排他性。进一步说，社会保障的互济性，不论是纵向互济还是横向互济，都是其非排他性的突出体现。社会保障的共济性越强，非排他性就越明显。

在经济学的意义上，社会保障就是政府提供的一种公共品。因为公共品的生产并不是无成本，所以社会保障能否实现其政策预期而持续存在，就取决于政府提供这种公共品是否有效率。而对政府提供公共品效率的评价，实质上反映在公众承担此项公共品成本的意愿上。在市场民主国家，公众用选票表达了这种意愿，从而对政府提供公共品的效率给出了评价，并进而影响了政府提供公共品的方式。反映在社会保障上也是如此。在社会保障的贝弗里奇模式与俾斯麦模式两种模式的选择中，在建立了较完善的社会保障制度的国家中，大多数选择了俾斯麦模式，其原因也在于此。

在缺乏公众选票的国家中，政府提供公共品的效率很难得到评价。政府对社会保障这一重要公共品的提供缺乏选票的压力，从而对社会保障的提供方式不能形成一种自发的筛选。其社会保障的建立通常是以制度移植的方式展开，而制度移植遇到的最大问题就是制度基础不能移植：由于各国的政治、经济、人口、文化，乃至宗教传统等这些制度基础的差异，在一国成功的社会保障制度，在另一国家就很难成功。以养老保险的基金制为例：养老保险基金制的制度设计，实际上是将人一生创造的总财富，根据人的生命周期在时间上进行重新的配置。将年轻时创造的财富储蓄一部分，等到年老的时候再用来消费。在货币经济的条件下，这种行为的完成就是货币基金的积累和发放过程。然而，货币只是分配资源的工具，透过货币的面纱，我们必须看到，养老需要的是真实的实物资源，如果没有真实的经济增长、真实的实物资源的增加，而仅仅是货币符号的增加，那么，最终的养老保障根本就不可能实现。也就是说，养老基金制的暗含前提是存在一个有效率的储蓄转化为投资，投资增加产出的机制。而在货币经济中，金融体系（特别是资本市场）的效率决定了储蓄转化为投资的效率，投资的产出效率又取决于一个国家中企业的生产效率。所以养老基金制的制度前提是存在一个有效率的资本市场和有效率的企业制度。因而，只有在有效率的资本市场和企业制度存在的国家，现时的储蓄资源（货币化的基金）才能转化为未来更多的资源（货币化的养老金），基金制的养老保险才存在成功的可能。而一个有效率的资本市场和企业制度并不是一夜之间可以建成的，它通常也是一个不断演进的过程。因而，在一个有效率的资本市场和企业制度并不存在的前提下，如果政府主导强制的养老保险基金制，要么是政府作茧自缚，要么是另有他图。由此可知，在制度基础不能移植的条件下，社会保障制度的建立就应该以自身的制度基础为前提。同样以养老保障为例，因为养老保障实际上是老年人如何获得生存资源的问题，货币只是其获得资源的工具之一。在一个公共品的产出效率不能有效评价，而家庭养老又具有厚重文化传统的国家，尽可能地缩小政府强制再分配的范围以减少租金耗散而采用家庭养老方式就成为一种可能的选择。显然，家庭养老的前提是，家庭必须具有足够养活其老年成员的资源。当然这一条件并不可能完全具备，那么，对于那些没有能力养活其老年成员的家庭，政府则可以直接进行救济。这样，只要社会总的资源足以满足全部人口的生存需要，家庭养老辅之以政府救济的养老保障模式则是同其制度前提相适应的。

▶本节习题及拓展材料

推荐阅读书目

郭小东.2014.社会保障理论与实践.广州：广东经济出版社

王文素.2010.社会保障.北京：北京大学出版社

推荐阅读材料

社会保障政策

社会保障政策是指政府在某种社会价值理念指导下，为了达成一定的社会目标期望，而制定的关于社会保险、社会救济、社会福利、社会优抚安置等方面的一系列方略、法令、办法、条例的总和，它们旨在对个人与群体生命周期内的生活风险进行干预，并提供社会安全支持。

社会保障政策具有社会性、公平性、互济性、发展性和管理性特征。

社会保障政策可以解决社会问题，满足社会需要，保护既有制度，这是社会保障政策的显功能；社会保障政策是被统治阶级争取阶级统治的工具，它保护既得利益者，这是它的隐功能。

现代社会保障制度演化生成的过程具体体现在社会保障政策的制定和实施中，而社会保障政策又是社会政策的基本组成部分。虽然我们通常在理论和实践中将社会保障政策的制定作为重点关注的领域，但正如英国社会政策专家迈克尔·希尔（Michael Hill）所言，社会政策的实施是社会政策不可分割的组成部分，人们很难在政策制定的结束与政策实施的开始之间明确划出一条分界线。很多政策的概括性都很强，因此其实际影响取决于人们在执行阶段对它们的理解，由此得到启示：国民最终能够拥有一个什么样的社会保障制度，不仅取决于政策制定者是否制定出体现"公平"的政策，而且——更重要的是——取决于政策的实施。在现代社会决策权分散化的体制下，存在着多种偏离博弈规则论制度设计目标的可能或现实，如财政分权体制下的地方官员不按中央政策的要求对社会保障进行投入；医疗服务的提供者为自身利益诱导需求；纳税人隐瞒自己的纳税能力或在社会保险制度下欠缴保险费。所有这些都会对社会保障制度的生成产生影响，使"集体行动控制个体行动"的效果减弱。

资料来源：百度百科，http：//baike. baidu. com/view/11791591. Htm

第四章 社会保障与中国可持续发展

本章主要内容:
- ●社会保障与国家职能
- ●社会保障与家庭保障
- ●社会保障与劳动就业
- ●社会保障与收入分配

第一节 社会保障与国家职能

一、政府在社会保障中的职能

社会保障作为一项基本制度，是社会的"安全网"，也是经济的调节器。从世界范围看，社会保障已有120多年的发展历史，历经多次世界经济大萧条而日益完善，显示出其在调节收入分配、缓解社会矛盾、推动经济发展、促进国家长治久安方面的强大功能。尤其是在经济危机条件下，社会保障不仅是消除民众恐惧、安定人心的重要保证，而且对于拉动消费、刺激经济复苏具有特殊重要的作用。

国家是社会保障制度的第一责任人。政府作为社会保障的制度主体，是指中央决策机构和承担调控与管理职能的政府机构。前者如全国人民代表大会，它作为国家最高权力机构进行最终决策。后者主要包括如下几类：①专门负责社会保障的职能部门，如人力资源和社会保障部、民政部、卫生部等。其主要任务是研究制度运行中存在的问题，拟定可供决策参考的各类方案，并且在有关权力机构做出最终决策后负责组织实施，拥有对违规行为进行行政处罚的权力等。②财政部门。财政部门作为国家资金管理部门，代表社会保障基金的供给方参与决策等。③综合调控部门，如国家发展和改革委员会等，其主要任务是协调社会保障职能部门与财政部门之间的意见分歧，平衡社会保障基金增长的需要与可能，在国民经济重大比例协调的基础上提出社会保障基金长、中、短期的增长幅度和结构目标等。④代表执行机构的有关部级机构，如工业、商业的管理部门等。

政府是以公正为终极价值的社会保障的首要责任主体。政府以促进经济发展、协调社会各阶层和社会各方面的利益矛盾、保持社会安定等作为其合理目标。但是，政府并不是在任何时候都能自觉地做到这一点的，有时会因过于关注和追求短期政策目标的实现而忽视受保人的长远利益，或者造成代与代之间社会保障费用负担的不均衡等。政府机构中相关职能部门之间的职能差异，也往往导致其行为偏离整体目标。

社会保障制度中的政府责任包括财政责任、监管责任、推动立法与宏观调控责任。从社会保障制度层次体系的内涵来看，财政责任是社会保障制度层次体系分析的核心，而财政责任可以通过政府对社会保障的供款责任来体现。国家在财政支出方面的责任包括以下六个方面：①为社会福利、社会救助和社会优抚等转移支付类项目提供财政拨款；②当社会保险基金收不抵支时负有"最后的"并非完全的责任，由国家财政给予补贴；③制定、出台让税、让利等优惠政策，前者如企业和个人在税前缴纳社会保险费等，后者如对存入金融机构的社会保障基金给予较市场利率偏高的利率等；④当制度转轨或政策变更时，国家出资消化转轨成本；⑤当地方政府遇到自身难以克服的困难，特别是当社会保障基金具有中央集权的性质时，中央政府有责任提供必要的财政支持；⑥国家承担公务员及其他公职人员的社会保险费。

二、政府职能对社会保障制度体系完善的影响

政府机构改革影响社会保障管理主体的变化。在政府机构改革的过程中，社会保障管理机构的合并、拆分、职能变更等使社会保障管理主体发生变化。改革开放以来，中国经历了七次政府机构改革，在每次机构改革过程中，中国社会保障管理主体的职责都受到影响。社会保障管理职能在不同部门内进行重新分配。

政府职能变迁与社会保障制度关系密切。一国不同时期对政府职能的不同认识影响政府对社会保障制度发展的态度，进而影响社会保障制度体系和社会保障制度目标的变化。改革开放以来，中国政府职能经历了以经济职能为主导向以社会管理与公共服务职能为主导的转变，政府经济职能向社会管理与公共服务职能变迁的分界点为2003年。1978年的十一届三中全会，提出了政府职能要从以政治职能为重心向以经济工作为中心转变，中国开始进入以经济职能为主导的政府职能阶段。2003年的十六届三中全会提出了以人为本的科学发展观，以人为本理念要求满足人的需求、改善人的生活、重视人的发展，在以人为本的执政理念指导下，中国政府职能逐渐向社会管理与公共服务职能转变。

政府职能的变迁影响社会保障体系的发展。在以经济职能为主导的阶段，政府积极推进市场经济的发展。而由市场经济所引起的失业、贫困问题促使中国社会保障制度内容体系不断完善。1978～2003年，针对城镇劳动者的老年、疾病、失业、工伤、生育、贫困等社会问题，中国逐步建立了养老保险制度、医疗保险制度、失业保险制度、工伤保险制度、生育保险制度和最低生活保障制度，并进行养老服务、医疗服务和就业服务

的探索。在以社会管理与公共服务职能为主导的阶段，社会保障制度缩小收入分配差距、改变收入分配格局的重要作用受到重视。中国积极推进社会保障结构体系的完善，2003年以来，中国逐渐为农村居民建立了新型农村养老保险制度、新型农村合作医疗制度、农村医疗救助制度和农村最低生活保障制度，不断完善农村五保供养制度，并加大农村社会保障转移支付力度，缩小城市社会保障制度与农村社会保障制度的给付水平差距，促进城乡基本公共服务的均等化发展，促进社会保障的制度整合与体系完善。

政府职能的变迁使社会保障制度的目标发生变化。社会保障制度的目标是指一个国家实施社会保障制度所要达到的基本目的，社会保障制度的基本目标包括经济目标、政治目标、社会目标和道德目标。社会保障制度是政府调节经济社会发展的重要工具，在一定时期社会保障制度的目标受到该时期政府职能的影响。

1978～2002年，政府职能以经济职能为主导，社会保障制度改革主要服务于经济体制改革与经济建设，表现出强烈的经济目标取向。随后，在经济体制改革取得快速发展时期，各种社会问题开始凸显出来，于是，中国社会保障制度的基本目标表现出在继续服务于经济建设这一基本目标的同时，强调社会保障制度的政治目标，维护社会稳定成为中国社会保障制度发展和完善的主要制度动机。2003年以来，中国政府职能逐渐向社会管理与公共服务职能转变。与此相适应，中国社会保障制度的目标发生相应的变化，中国社会保障制度从被动选择单一的经济目标或政治目标，逐步向主动的选择社会保障制度的社会目标进而促进社会保障制度的经济目标、政治目标、社会目标与道德目标的协调发展而转变。

政府层级对社会保障管理体制有较大影响。政府层级影响社会保障管理机构的层级设计。政府层级指政府宏观纵向层级结构，即从中央到地方共有几级政府组成。中国政体基本形成了中央、省、地市级、县、乡的五层政权体制。在职能部门设计上，由于地方政府机构与中央政府机构的同构化，中央政府设置的政府机构地方政府也要有。因此在社会保障领域，在中央政府一层，设置了人力资源和社会保障部、民政部、卫生部、教育部等机构，相应的，在省级一层则设置了人力资源和社会保障厅、民政厅、卫生厅、教育厅，在地市级政府和县级政府一层设置了人力资源和社会保障局、民政局、卫生局、教育局。政府层级过多，导致机构人员膨胀，降低政权运作效率，使得信息传达放慢。在社会保障多层政权机构设置下，上层机构的设置必然引起下层机构的相应设置，机构工作人员就会增加，同时，上层机构下达的文件、通知下传到下层机构耗费的时间和下层机构上报给上层机构的信息耗费的时间也会增多，进而影响社会保障制度管理的行政效率，也会使社会保障制度信息传达变慢、信息失真概率增大。中国现阶段社会保障政策实施效果较差的一个重要原因就是政府层次过多引起的较低的行政效率。

中央政府和地方政府财权和事权的划分影响社会保障制度的发展。中央政府和地方政府责权划分不明确影响社会保障制度的发展。中央政府与地方政府的关系处于集中和分散的演变关系中。1978～1993年，地方政府财政收入在财政总收入中所占比重较高，地方政府拥有较大的资源处置权。1994年以来，分税制的改革使中央政府财政收入比重提高，地方政府财政收入比重降低。然而，在政府职能向社会管理和公共服务职能转变的背景下，地方政府承担的社会服务越来越多，而中央政府对地方政府的转移支付依靠卫生部、人力资源和社会保障部等职能部门实施，依托项目向不同层级的地方政府进行转移支付，地方政府只有通过向上层政府申报以获得中央政府的配套资金来改善地方的公共服务与社会保障服务。这使在中央政府财权集中过高的情况下地方政府社会保障服务的改善受到较大约束。中央政府和地方政府责权划分不明确导致中央和地方社会保障负担不合理。

政府责任影响社会保障制度的实施。政府在社会保障制度的运行中具有制度设计责任、财政支持责任、监督管理责任等，政府责任不明确将会影响社会保障制度的运行效果。在中国政府体制中，我们常认为由个人、单位、政府和社会合作可以较好地执行某项事务，因此形成了凡事"四家台"的做法，导致政府、社会、单位和个人责任划分不清。在新型农村合作医疗制度的实施中，新型农村合作医疗制度基金由个人缴费、集体补助、中央财政补助和地方财政补助组成，然而在实践中却出现了地方政府资金不到位、农民参保积极性低的问题。在城镇企业职工养老保险制度运行中，城镇企业职工养老保险制度基金来源于企业和个人，政府具有财政兜底责任，然而政府在社会保障中的财政责任并没有以立法的形式确定下来。在新型农村社会养老保险制度的运行中，政府既补进口，又补出口，但是在财政补贴上，不同层级政府在新型农村养老保险的财政支出上的责任有待进一步优化和明晰，这将影响到中国新型农村养老保险制度的发展。政府多头管理降低社会保障运行效率，使社会保障基金没有合理利用。在社会保障领域，政府多头管理使社会保障效率出现损失。以社会救助为例，中国灾害救助、最低生活保障制度、医疗救助等由民政部门中不同的机构管理，教育救助、住房救助、法律援助由教育部、住房和城乡建设部及司法部负责实施。政府多头管理容易导致社会救助制度运行效率出现损失。

政府与社会关系的变迁对社会保障制度有重要影响。1978 年以前，中国社会从整体上看是一种社会组织发育程度较低、政府对社会实行严格控制的传统社会结构模式。1978 年以来，政府和社会的关系发生变化，政府与社会组织开始建立新型关系，社会组织得以迅速发展。社会组织的发展对社会保障制度的发展产生重要影响。社会组织的发展使社会保障参与主体向多元化方向发展。随着社会组织数量的增加以及社会组织力量的强大，中国社会保障参与主体由政府和单位逐渐向政府、单位、社会组织、家庭和个人的方向发展，社会保障主体多元化格局逐渐形成。同时，社会组织的发展有助于改善中国社会保障服务水平。社会组织是社会服务的重要提供者，社会组织为老年人、残疾人和儿童提供社会服务，基金会通过将募捐所得的捐款进行合理利用来改善特殊群体的社会福利。

政府职责的演变，是随整个国民经济体制改革与发展的进程和社会保障改革的进程发生的，总体上呈现出下列趋势：政府责任正在从不规范走向规范，从责任模糊走向责任清晰，从无限责任走向有限责任，正在朝着更加科学、合理的方向发展。

▶本节习题及拓展材料

第二节 社会保障与家庭保障

家庭保障是在传统的农业社会时期,由于自然经济生产方式的约束,家庭特别是大家庭(家族)通常是世居一地,集生产和消费的功能为一体,个人依赖家庭成员的共同劳动而生存。在这一时期,社会的统治者提供公共服务的能力和愿望都比较有限。在这样的条件下,个人通常只能通过家庭获得基本的生存保障(就业、疾病、养老等)。而这种保障方式实质上是将个人的生存风险在家庭成员范围之内进行的一种分散,显然,家庭的规模越大,风险化解能力就越强。然而,家庭的规模毕竟有限,从而使这种风险化解的能力也很有限。于是,当家庭的能力不足以化解个人的生存风险时,个人生存就出现危机,当这种危机积聚到足够大时,社会的动荡就会产生。

社会保障是随着工业文明的到来而产生的,自然经济的解体使家庭不再作为一个生产的单位,个人开始离开家庭和世居地到城市里靠出卖劳动力来谋生,从而使个人依靠家庭(家族)来谋求生存保障的可能性降低,客观上产生了寻找新的生存保障方式的需求。同时,工业文明的推进和市场经济的发展,也迫使政府或者社会的统治者提供更多的公共服务。在这样的条件下,自 1883~1889 年德国首相俾斯麦率先以法规形式颁布工伤、疾病、老年三项社会保障制度,西方各国政府纷纷开始建立针对失业、养老、疾病、工伤、生育和生活贫困等的社会保障制度以谋求社会的稳定和进步。这样,个人的生存风险可借由政府建立的社会保障制度在更多的社会成员范围内得以分散,在这样的意义上,社会保障显然具有比家庭保障更为强大的保障能力。同时,从其产生的历史和现实的运作来看,社会保障本质上是一种市场之外的政府强制再分配(同代、代际)行为。这一点也正是社会保障区别于商业保险的根本所在。

家庭保障虽然不是社会性保障机制,但对于亚洲国家而言,尤其是对于中国而言,它又确实是国民可依靠且稳定的一种生活保障机制。在此,社会保障是指在家庭内部、家庭成员之间相互提供包括经济保障、服务保障和精神慰藉等内容在内的生活保障机制,它在保障社会成员的生活方面通常与国家和社会负责的社会保障并驾齐驱。

一、在中国传统社会结构中家庭是社会生活的核心和基础

（一）中国家庭的核心地位和结构特点

以中国为代表的东方世界在社会结构和功能方式上与西方社会存在很大的不同。在中国传统社会里，家庭是社会生活的核心，是社会制度的基础；是家庭而不是个人或团体，构成中国社会结构的基石、社会制度的原型、社会秩序的要素；是家庭伦理构成社会伦理和治国方略的基础，家庭结构构成社会结构和国家形态的基础，家庭功能构成社会功能和国家职能的基础；社会和国家就是家庭在结构上的放大、在功能上的加强、在伦理关系上的翻版与发展。

传统的中国家庭文化提倡多子多福，一对夫妇一般养育 4~6 个孩子。其中，长子是家族传宗接代、家长权威传承、家庭财产继承、家庭关系维系的主要依靠和后继者。典型的中国家庭结构是多代同堂，少则三代多则四代、五代同堂而居。未婚子女与父母和祖父母同住，已婚子女或者分家或者不分，但崇尚的是不分。多代多子一锅吃饭，一门出入，同耕一块田地、同尊一个祖先，这种模式被尊为典范，受到四里八乡的尊重和敬佩。

居于家庭结构最上层的是家长。中国传统家庭的家长（一般为男性，偶见有以女性为家长者，但不具有必然性）不能完全等同于现代家庭的户主，他不仅对外代表整个家庭，而且对所有家庭成员来讲，他总是意味着权威、掌握着权力，是"家规"的制定者、执行者和维护者，是家庭事务的决策者和管理者，是家庭生产生活的组织者和协调者。他在家庭中处于核心地位，是家庭的统治者。在家长的统治下，家庭成员实行"男女有别、长幼有序"的内在制度规范，"父为子纲、夫为妻纲"。

（二）中国家庭的基本功能

中国传统家庭在传承历史文化传统过程中，逐渐形成了三大基本功能。

（1）组织家庭成员参加农耕劳作或手工经营，并从中获得收入。中国不少传统名牌产品，如张小泉剪刀、全聚德烤鸭、老北京布鞋、同仁堂药丸等都是在家庭作坊中孕育产生的。

（2）维持全体家庭成员的衣食住行。传统上，住所对有钱的大家庭来说可能是豪宅，相对讲究一些，但对于穷困家庭则可能只是一处窝棚。穷人步行主要靠双脚，有钱人家是靠轿子。而一日三餐对家庭而言最为重要和基本，它构成日常家务的主要内容。每逢喜庆节日，做一身新衣是重要标志，也是家庭成员的主要愿望。特别是过大年，有钱的家庭自然要给每个成员（包括佣人）做新衣，经济条件不好的家庭也要想方设法完成做新衣的目标。

（3）为全体家庭成员提供生活保障。这是中国传统家庭更为重要的功能，是我们研究的重点。传统中国家庭的保障范围十分宽泛，保障功能也比较强大，形成了特殊的保障机制。前述家庭提供的衣食住行功能，其实已具有了保障的意义；但更为重要的是，传统家庭为家庭成员提供了包括养老、医疗、生育、救济、福利等全方位的保障功能。

以养老为例，我们知道，"养儿防老"是传统中国夫妇生育子女的基本理由，就是说传统家庭是通过生养子女来解决养老问题的。用现代社会保障的观点来看，生育和抚养子女的花费，可以被看成正值劳动年龄的父母为将来养老而缴纳的保障基金。这笔基金随着子女年龄的增长在逐年缴纳和积累，在子女的逐步成长中得以保值和增值。当父母年老丧失劳动能力时，当子女成年进入劳动年龄时，原先所缴纳的养老保障金就开始给付了，直至父母去世。从传统家庭的角度看，这种养老基金的缴纳、积累、增值以及给付，是一个十分自然的"天经地义"的过程，是一个衔接得十分平滑的过程，似乎找不到过渡的节点或环节。其他如医疗等保障的情形也大致如此。总之，在中国传统家庭中，老人的生老病死风险全由家庭提供保障；家庭保障的费用支出全部由家庭承担，保障基金的积累增值、代与代之间的转移支付等过程，一应在家庭中完成。家长统筹安排，其他成员各尽其责。

二、中国传统家庭保障功能的性质特征

中国家庭的保障机能经由儒家等传统文化精神的滋润得以强化和完善，呈现出如下特殊规定性。

（一）以家庭为载体，自然实现保障功能，自然完成保障过程

从相当意义上讲，家庭与家庭保障成为同一个事物的两个方面，二者相辅相成，不可或缺。凡家庭就具备保障功能；凡提供保障功能的家庭才称其为家庭，才能得以生存和发展。家庭的生存与发展壮大的过程，就是家庭实现保障的过程。正是这种特殊的结构及其保障功能，使传统中国家庭在社会结构中居于基础和基石的地位，成为社会生活的核心载体。可见，中国家庭的结构功能以及由此决定的家庭在社会结构和社会生活中的地位作用，与西方家庭相比真是不可同日而语。这是我们在考察社会保障制度改革和创新、研究社会保障制度安排时，必须认真加以考虑的制度性基础和逻辑起点。

（二）处于中年阶段的家庭成员承受着"双重缴费"的重负

在中国传统家庭保障模式中，中年家庭成员既要为赡养丧失劳动能力的父辈缴费，又要为抚育下辈缴费。"上有老下有小"，说的就是这种状况。因此他们成为家庭的基柱，一个家庭中中年家庭成员的多寡及强壮与否，往往成为决定家庭是否稳定与兴旺的主要因素。考察中国传统家庭演化史我们发现，"双重缴费"的重负之所以没有压塌家庭的基柱，是因为中国传统家庭建立了"生育多子"的内在制度，以此保持家庭人口年轻化结构，从而实现减轻"双重缴费"的家庭保障对每一个中年劳动成员造成双重重负的功能，由此使家庭保障机制不至于在一两代人的时间跨度中陷于崩溃。这就是中国"多子多福"历史文化传统的制度根源和经济背景，在这个背景下，"多子"确与"多福"之间存在着内在的联系。应当看到，一旦失去人口结构年轻化的条件，面对不断加强的人口老年化

趋势的挑战时，我们不得不认真考虑中年人（可以等同于新养老保险制度中的"中人"）缴费负担过重的问题，为寻找新的解决办法而做出努力和抉择。

（三）保障机制具有一定的脆弱性

家庭保障虽然可以比较顺利地实现代际间转移的纵向调剂，但因囿于一个家庭（一般不会超出一个家族）的范围，其横向调剂则存在着许多制度性障碍，如财产所有制、家族血缘关系、家长制管理决策方式、地理条件等限制。因此，家庭保障虽有"船小好调头"的优势，但也确实存在"难抗大风浪"的缺陷。历史上，一些原本颇有实力的家庭，只因家庭成员（尤其是中年家庭成员）的病重或病逝而日益破落衰败，此类实例也屡见不鲜。家庭保障的削弱成为家庭破落衰败的主要标志。但应当看到，家庭保障的脆弱性，为发展社会保障，为使社区在社会保障改革与制度安排中发挥更为重要的作用提出了需求。

与西方历史传统不同，在东方社会结构中，中国传统家庭构成社会生活的核心和基础，为家庭成员提供包括养老、医疗、生育、救济、福利等全方位的保障功能。家庭的异化和超稳定性结构，在相当程度上抵消了工业化浪潮对家庭保障功能的削弱作用。信息技术的发展可以促使家庭职能获得新的发展空间，源远流长的中华文化必将为其提供有力的依托，促使中国家庭的地位作用找到新的表现形式和新的发挥作用的方式。因此，中国社会保障改革应当尊重和依托家庭保障的作用。

在中国这样一个东方文化传统厚重、家庭观念广为接受、农村人口为主体的国家，家庭保障无疑还是一种主要保障方式。政府所要做的是，尽可能提升家庭的稳定性及生存能力，同时保证对能力不足的贫困家庭的救济。

▶本节习题及拓展材料

第三节　社会保障与劳动就业

社会保障（尤其是社会保险）与劳动就业存在着极为密切的关系。社会保障总是以就业为前提条件的，因为就业者构成了社会保障（社会保险）的权利主体，就业才能使劳动者有相应的收入来源，也才有能力缴纳各项社会保障费用，正是劳动者缴纳的这些费用构成了社会保障事业发展的资金来源。在现代劳动就业过程中，劳动者也特别需要相应的社会保障所提供的充分的风险保障，正是这些保障为劳动者解除了后顾之忧，促进了劳动就业的延续性和充分就业。社会保障与劳动就业之间的内在联系，决定了社会保障政策与劳动就业政策需要相互协调、相互促进。

一、社会保障与劳动供应的理论分析

在市场经济条件下，社会保障制度是作为对社会成员、对全体劳动者的一种保护性制度而存在的，这一制度对劳动这一关键性经济要素所发挥的作用到底如何，对劳动供给如何发挥其激励或负激励作用，就成为社会保障研究中一个备受关注的重要方面。

为说明社会保障对劳动供给的影响，我们可以用分析劳动供给时常用的一个模型作为分析的出发点。模型见图 4.1。

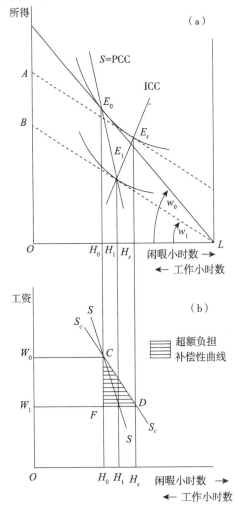

图 4.1　工薪税对劳动供给的影响

图 4.1（a）中，个人预算约束是 $Y = \omega(1-t)(1-L)$，其中的 Y 是收入；ω 是工资率；t 是工薪税税率；L 是一周的总闲暇时间；$(1-L)$ 是工作时间。

在引入养老保险前，个人预算线的斜率由工资率 ω_0 决定，此时无差异曲线与预算线的切点，或最大化的均衡点为 E_0，相应的劳动供应或闲暇数量为 H_0。

若为了筹集社会保障所需资金，开征工薪税，预算线的斜率变为由 ω_1 决定，此时的均衡点为 E_1。工资率的下降，使闲暇从 H_0 变为 H_1，劳动供应相应减少。图 4.1 中的 PCC（价格-消费曲线）作为正常的劳动供给曲线，体现了随税率、工资率变化而形成的这种"正常"变化的趋势。该曲线即图 4.1（b）中的 SS 线。

但是，随着工资率这一劳动价格的改变，会同时产生收入效应和替代效应，它们会对劳动供给分别发挥各自的作用。为显示这种作用，可用补偿变动对这两种效应进行分解。而且，这种补偿变动也可以看成因政府发放的失业金、贫困补助、家庭津贴等而形成的来自社会保障的收益。按照补偿变动的方法，当由 ω_1 决定的新价格线平行上移至原有效用水平时，形成另一个均衡点 E_s。与该点相应的劳动供给或闲暇数量为 H_s。从 E_0 到 E_s，就形成另一条补偿性供给曲线，即图 4.1（b）中的 $S_c S_c$ 曲线。

根据这一补偿变动后的分解结果可得出如下结论。

从 E_0 到 E_s，由均衡点在同一无差异曲线上的移动而成，体现的是替代效应。在工资较低的情况下，或者说，对应于劳动供给曲线尚未向后转弯之前的工资水平情况，替代效应的作用结果就是使工作时间减少。这是因为，进行补偿变动的价格线斜率已经改变，收入与闲暇的相对价格已经不同。此时，收入变得较为昂贵，闲暇变得较为廉宜。在此比价之下，人们用一个单位的收入能换取更多的闲暇，在福利水平保持不变的情况下，会激励或引诱人们选择更多的闲暇。

从 E_s 到 E_1，由均衡点在预算线平移的情况下形成，ICC（收入-消费曲线）描述的就是这一移动的轨迹，它体现的是收入效应。在工资较低的情况下，收入效应的作用结果则是使工作时间增加。这是因为，沿 ICC 下移，收入水平在逐渐降低，闲暇作为一种正常品，对其需求必然会伴随着收入的下降而下降，相应的，随着闲暇的减少，工作时间就得到增加。这从另一个角度也可以理解为，在劳动价格、收入与闲暇的相对比价为一定的条件下，要提高福利水平，就要增加收入；而要增加收入，就需减少闲暇，增加劳动投放。这与闲暇作为正常品的属性是一致的。

由于替代效应和收入效应对人们的劳动投放选择产生着相反的作用，因此，社会保障对劳动供给的影响就取决于这两种效应力量大小的对比。前面所提 PCC 的形态，实际上就是由于替代效应的作用大于收入效应的作用而造成的。从理论上说，如果收入效应大于替代效应，PCC 的斜率就可由负变正，这时，社会保障就可起到增加劳动供给的作用。

从模型可见，在劳动者偏好结构不变的情况下，通过设置不同的工薪税税率，从而使预算线的斜率发生不同的改变，或通过调整补偿性预算线的斜率（如通过征收符合"柯利特-黑格法则"的税收使闲暇变得昂贵），或通过改变补偿水平（即改变社会保障待遇的水平），都可以起到改变收入效应与替代效应大小的效果，从而使劳动者的劳动供给态度发生改变。

在现实经济中，社会保障通过维护劳动者基本权利、解除劳动者后顾之忧等途径，固然对促进和保障劳动供给发挥了积极作用，但若制度设置不当，社会保障就会对劳动投放产生抑制作用，这也是一个值得注意的现象。这较突出地表现在：①社会保障的收入再分配功能会抑制劳动积极性的发挥。由于社会保障比较注重收入再分配的公平功能，通过社会保障"吃大锅饭"，减少竞争，就会减少劳动的投放，对劳动供给产生负的激励。②"失业陷阱"的作用。所谓"失业陷阱"，是一种由于"失业时的实际收入"与"就业后的实际收入"之间的强替代关系而造成的就业障碍。它是指原失业者因为投身工作以后，不但会由此失去社会保障所提供的失业保障待遇，而且还会由于缴纳社会保障税、个人所得税等原因而减少劳动收入，从而使就业时的实际所得并不能高于失业时的实际所得，或者说，使参加工作所得在扣除税收后与不参加工作而从社会保障中获得的各种津贴之间并无明显差距。这就会使失业者缺乏寻找工作的动力，妨碍了人们工作积极性的发挥。③"福利陷阱"的作用。此处的"福利陷阱"，是指高福利诱使人们靠失业救济、提前退休所得退休金或助学金等生活，不积极就业的现象。在这种"福利陷阱"的作用下，过分慷慨的社会保障待遇容易造成就业者的依赖性，助长就业者的懒惰情绪，激励人们增加对闲暇的选择，甚至会形成一种"养懒人"的机制。④现收现付制形成的利益关系断层。社会保障中的现收现付制割裂了养老金缴费和待遇之间的利益联系，即使人们想在劳动力市场上多提供劳动也几乎不能为其未来退休带来太大的收益，其激励作用十分有限。⑤不合理的社会保障制度会导致经济行为的扭曲。过高的社会保障征税等还可能引致偷税漏税及劳动力市场供求的扭曲，使劳动要素作用的发挥受到影响。这些现象，都会影响人们工作积极性的发挥。

另一个需要注意的问题是，在社会保障制度的实施中，由于税收的征收与补贴的发放都会造成劳动者行为的改变，从而形成与这种扭曲相应的效率损失。在图 4.1（b）中，无论是正常的劳动供给曲线 CC，还是补偿性劳动供给曲线 $S_c S_c$，在随劳动价格的变化而变化的过程中，都有超额负担的形成。只是，由于补偿性劳动供给曲线更为平坦，对价格的弹性更大，所以超额负担的面积也更大。

为评价社会保障是否会造成"失业陷阱"，特别是是否会形成此处所说的"福利陷阱"，可利用"收入替代率"这个指标加以衡量。其计算公式为

$$收入替代率 = \frac{失业时的收入}{就业时的收入} \times 100\%$$

按工业发达国家经验，若这个指标过高，如达到 0.9，失业者再就业的热情就甚为低下。

二、社会保障与劳动力的流动

社会保障是公民应当享有的基本权利。不管是城市居民还是农村居民，不管是国有单位职工还是民营企业职工，也不管从事什么行业，担任什么职务，处在什么岗位，他们都应当享有平等的社会保障权利，这样的社会保障制度才是公平的，才有利于劳动力的合理流动。相反，如不同行业、不同地区、不同所有制单位的劳动者享有的社会保障待遇有所不同甚至差异较大，劳动者在选择工作岗位时，就会从劳动安全与稳定的角度理性选择比较，劳动者不会因为工作流动而放弃自己较好的社会保障待遇。这种不平等的保障制度势必阻碍劳动力的合理流动，增加更多的"摩擦性失业"，影响整个社会的劳动就业。

　　计划经济时期，中国社会保障制度采取国家保障模式，国家为企事业单位职工、国家工作人员建立了较为全面的社会保障制度。劳动者可以享受较高水平的社会保险待遇，拥有丰富的社会福利和企业福利。这种以国家为后盾的保障制度有效地保障了国有单位职工的基本生活。对于城镇集体所有制企业，则主要实行企业保障制度，依靠企业的经济力量为职工建立基本保障，其保障项目和保障水平都远远不及国有单位职工的社会保障。而对于广大农村地区的劳动者，除了享有低水平的社会救助以外，基本上被排除在正式的社会保障制度之外，集体和家庭成了他们的依托和仅有的保障。虽然计划经济体制下的社会保障制度为提高劳动者身体素质和健康水平以及在社会稳定方面发挥了不可忽视的作用，但其封闭性和各板块之间的差异性，使不同所有制单位的劳动者缺乏流动的激励和条件，将劳动者牢牢地束缚在各个单位之中，阻碍了劳动力的合理流动。

　　在市场经济条件下，优化配置劳动力资源是市场经济的内在要求，劳动力的自由流动则是实现劳动力资源优化配置的前提条件，劳动力的自由流动要求一体化的劳动力市场，一体化的劳动力市场又要求建立统一、普遍的社会保障制度。一般而言，在经济利益机制逐渐增强的情况下，劳动者具有通过流动改变收入状况的强烈愿望，一旦各种约束制度和障碍被拆除，劳动力流动就必然会发生，并且不可遏止，而统一、完善的社会保障制度有利于加速劳动力的流动，促进劳动力资源的优化配置。劳动者可以根据市场对劳动力资源的需要，从国有企业到民营企业，从城市到农村，从政府机关到企业，使更多富余劳动力在流动中找到合适的工作岗位，也使更多优秀人才在流动中充分发挥自己的潜能，创造出更多的社会财富。劳动者不会因为流动而失去社会保障或降低保障水平。

三、社会保障与劳动力的供给

　　社会保障对劳动力的供给既有促进作用，也有消极影响。

　　适度的社会保障将促进劳动力的供给。适度的社会保障表现为保障水平适度、保障项目较多、保障范围较大。适度的社会保障可以保障广大劳动者的基本生活，使劳动者能有效应对疾病、工伤、失业、老年等风险，解除劳动者的后顾之忧，使劳动者能全身心地投入劳动中去，从而增加了劳动力的供给。适度的社会保障，还可以让劳动者不至于过多地依赖社会保障，可以让劳动者觉得通过就业能增加收入，能改善并提高生活水平，从而增加劳动者的就业积极性，促进劳动力的供给。适度的社会保障对劳动力供给的促进作用还表现为，保障劳动者获得教育培训的机会，增加劳动者的劳动技能，促进劳动就业信息的畅通，增强劳动者的体质。

　　过度的社会保障将制约劳动力供给。过度的社会保障表现为保障水平过高，保障项目过多，劳动者在遇到如失业、工伤、疾病等社会风险时，其获得的保障待遇与劳动就业收入相差不大。由于保障待遇优厚，福利项目丰富，一些处于失业状态的劳动者，宁愿继续失业，以领取失业保险金或失业救济金，享受仅有失业人员才能享有的特殊福利或救助（如住房福利或救助、教育的福利或救助、医疗的救助等），而不积极主动参与社会劳动，不去参加就业培训，出现了所谓的"养懒汉"现象，这在一定程度上也影响了劳动力的供给。

社会保障制度缺失或严重不足也影响着劳动力的供给。一方面，不足的社会保障将使劳动者面临更大的社会风险。随着工业化、城市化进程的不断加快，大量的劳动者从农村转移到城市，失去了土地的基本保障，面临的如老年、疾病、工伤、失业等社会风险也不断加大。劳动者依靠工资收入，通过家庭保障，已难以应对各种社会风险，他们迫切需要政府、社会和企业为其提供全面的社会保障，以抵御劳动风险，稳定基本生活。如果社会保障制度缺失或严重不足，劳动者难以依靠自己和家庭的力量抵御社会风险，那么劳动者只能选择放弃工作或通过罢工、抗议等活动来维护自己的劳动权益。德国当时的俾斯麦政府迫于罢工对经济和社会的巨大影响，建立了世界上最早的社会保险制度，以抵御工人面临的老年、疾病、工伤、失业等社会风险，保障工人的生活稳定，促进工人劳动就业。另一方面，不足的社会保障制度将使劳动者花更多的精力于各种事务，难以抽出时间参与社会劳动。由于社会保障不能解决劳动者在生产生活中面临的各种困难，劳动者只有依靠自己的力量去解决。同时，不足的社会保障制度还使劳动者不能获得更好的教育培训机会，劳动技能不能满足社会对人才的需要，这在一定程度上也影响了劳动力的供给。

四、社会保障与劳动力的需求

社会保障与劳动力的需求关系，也表现为促进与制约两个方面。

社会保障促进和稳定经济发展，增加劳动就业岗位。一方面，社会保障对经济发展起着"蓄水池"和"稳定器"的作用。当经济高涨的时候，劳动就业率增高，社会保障支出减少，社会财富可以通过社会保障基金积累起来；当经济萧条来临，失业率会增加，社会有效需求不足，社会财富可以通过社会保障支出形式分配出去。社会保障支付既起到保障国民基本生活的作用，也起到增加社会需求、拉动经济发展、促进国民经济尽快复苏的作用。另一方面，社会保障资金的积累，为经济发展提供了更多的资本资源。通过社会保障基金的经济投入，增强了投资对经济的拉动效应，促进经济的快速发展。经济发展，将增加更多的就业岗位，劳动就业率也将得到提升。

社会保障增加经济负担或经济成本，影响劳动力的需求。过度的社会保障对劳动力的需求的影响，主要表现在两个方面：一方面，社会保障水平过高，超过了经济的承受能力，使企业、个人将承担过重的社会保障缴费，社会财富将更多地用于社会保障支出。社会保障的过度支出，提高了国民的保障水平，增加了社会的公平性，缩小了社会收入差距，减少了社会矛盾。但过度的支出将使资本投入不足，影响经济发展，最终也就影响社会对劳动力的需求。另一方面，对企业来讲，社会保障缴费过高将增加劳动力的成本，从而促使企业考虑减少劳动用工，改用资本替代劳动。缴费过高还使企业由于劳动力成本增加，市场竞争力减弱，企业为了生存，只得缩减规模，减少对劳动力的需求。因此，过度的社会保障，超过了经济承受能力和经济发展水平，势必影响经济的发展，影响企业对劳动力的需求，从而影响整个社会的劳动就业。

五、中国社会保障制度与劳动就业的关系分析

现阶段，中国劳动就业具有两个显著的特征。一是劳动就业进一步市场化。在建立和完善社会主义市场经济体制过程中，中国劳动力供需也逐步市场化，劳动力市场发育日趋成熟，城乡统一的劳动力市场初步形成，就业市场化格局已不可逆转，其结果是就业双向选择。劳动者在企业之间、地区之间、城乡之间流动加快，供求矛盾显性化，失业已成为社会经济生活的"常态"。二是就业方式和就业渠道多元化。一方面，伴随着结构调整和产业结构升级，股份制企业、私营企业、外资企业及个体经济成了新增就业的主要渠道，而国有经济单位就业一统天下的就业局面已成历史。另一方面，由于产业结构变动及全球化导致的激烈市场竞争，国有经济单位就业相对萎缩，劳动力市场中的部分弱势群体，特别是失业工人在激烈的就业竞争中不得不进入非正规的灵活就业领域。此外，从就业的产业结构角度看，第一产业就业大幅下降，第三产业明显上升。

中国社会保障制度正从计划经济下的国家保障模式向市场经济体制下的社会保障模式转变。社会保障的资金积累还不够多，对经济的促进功能和稳定调节作用难以发挥。社会保障的社会化程度还不高，城乡社会保障差异较大，不能形成全国统一的社会保障体系，这样的保障制度不利于全国统一的劳动力市场的建立，不利于劳动力的合理流动。社会保障水平与发达国家相比，相距甚远，社会保障项目与发达国家相比也极为有限。这种与中国经济社会发展还不太适应的保障制度还不能满足国民的需要，不能有效规避劳动风险，对劳动就业的促进作用也还没有明显的体现。

中国社会保障制度还存在着与劳动就业不相适应的一面。具体表现在以下几个方面。

第一，社会保障覆盖范围较窄。现行社会保障制度覆盖的主要是城镇有单位依托的从业人员，存在覆盖正规就业不覆盖非正规就业、覆盖城镇不覆盖农村、国有企业高覆盖其他所有制企业低覆盖等问题。近亿名个体劳动者、自由职业者和其他灵活就业人员基本没有什么保障，2.3亿名进城务工、经商的农民和广大农村居民，也基本没有什么保障。这种过窄的、不平等的保障制度，失去了社会保障的公平性，不利于全国统一的劳动力市场的建立，影响了劳动力的正常流动。

第二，社会保障缴费率过高。根据《关于完善城镇社会保障体系的试点方案》的规定，目前企业依法缴纳基本养老保险费的缴费比例是企业工资总额的20%左右，医疗保险费的缴费比例为6%左右，工伤保险的最高缴费比例为2%，失业保险的缴费比例为2%，生育保险为1%。加上《关于住房公积金管理若干具体问题的指导意见》中规定的住房公积金5%~12%的缴费比例，中国社会保障的各项缴费率已高达职工工资总额的40%以上。过高的社会保障缴费，使劳动力成本增高，这不利于企业降低成本，增强竞争力，促进企业发展，增加就业岗位，吸纳更多劳动力。对于劳动者个人来讲，其社会保障缴费比例也达到工资的16%（养老占8%，医疗占2%，失业占1%，公积金占5%）。扣除社会保障缴费，劳动收入减少越多，就越难以维持劳动力的再生产，这在一定程度上也影响了劳动积极性，不利于促进劳动就业。

第三，社会保障的管理服务不适应就业多元化的需要。由于中国社会保障管理采取的是政府集中管理模式，政府在社会保障立法、管理、实施、服务等方面完全包办，这

就使社会保障费用征缴、待遇支付等管理环节社会化程度不高，社会管理服务机制不健全。许多自由职业者、个体劳动者及其他灵活就业人员，在缴费登记、政策服务和待遇支付等方面极为不便，劳动者即使想参与社会保障，也不知如何参加，到哪儿参加。这种政府集中管理的保障模式阻碍了社会保障事业的发展，更多的劳动者被拒之门外，社会保障覆盖率不能提高，全国统一的社会保障体系难以建立，劳动力的流动和劳动力再生产受到极大影响。

第四，失业保险的就业促进功能未能充分发挥。从各国改革情况看，失业保险制度功能已逐步从生活保障向就业保障转化。劳动者在失业期间，除获得必要的失业津贴，还可获得失业期间的就业培训保障、职业介绍保障、自主择业（创业）的资本金保障。中国失业保险制度目前还基本停留在生活保障的层面，且失业保障的时间较长。劳动者在超过失业保险金领取的最长期限后，还可以无限期地领取最低生活保障津贴。这些保障制度在一定程度上助长了劳动者对失业保障和最低保障的依赖，不利于促进劳动就业。

第五，部分地区注重短期经济发展对就业的拉动，忽视社会保障体系建设及其对促进就业的长久影响。健全社会保障体系是各级政府的重要任务，但更多的地区仍把经济建设摆在更为重要的位置。为促进地方民营经济发展，提高民营企业竞争力，吸引资本和留住资本，营造"优越"的投资环境，部分地区放松了对企业社会保障制度运行的监管和落实，甚至不愿按有关规定执行或提高最低工资标准，这就使这些地区的社会保障出现严重缺失，社会保障对劳动就业的促进功能不能得到发挥。由于社会保障的缺失，企业失去了对劳动力的吸引力，不能充分利用社会保障激励员工、留住人才，影响了劳动就业。

▶本节习题及拓展材料

第四节　社会保障与收入分配

社会财富如何分配，不仅关系到每一个社会成员的切身利益，也关系到改革发展的大局，并与社会的和谐与稳定息息相关。改革开放30多年来，我国的经济取得了持续快速发展。居民收入大幅度增长，贫困人口显著减少。但是，在取得了辉煌成绩的同时，也面临着社会成员之间收入差距持续扩大的问题。城乡之间、地区之间、群体之间、行业之间的收入差距都有持续扩大的趋势。这一问题已经日益引起了人们的关注，成为全社会普遍关心的问题。社会保障是调节收入分配的重要工具，社会保障调节收入分配的功能体现在收入分配的多个层次中。

　　市场经济条件下,收入初次分配中的差距是难以避免的,作为公共利益代表者的政府,必须通过完善的公共政策,尤其是社会保障政策对初次分配的结果进行调整,妥善处理社会各个阶层、群体的利益关系,化解社会矛盾,为改革开放和经济发展创造良好的环境。社会保障作为一个分配范畴,是国民收入分配的一部分,它对国民收入分配总量和结构有重要影响。

一、国民收入分配的总过程

　　国民收入分配的总过程是指在市场机制和政府财政分配机制的共同作用下,社会在一定时期内总产出(货物和服务)的价值总额(不包括折旧)被分割为归于居民部门的收入(工资、红利、净利息、租金和业主收入),归于政府部门的收入(企业所得税、个人缴纳的税收、社会保障税、间接税),以及实际留在企业部门的收入的过程。

　　在上述收入形式中,居民部门的所谓业主收入,是指那些非公司性质的企业业主的个人收入。通常说的企业利润在国民经济账户核算体系中可以被分解为各种收入项目(企业留利、业主收入、净利息等)。由于把国民收入界定为国民净收入,因而国民收入分配总过程中没有包括折旧的内容,但事实上,折旧是企业部门总产出中价值总额的组成部分,它实际上也属于企业和社会可支配的收入。居民部门的收入一般均扣除了由个人缴纳的各种税收。

　　国民收入分配的总过程是在市场机制和政府财政分配机制的共同作用下完成的。市场机制作用下的国民收入分配(以下简称市场分配)在国民收入分配的总过程中居于基础地位。其分配主体是作为独立的商品生产者和经营者的企业及其他生产要素的占有者。分配的依据是不同社会成员所拥有的生产要素的数量、质量及该要素的市场稀缺程度。分配的机制是以价值规律为基础的生产要素的价格形成机制和供求机制。分配的形式是与各种提供给市场的要素相对应的报酬形式,如企业主收入、利息、地租、工资等。上述分配的主体、分配的依据、分配的机制和分配的形式构成了市场分配的基本内容。政府财政分配机制作用下的国民收入分配(简称财政分配),在国民收入分配总过程中居于辅助地位。其分配的主体是作为社会管理者的国家。分配的依据主要是国家的政治权力。分配的机制是政府财政收入机制(由税务部门依照国家税法强制地、固定地、无偿地取得收入)。分配的形式主要是税收(包括企业所得税、社会保障税、间接税及来自个人缴纳的税收等)。政府财政分配过程,是国民收入分配总过程中不可或缺的组成部分,是对市场机制作用下的国民收入分配过程的必要调节和补充。因为市场分配只能满足私人需要,不能满足社会公共需要,而政府财政分配过程则旨在满足社会公共需要,而不是私人的个别需要。现代市场经济是一种"混合经济",它是由私人经济活动与政府公共经济活动相互交织在一起而构成的有机整体。在这个混合体中,市场机制是基础性调节机制,而政府调节机制则是一种矫正性、补充性机制。因而混合经济中的国民收入分配自然应是在二元机制的作用下共同完成的。

二、社会保障与市场分配

（一）市场分配的局限

市场分配是以生产要素所有权的分配为前提，按照商品交易和市场价格的方式进行的，因而其客观上具有促进社会资源从经济效率较低的部门、地区和企业流向经济效率较高的部门、地区和企业的功能。然而市场分配即便是在完全竞争的条件下，也有其自身难以克服的缺陷。在这种情况下，收入分配主要取决于两个条件：一是社会成员所拥有的生产要素的数量、质量；二是这些生产要素在市场上相对于需求的稀缺性。这样，不同要素的所有者，由于他们所拥有的要素数量、质量不同，他们的竞争机会也就不均等，因而他们从市场分配中获取的收入也就存在差别。要素的差别，主要体现在个人所拥有的财产和个人劳动能力的差别。从财产差别来看，一个重要的影响因素是他的家庭经济地位。由于客观上各个家庭的经济地位是不同的，因而每个社会成员所能继承的财产数量也就不同。拥有巨额财产的社会成员可以据此取得利息、利润收入，而没有财产或财产数量很少的社会成员只能靠出卖劳动力取得工资收入，这就使社会成员的竞争条件一开始就不公平。进一步讲，在拥有财产的社会成员内部，也会由于财产数额的多寡及所处领域的不同而造成悬殊的收入分配差距。从劳动能力的差别来看，由于个人禀赋的差异，受教育程度不同及就业机会不均等因素的制约，自然会形成较大的收入分配差距。总之，完全靠市场机制完成的国民收入分配，其结果会出现如下情况：一是收入分配差距较大，有可能超出社会所能容忍的界限。二是有一部分社会成员得到的收入低于维持最低生活所需要的水平。三是没有财产的老年、残疾人及失业的社会成员会因丧失劳动能力或没有就业机会而无法获取收入，以至不能生存。

上述分析是以假定市场完全竞争为前提的。如果存在市场垄断，则会进一步加剧收入分配的不平等。因为垄断者会利用其在市场上的垄断地位操纵市场，获取垄断利润，从而拉大收入分配差距。同时，处于垄断地位的企业往往采用歧视性雇佣政策，这将进一步加剧就业机会的不平等和收入差距的扩大。此外，市场机制作用下的国民收入分配还会受到性别、种族等非经济因素的影响。总之，市场分配具有导致收入分配不公平的内在缺陷。

（二）社会保障与市场分配的关系

（1）社会保障与市场分配具有一致性。

第一，市场分配是社会保障分配的前提。社会保障分配包括社会保障基金的筹集和支出两个继起的环节，筹集收入是安排支出的前提。社会保障基金通常由企业、个人及政府三方负担，企业和个人所负担的社会保障基金，通常按工资额的一定比例提取。显然，这是以市场分配为前提的。由财政负担的社会保障基金则通过财政支出来安排。这首先要求政府筹集收入，显然，这也离不开市场分配。

第二，社会保障可以弥补市场分配的缺陷。由于市场分配必然导致财富和收入在社会成员之间分配不公、高低悬殊、两极分化，从而不仅危及社会稳定，还影响市场机制本身健康有序运行和经济效率的提高，因而需要政府对市场分配的结果进行调节。而社会保障正是政府掌握的重要调节手段，其对市场分配的调节作用体现在以下几个方面：一是通过构建社会救助体系，解决一些社会弱者不能满足生存需要的问题。二是通过构建社会优抚体系，对军人及其家属提供各种优待，改善他们在市场分配中所处的地位，以表彰其对社会做出的特殊贡献。三是通过构建社会福利体系，进一步改善全体社会成员的生活质量。尽管福利提供具有普遍性，但若和福利基金的筹集结合起来考察，仍然可以缩小收入分配差距。因为福利基金主要来自财政拨款，最终是由纳税人负担，而政府课税主要依据支付能力原则。因而社会成员缴纳税款的多寡，与其最终得到的社会福利服务的数量并不具有直接对应关系。四是通过构建社会保险体系使劳动者在遭遇疾病、老年、失业、工伤、生育等风险时，能满足基本生活需要。

第三，社会保障与市场分配在总方向上具有一致性。从广义上讲，社会保障与市场分配都以公平为准则。公平是人们对分配的满意程度所做的评价。其客观上具有两个层次。第一层次的公平，即经济公平，强调的是要素收入与要素投入相对称，这是市场分配的内在要求和基本准则。第二层次的公平，即社会公平。它强调的是人们的收入差距保持在社会所能接受的合理范围之内。它是通过市场以外的政治的、经济的、法律的、社会的力量来实现的。其中，社会保障作为政府调节收入分配的手段，体现的就是社会公平的客观要求。社会公平是一种较高层次的公平，它在一定程度上是对经济公平的矫正。经济公平和社会公平都是现代市场经济运行和社会发展的客观要求。因而依据经济公平进行的市场分配和依据社会公平建立起来的社会保障体系，在总体目标和长期发展方向上是一致的。

从深层次分析，社会保障与市场分配都受效率准则的支配。市场分配是按照要素投入与要素收入相对称的法则来决定的。资本所有者根据投入的资本量取得相应的资本收益，土地所有者依据出租的土地取得地租，劳动者根据投入的劳动量取得工资，这符合市场经济的等价交换原则，能够使生产要素所有者、供给者和经营使用者之间产生相互制约的利益机制，在平等竞争和追求各自收入最大化的过程中，推动生产要素的合理配置和有效利用。可见，市场分配是建立在效率这一根本性原则基础之上的。就社会保障而言，政府在运用社会保障收支矫正和弥补市场分配的不足和缺陷时，必然会干扰市场机制和微观行为主体的有效决策，进而造成资源配置和使用的效率损失。因此，政府在实施社会保障政策时，既要贯彻社会公平原则，又要防止实施社会保障政策所导致的效率损失。如果政府对这种效率损失与改进公平的收益不加权衡，过分追求社会公平目标，就会不适当地扩大社会保障的范围和力度，从而在投资与消费、工作与闲暇之间产生广泛替代效应，甚至染上"福利病"，并最终影响经济增长和可供分配使用的国民收入这块"蛋糕"的做大，进而使政府通过社会保障来改进公平的预期目标因缺乏物质基础而落空，因而社会保障最终也要直接或间接受到效率原则的约束。

（2）社会保障与市场分配具有矛盾性。

公平与效率之间既有统一的一面，又有矛盾的一面。由于社会保障侧重于公平，而市场分配侧重于效率，因而社会保障与市场分配的矛盾根源于公平与效率的矛盾，具体体现在两个方面：第一，社会保障侧重的公平与市场分配强调的效率存在着替代关系。市场分配依据效率原则向生产要素提供者提供报酬，要促进经济效率提高，就必须使报酬有差异。因为较大的收入差别有利于提高市场储蓄倾向、扩大投资及刺激劳动力供给增加。而政府采用包括社会保障在内的各种调节手段干预市场分配，虽然可以促进收入均等化，但会破坏有效的资源配置机制，损害经济效率。第二，社会保障侧重的公平改进与市场分配侧重的效率提高，在时间上并不同步。从长远看，效率的提高、经济的发展能产生一种比传统社会更公平的收入分配方式，但在短期内，其所带来的直接影响常常是加剧收入分配的不平等，即在市场经济条件下，没有依据要素分配原则进行的市场分配，就不可能有真正的效率，但效率的提高并不会必然带来社会公平。如果没有政府借助社会保障等手段进行适度有效的调整，经济增长和效率的提高在短期内可能会导致收入分配更加不公。

三、社会保障与国民收入的再分配

社会保障制度的再分配功能是通过以下几个方面得以实现的：第一，对劳动者个人不同时期的收入进行再分配。劳动者在职工作期间收入的一部分，以社会保险税或社会保险费的形式纳入社会保险基金参与再分配，当劳动者年老丧失劳动能力或遭遇其他风险而丧失劳动收入时，由社会统筹的社会保险基金保障其基本的生活需要。在社会保险基金的完全积累制（funding scheme）下，个人收入再分配则是对个人生命周期内的收入在不同时期之间的再分配，即在生命周期中有收入时期将收入的一部分进行积累，以保障其丧失收入时的基本生活需要。第二，对社会成员之间的收入进行再分配。表现在不同收入水平的社会成员之间和不同地区的社会成员之间的收入再分配。通过对高收入者征收累进的所得税，对低收入者或无收入者提供生活保障，使高收入者的一部分收入转移到低收入者和无收入者手中，从而实现缩小社会成员的收入差距、促进社会成员之间的收入公平的目的。第三，通过特定的社会保障制度安排，在社会成员的代与代之间进行收入再分配。例如，在社会保险基金的现收现付模式下，是以代际转移的方式实现收入再分配，下一代创造的财富中有一部分系以养老金的形式转移给了上一代。

（一）社会保障的分配范畴

1. 社会保障属于财政分配范畴

社会保障，就其内涵而言，是指国家通过立法和行政措施设立的保证社会成员基本生活安全项目的总和。社会保障要保证社会成员的基本生活安全必须要有充足可靠的物质来源，这只能借助于国民收入再分配，通过筹集社会保障收入、安排社会保障支出才可实现。所以，社会保障属于分配范畴，其本质是一种分配关系。

2. 社会保障分配的主体是国家

财政是国家为了满足实现其职能的需要，凭借国家权力对社会产品，主要是剩余产品所进行的分配和再分配。简言之，财政就是以国家为主体的分配，财政随着国家的产生、发展和消亡而产生、发展和消亡。没有任何非财政分配以国家为主体，也没有任何以国家为主体的分配不是财政分配。而社会保障作为生产力发展到一定阶段而产生的分配范畴，自然应以社会最合适的代表——国家作为分配主体。这样，社会保障作为以国家为主体的分配，自然应属于财政分配范畴。

3. 社会保障分配的客体与财政分配一样主要是剩余产品

社会保障分配的对象，从价值构成上看主要由必要劳动和剩余劳动组成。国家和企业负担的部分可视作对剩余产品的分配，个人负担的部分可视作对必要产品的分配。由于社会保障基金主要由政府和企业负担，因此，社会保障分配的客体与财政分配一样主要是剩余产品，这也从一个侧面说明社会保障属于财政分配。

（二）社会保障与国民收入再分配的关系

社会保障基金的筹集和支付是实施社会保障制度的基本内容，而社会保障基金筹集和支付的范围、方式和标准都直接影响国家财政收支活动。因此，社会保障与财政收支有密切联系。

1. 社会保障与财政收入

第一，社会保障基金的管理模式影响财政收入。社会保障基金有纳入预算和不纳入预算两种管理模式。如果采用社会保障税筹集基金，通常要纳入预算管理，这样，征收社会保障税就直接构成了政府的财政收入，因而社会保障的收入水平会直接影响政府的财政收入状况。目前，欧洲的一些国家如德国、法国、荷兰、瑞典等，社会保障税已占税收总额的一半以上，成为政府财政收入的主要来源。如果采用征收社会保障费的形式筹集基金，收入通常不纳入预算管理，这样，社会保障费的征集就会减少政府财政收入的数额。因为社会保障费通常由企业和个人按工资额的一定比例分别负担，由企业负担的部分可计入成本，从而冲减利润、减少财政的所得税收入。

第二，社会保障基金是政府公债收入的重要资金来源。如果社会保障采用预筹积累制和部分积累制的筹资模式，则会形成足额的社会保障基金。为了实现基金的保值增值，必须将基金用于安全、有效的投资，即投资于风险小、收益大、流动性较强的项目。而政府公债自身具有的收益率高、无风险、信誉高的特征，自然使之成为社会保障基金理想的投资对象。从各国经验看，社会保障基金的投资主要分为有形资产投资和无形资产投资两大类，而金融资产投资所占比例一般较大，且主要投资于政府公债。

2. 社会保障与财政支出

第一，如果社会保障基金收支纳入了政府预算，则社会保障支出就构成财政支出的一个组成部分。社会保障支出规模的扩张或收缩在其他财政支出规模一定的条件下势必引起财政支出总规模的扩张和收缩。

第二，社会保障基金的筹集导致财政支出负担加重。就社会保险项目而言，虽然主要由企业和个人负担，它们直接影响财政收入，而不是影响支出，但行政事业单位缴费（税）的增加会导致财政支出增加。就社会福利、社会救济、社会优抚项目而言，基金主要来自于财政预算拨款。因而如果其支付范围扩大、支出标准提高则会直接增加财政支出。

第三，社会保障基金一旦出现入不敷出的情况，财政要承担最后的支付责任。由于社会保障基金的给付往往建立起与工资增长或物价指数挂钩的机制，如果再加上基金支付范围扩大、标准提高以及基金不能顺利保值、增值等因素的影响，社会保障基金收不抵支的风险会加大，此时财政就会面临较大的支付压力。

第四，社会保障管理机构的经费一般由财政预算安排。

四、收入分配对社会保障制度体系完善的影响

社会保障制度是调节收入分配的重要制度安排。社会保障制度对收入分配的调节作用表现在，社会保险与职业福利可以影响和改变初次分配格局，社会保障是再分配领域中调节收入差距的关键因素，慈善公益事业的第三次分配可对收入分配起到补充作用。在收入分配体系中，存在初次分配、再分配和第三次分配的形式。在初次分配领域，通过社会保险和职业福利的制度安排可以改变劳动者所得的报酬，从而改变收入分配格局。在再分配领域，社会保障制度通过转移支付形式对初次分配格局进行调整，从而实现缩小收入差距、实现社会公平的目的。在第三次分配中，通过慈善事业实现对弱势群体的救助和保护，在社会上层群体和下层群体间实现收入的再分配。因此，社会保障制度是一种缩小收入差距的重要制度安排。

然而，社会保障制度设计不合理也会扩大收入差距。1985~2005年，中国社会保障制度的发展以城市社会保障制度建设为中心，城市转移性收入大大高于农村转移性收入，社会保障制度对收入差距的调节作用不明显，甚至表现出扩大城乡社会成员收入差距的特点。2006年以来，中国积极推进社会保障制度整合的进程，扩大城乡社会保障制度转移支付规模，城镇居民人均转移性收入由2005年的2 650.7元增加到2013年的7 010.26元，农村居民人均转移性收入由2005年的147.42元增加到2013年的784.3元。另外，中国慈善事业发展滞后，这使慈善事业不能较好地发挥缩小收入差距的作用。2009年，中国慈善捐赠占GDP的比例仅为0.01%。慈善捐赠规模较小使慈善事业对补充社会救助、社会福利基金的作用难以有效发挥，导致第三次分配缩小收入差距的目标难以实现。

收入分配制度的变迁对社会保障制度产生重要的影响。遵循不同的收入分配制度会

形成不同的收入分配格局，而收入分配格局则会影响到社会保障制度的发展。当收入分配制度较为合理时，社会成员收入差距缩小，社会保障收入再分配功能不明显。当收入分配制度不合理时，社会成员收入差距扩大，从而使社会保障制度的再分配功能受到重视。1986 年以前，中国在收入分配领域中奉行平均分配的原则。1978～1986 年，中国分配制度的调整主要是对计划经济时期的平均分配原则进行修正，收入分配制度主要是破除绝对平均主义，鼓励一部分人先富起来。1987～2001 年，中国收入分配制度主要遵循效率优先、兼顾公平、多种生产要素参与分配的原则。2002 年以来，中国收入分配制度更加强调公平，提出初次分配与再分配都要体现公平。与此相适应，中国城乡社会成员收入差距发生变化。1978～1985 年，城乡居民收入有所上升，城乡居民收入差距比例由2.57 倍降到 1.86 倍。1985～2000 年，城镇居民收入与农村居民收入差距比例由 1.86 倍增加到 2.79 倍。2000～2013 年以来，尽管中国在分配领域更加强调公平，但长期以来实施的收入分配制度的时滞效应以及中国社会保障制度收入再分配效应不明显，收入差距仍在扩大，城镇居民收入与农村居民收入差距比例由 2.79 倍增加到 3.03 倍。

中国收入分配制度的变化影响到社会保障制度的发展。在收入分配制度注重效率优先的背景下，社会保障制度收入再分配的调节作用没有受到重视，社会保障的发展表现出为追求效率的社会经济政策配套的特点，社会保障制度发展较为缓慢。在收入分配差距扩大的背景下，中国收入分配制度开始注重公平理念，社会保障制度发展较快，社会保障制度的再分配功能受到重视。2000 年以来，中国不断推进农村社会保障制度的建设，大力发展新型农村合作医疗制度，积极推进农村医疗救助制度，不断提高农村最低生活保障的给付水平，并建立了新型农村养老保险制度。在此基础上，中国不断推进城乡社会保障制度的统筹工作。

五、中国社会保障的发展及其在调节收入分配中的作用

改革开放以来，国家不断加强各项社会保障制度改革，实现了从国家—单位包办的传统社会保障制度向责任共担的现代社会保障制度的转型，一些社会保障制度从无到有、从不完善到完善，先后建立了城镇职工养老保险制度、城镇职工基本医疗保险制度、城市居民最低生活保障制度、工伤保险制度和失业保险制度。进入 21 世纪以来，党和国家加快了以社会保障体系为核心的民生建设，社会保障制度建设的步伐不断加快，先后建立了新型农村合作医疗制度、农村居民最低生活保障制度、新型农村社会养老保险制度、城镇居民基本医疗保险制度和城镇居民养老保险制度，进一步完善了城镇职工养老保险制度和城镇职工基本医疗保险制度。此外，医疗救助、教育救助、社会福利等制度也在不断探索和建设中。2010 年颁布的《中华人民共和国社会保险法》是社会保障制度发展过程中的一个重要事件，将有助于推动社会保障制度的持续健康发展。随着各项社会保障制度的建立、健全，社会保障的覆盖范围在不断扩大，如前所述，越来越多的人被纳入社会保障系统之中，成为社会保障的受益者，为未来加强社会保障的收入分配调节作用奠定了重要基础。以下主要从最低生活保障、养老保障、医疗保障、失业保障和教育保障五个方面介绍社会保障所发挥的收入分配调节作用。

（一）最低生活保障与收入分配

最低生活保障制度针对的是贫困人口和遭受意外风险的人群，可直接帮助这些人摆脱贫困危机。最低生活保障资金主要是政府财政投入，其中以地方财政为主，中央财政对中西部地区进行适当转移支付。随着最低生活保障制度的建立与完善，国家的财政投入不断增加，1999 年国家和社会全年用于最低生活保障的支出仅为 23.7 亿元；2010 年全国各级财政共支出城市低保资金达 524.7 亿元，共发放农村低保资金 445.0 亿元。覆盖范围是考察其收入分配作用的重要因素。城乡最低生活保障的范围在不断扩大。1996 年共有 84.9 万城镇居民获得了最低生活保障救助，2010 年年底全国城市中共有 1 145 万户、2 310.5 万名低保对象；2002 年农村最低生活保障人数为 407.8 万人，2010 年年底全国农村中有 2 528.7 万户、5 214 万人得到了农村低保。最低生活保障的标准也在不断提高，城市居民最低生活保障标准从 2006 年的 169.6 元/（人·月）增加到 2010 年的 251.2元/（人·月），平均支出水平从 2006 年的 83.6 元/（人·月）增加到 2010 年的 189元/（人·月）；农村居民最低生活保障的平均保障标准从 2006 年的 70.9 元/（人·月）增加到 2010 年的 117 元/（人·月），平均支出水平从 2006 年的 34.5 元/（人·月）增加到 2010 年的 74 元/（人·月）。在农村扶贫方面，历年农村贫困扶助标准也在不断提高，1978 年为 100 元，2012 年达到 2 300 元，接近国际贫困扶助标准。低保户的主观评价是衡量最低生活保障制度收入分配作用的另一个重要因素。低保户对低保制度不满意（包括不满意和非常不满意）的仅占 8%，说明低保制度在保障贫困人口的生活方面确实发挥了一定的作用，受到城乡贫困人口的普遍欢迎。

（二）养老保障与收入分配

养老保障对收入分配的影响体现在养老保险和老年福利两个方面，分别发挥着不同的收入分配调节作用。这里主要介绍养老保险制度调节收入分配的状况，主要从覆盖范围、资金筹集、待遇计发等方面来体现。

越来越多的城镇职工和城乡居民被纳入养老保险的范围内。城镇职工养老保险的参保职工人数从 1989 年的 4 816.9 万人增加到 2013 年的 24 177.3 万人；新型农村社会养老保险制度参保人数在 2011 年年底达 32 643 万人。养老保险主要采取责任共担的筹资机制，实行社会统筹与个人账户相结合的模式，在一定程度上发挥了养老保险的互助共济作用。国家财政对养老保险的投入也在不断增加，历年财政对社会保险基金的补助（绝大部分用于养老保险）不断增长，从 1998 年的 21.6 亿元增加到 2010 年的 2 809.8 亿元。除机关事业单位外，其他养老保险制度的待遇实行结付确定与缴费确定相结合的待遇确定模式，基础养老金与个人账户养老金相结合，既具有个人账户的激励性，也具有统筹共济性。而且，养老金待遇标准不断增长，据统计，全国企业退休人员月人均养老金从1995 年的 321 元增加到 2008 年的 1 100 元，十多年间增幅超过 300%。国家连续 7 年调整企业退休人员基本养老金水平，2011 年全国月人均养老金达到 1 531 元。

一些学者的研究也证明了养老保险的收入分配作用。其中，杨震林于 2007 年，在《中国企业养老保险制度再分配效应的实证分析》和王亚柯于 2011 年在《基于精算估计方法的养老保险再分配效应研究》中认为，养老金财产对中国城镇职工家庭的财产分布产生了较大的再分配效应，它使家庭财产分布的基尼系数下降了 8 百分点，使家庭财产分布的不平等程度下降了 20%。王晓军和康博威在 2009 年的《我国社会养老保险制度的收入再分配效应分析》中通过测算认为，我国现行的社会养老保险制度安排存在明显的收入再分配。

（三）医疗保障与收入分配

医疗保障在收入分配中发挥着非常重要的作用，它不但通过影响个人的健康，间接地影响人们的收入，而且通过影响家庭的负担程度，直接影响人们的收入。目前，我国形成了城镇职工基本医疗保险制度、城镇居民基本医疗保险制度、新型农村合作医疗制度和城乡医疗救助制度相结合的"3+1"社会医疗保障体系，为缓解城乡贫困人口的医疗负担、改善收入分配状况做出了积极的贡献；特别是新型农村合作医疗制度、城乡医疗救助制度的建立为城乡低收入人口的医疗提供了重要的制度保障。

随着各项医疗保险制度的建立健全，医疗保险制度的覆盖面不断扩大，基本实现了全民覆盖，是各项社会保障制度中覆盖面最广的。城镇职工基本医疗保险的参保人数从 1993 年的 290.1 万人增加到 2013 年年底的 27 443.1 万人。城镇居民基本医疗保险在 2009 年参保人数达到 18 209.6 万人，2013 年年底达到 29 629.4 万人。新型农村合作医疗制度从 2003 年开始试点，2005 年以后覆盖面迅速扩大，到 2010 年年末，全国开展新型农村合作医疗制度的县（区、市）达到 2 678 个，参保人数约为 8.36 亿人，参保率为 96.3%。医疗救助比医疗保险更加具有收入分配调节的功能。2003 年以来，我国相继在农村和城市分别建立了医疗救助制度。2005～2007 年，城市医疗救助人次几乎每年增长一倍，2008 年以后仍保持较快增长趋势，而医疗救助支出更是大幅增长。同一时期，农村医疗救助制度也发展迅速，2010 年比 2005 年的救助人次几乎翻了三番。

在快速扩大覆盖面的同时，医疗保险的待遇水平也在不断提高，主要体现在以下几个方面：医疗保险的报销封顶线逐步提高；诊疗目录和药品目录范围拓宽；提高报销比例，降低自付比例；简化报销程序。这些变化不仅有利于提高医疗保险的待遇水平，在同一制度内还有利于增强公平性和再分配功能，尤其是提高健康人群对患病者、小病患者对于大病患者的再分配力度。

（四）失业保障与收入分配

失业保障制度主要包括失业保险和失业救助两个方面，发挥着预防失业、促进就业、保障失业的功能。就调节收入分配的作用而言，失业保障制度是社会保障体系中较为特殊的一种，它不仅可以直接调节收入再分配，而且在调节初次分配上也具有更加明显的作用。

保障失业者在一定时期内的基本生活是失业保障制度的重要目标之一，失业保障为失业者提供一定的失业保险金或失业救济金，其中失业保险金通过互助共济的形式向失业者提供帮助，实际上是一种从在职者向失业者的收入转移；失业救济金则更多的是通过政府财政提供资金，对失业者提供直接的收入支持。另外，失业保障还能避免失业者由于丧失劳动收入而使生活陷入困境，可预防贫困的发生，降低贫困发生率。以上这几种形式的失业保障都有助于提高失业者的收入水平，实现收入再分配。就业是最好的保障，从促进就业的角度来看，失业保障通过职业培训、职业介绍、就业补贴等形式促进失业人员恢复就业，劳动者获得就业是其直接参与社会财富分配的途径；失业保险金、失业救济金、失业期间的医疗补助，也可以帮助失业人员尽快就业，获得劳动收入。此外，失业保障通过职业培训的形式，可以增强在职人员的劳动技能与综合素质，有利于提高就业竞争力，预防失业，稳定就业，可以通过对企业给予支持，减少企业裁员。失业保障的这些举措和功能都不同程度地调节着收入的初次分配与再分配。

20 世纪 90 年代以来，全国失业保险的参保人数、发放的失业保险金额不断增长。1994～2010 年参保人数从 7 967.8 万人增加到 13 375.6 万人，2013 年参加失业保险的人数达到 16 416.8 万人；1994～2010 年全年发放失业保险金额从 5.1 亿元增加到 140.4 亿元。失业保险制度为保障失业人员的基本生活、促进国有企业改革顺利进行、维护社会稳定发挥了重要作用，在一定程度上促进了国民收入的初次分配与再分配。

（五）教育保障与收入分配

教育是民生之本，财政投入是国家调节收入分配的重要手段，公共教育的财政投入对收入分配结构产生了重要影响，主要表现在以下几个方面。加大公共教育投入可以进一步改善我国的财政支出结构，强化财政的公共性与收入再分配功能；加大公共教育投入可以普惠民生、促进共享，改善城乡居民的收入分配结果；加大公共教育投入可以直接改善教育工作者的收入状况，有助于扭转我国劳动者报酬占初次分配比重长期偏低的分配格局；加大公共教育投入等于国家进行人力资本投资，必然对未来的社会分配结构产生积极而深远的影响；加大公共教育投入还可以带动慈善公益事业的发展，使更多的社会或民间资源投向教育领域，如实行捐赠配领奖励必将吸引更多的社会捐款，这属于第三次分配。

自 1992 年以来，我国财政性教育经费支出规模是持续扩大的，从 1992 年的 728.75 亿元增长到 2009 年的 12 231.09 亿元，增长了 15.78 倍。2013 年，全国财政教育支出 22 001.76 亿元，主要用于以下几个方面：一是支持全面实现城乡免费义务教育，农村义务教育经费保障机制各项改革目标提前一年全部实现；二是进一步完善家庭经济困难学生资助政策体系；三是贯彻落实《国家中长期教育改革和发展规划纲要》的精神，大力推进义务教育均衡发展；四是促进提高高等教育质量；五是加强职业教育基础能力建设。普通高等学校在校生人数从 1978 年的 85.6 万人增加到 2010 年的 2 231.8 万人，增加了 25.1 倍；职业中学在校生人数从 1980 年的 45.4 万人增加到 2010 年的 729.8 万人，增加了 15.1 倍。从国家提供的教育帮助对缓解家庭教育负担的情况来看，认为有帮助的占 82.7%。可见，国家的教育帮助对减轻家庭教育负担是有作用的。

▶本节习题及拓展材料

推荐阅读书目

张邦辉. 2011. 社会保障的政府责任研究. 北京：中国社会科学出版社

樊小钢，陈薇. 2013. 公共政策：统筹城乡社会保障. 北京：经济管理出版社

推荐阅读材料

养老金"并轨"与渐进式延迟退休

养老金"并轨"是指对机关事业单位工作人员实行和企业职工一样的基本养老保险制度。其目的在于转机制，而非降待遇。改革可能需要财政的大力支持，适当调整公务员和事业单位职工工资水平，弥补因个人缴费而增加的支出，维持改革前后职工的基本生活水平。双轨制——企业养老金和事业养老金采取不同的退休养老金制度（现在的事业养老金比企业养老金高出 3 倍左右，人们的呼声很高，一致要求双轨制并轨）。

2012 年 3 月，这一制度在全国"两会"上引起代表委员们的关注和热议，对当前的养老体制进行改革、取消养老金双轨制的呼声高涨。2013 年 12 月，人力资源和社会保障部确定养老金双轨制并轨方案。

2014 年 12 月，机关事业单位养老保险制度改革方案经国务院常务会议和中央政治局常委会审议通过。

随着机关事业单位全面完成基本工资标准的调整，养老金"并轨"也正式进入实质性启动阶段。到 2015 年 7 月底，山东、上海等一些地区陆续公布了当地的养老金并轨实施意见和办法，明确了个人缴费工资基数。

由于此次机关事业单位养老保险改革与完善工资制度同步推进，部分参加工作晚、职务较低的人员，增加的工资不足以完全弥补养老保险个人缴费，出现"增不抵缴"的现象。对此，官方采取了措施，确保所有人缴纳养老保险后当期工资都有增加。

渐进式延迟退休就是采取比较缓慢而稳妥的方式，逐步延长退休年龄，尽量减小退休政策调整对社会和有关人员带来的影响。这是许多国家在提高法定退休年龄方面比较通行的做法。

随着中国步入老龄化社会进程加快，围绕延迟退休这一话题的争论从未停止。2013 年 6 月 5 日，人力资源和社会保障部曾公开表示，随着中国经济社会的不断发展以及人均寿命的不断延长，相应推迟退休年龄，应该说是一种必然趋势。中国青年报社会调查中心对 25 311 人进行的一项题为"你对延迟退休持什么态度"的调查显示，94.5%的受访者明确表示反对延迟退休，仅 3.2%的受访者表示支持，2.3%的受访者表示中立或未表明态度。此外，62.9%的受访者主张，在延迟退休问题上不能"一刀切"。对于医务人员、教师、工程师等专业技术人员，应允许理性选择是否延迟退休；对于官员、公务员等，则应严格禁止延迟退休。

近年来，多国提高了法定退休年龄，或者计划提高退休年龄，很多国家采取渐进方式提高退休年龄，比较近的例子是波兰和意大利。2012 年 6 月，波兰推出改革法案，将女性 60 岁退休和男性 65 岁退休改为一律 67 岁退休。改革实行递进式，即每年延长 3 个月，男性在 2020 年全部实现 67 岁退休，女性到 2040 年全部实现 67 岁退休。意大利对男性 65 岁、女性 60 岁的退休年龄采取逐年延长，到 2018 年实现男女均 66 岁退休。

资料来源：百度百科，http：//baike. baidu. com/view/10349573. Htm；http：//baike. baidu. com/view/12635771. Htm

第五章　社　会　保　险

本章主要内容：
- 社会保险的含义、产生原因及其特性
- 社会保险学与其他学科的关系
- 中国社会保险风险认识发展现状

社会保险，通过跨学科、跨文化的研究视角和方法能更好地解释、分析社会保险制度的产生与发展规律。世界各国由于各自的国情以及经济状况不同，其社会保险的项目设置也会不同，一般包括养老保险、失业保险、医疗保险、工伤保险、生育保险、残疾保险和遗属保险等几个部分。本章结合我国社会保障风险管理的发展实践，对当前我国社会保障体系中蕴涵的各种类型的风险进行了较为深入的探讨。

第一节　社会保险的含义、产生原因及其特征

一、社会保险的含义

社会保险是工业社会的必然产物，既是防范社会风险、维护社会稳定的重要手段，也是现代社会文明进步的标志。社会保险是为保障劳动者（有些国家可能普及全体公民）在遭遇年老、伤残、失业、患病、生育等风险时的基本生活需要，在国家法律保证下强制实施的一种社会制度，它强调受保障者的权利与义务相结合。

社会保险制度是社会保险行为的法律规范，其主要内容包括有关社会保险的法规政策、社会保险管理机构的设置、社会保险基金的筹集、社会保险基金的投资运营、社会保险的项目设置、社会保险的给付标准和支付条件以及社会保险基金监管等。

二、社会保险产生的原因

人类社会的基本需求是以社会成员的个人需求为基础的。个人的需求包括生产上的需求和生活上的需求，同时也表现为个别性的需求和社会性的需求。个人的社会性需求（包括生产上和生活上的需求）是人类组成社会的纽带。在漫长的人类社会发展史中，对社会弱势群体的经济保障乃至服务保障的认识和对政府承担责任的认可，亦是经历了一个从"认知"的思想萌芽到"认可"的制度起源与创建、困惑与探索的漫长的历史过程。当意外灾祸降临时（如发生战争、自然灾害等），往往是通过家庭的力量来解决。当人类社会进入工业社会后，一方面，现代的生产方式与生活方式，如劳动的协作化、生产的机械化与高速化、生活的社会化、信息传导的快捷化及致险因素的增加和阶层利益集团的形成等，都为社会成员的个人风险转变为社会风险提供了条件。劳动者个体的生、老、病、死、伤残、失业等事件，均可能通过群体方式演变成严重的社会问题与社会风险。另一方面，工业革命促进城市化，大工业生产方式强制性地改变了家庭模式及其功能，而劳动风险和经济收入损失已具有普遍性，在个人风险性增强的同时，也已大大突破了"家庭保障"的屏障。因而，政府的社会政策也不得不由此而发生改变。在国家积累了一定的后备金后，可以通过社会再分配的手段维持社会公平与稳定。这样的制度安排就是社会保险制度。

三、社会保险的基本特征

社会保险作为风险的一种，必然同其他风险尤其是保险风险有着千丝万缕的联系。认识风险之间的共性，把握社会保障风险所固有的特性，对于有效防范风险、加强风险管理有着十分重要的意义。

（一）社会保险同其他风险的共性

1. 不确定性

风险基本上是一种随机现象，就个别单位而言是不可预知的。其不确定性主要表现在三个方面：一是发生的时间和地点的不确定。对每一个人而言，何时死亡，何时生病，何时会失业，何时会因工受伤等，都是难以准确预测的。二是风险发生的概率不确定。三是一旦发生，其损害程度不确定。例如，人总是要生病的，但治病的医疗费用会是多少，会花多长时间恢复健康，这些是不可预知的。

2. 客观性

虽然风险什么时候发生，在哪里发生，发生的概率及其发生后的损失程度都不确定，但风险又是客观存在的。随着科学技术的进步以及识别、管理和控制风险能力的加强，人们在经济社会活动中虽可部分地控制和规避所面临的自然灾害、人为事故以及经济决策失误等风险，但总体而言，风险作为一种客观存在，是不以人的意志而改变的，人们可以经过主观努力，在一定范围内改变风险形成的条件，减少风险事故的发生，而不能彻底消除它。例如，市场经济条件下的失业风险、生产过程中的工伤风险、社会生活中的疾病风险，以及由于人口老龄化、世界性金融危机带来的养老保险基金支付风险等都是客观存在的。

3. 突发性

虽然风险具有客观性，但风险的发生又往往表现出意外和偶然，这也由风险的不确定性引起。世界万物都处在不断地变化、发展过程中，风险亦如此。由于风险因素的不断变化导致风险的发生与预测上的偏离，其中有量的变化，也有质的变化；有旧风险的消亡，也有新风险的不断产生。风险这种意外的变化，往往表现为突发性，并带来意外的损失，甚至表现为紧急的危险，导致灾害性的后果。例如，由于人类生态环境的恶化，或者地壳运动的改变，在特定的时间往往发生一些意料之外的自然灾害，如地震、火山爆发，带来财产损失和人员伤亡，造成社会保障支出的意外增加。

4. 损害性

无损害，也就无风险。风险事故发生后，必然直接和间接给人们的生命财产造成损失。事故造成的损失有大有小，损失范围有所不同，有的损失是经济上的，可以用货币进行衡量，有的损害是精神层面的，无法估量。风险事故一旦发生，往往会给人们的生产生活带来负面的影响，甚至是巨大的灾难。因而人们需要识别和规避风险，将损害减少到最小。

5. 投机性

风险具有两面性，一方面风险可能会造成损失，因而多数人厌恶风险；另一方面冒风险可能会给冒险者带来利益。由于获利机会的存在，会激励人们去奋斗，冒着高风险获取高利润。对于企业，风险的存在会促使其进行风险投资，不断改进技术，提高经营管理水平，从而达到促进生产发展的目的；就社会保障而言，将基金投放金融市场，虽有失败风险，但如果成功，可获得丰厚回报，增强社会保障偿付能力。可见，风险的投机性使其也具有积极的一面。

（二）社会保险风险的特性

1. 风险发生的可测性与不可测性并存

社会保障制度从建立、运行到发展过程中，既存在制度设计是否科学合理的风险，又有制度运行过程中道德风险、基金运营风险等，此外，还有制度之外由自然规律或意外事故导致的风险。这些风险类型各异，有着各自不同的性质与特征，有的可以预测，而有的无法预测，如养老风险、失业风险和医疗风险都是事先可以为人预知的，人口老龄化、经济危机和瘟疫扩散都可能导致以上风险发生。但是自然灾害和某些人为过失造成的风险，如工伤风险、生育风险，包括一些医疗事故或者 SARS 等流行病暴发引起的风险，什么时候发生或者在哪里发生，事先不可预知，将会引起社会保障基金支出意外增加的可能。

2. 风险发生单位的普遍性

社会保障风险一旦发生，涉及的通常不是个别单位或少数人，而是为数众多的亿万参保人。根据大数定律和社会保障制度的公共性，社会保障覆盖全体社会成员，时间跨度上有的长达几十年，涉及几代劳动者的收入及福利待遇，与人们的生活息息相关。一旦风险事件发生，造成的损失将是巨大的，不仅会带来社会福利的损失，还会影响社会稳定，甚至波及全球。例如，经济萧条或金融危机导致的生产下降、企业倒闭，造成大量的甚至全世界范围内的劳动者失业。又如，流行病的扩散而引发的医疗风险，超越了个体、超越了地区，涉及的范围小至一省一国，大至一洲或全世界。

3. 风险补偿或给付具有弹性

社会保障作为一种社会公共政策与经济制度，是公共选择的结果，是国家通过立法强制办理的，其目的在于保障人们的基本生活。由于社会保障风险的不确定性，其造成的损失也有不同。社会保障风险以维持社会成员基本生活条件为初衷，风险事件发生后，社会保障部门组织的风险补偿或给付金额不是固定不变的，而是根据经济发展情况和物价指数的变动适时做出必要的调整。

4. 风险补偿或给付的连续性

完善社会保障制度、抵御社会保障风险已成为现代社会文明的一个重要标志和公民的一项基本权利。与纯粹的商业性保险不同，社会保障风险事件一旦发生（除个别险种外），多数险种的补偿或给付是长期的、连续的。例如，医疗保险补偿直至病人恢复健康，养老金给付直至被保险人亡故。正因为风险补偿的连续性，因而在应对诸如人口老龄化的养老金支付风险时，需要政府做出长期的预算安排与风险防范措施。

5. 风险补偿或给付的有限性

社会保障风险补偿或给付以满足被保险人最基本的生活需要为原则，它是由社会保障具有福利性和救助性，以及政府慎防"动力真空"现象决定的。如果某被保险人希望保险事件发生后，过上更富裕和更体面的生活，就只有再投保商业保险。

6. 风险补偿或给付的政治意义大于经济意义

生存保障是社会稳定的逻辑起点，这是社会管理和社会伦理价值判断的共同结果。国家作为社会保障的主办方，其实现对社会保障待遇的给付及其风险的补偿有着特殊的政治意义。首先，主要体现在社会保障事业经办或进行社会保障立法都不是政府当局的自觉行为，而是经济社会发展到一定阶段，社会矛盾加剧，政府当局不得已而为之。其次，为了保障社会和谐和政局稳定，现代政府都想方设法改善和调整生产关系，改进分配方式，甚至不惜斥巨资建立和完善社会保障体系。最后，多数国家在总统乃至议员选举中，为多拉选票，都或多或少地为选民的民生权利做出一些承诺，从政后为了兑现承诺，在社会保障事业发展方面都不同程度地给予支持和增加投入，从而导致社会保障的财政负担滚雪球式地越滚越大。

▶本节拓展材料

第二节　社会保险与其他学科的关系

一、社会保险的项目构成

社会保险项目，亦称"险种"，是指该项社会保险制度是为遭受特定劳动风险的劳动者提供的基本生活保障。世界各国由于各自的国情以及经济状况不同，其社会保险的项目设置也会不同，一般包括养老保险、失业保险、医疗保险、工伤保险、生育保险、残疾保险和遗属保险等几个部分。

（1）养老保险是国家依据法律规定，强制性地征缴养老保险费（税），以保障劳动者在达到国家规定退休年龄，或因年老丧失劳动能力退出劳动领域后的基本生活的一种社会保险制度。目前，养老保险一般由基本养老保险、企业补充养老保险和个人储蓄性养老保险三大支柱构成。

（2）医疗保险是国家依据法律规定，强制性地征缴医疗保险费（税），当参保人（被保险人）患病、受伤或生育接受医疗服务时，提供基本的医疗服务，并由保险人（特定的组织或机构）提供经济补偿的一种社会保险制度。不少国家的医疗保险都是由基本医疗保险、企业补充医疗保险和商业医疗保险等部分组成的。

（3）失业保险是社会保险制度中的重要组成部分，它是指劳动者由于非本人原因失去工作、收入中断时，由国家和社会依法保证其基本生活需要的一种社会保险制度。其核心内容是通过建立失业保险基金，分散失业风险，为失业者提供基本保障，并通过转业培训、职业介绍等形式积极促进其再就业。

（4）工伤保险是指劳动者在社会生产经营活动中或在规定的某些特殊情况下遭受意外伤害、职业病，以及因这两种情况造成的死亡、劳动者暂时或永久丧失劳动能力时，受伤害者能够及时得到救治，他本人及其供养亲属或死亡者遗属能够从国家、社会得到的必要的物质补偿的社会保险制度。随着社会的发展，工伤保险的职能也在不断地扩展，目前工伤预防、工伤救治与补偿、工伤康复，已形成工伤保险的三大支柱。

（5）生育保险制度是国家和社会通过立法对劳动者在生育期间提供一定的经济、物质及服务等各方面帮助的一项社会保险制度，旨在保障受保母婴在此特殊时期的基本生活和医疗保健需要，确保生育女性的身体健康和劳动力恢复及整个社会的人口再生产。

除了上述五大险种之外，有些国家的社会保险体系还包括：①遗属保险，即有资格领取社会保险给付金者去世之后，由政府或社会保险机构对其遗孀（或鳏夫）或父母及其未成年子女，定期或一次性给付遗属年金的保险；②伤残保险，公民因伤残而享受的社会保险待遇，包括经济上的经常性补偿和一次性补偿以及医疗服务、假期等尽可能使伤残者恢复健康的保险待遇；③护理保险，即对有需要的人群提供治疗护理，如某些内科慢性疾病或一些外科病患的医学、心理学康复护理，生活半自理或完全不能自理老年人的生活护理，以及病危老年人的心理护理和临终关怀等保险待遇。

二、社会保险学与其他学科之间的关系

社会保险学强调跨学科研究，在研究社会保险时，必须引入社会学、历史学、经济学、心理学以及法学等其他诸多学科的知识，通过跨学科、跨文化的研究视角和方法才能更好地解释、分析社会保险制度的产生与发展规律。

（一）社会保险学与经济学的关系

经济学是研究各种经济关系和经济活动规律的科学，而社会保险则是通过经济手段进行国民收入的分配与再分配来达到为全体社会成员提供基本生活保障的目的。社会保险学中探讨的一系列理论和实践问题，如社会保险基金的投资与运营、投保制社会保险中劳动者个人与企业缴费比例的设计、社会保险税率的厘定等，都需要运用到经济学及金融学的理论与知识。经济学是社会保险学的重要理论基础，经济学所揭示的普遍原理与方法，对社会保险有着特别重要的指导意义，经济政策亦是社会保险政策的重要基础。福利经济学的产生与发展，更直接推动着社会保险理论的发展与进步。社会保险基金从缴费、管理、投资运营到给付都要运用到经济学的知识，但二者在一些方面还是存在本质区别的：经济学提倡的是效率优先的原则，以最小的成本换取最大的收益。社会保险也研究社会保险反作用于经济发展的一般规律，但侧重研究社会经济发展过程中的稳定机制，因此不能仅仅以经济效益的好坏决定社会保险项目的取舍和保障水准的高低。衡量一项社会保险活动的价值，要从政治、经济、文化等多方面考虑，看它是不是能更好地满足人们在年老、伤残、失业、患病、生育等情况时的基本生活需要，能不能促进社会和谐，而不能仅仅以投入产出比等衡量经济效率的指标作为衡量社会保险的唯一标准。

（二）社会保险学与法学的关系

社会保险学与法学有着密不可分的关系，社会保险是国家通过立法强制建立起来的一种社会制度。在各国现行的法律中，大多都规定社会保险是公民应当享受的基本权利。我国宪法也规定，中华人民共和国公民在年老、疾病或者丧失劳动能力的情况下，有从国家和社会获得物质帮助的权利。国家发展公民享有这些权利所需要的社会保险、社会救济和医疗卫生事业。由此可以看出，社会保险制度的推行必须通过国家立法的程序。

社会保险法律关系的主体是国家、用人单位与个人，在社会保险费缴纳方面，强调国家、用人单位和个人三方的责任，目的在于扩充社会保险基金的积累，调动制度受益人的积极性。社会保险费率、投资规定、保险金的给付以及社会保险的管理都有相应的法规规定，社会保险制度比较完善的国家，无不有一套配套的、完善的社会保险法律体系。

（三）社会保险学与社会学的关系

社会学是对人类生活、群体和社会的研究，是关于社会良性运行和协调发展的规律性的综合性具体社会科学。社会结构及变迁、社会流动、社会问题等都是社会学的研究对象。如果从社会保险的出发点与追求目标来考虑，则社会学无疑是社会保障最重要的理论基石之一。社会学的重要理论成果，如马斯洛的需求层次论、帕森斯的结构功能论、拉尔夫·达伦多夫的冲突理论等，为社会保险研究奠定了坚实的理论基础。社会学研究的社会公正、社会稳定、社会价值、社会进步、社会风险、种族与移民、家庭与社区、社会阶层、人口问题、贫困与社会排斥、教育与福利等，直接指导着社会保险理论研究和制度实践的发展。而社会保险问题总是跟社会问题有着千丝万缕的关系，社会保险制度的建立有助于社会问题的解决。社会保险起于各种社会问题，止于解决各种社会问题，在问题的解决过程中需要考虑到文化、道德、价值观等精神领域的东西，中间需要运用到政治的、经济的和法律的手段，社会保险本身也是一个非常复杂的系统，因此就需要从整个社会经济的全局考虑，统筹把握。社会学的优势正在于将社会看成一个整体，这种整体观对于研究社会保险问题有着非常直接的启示。

（四）社会保险学与政治学的关系

政治学是以国家及其活动为主要研究对象的科学，包括国家的起源及发展和消亡、国家本质、国家制度、国家结构、国家职能、政党制度等，具有鲜明的阶级性。在社会结构变迁的诸多因素中，社会经济的变化与发展对社会变迁具有决定性作用，政治制度既可以为社会的经济发展创造一个有利的环境，又可以限制或束缚经济的发展。而且，政治制度的性质和稳定与否，在一定条件下，甚至决定了社会变迁的方向和过程。社会保险制度的发展同样受到政治制度的影响，有时甚至是决定性的影响因素。从社会保险的整个发展史来看，每次社会经济发生动荡、社会关系日益紧张的时候，社会保险都会取得突破性的进展。现代社会保险的出现，其初始动因也是为了维护国家政权的稳定。

而且许多国家的社会保险制度改革、新政策的出台，也都与政党政治密切相关。从某种意义上来说，政治已成为决定社会保险发展的重要力量。社会保险制度从本质上来说，是统治阶级为了维护自身的经济和社会利益，为了维护统治秩序和政局稳定而做出的制度安排。因此，我们在进行社会保险研究时，必须结合一项社会保险政策、法规出台的政治背景，当权政府所代表的阶层及政党的主张、利益，这样我们才会对社会保险问题有更加透彻的理解。

（五）社会保险学与保险学的关系

社会保险制度既拥有传统社会保障思想的"内核"，同时又披上了商业保险精算技术的"外壳"。它是传统社会保障和现代商业保险精算技术相结合的产物，是现代政治国家与传统市民社会相互渗透的产物。一方面，它借助商业保险的精算技术，克服了传统社会救济的不力，使经济保障走向社会化；另一方面，它又借助"国家之手"，克服了私人保险领域中"市场失灵"所带来的不利后果，使经济保障更趋向公平。

社会保险学实际上是在保险学的基础上，经过一定时期才产生、壮大的。社会保险的很多预测方法、精算方法都来自保险学。保险学当中的很多理论也适用于社会保险学。

（六）社会保险与社会救济、社会福利的比较

社会保险与社会救济、社会福利属于社会保障制度安排中的三个重要组成部分，它们之间既有联系，又有着明显的区别。社会救助是指国家和社会依据法律规定，面向不能维持最低生活水平的低收入家庭提供经济帮助的一项社会保障制度。社会福利的含义有广义和狭义两种理解。广义的社会福利等同于社会保障；狭义的社会福利，是社会保障体系的重要组成部分，是国家和社会为提高全社会成员的物质文化生活水平和生活质量而提供福利设施和福利服务的一项社会保障制度。在中国，社会福利是社会保障体系的一个子系统，包括老年人福利、残障人士福利、妇女儿童福利以及有关福利津贴，乃至教育福利、住房福利等各项公共福利事业（表5.1）。

表 5.1　社会保险与社会救济、社会福利的比较

保险项目 比较内容	社会保险	社会救济	社会福利
保障对象	薪金收入者、其他劳动者	生活在贫困线以下的公民	全体社会成员
实施项目	补偿劳动者在遭遇社会风险后引起的收入损失，使他们仍能维持基本生活，以解除其后顾之忧	帮助贫困人群维持最低生活水平	减轻受益者的家庭负担（狭义）；提高全体社会成员的生活质量（广义）
资金来源	以个人、企业缴纳为主，以及政府补贴	以政府和企业的捐助为主，以及慈善团体和个人的捐助	以国家税收为主，辅之以公共项目的收费以及民间自愿捐助
保障水平	基本生活水平	最低生活水平	提高生活质量

续表

保险项目 比较内容	社会保险	社会救济	社会福利
给付标准	被保险人原有收入水平、缴费额的大小	根据资产调查情况	以平均分配为主
经办主体	政府专设机构	政府有关部门、社会团体	政府、社会组织、基层单位、行业主管机构
保障手段	投入-返还性	选择性	普通性
保障方式	以提供津贴为主，相关服务为辅	资金、物资并重	以提供相关服务和设施为主，货币为辅

三、社会保险与商业保险的异同

社会保险起源于商业保险之后，社会保险的很多理论内容及技术手段直接来源于商业保险。社会保险和商业保险都承保人们的意外伤害、疾病、生育、残疾、养老、死亡等风险；两者的最终目标都是保障人们生活安定、促进经济发展。但是，社会保险和商业保险的区别还是很明显的。它们既有联系，又有区别。

1. 社会保险与商业保险的联系

（1）社会保险与商业保险的社会目标和社会作用相同。二者的社会目标都是为了完善和健全社会保障体系，为健全的经济运行体制提供配套服务；其社会作用也是相同的，都是解决社会成员因生、老、病、死、伤、残、失业等造成的生活上的困难，提供生活保障的需要，从而保障和改善人民生活，促进经济发展，维护社会的稳定。

（2）社会保险和商业保险在共济和经济补偿功能以及保险责任上，也有所交叉，但社会保险的共济性比商业保险更为广泛。在经济补偿功能方面，社会保险的补偿表现为一般性和基本性；而商业保险的补偿更高级、更广泛（视投保人所购买的产品而异）。在保险责任上，商业保险涵盖了社会保险的责任范围。

2. 社会保险与商业保险的区别

社会保险与商业保险之间也有着本质的区别：社会保险是国家规定的劳动者应该享受的基本权利，体现着国家和劳动者双方的责任、权利和义务的关系，在立法方面属于劳动立法的范畴；商业保险体现的是合同双方的责任、权利和义务的关系，属于经济立法的范畴。二者主要区别体现在目的不同，社会保险建立的目的是保障劳动者（有些国家可能普及全体公民）在年老、伤残、失业、患病、生育等情况时的基本生活需要，从而维护社会稳定，而不是以营利为目的，国家财政负有最终责任。而商业保险是一种以营利为目的的经济活动，是在被保险人和保险人双方完全自愿的前提下，通过相互自由选择而结成的互利关系，法律只对这种关系加以保护而不能强制其发生，其基本属性是一种纯粹商业性的经营活动。

> 本节拓展材料

第三节　中国社会保险风险认识发展现状

一、国内学者关于社会保险风险范畴的认识

（一）宏观层面的社会保险风险认识

结合我国社会保障风险管理的发展实践，学者们对于当前我国社会保障体系中蕴涵的各种类型的风险进行了较为深入的探讨。

杨仁君于2004年，在《中国社会保障风险研究》中，将社会保障风险分为社会保障制度风险、社会保障财政风险、社会保障管理风险和社会保障社会风险四类，并指出社会保障制度风险是社会保障风险存在的根源，社会保障财政风险是社会保障风险存在的表象，社会保障管理风险是社会保障风险存在的催化剂，社会保障社会风险是社会保障风险存在的结果。2004年，曹信邦和王建伟在《风险：我国社会保障面临的挑战》中认为，我国社会保障风险主要由社会保障收支风险、社会保障制度风险和社会保障社会风险三个方面组成，并进一步指出，其中的社会保障收支风险主要是由人口老龄化、高失业率、基金管理不善以及财政风险造成的；社会保障制度风险主要表现为养老社会保险制度的安排缺陷、城乡二元社会保障制度设计、社会保障事权划分不明晰以及社会保障立法的滞后等；社会保障社会风险主要体现在政府信誉危机及居民信赖危机等，并指出三者具有以下关系：社会保障收支风险是社会保障风险存在的表象，社会保障制度风险是社会保障风险存在的根源，社会保障社会风险是社会保障风险的结果。

2006年，朱安在《我国社会保障制度的风险研究》中认为社会保障风险是一种客观存在的风险，它包括社会保障制度收支风险、社会保障制度本身的风险及社会保障制度社会风险，并基于此建立了社会保障制度风险的预警机制。2008年，刘丹丹和李成超在《我国社会保障体系面临的风险及对策分析》中认为，在社会主义市场经济的大背景下，包括体制融合成本风险、行政性资源配置引发的风险在内的体制风险和市场风险是目前威胁我国社会保障体系的主要风险，其中市场风险包括劳资矛盾加剧带来的失业保险、社会救助压力增大的风险，市场经济的盲目性带来的社保基金筹集困难、社保资源和基金浪费的风险，收入差距拉大增加了财政风险等。2008年，车咏梅在《社会保障风险的监管机制与手段研究》中，将社会保障风险分为内生风险、外生风险和社会风险三大类，

指出内生风险包括社会保障基金筹集风险、社会保障基金运营风险和社会保障基金发放风险中的道德风险等；外生风险包括人口老龄化、高失业率及自然灾害频发给社会保障带来的风险等；社会风险包括由社会保障制度的不完善所引发的社会不安定因素、劳动力供给带来的风险、对储蓄和消费的不利影响以及可能引发的金融市场风险等外部风险。

2009年，林毓铭在《社会保障财政风险与危机管理战略》中，通过分析社会保障面临的主要问题将社会保障风险归纳为财力不足、管理能力基础薄弱，并指出社会保障中公共风险主要发生在群体性失业、重大自然灾害、养老金社会化发放、政策危机以及公共医疗等领域。2013年，童星在著作《应对风险的社会保障体系自身的风险》中，把社会保障界定为"内部风险"与"外部风险"，并指出内部风险即社会保障子系统在社会系统环境因素的影响和干扰下出现的风险；与此相对应，外部风险则指社会保障子系统自身的运行与完善过程会对社会系统造成的某些损失和不确定性，包括社会保障设施建设的风险和社会保障待遇承诺风险等。2011年，邓大松和薛惠元在其著作《社会保障风险管理国际比较分析》中，将社会保障风险定义为未来社会保障事件发生及事件发生造成损失的不确定性，认为社会保障风险包括制度设计风险、营运风险、资产流动风险、投资风险、偿付能力风险、财政风险、经济风险、灾难风险和政治风险九大类。

（二）微观层面的社会保险风险认识

除了基于宏观层面对社会保障风险进行一般意义上的分析之外，也有学者从更为微观的角度，细致地探讨了社会保障制度内部各子制度之间，以及具体运行环节之间可能存在的风险。

其一，社会保障制度存在的相关风险。

关于社会保险风险的认识，2012年，李涛在《社会保险营运风险管理》中将社会保险面临的风险总结为自然风险、社会风险、经济风险、道德风险和制度风险，并指出自然风险的损失频率低，损失幅度中大；社会风险的损失频率低，损失幅度大；经济风险的损失频率高，损失幅度中小；道德风险的损失频率中高，损失幅度中小；制度风险的损失频率低，损失幅度极大。2009年，程乐华在《社保经办应重点防范五大风险》中认为，社会保险领域需要重点研究和防范社会保险政策风险、社会保险操作风险、社会保险基金管理风险、社会保险信息风险和社会保险道德风险。

关于养老保险风险的认识，2002年，郭席四在《我国基本养老保险制度运行风险与对策分析》中认为，养老保险制度运行的风险主要有以下五类，即个人账户"空账"运行风险、养老保险资金来源的可持续性风险、统筹层次偏低制约基金调剂功能的制度风险、人口老龄化潜伏的支付风险及基金保值增值风险。2012年，单新宇在《现收现付制养老保险制度在中国的可持续性分析》中，采用实证的分析方法探讨了我国现行养老保险现收现付制度可持续发展的经济学基础，指出从生产力、工资和人口结构三者的角度来看，我们可以通过探讨合理的工作和退休年限、调整人口比例结构及寻找最佳的缴费替代率来满足养老保险的风险规避要求。2006年，高李在《我国社会基本养老保险个人账户风险及其控制》中认为，我国养老保险个人账户面临宏观风险、制度风险、管理风险和投资运营风险，并指出：一方面，创造一个稳定发展的环境，并努力将经济周期控制在最小的波动范围内；努力提高产出，增加消费总供给，将人口老龄化引起的消费总需求对总供给的压力减到最小；合理确定个人账户制度在整个老年人养老保障制度中的权重是应对宏观风险的有效举措。另一方面，做实"空账"，并提高养老保险的筹资能力；通过个人账户的宏观管理和微观管理两个方面来控制个人账户的管理风险；通过防范投资风险、规避和控制委托代理风险来降低个人账户的投资运营风险是应对制度风险的有效举措。2004 年，张军在《统账结合养老保险模式风险分析及对策建议》中认为，由于人口老龄化、制度设计缺陷、管理不善等原因，我国现行统账结合的养老保险制度面临着基金缺乏、制度可持续性以及社会信任危机等风险。他认为由于我国特殊的国情，人口老龄化并不是威胁养老保险的最大因素，由于初次收入分配失衡、国有单位"历史债务"问题和基金保值风险的存在，基金贬值风险才是我国养老保险的持久风险来源，并提出了转变观念、提高风险意识，加强管理、开源节流和建立养老保险的预警系统等防范风险措施。

关于医疗保险风险的认识，2003 年，曹阳等在《医疗保险中的风险管理》中认为，医疗保险制度中的风险管理策略应包括对疾病风险的识别态度、估测和度量疾病风险的技术、选择疾病风险的管理方式以及对疾病风险管理效果的评价和认识，它对于促进卫生资源的公平分配和有效利用有重要的意义。2003 年，赵曼在《社会医疗保险费用约束机制与道德风险规避》中指出要建立社会医疗保险费用约束机制，包括正确界定社会医疗保险领域参与各方的责、权、利关系。2005 年，史文璧和黄丞在《道德风险与医疗保险风险控制》中认为，道德风险的表现形式有两种：一是被保险人的过度消费，即患者在投保之后由于实际承担的医疗费用下降而导致其对医疗服务的需求上升的现象。二是医疗机构（或医生）在提供服务中的诱导需求，医疗机构（或医生）具有实现诱导需求的内在动力和专业优势，因为他们的收入与医疗费用的高低呈正相关关系，因此从自身效用最大化角度出发，有动力促使费用上升；同时，医生又具有诱导需求的专业优势，医疗服务中存在着严重的信息不对称，患者对于病情的不了解和对于医生的信赖使这种诱导需求得以实现。2006 年，温小霓在《社会医疗保险风险研究》中，在比较了各国医疗费用控制研究的基础上，根据我国医疗保险的特点以及医疗费用的支出情况提出，年龄结构、生态环境、工伤与意外伤害、经济因素、医疗技术水平、医疗保险市场的信息不对称与道德风险是目前威胁我国社会医疗保险运行的主要风险因素。2007 年，张晖和许琳在《城镇居民医疗保险制度的风险及规避》中认为，我国城镇居民医疗保险制度的风险来自于两个方面：一个是系统外部的风险，即社会经济和人口变化而带来的风险；另一个是系统内部风险，主要是由供需双方信息不对称而导致的过度服务所引起的医疗费用上涨的风险。2006 年，李雯在《社会医疗保险基金的风险管理研究》中认为，医疗保险统筹基金积累过程中存在制度设计风险、制度环境风险和制度实施风险。2009 年，王晓红在《浅析医疗保险基金运行状况及风险》中认为，参保人员出现老龄化与疾病普遍化趋势，且参保职工的住院率明显偏高且呈逐年上升趋势；对定点医疗机构监管不到位或力度不够、支付机制不完善、医院医疗行为不规范、受利益驱动使供方诱导需求行为的发生，高新技术的普遍应用、物价上涨、通货膨胀等因素都导致医疗保险风险的加大，并指出调整医保政策、有效降低住院率，制定临床路径、规范医生诊疗行为，实施按病种付费或病种限价付费制度，增强住院医师的费用意识或控制费用超支风险以及加强基层卫生服务机构能力建设、提高服务质量、增加吸引力等是可能的改善政策。2010年，李冰水和李玉娇在《中国社会医疗保险中的道德风险及控制机制研究》中，分析了我国医疗保险道德风险的现状及成因，认为应从制度设计、医疗机构的补偿机制、医疗服务信息系统、"医保"覆盖面和医院信誉机制五方面进行控制和监督。2007年，刘慧彩在《基于风险管理的医疗机构内部控制研究》中，比较了传统风险管理内部控制措施和医疗保险制度内部控制机制的差异。2007年，钟邃在《城镇职工基本医疗保险统筹基金风险预警系统的探索性研究》中，运用德尔菲专家咨询法和模糊层次分析法构建了我国城镇企业职工基本医疗保险统筹基金风险预警指标体系。在基金风险方面，齐齐于2008年在其著作《基本医疗保险基金风险及其防范》中提出，我国现行基本医疗保险制度在保障广大职工基本医疗的同时，其面临的来自内部和外部的各种风险也随之加大，尤其是保险基金安全形势日益严峻，应通过建立健全基本医疗保险自身机制、防范医疗保险基金风险和优化外部环境来防范风险，促进医疗保险制度的健康发展。

关于失业保险风险的认识，肖雅娟于2004年在《我国失业保险制度的风险研究》中认为，失业保险主要面临的风险包括失业保险基金保值、增值风险，保险覆盖率较低、救济金的支付能力弱，失业人数波动较大，市场经济条件下的再就业风险等，我们必须从风险管理、统筹监控、扩大失业保险制度覆盖面、提高统筹层次、扩大失业经费救助面等几方面来应对风险。1998年，陈仲常在《失业风险监测预警指标考察》中认为，需要建立一套可行的失业风险监测预警指标体系及预警机制来有效地控制失业风险。2009年，柏灵在《我国失业保险制度中道德风险的控制机制研究》中，从道德风险的角度提出了应对失业保险道德风险的相关举措，认为可以通过增加决定失业保险金水平的参数，适当提高失业保险金替代率，确定一个更为短暂的失业保险金给付期限，改变单调递减的失业保险金发放方式，建立失业保险个人账户，加强失业保险制度落实的监督与惩罚等方面来规避失业道德风险的发生。关于社会救助风险的识别，张丽娜于2007年在其著作《现代风险社会视野下的社会救助体系构建》中认为，空间流动、"脱域机制"和信任缺失对风险社会下的传统社会救助带来了挑战。

关于企业年金风险的认识，孙克金于2002年在《企业年金的风险识别与管理》中基于企业年金制度运行的财务流程将其风险分为外部风险和内部风险。其中，外部风险包括市场风险和法律风险，市场风险包括利率风险、汇率风险、股价风险、通货膨胀风险和流动性风险等，法律风险来自政府管理部门，包括限制投资的种类和比例、限定缴款的比例；内部风险包括内部治理风险和实施风险，包括基金的理事会、内部组织成员及外部服务提供者（外部顾问、审计、货币经理、法律顾问）的故意或非故意行为给基金造成的财务上的失败。2008年，刘瑞霞和刘瑞萍在《试析企业年金的风险及控制》中认为，我国企业年金运营面临的主要风险是信用风险、投资风险和关联交易风险。2008年，李寒在《企业年金的风险控制研究》中认为，企业年金风险主要包括企业年金治理风险（包括信用风险和道德风险）、投资管理风险（包括市场风险、利率风险、通货膨胀风险、企业年金基金的通货膨胀风险、政策性风险、集中风险、汇率风险、关联交易风险）、操作风险（包括制度风险、人员风险、独立性风险、技术风险、财务风险等）、长寿风险和一种特殊的风险——企业年金理事会受托模式的风险（包括法律地位不清晰的风险、委托人越位与缺位的风险、受托业务管理不专业的风险和损害赔偿能力不足的风险）等。2010年，陆解芬在《企业年金投资风险研究》中认为，为了扩大投资范围，提高投资收益，必须进一步扩大企业年金投资渠道，但是，由于市场机制存在的各种不确定因素，要求我们对企业年金投资时，必须对其风险进行有效防范和管理，从而有效地保证企业年金的安全运作。企业年金投资面临的风险按其是否可以通过投资多元化加以回避及消除，分为系统风险和非系统风险。

其二，社会保险运行中存在的相关风险。

2003年，邵伟钰在《社会保障财政风险及其防范》中认为，自1998年以来，我国实行积极的财政政策，对扩大内需、保证国民经济持续稳定增长起到了巨大的作用，但大量举借债务给财政带来了巨大风险，引起世人瞩目。目前社会保障蕴藏着巨大的支付风险，成为我国公共财政风险的巨大隐患。2005年，王小君在《中国社会保障的财政风险及其防范》中认为，不稳定、不足额的社会保障收入会最终增加财政负担，社会保障资金一旦入不敷出，财政就必须增加相应支出，社会保障在"收""支"两个方面都可能导致财政风险，我国公共财政体系必须切实防范对社会保障的"兜底机制"型风险。2006年，宋倩和郭超在《公共财政下的社会保障财政风险防范》中认为，公共财政作为社会保障制度的最后"兜底者"，不可避免地成为了社会保障责任的最终承担者，这也构成了我国社会保障的财政风险。2009年，杨轶华和关向红在《我国社会保障基金投资运营的风险管理与控制》中认为，我国已步入了未富先老国家的行列，相应的社会保障基金的支付能力面临严峻挑战。为了社会保障基金的保值增值，社会保障基金进入资本市场已成为大势所趋，但是，社保基金进入资本市场面临高收益的同时也面临着高风险，社会保障基金投资风险按照是否可分散，可以分为系统性风险和非系统性风险。2013年，尹建军在《社会风险及其治理研究》中认为，社会风险是社会发展中始终存在的问题，既关乎国家的稳定和繁荣，也关乎个人的生活和命运。2005年，黄松涛在《构建我国"社会风险管理框架"的设想》中认为，社会风险管理能够从综合、动态的角度分析社会风险，通过公共政策来帮助个人、家庭和社会团体管理自身面临的风险，从而降低社会损失，维护社会稳定，促进社会公平。

二、社会保障风险的本质分析

依据社会保障系统面临的主要问题对社会保障风险进行全面分析和精准识别是对整个社会保障制度风险管理系统整体把握的基本前提。对社会保障风险进行判别以及清晰地认识社会保障风险的本质，能够更加准确地判断、识别社会保障系统可能面临的风险，从而有针对性地积极应对。如前所述，理论与实践的分析表明，社会保障制度内部及制度运行过程中均存在着各种类型的风险，那么，在如此众多的社会保障风险类别中，究竟哪一项是社会保障的核心风险呢？或者换句话来说，社会保障风险的本质是什么呢？

我们认为，社会保障制度向人们提供的基本生活保障，其主要形式是经济保障。

从社会保障制度本身的运行机制来看，社会保障制度的整个运行过程可以分为社会保障基金的筹集、社会保障基金的投资运营、社会保障待遇的给付、社会保障基金的监管等四个主要环节，不难发现，社会保障制度的整个运行机制是围绕着社会保障基金的收缴和发放两个核心部分展开的，社会保障运行机制的每一个环节都与社会保障基金密不可分。毫无疑问，社会保障基金管理是社会保障制度得以健康、平稳运行的核心与关键部分，因此，社会保障基金风险管理中所涉及的核心风险——财务风险便应当成为社会保障风险中的最核心风险。

从社会保障制度的参与主体来看，参保个人、参保单位及制度制定与管理者——政府在社会保障制度的运行中都受到财务风险的影响。以制度的制定与管理者——政府部门为例，作为社会保障制度的直接或间接参与人，社会保障给付水平过高、社会保障基金收支难以保持平衡、社会保险制度的"巨额"转制成本、经济衰退带来的失业率增加、突发性自然灾害带来的社会救助支出增加等各种非人为不可抗因素都可能造成社会保障制度的"最后责任人"——政府部门的财政风险。

从社会保障制度的具体保障项目来看，任何一个社会保障项目的运转都无法脱离财务管理的风险。我们以社会保障制度中的核心组成部分——社会保险制度中的养老保险、医疗保险为例加以说明。对于社会养老保险制度而言，无论是现收现付制模式，还是基金积累制模式，抑或混合制模式，任何一种模式的社会养老保险制度自建立伊始就必然受到债务风险或偿付能力风险的威胁，社会养老保险制度的偿付能力风险包括人口结构的变动风险、人类预期寿命延长带来的长寿风险、通货膨胀风险、残疾或疾病风险、退休风险、年金风险、监管风险等，这些风险要么与财务风险直接相关，要么本身就属于财务风险；对于社会医疗保险制度而言，它也时时刻刻面临着包括老龄化风险、医疗费用上涨风险、医疗设施陈旧风险、突发性公共卫生疾疫传染风险、医患双方行为中的道德风险与逆选择风险等在内的一系列风险，这些风险也都与财务给付风险有关。

综上所述，财务风险是社会保障风险中的最本质风险，财务风险管理是社会保障风险管理中最核心、最关键的部分，理应在社会保障风险识别、评估、控制和预警环节中占据核心地位。一般地，社会保障财务风险主要是对社会保障基金的资金筹集、资金运作以及资金给付风险进行有效地识别、评估、控制和预警，其主要内容是对社会保障制度的财务的相关信息进行收集和分类整理，并对社会保障的财务风险进行评估和分析，最后对财务风险的发生概率制订预控方案。

一个国家应该根据自己的实际情况，建立适合本国国情的社会保障财务风险管理制度，同时也需要确立相关的法律保障制度，确保社会保障财务风险的严格、有效控制。从世界范围内来看，随着各国社会保障规模的日益扩大，社会保障制度所面临的财务风险也与日俱增，加强对社会保障财务风险的防范和控制，建立完善的社会保障财务风险管理预警机制，对提高社会保障制度的运营效率有着极为重要的意义。

▶本节拓展材料

推荐阅读书目

郑功成，武川正吾，金渊明. 2014. 东北亚地区社会保障论. 北京：人民出版社

邓大松，刘昌平. 2011. 社会保障管理. 北京：中国人民大学出版社

推荐阅读材料

　　《社会保险案例分析——制度改革》由七篇内容组成，共二十一章。按照社会保险制度不同项目进行编排，顺序依次为：养老保险、医疗保险、失业保险、工伤保险和农村社会保险制度。其中，养老、医疗、失业、工伤保险等章节都首先介绍我国的改革情况，随后分析其他国家改革的经验教训。农村社会保险制度改革则主要介绍了具有我国改革和发展特征的农村养老保险制度、农民健康保障制度、农民工社会保障和被征地农民社会保障四个部分。书中所选案例，既是三十多年来世界社会保险理论与实务发展的缩影，又是对其中存在的问题和未来发展趋势的反映。希望对从事社会保险专业学习、理论研究和政策制定的各界人士有所裨益。

　　资料来源：http://book.douban.com/subject/3248686/

第六章 社会保险制度

本章主要内容：
- 养老保险制度
- 医疗保险制度
- 失业保险、生育保险和工伤保险制度

社会保险中有五大保险，即养老保险、医疗保险、失业保险、生育保险和工伤保险。其中，养老保险是社会保险中最关键的险种。本章在对五大险种进行介绍的基础上，主要阐述了城镇职工养老保险的筹资支付问题与法定退休年龄问题，并对我国的社会养老"双轨制"进行了说明。

第一节 养老保险制度

一、养老保险制度的历史演进

（一）初创与停滞

中国养老保险制度的初创阶段是 1951~1965 年。1951 年 2 月 26 日，政务院批准颁布实施《劳动保险条例》，标志着中国初步建立起城镇职工的养老保险制度。该条例规定：企业必须每月按职工工资总额的 3% 缴纳保险费，其中 70% 留在企业用于支付养老金，30% 上缴中华全国总工会作为劳动保险总基金，用于全国范围内跨企业、跨行业、跨地区调剂。中华全国总工会负责地方养老保险支付费用的指导工作、全国总基金的管理和统筹，各级工会实施分级管理。因当时国民经济处于恢复期，国家财力紧张，故该条例先在 100 人以上的国营、公私合营、私营及合作社经营的工厂、矿场及其附属单位，以及铁路、航运、邮电三个产业的所属企业和附属单位实施。随着国民经济的逐步恢复发展，国家财力状况得到缓解。1953 年，劳动部修订了《劳动保险条例》，并公布《中华人民共和国劳动保险条例实施细则修正草案》。该草案扩大了实施范围，增加了工厂、矿场、交通事业单位的基本建设单位和国营建筑公司。《劳动保险条例》修订后，中国进入第一个五年计划时期，经济建设工作好转。到 1956 年，《劳动保险条例》的实施范围扩大到商业、外贸、粮食、供销合作、金融、民航、石油、地质、水产、国营牧场和造林11 个产业和部门。1956 年 12 月，国务院颁布了《国家机关工作人员退休处理暂行办法》。该办法与企业职工养老制度的不同在于，机关事业单位工作人员的退休金由国家财政负担，并由人事处进行管理。1958 年，国务院颁布《关于工人、职员退休处理的暂行规定》，将集体所有制工业企业纳入养老保险制度。

中国养老保险制度的停滞阶段是 1966～1977 年 "文化大革命" 时期。在此期间，管理职工养老保险工作的工会组织被撤销，养老保险费用的征集和管理难以为继。财政部于 1969 年 2 月下发《关于国营企业财务工作中几项制度的改革意见》，规定国营企业一律停止提取劳动保险金，企业的退休职工、长期病号工资和其他劳保开支，改在营业外列支，意味着由各企业自行负担，原有的社会保险退化为 "企业保险"。

（二）恢复、发展与完善

中国养老保险制度的恢复阶段是 1978～1984 年。"文化大革命" 结束后，中央组织部和原国家劳动总局会同有关部门起草了《国务院关于安置老弱病残干部的暂行办法》和《国务院关于工人退休、退职的暂行办法》，于 1978 年 6 月颁布实施。这两个暂行办法，对国有企业职工和机关、事业单位工作人员的退休条件、待遇水平做了统一规定，把离休作为退休的一种形式规定下来。1983 年，根据财政经济状况，国家对生活困难的退休、退职人员进行了养老金方面的调整，并适度提高了养老金待遇水平。但是，养老金仍从企业成本中列支，依旧是一种企业保险。

中国养老保险制度的发展阶段是 1985～1999 年。自 1978 年改革开放和经济体制改革以来，由企业发放养老金的做法弊端日益显露，主要表现为不同行业、不同企业间养老保险负担不均。为了搞活国有企业，打破 "大锅饭" 的模式，扩大国有企业的自主权，国家分两步进行 "利改税" 改革。老职工多的企业深感退休包袱之重，严重影响企业发展。而新办企业职工年龄结构轻，历史负担小，发展较快。因此，各级政府意识到养老保险制度改革的重要性，把养老保险制度改革看成整个经济体制改革的配套措施。1984年十二届三中全会发布《中共中央关于经济体制改革的决定》，要求国有企业独立核算、自负盈亏，这直接冲击了企业自保下的企业之间负担轻重不一的矛盾。同时，国家开始在四川自贡市、江苏泰州市、辽宁黑山县、广东江门市等地进行国营企业退休人员退休费用社会统筹的试点工作。1986 年，国务院颁布《国营企业实行劳动合同制暂行规定》，决定国营企业新招收的工人一律实行劳动合同制，企业按照工人工资总额的 15%、工人按不超过本人标准工资的 3% 缴纳退休养老费用，自此引入了个人缴费机制，减轻了企业负担。

1991 年，国务院在总结试点经验基础上，发布《国务院关于企业职工养老保险制度改革的决定》，该决定被称为中国养老保险改革的第一个里程碑，其主要内容如下：建立基本养老保险与企业补充养老保险、个人储蓄型养老保险相结合的多层次养老保险制度；基本养老保险所需费用由国家、企业和劳动者三方共同承担；按照部分积累的原则筹集养老保险基金；养老金实行定期调整机制，参照在职职工工资增长的情况，每年进行一定幅度的调整；加快基本养老保险基金社会统筹的步伐。

为了推动"社会统筹与个人账户相结合"这项改革，国务院于 1995 年 3 月发布《国务院关于深化企业职工养老保险制度改革的通知》，该通知被称为中国养老保险改革的第二个里程碑，其主要内容如下：基本养老保险制度适用于城镇各类企业职工和个体劳动者；资金来源多渠道、保障方式多层次、社会统筹与个人账户相结合、权利与义务相对应、管理服务社会化；保障水平要与中国社会生产力发展相适应。

1997 年 7 月，国务院发布《国务院关于建立统一的企业职工基本养老保险制度的决定》，该决定被称为中国养老保险改革的第三个里程碑，提出要扩大养老保险覆盖范围，逐步扩大到城镇所有企业及其职工，对城镇个体劳动者也要逐步实行基本养老保险制度，并开始推行全国统一的养老保险制度：统一制度；统一标准；统一管理；统一调剂使用基金。该决定体现了养老保险制度从企业保险到社会保险的根本变革。

中国养老保险制度的完善阶段是 2000 年至今。

2000 年，《中共中央关于制定国民经济和社会发展第十个五年规划的建议》明确了社会保障体系改革的方向：加快形成独立于企事业单位之外、资金来源多元化、保障制度规范化、管理服务社会化的社会保障体系。同年，国务院发布的《国务院关于印发完善城镇社会保障体系的试点方案的通知》明确了调整和完善中国养老保险制度的主要政策。2005 年，国务院发布的《国务院关于完善企业职工基本养老保险制度的决定》主要规定了扩大基本养老保险的覆盖范围、逐步做实个人账户、改革基本养老金的计发办法，并确保养老金按时足额发放。

2010 年，十一届全国人大常委会第十七次会议经表决通过的《中华人民共和国社会保险法》，已于 2011 年 7 月 1 日实施，从而以法律形式确立了中国覆盖城乡全体居民的社会保险体系。

2012 年，政协十一届全国委员会第五次会议决议提出要把保障和改善民生放在更加突出的位置，切实解决好人民群众最关心最现实的利益问题。千方百计扩大就业，认真做好高校毕业生、农村转移劳动力、残疾人等重点人群就业工作；深入推进教育体制改革，提高教育质量，促进教育资源向中西部、农村、边远和民族地区倾斜；加快健全覆盖城乡居民的社会保障体系，促进社会保障体系可持续发展。

2014 年，新中国建立以来的首部《中华人民共和国社会保险法》开始实施。该保险法规定，参加职工基本养老保险的人员，达到法定退休年龄时累计缴费不足 15 年的，可以延长缴费至满 15 年。保险法实施前参保、延长缴费 5 年后仍不足 15 年的，可以一次性补缴至满 15 年。对于未继续缴费或者延长缴费后累计缴费年限仍不足 15 年的人员，可以申请转入新型农村社会养老保险或者城镇居民社会养老保险，享受相应的养老保险待遇。对于不愿意延长缴费至满 15 年，也不愿意转入新型农村社会养老保险或者城镇居民社会养老保险的人，可以申请将其个人账户储存额一次性支付给本人。

2015 年，《国务院办公厅关于印发机关事业单位职业年金办法的通知》发布，该通知提出机关事业单位及其工作人员在参加机关事业单位基本养老保险的基础上，建立职业年金的补充养老保险制度。职业年金所需费用由单位和工作人员个人共同承担。单位缴纳职业年金费用的比例为本单位工资总额的 8%，个人缴费比例为本人缴费工资的 4%，由单位代扣。这意味着，如果算上"养老制并轨"以后需要缴纳的养老保险个人部分，公务员工资总额的 12% 将用于缴纳与养老有关的费用。

二、城镇职工基本养老保险

（一）城镇职工养老保险基本情况

1."统账结合"模式

我国目前对于城镇企业职工基本养老保险实行社会统筹与个人账户相结合的制度模式（又称"统账结合"）。

（1）基本养老保险社会统筹的内涵与功能。基本养老保险社会统筹是指在国家行政强制力和国家信用保证的基础上，对养老保险基金采取社会统一筹集、统一管理和统一支付。它体现了不同群体之间（包括代际）的合同契约关系，团结互助，分散老年风险。实行社会统筹的养老保险基金就其性质而言属于社会公共基金，归投保人共同所有。一般采取"以支定收""现收现付"方式进行筹集和使用，其结存和积累严格限制在一定比例之内；实行社会统筹的养老金的支付一般采取待遇限定方式，其中，工资低、工龄短或寿命较长的投保人借此能够获得较多的资助。

（2）基本养老保险个人账户的内涵与功能。基本养老保险个人账户一般是指在国家行政强制力和信用保证的基础上，采取"个人预缴专款储蓄"的养老保险形式。它是国家推行的由劳动者在职期间为其退休后的养老保险津贴进行强制储蓄的制度，其核心是"自我保障"，也不排除以个人缴费为主、企业适当资助的方式。它通过强制储蓄使劳动者在其一生的不同生命周期中的收入与消费达到均衡。所有权清晰，归投保人所有，一般不进行横向的社会调剂，基金的收支则采取"完全积累"方式。个人账户的完整记录以及个人所有权的确认，使之从体制和技术两个层面，在一定程度上解决了劳动力流动过程中基本养老保险基金的转移问题。个人账户养老金的支付一般为缴费确定型，劳动者退休后的养老津贴水平取决于劳动者投保期间缴费的多少和投资回报率的高低。

2. 个人账户空账运行

1997 年以前，我国实行的是现收现付制的"公共养老"模式，1997 年继《国务院关于建立统一的企业职工基本养老保险制度的决定》后，开始实行社会统筹养老金支付待遇平衡。参保人个人账户类似于强制储蓄，可投资、收益、继承、流动且产权相对清晰，可一次性或按月领取。但是在由现收现付的社会统筹制转向社会统筹与个人账户相结合的部分积累制过程中出现了基金缺口，以及为弥补缺口导致的个人账户"空转"。其原因在于，"老人"（新制度实施前已退休的人员）没有缴费，"中人"（新制度实施前已工作过若干年的在岗人员）在既往工作期间也没有缴费，新的社会保障筹资模式开始运转，不可避免地会产生养老金历史债务，统筹基金收入和财政补贴不足以支付现期的基金支出，只能挪用个人账户的累计基金，形成"空账"，因此，导致个人账户"空账"问题的根本原因在于历史遗留问题及制度安排存在缺陷。对于隐性养老金债务的规模，目前有各种各样的估计。由于各种研究所依据的条件、测算的范围和方法的差异，对隐性养老金债务规模的估计也有很大差别，一般倾向于 2 万亿～6.7 万亿元，个人账户养老金缺口在 2011 年年底就达到 1.7 万亿元。除此之外，还有两个现实原因加剧了"空账"问题。一是企业改革过程中的提前退休现象，减少了养老金的收入，并额外增加了养老金的发放。二是退休人口比重不断增加，到 2012 年年底，老年人抚养比已达到 12.3%，退休人员的不断增加导致了养老金支付规模的扩大，收支不平衡问题更加严重。

3. 筹资与支付

基本养老保险金的缴费主体包括三方面。

（1）企业。企业缴费是基本养老保险基金最基本的来源。缴纳方式一般是按职工缴费工资总额和规定的比例在税前提取，由企业的开户银行按月代为扣缴。其中，缴费工资是指由统计部门核定的企业当年支付给职工的所有工资性收入，亦称工资总额。它包括基本工资、奖金、加班加点工资、中晚班费、书报费、辅助工资和特殊情况下支付的工资以及各种津贴、补贴等。

核定企业缴费工资的基本要求是"三个一致"，即企业向当地社会保险管理机构缴纳养老保险基金的工资总额、职工个人缴纳养老保险费的工资总额和职工退休后作为计发养老金基数的工资总额三者之间保持一致。企业缴费比例为其职工基数的 22%，为减轻企业负担，2014 年起减到职工基数的 20%，减掉的 2% 由政府承担。

（2）个人。国际惯例为雇主和雇员各缴一半。我国现行政策规定，个人缴费比例为其工资基数的 8%，实行"源泉扣缴"。

（3）政府。政府财政补贴的原则如下：只有当个人和市场努力失败时，政府才干预；只有当地方政府办不好时，中央政府才出场。政府财政补贴的形式主要有让税、让利和补助。此外，养老保险基金存入银行或购买国债的利息收入以及滞纳金等并入基本养老保险基金，构成基金来源之一。

（二）基本养老保险的费率水平

基本养老保险的费率是指企业和个人缴纳的养老保险费占其核定工资总额的比例。费率厘定的实质是确定它占企业人工成本的比重。

影响基本养老保险费率的因素有八个方面：工资水平与养老金替代率水平；赡养率，即离退休人数与在职职工人数之比；平均征缴率；平均余命；养老保险覆盖面；统筹层次；基金的积累率；基金的投资回报率（增值率）。上述诸因素中最重要的是替代率。它是指每个职工退休时领取的养老金与其退休前的工资之比，分为养老金的实际替代率和目标替代率两种形式。社会平均替代率是指平均养老金水平同整个经济系统平均工资水平或者说被包括在生效合同范围内的平均工资水平的比例。替代率测算中的困难在于时间贴现问题，它涉及养老保险基金的保值。基本养老保险费率水平影响资源配置。费率过高会提高产品的人工成本，削弱产品在世界市场中的竞争能力和吸引外资的能力。

基本养老保险费率水平影响征收效率。费率与征收效率之间有联动效应，当费率高于某一个临界值以后，征收效率将明显下降。逃避缴费或少缴费的方法有许多，如低报工资额或职工人数、转入地下经济等，从而使基金运行陷入恶性循环之中。

基本养老保险费率水平影响就业。过高的费率使劳动力对资本的相对价格提高，这将促使企业用机器来替换劳动，减少雇佣工人的数量。

（三）基本养老保险金的支付及待遇

1. 确定待遇标准的依据和原则

养老保险金计发办法与待遇标准的确定，早期的有关社会保险立法中多以能够维持退休者生存需要为限，后来发展成为以保持退休人员的生活水平同其在职时已享受到的合理生活水平具有可比性为指导思想。因而，它一般以在职时的工资收入为基础，再辅之以缴费年限（或工龄）和退休年龄进行计算。养老保险待遇水平可以用工资替代率表示。国际劳工组织《社会保障（最低标准）公约》（第 102 号公约）规定，具有 30 年以上工龄、需供养妻子、达到享受养老金年龄的职工，其养老金替代率最低标准为 40%。国际劳工组织第 128 号公约关于伤残、老年和遗属抚恤金的条款中规定，与上述条件相同的职工，其养老金替代率最低标准为 45%。我国基本养老保险待遇标准的确定，应遵循下述原则：退休金同在职时工资收入要保持可比性，退休金的工资替代率应因工龄、缴费年限长短等因素有所不同；退休金的工资替代率应以在职时实际工资收入的全部为基数；退休金的最低额不应低于本地区最低生活标准，以体现缴费性项目与非缴费性项目的差别；退休金的数额一般不应超过在职时的正常收入，以体现劳动与不劳动的区别。

2. 待遇计发办法及其存在的问题

计发办法是基本养老保险制度的关键环节，应当建立在精算基础上。我国原有基本养老金计发办法是 1997 年《国务院关于建立统一的企业职工基本养老保险制度的决定》统一规定的。国发〔2005〕38 号文规定，退休时的基础养老金月标准以当地上年度在岗职工月平均工资和本人指数化月平均缴费工资的平均值为基数，缴费每满 1 年发给 1%。上不封顶，有利于形成"多工作、多缴费、多得养老金"的激励约束机制；以参保缴费年限为基础，以计发基数、计发比例和计发月数调整为重点，以建立参保缴费的激励约束机制为出发点，以保障参保人员的养老保险权益为目标，采取"新人新制度、老人老办法、中人逐步过渡"的方式来设计。对于"新人"，缴费年限（含视同缴费年限）累计满 15 年，退休后将按月发给基本养老金，基本养老金待遇水平与缴费年限的长短、缴费基数的高低、退休时间的早晚直接挂钩。他们的基本养老金由基础养老金和个人账户养老金组成。对于"中人"，由于他们以前个人账户的积累很少，缴费年限累计满 15 年的，退休后在发给基础养老金和个人账户养老金的基础上，再发给过渡性养老金。对于"老人"，他们仍然按照国家原来的规定发给基本养老金，同时由基本养老金调整而增加养老保险待遇。

2011 年 7 月 1 日实行的《中华人民共和国社会保险法》对享受养老金的缴费年限做出了修改规定，参加基本养老保险的个人，达到法定退休年龄时累计缴费满 15 年的，按月领取基本养老金。参加基本养老保险的个人，达到法定退休年龄时累计缴费不足 15 年的，可以缴费至满 15 年，按月领取基本养老金；也可以转入新型农村社会养老保险或者城镇居民社会养老保险，按照国务院规定享受相应的养老保险待遇。现行基本养老保险待遇计发办法存在的问题：一是基础养老金与所在地区在岗职工月平均工资挂钩，这种挂钩容易引发退休移民问题。二是个人账户养老金以储存额除以 120，是以退休人员平均余命 10 年为基础的。目前我国退休人员平均余命延长，退休人员高龄化是普遍性现象，这将酝酿着严重的财务风险。

3. 待遇调整

退休人员基本养老金计发办法只是计算并确定了参保人员退休时的养老金待遇水平，而参保人员退休后一般还要生活相当长一段时间，需要建立基本养老金的正常调整机制。

养老保险待遇调整机制分为随工资调整和随价格调整两种。前者要求养老保险待遇随全体从业者工资水平的提高而做出相应增加。这是因为，国家的整体经济水平上升后，国民收入以及分配到从业者身上的劳动报酬，即整个社会的工资水平也会相应提高。与此同时，靠养老保险津贴维持生活的人员也应当享受比原来高的保险待遇，这就是被保障者分享经济发展成果原则。后者要求养老保障待遇随物价增长而相应提高。这是因为，在货币保障水平既定的情况下，物价指数的上升将导致实际保障金水平的下降。为了保证被保障人的实际生活水平不致因通货膨胀而下降，世界各国一般都规定有退休金的定期或不定期的调整措施。

三、新型农村养老保险

在 2009 年以前，中国的农民 90% 以上是没有养老金的。从 2009 年开始，新型农村养老保险制度开始实施。到 2011 年，新型农村养老保险的参保者达到 3.26 亿人，其中实际领取养老金的人数为 8 525 万人；全年基金支出 588 亿元，平均每人每年是 690 元，月均 57.50 元。现在开始领取新型农村养老保险养老金的老人，并没有缴纳养老保险费，其养老金完全由中央和地方财政支付，严格说来这只是一种"福利"，而不是"保险"。

当前大多数新型农村养老保险试点地区都处于县级管理阶段，统筹单位主要负责区域内的新型农村养老保险基金经办、管理和监管等一系列工作，实行县级农村养老保险管理服务中心、乡镇级劳动和社会保障事务所、村级协办员三级管理的基本方式。

新型农村养老保险县级统筹，是指在全县范围内统一基本养老保险制度、统一缴费标准与补贴政策、统一基本养老保险待遇政策、统一基金管理和使用、统一业务规程和信息系统。县级管理过程中，由于地域和人数的局限性，基金只能在小范围内管理运行、自我周转；且不同统筹单位间政策不统一，难以互通互联。这种较低的新型农村养老保险统筹层次，导致了政策碎片化、抵抗风险能力差、不利于人员流动等一系列问题。从人口老龄化的角度分析，新型农村养老保险的领取高峰在 2045 年以后，新型农村养老保险基金大约有 35 年较长的积累周期。因此，把县一级结余的农村养老保险基金交由高层级部门统筹管理，能够提高农保基金的使用效益。提高统筹层次可使新型农村养老保险基金投资环境更好，农村养老保险基金相对集中，资金规模较大，投资渠道宽，横向与纵向的交叉选择范围广，基金投放率高，增值效益大。

四、退休年龄与退休行为

（一）法定退休年龄

法定的退休年龄至今依然沿用 1978 年 5 月《国务院关于安置老弱病残干部的暂行办法》和《国务院关于工人退休、退职的暂行办法》（国发〔1978〕104 号）文件所规定的退休年龄。其中，企业职工退休年龄是男工人年满 60 周岁，女工人年满 50 周岁，女干部年满 55 周岁。从事井下、高温、高空、特别繁重体力劳动或其他有害身体健康工作的，退休年龄为男性年满 55 周岁，女性年满 45 周岁，因病或非因工致残，由医院证明并经劳动鉴定委员会确认完全丧失劳动能力的，退休年龄为男性年满 50 周岁，女性年满 45 周岁。这一法定退休年龄制定的依据主要是新中国建立初期社会经济发展水平和当时的人口平均寿命。中国的人均预期寿命从新中国建立之初估测的 50 多周岁提高到目前的 74.83 周岁（城镇女性已达 77.37 周岁），而退休年龄却一直没有延长。由于人均寿命增长等各种因素的影响，国外纷纷提高了法定退休年龄。例如，日本的退休年龄从 55 周岁提高到 60 周岁，如今已提高到 65 周岁；德国 1989 年将退休年龄提高到 64 周岁，现在提高到 65 周岁；丹麦把男女退休年龄提高到 67 周岁；美国计划将正式退休年龄从现在的 65 周岁提高到 67、68 或 70 周岁；英国已将退休年龄从 60 周岁提高到 65 周岁；乌拉圭的男性劳动者的退休年龄从 55 周岁提高到 60 周岁；利比亚的男性劳动者退休年龄从 60 周岁提高到 65 周岁。法定退休年龄受很多因素的影响，包括以下几个方面。

（1）特定经济发展水平和自然环境下的老年人口平均寿命和身体健康状况。例如，欧美国家养老保险制度的法定退休年龄一般规定为 65 周岁左右，而亚洲国家的退休年龄则在 50~60 周岁，非洲一些国家的退休年龄在 50 周岁左右。

（2）养老保险津贴支付的经济基础。法定退休年龄早意味着就业期限相对缩短和领取养老金的时间相对延长。由此一增一减，对养老保险基金的收支平衡及支付能力影响很大。

（3）社会失业率状况。在其他条件不变的情况下，老年劳动者退休年龄提前，可以缓解劳动力市场的供求矛盾，降低失业压力。

（4）文化背景、价值观念和家庭对老年人的保障程度。

（二）退休制度与退休行为

养老保险金给付结构影响退休行为。例如，在以劳动者退休前一年平均收入为养老金计发基数的情况下，企业可能会以种种理由在劳动者退休前为其增加工资。养老保险基金收支的财务机制影响退休行为。社会统筹与现收现付相结合的财务机制因具有代际再分配功能，往往导致劳动者选择提前退休，以闲暇替代劳动。相反，以清晰的个人产权为特征的个人账户积累制则有助于鼓励劳动者继续工作，增加其一生的总收入。例如，对那些早于法定退休年龄的退休者，按一定比例减少其退休金待遇；对晚于法定退休年龄的退休者，则按一定比例增加其退休金待遇。这一增一减不仅体现了一种权利和责任的对称，也可以抑制非正常的提前退休。劳动者退休行为与失业率关系密切。在其他因素既定时，"延长退休年龄会相应地减少就业岗位，从而会提高失业率"的结论，只是一种静态分析。事实上，当提前退休是由于非正常的体制性因素诱致并且呈密集状态时，它是一种高成本的短期行为。从长期看，它既无助于扩大就业岗位，也无助于企业改革的深化。因为这一政策减少了熟练劳动的供给，许多因提前退休而留下的空缺也不一定能够被填补上。这是因为在很多情况下，年轻的失业者与有经验的提前退休者的技能不同，对特定的劳动岗位而言，他们之间是补充关系而不是替代关系。并且，提前退休增加了目前的和将来的养老金支出，从而导致了较高的社会保险费率，反过来又增加了人工成本，而人工成本的提高，又会导致企业以机器替代劳动，进而导致了更高的失业率。

（三）非正常的提前退休行为

社会保障制度自身的缺陷为提前退休行为提供了可能。首先，养老保险费的缴纳者、享受者和管理者之间缺乏制衡机制，造成企业在职工退休前大幅度提高其工资而得不到有效的制约。其次，相当一部分应享受失业保险和失业救助的失业人员早于退休年龄3～10年退休，从而将失业保险、失业救助的负担转移给养老保险。

非正常的提前退休现象比较严重。据估计，中国有100万名职工提前退休。特殊工种的提前退休现象比较突出。特殊工种提前退休制度是中国自1951年以来一直沿用的劳动安全保护政策，是对从事损害身体健康岗位工作的职工实行的一种事后补偿政策。随着科技进步和劳动条件改善，一些过时的特殊工种仍在享受政策，并且各地对政策掌握不尽一致。

自1951年以来，中国对特殊工种进行了多次适应性调整。在计划经济时期，特殊工种的退休完全由养老体系或国家承担，不存在转移负担问题。但在市场经济条件下，用人单位为了减员增效，便通过特殊工种提前退休这个渠道向养老体系进行成本转嫁，从而降低企业的运行成本。这便是企事业单位的"个体理性"诱发的道德风险行为。职工的道德风险行为表现在，将提前退休看成一种自身福利，一方面可以保证自己预期的退休金收入不会节节走低；另一方面还可以通过从事其他工作来增加收入。

（四）中国法定退休年龄改革的路径

1. 提高法定退休年龄，统一女职工退休年龄

企业实行全员劳动合同制度以后，打破身份界限，使女工人和女干部的身份有所交叉。结果有的企业为了让女职工提前退休，在临近50岁的时候将女干部调动到车间工人岗位；而有的女科技人员尽管身处生产岗位，但由于有职称、有"干部身份"，不愿意按工人的退休年龄办理。

鉴于我国经济发展水平、人口结构、就业压力和社会保险收支等方面的现状，法定退休年龄只能逐步提高，可以考虑先延长女职工的退休年龄。改革法定退休年龄的具体方案可以设置短、中、长期目标。短期调整目标是：女干部、女工人退休年龄统一调整为55周岁；中期调整目标是：男、女职工统一调整为60周岁；长期调整目标是：男、女职工均延长退休年龄到65周岁。此外，还可以考虑在法定退休年龄延长的时序上加以控制，如每两至三年将退休年龄延长一岁。如此逐步地、缓慢地延长退休年龄，使养老保险缴费率和失业率控制在一个合理的区间范围之内。

2. 实施在精算基础上的弹性退休政策

退休政策应弹性化，使之能够顾及人口发展在时序及区域上的特殊性，以及千差万别的老年劳动者的个体差异。弹性退休政策要求在精算基础上建立退休年龄的早与迟和领取养老金数量的多与少之间的关联和调节机制，如提前退休需要以降低养老保险津贴为条件。同时，应当基于对人均寿命的估测，在精算基础上确定养老保险津贴降低的标准，使其因提前退休导致的领取津贴年限延长而增加的费用能够为其领取养老保险金数额的减少而抵消。

3. 对从事特殊工种职工实行企业内部退养

适应市场经济规律，实行"谁用工谁负责"，将提前退休与享受养老金分开。特殊工种职工因职业侵害难以继续工作的，可以提前退出工作岗位，实行企业内部退养，待其达到正常退休年龄之后，再由社会保险机构支付其养老金。此外，破产企业应一次性预留一定的养老保险费用，以缓解提前退休对基本养老保险基金的压力。

五、中国社会养老"双轨"制

（一）双轨制的概念及特征

1. 双轨制概念

中国实行的是养老金双轨制的退休制度，是计划经济时代向市场经济转型期的特殊产

物。所谓养老金双轨制，是指对不同工作性质的人员采取不同的退休养老制度，即企业退休人员和机关事业单位人员实行不同的退休养老金制度。企业职工实行由企业和职工本人按一定标准缴纳的缴费型统筹制度；机关事业单位的退休金则由国家财政统一发放。

2. 双轨制的主要特点

中国社会养老双轨制的主要特点是：第一，统筹方式不同，企业人员由单位和职工本人按一定标准缴纳养老金，机关事业单位则由财政统一拨款。第二，支付渠道不同，企业人员由自筹账户支付，机关事业单位则由财政统一支付。第三，养老金的支付标准不同，各类企业按职工缴费工资总额的20%缴费，职工按个人缴费基数的7%缴费（2003年为7%，两年提高一百分点，最终到8%），职工应缴部分由企业代扣代缴；机关事业单位职工退休时按照本人退休前最后一个月基本工资的一定比例计发，养老金的替代率高，一般为90%以上，远远超过企业养老保险的替代率，使企业与机关事业单位退休人员的实际收入相差悬殊，机关事业单位的养老金标准远远高于企业退休人员，目前差距是3~5倍。

（二）双轨制存在的问题

其一，机关事业单位人员与企业职工退休待遇差距较大，引发公平性质疑。在养老双轨制的区别对待下，公务员不仅退休金极高，而且在长达30年的时间内全部让纳税人为其缴纳养老保险。企业职工只能拿公务员退休金的两三成，却要多缴纳十几万元的养老保险。养老金双轨制体现的是最典型的中国特权等级与贫富差距的不公平政策。

其二，机关事业单位与企业在养老制度上是双轨制，而制度之间又缺乏合理的转移接续安排，阻碍人才的合理流动，不仅给人员流动时养老保险异地接收和转移造成困难，也给改革带来障碍，如机关公务员已实行辞退制度、部分科研机构等事业单位转制为企业、事业单位开始实行全员聘用制等。

（三）改革"双轨"制的思路

企业职工基本养老保险统一制度的实施，为公务员和事业单位人员养老保险制度改革提供了政策参照依据。从制度一体化的角度考虑，公务员和事业单位人员的养老保险制度应当与作为养老保险体系中主体部分的企业养老保险制度保持衔接。因此，解决上述问题的思路是，既要统一制度，又要以政策调控方式适当照顾既得利益者，以减少改革阻力。因为制度设计必须是统一的、连续的和稳定的，而政策则具有相对的随机调控性。

（1）公务员养老保险制度实行"基本养老保险+退休津贴"的保险模式。公务员的基本养老保险制度包括基础养老金和个人账户养老金，实行社会统筹与个人账户相结合的制度。基础养老金与个人账户养老金的规模、个人缴费比例及其计发办法应与企业职工基本养老保险制度保持一致，替代率水平也应保持在58%左右。对在改革实施前参加工作、改革实施后退休的人员，除按月领取基础养老金和个人账户养老金外，还应有过渡性养老金，并建立公务员基本养老金正常调整机制。建立公务员退休津贴制度，以解决公务员养老保险待遇水平较高的问题。按照以上养老保险待遇计发办法，改革后参加工作的人员的退休待遇，应是其基本养老金与退休津贴之和，目标替代率在80%左右。

（2）不同类型事业单位人员的养老保险制度应分类管理。

由财政全额核拨经费的事业单位应纳入公务员养老保险体系；由财政部分核拨经费和自收自支（含企业化管理）的事业单位，应纳入城镇企业职工的养老保险体系。对后两类事业单位实行"基本养老保险+补充养老保险"的保险模式。事业单位的补充养老保险制度也应在国家政策指导下实施分类管理。由国家全额核拨经费的事业单位，可参照机关公务员退休津贴的办法和标准建立补充养老金；其他事业单位，按企业补充养老保险的实施办法执行，根据本单位经济效益情况，确定补充养老保险的标准。

事业单位"新人"养老保险制度自2012年8月28日开始试行，进入深圳事业单位并受聘在常设岗位的工作人员，将试行"社会养老保险+职业年金"的养老保障制度。深圳市人力资源和社会保障局有关负责人表示，这一改革使机关事业单位养老制度与企业职工养老制度实行单轨制迈出了重要一步，消除了机关事业单位人员向企业流动的障碍，并为深化机关事业单位岗位管理和聘用制度提供了保证。

我国企业职工养老保险制度经过20多年的不断改革，已形成企业、个人和国家三者分担的缴费模式，但机关事业单位工作人员仍然延续20世纪50年代确立的退休制度，保留着个人无须缴费、财政拨付退休金的旧模式。退休"双轨制"带来的主要问题：一是机关事业单位人员与企业职工退休待遇差距较大，引发公平性质疑。二是机关事业单位与企业在养老制度上实行双轨制，而制度之间又缺乏合理的转移接续安排，阻碍人才合理流动。2008年，国务院决定在广东等五省市开展事业单位养老保险制度改革试点。2007年深圳率先开展公务员聘任制改革试点，对公务员实行聘任制，探索并建立"社会养老保险职业年金"新的养老保障模式，实现公务员与企业员工养老保险制度统一。

在总结公务员养老保障制度改革经验的基础上，深圳市人力资源和社会保障局、市财政委员会于2012年4月发布《深圳市事业单位工作人员养老保障试行办法》，并于8月25日起正式实施。职业年金制度是基本养老保险制度的补充，作为对机关事业单位工作人员服务社会事业的激励，它实行年功工资制，体现其服务贡献程度，保障了其合理的退休待遇。考虑到深圳开展的事业单位养老保障制度改革属于全新探索，目前国家对事业单位养老改革中流动人员补缴及转移接续等政策尚不明确以及深圳引进高层次人才等实际情况，这一办法还规定原深圳市机关事业单位在编在岗且未实行养老保障制度改革，通过直聘、选聘方式进入深圳事业单位常设岗位的人员，暂实行原退休制度。

六、养老金并轨改革

中国人口年龄结构与养老保险制度的福利效应主要表现在以下几个方面：第一，中国人口年龄结构将在未来数十年内有较大的变化，人口老龄化是不可避免的趋势，尤其是城镇人口的年龄结构将更为老化，传统的养老保险制度的可持续运行面临严峻的考验。第二，中国的城镇养老保险制度在1997年以前基本上采用的是传统的现收现付制，1997

年后的改革引入了个人账户制。但由于个人账户的空账，使养老保险制度实质上还是现收现付制的性质。第三，采用局部均衡的分析框架，即价格和工资为外生给定，比较现收现付制和基金制两种制度的收益，在可预见的未来，现收现付制的相对收益率较高。与此等价的另一个解释是中国经济处于动态无效状态，因此在未来相当长的时期内中国的养老保险制度还是应当采用现收现付制。鉴于这个结论，接着就论证了现收现付制在中国的可持续性。第四，人口年龄结构的改变和养老保险制度的引入对一个经济体的储蓄、消费、劳动力供给等将产生深远的影响，从而影响经济增长。因此，更为一般的分析应当是采用一般均衡的分析框架，在人口年龄结构变化的客观环境中讨论选择不同的养老保险制度所产生的福利效应。

1987 年，Auerbach 和 Kotlikoff 在 *Dynamic Fisical Policy* 中的一般均衡迭代模型，创立了在一般均衡框架下研究养老保险制度改革的方法。以 A-K 模型为框架，出现了一批对养老保险制度安排的经济效应和福利效应分析的文献，包括 Kotlikoff 于 1998 年在 *Social Security and the Real Economy*：*Evidence and Policy Implications* 中对美国社会保障制度私有化的一般均衡模拟研究，Conesa 和 Krueger 于 1999 年在 *Social security reform with heterogeneous agents* 中考虑异质性行为人后对社会保障改革的福利分析。采用中国的参数对人口年龄结构改变和养老保险制度安排的宏观经济效应进行模拟，并比较不同养老保险制度的福利效应。第一部分对模型进行描述并定义市场均衡；第二部分分析模型的宏观经济效应和福利效应产生的机制；第三部分为模型的参数估计；第四部分是政策讨论。

（一）对模型进行描述并定义市场均衡

模型为有 14 个不同的年龄群人口的迭代模型，考虑个人、企业和政府三个部门及其市场均衡条件。

1. 个人

假设每一同龄群（cohort）有一个代表性个体，20 周岁时进入劳动力市场，一直生存到 89 周岁，按照 5 周岁的间隔划分同龄群，这样共有 14 代人同时存在经济体中。每一代个体都面临死亡的可能性，即有一个生存到下一代的生存概率，且这个概率与年龄相关。设 $\hat{p}(i+1,i)$ 是年龄为 20～24 周岁年龄组生存到 5+20～5+24 周岁年龄组的条件概率，那么年龄为 20～24 周岁的个人生存至 $5j+15$～$5j+19$ 周岁的概率为

$$p_j = \prod_{i=1}^{j} \hat{p}(i+1,i)$$

其中，j 表征某一同龄群。

不同年龄群的个体对其当前和未来的消费和储蓄进行决策，在其一生中平滑消费，以最大化其一生的预期效用。假设个体的效用数仅取决于消费水平，不存在闲暇和劳动力供给之间的选择。劳动力供给在工作年龄期间完全无弹性，在到达退休年龄时退出劳动力市场，劳动力供给为零。效用函数为时间上可分的常相对风险规避函数（constant relative risk aversion，CRRA），t 期处于第 i 同龄群的个人效用函数为

$$V_t^{t-i} = \frac{1}{1-\sigma} \sum_{j=1}^{n-i} p_j \beta^j \left(C_{t,j}^{1-\sigma} - 1 \right) \tag{6.1}$$

其中，j 表示第 j 个（$j=1,2,\cdots,T$）同龄群的个人的消费水平；β 是主观贴现率；$\frac{1}{\sigma}$ 是消费的跨期替代函数；$n<T$，为在 t 期以前出生的人的效用函数，$n=T$，为在第 t 期以后出生的人的效用函数。在这里 $T=14$。

家庭的预算约束为

$$S_{t+1,j+1} = (1+r_t)S_{t,j} + (1-\tau)\omega_t e_j + b_{t,j} - C_{t,j} \tag{6.2}$$

其中，$S_{t,j}$ 是 t 期个人在处于 j 年龄群的财富；r_t 是以一期为度量时间的利息率；ω_t 是每个有效劳动单位的工资率；鉴于劳动生产率一般有一个年龄分布，因此以 e_j 表示上述年龄段相对的有效劳动数量；$b_{t,j}$ 是获得的养老金；τ 是养老保险税，以工资税的形式征收。只有在到达退休年龄以后才有养老金收入，假设当 $j=T_R$ 时到达退休年龄，在现收现付制下，每一期养老保险的收支平衡为

$$\tau_t \sum_{j=1}^{T_R} N_{t,j} \omega_{t e_j} = \sum_{j=T_R+1}^{T} N_{t,j} b_{t,j} \tag{6.3}$$

其中，N_j 是［$5j+15$，$5j+19$］年龄段的人口数量。设 θ 为养老金的替代率，替代工资为有效劳动单位工资的平均数 B_t，则

$$B_t = \frac{\sum\limits_{i=1}^{T_R} N_{t,j} \omega_{t e_j}}{\sum\limits_{j=1}^{T_R} e_j N_{t,j}}$$

则有

$$\begin{cases} B_{t,j} = \theta_t B_t, & j \geqslant T_R \\ B_{t,j} = 0, & j < T_R \end{cases} \tag{6.4}$$

家庭的最优化问题为在约束条件（6.2）下求解效用函数（6.1）的最大值。这个最优化问题的一阶条件为

$$C_{t+1,j+1} = [\hat{p}(i+1,i)\beta(1+r_t)]^{1/\sigma} C_{t,j} \tag{6.5}$$

2. 企业

假设经济体中有一个典型的企业，它从所有的消费者中雇佣资本，并从工作年龄人口中雇佣劳动。假设生产函数为规模报酬不变的 Cobb-Douglas 生产函数，技术进步为哈罗德中性。

$$Y_t = K_t^\alpha \left(A_t L_t \right)^{1-\alpha} \tag{6.6}$$

其中，Y_t、K_t 和 L_t 分别代表总产出、总资本和以有效劳动单位衡量的劳动力供给；$0<\alpha<1$ 是资本要素在总产出中的份额，假设资本是同质。在完全竞争的市场中利率和工资率可由以下方程推得

$$r_t = f'(k_t)\alpha K_t^{\alpha-1} - \partial_t \quad (6.7)$$

$$\omega_t = (1-\alpha)K_t^\alpha \quad (6.8)$$

其中，$k_t = K_t / L_t$ 代表每有效劳动单位的资本；ω_t 是每个有效劳动的工资率。在任何时间 t，寿命最后一代的资产为零，$S_{T,t}=0$，即不存在寿命的不确定性和遗产动机。资本市场的出清要求为

$$K_{t+1} = (1-\partial_t)\sum_{j=0}^{T-1} N_{j,t}S_{j,t} \quad (6.9)$$

相应地，劳动力市场的出清要求为

$$L_t = \sum_{j=0}^{T_R} N_{j,t}e_j \quad (6.10)$$

3. 政府

在现收现付制的养老保险体系中，政府对工作人口征税，用以支付退休人口的养老金。养老保险体系的平衡公式为式（6.3），由式（6.3）和式（6.4）可以得到 t 期养老保险体系平衡所要求的养老保险税率：

$$\tau_t = \theta_t \times \frac{\displaystyle\sum_{j=T_R+1}^{T} N_{j,t}}{\displaystyle\sum_{j=1}^{T_R} e_j N_{j,t}} \quad (6.11)$$

其含义为 t 期养老保险体系的税率取决于养老金的替代率，以及 t 期的退休人口和 t 期的有效劳动力数量之比，即养老保险的负担系数。因此，在替代率一定时，年龄结构的改变是影响养老保险平衡税率的主要因素。

政府作为当前各代和未来各代利益的代表，选择替代率 θ，使政府的目标函数，即社会福利函数（social welfare function，SWF）最大化：

$$W = \sum_{i=1}^{T} \rho^{-i} N_{t,i}V_t^{t-i} + \sum_{S=1}^{\infty} \rho^S N_{t+S,1}V_{t+S} \quad (6.12)$$

其中，$V_{t+S} = \dfrac{1}{1-\sigma}\displaystyle\sum_{j=1}^{T} \rho_j \beta^j \left(C_j^{1-\sigma}-1\right)$。

政府赋予各代的效用以贴现权重 $p(0 \leqslant p \leqslant 1)$，如果政府同等地关心各代，$p$ 值就等于 1。社会福利函数中的第一项为当前各代人的效用之和，假设政府对当前各代赋予不同的权重，更加关心当代中那些较早出生的人，那么在 $p<1$ 时权重可设为 p^{-1}。第二项为未来出生的人的效用之和，假设政府以 p 贴现他们的效用，则 $t+1$ 期以后出生的人的效用权重为 p^S（$S=1, 2, \cdots, \infty$）。这样，福利的衡量不仅体现了经济增长带来的福利改进，而且也包含了再分配产生的福利改进。

4. 均衡

假设个人可以完全预计到利率、工资率和养老保险税率的变化，各个行为主体通过

调整自身的控制变量寻求各自效用最大化从而达到一个均衡的状态。

1）均衡的定义

给定一个替代率 $\{\theta_t\}_{t=1}^{\infty}$ 序列和初始资产 $\{S_{2,0}, S_{2,0}, \cdots, S_{14,0}\}$，一个竞争性均衡包括个人储蓄选择而获得的序列 $\{S_{1,t}, S_{2,t}, \cdots, S_{14,t}\}_{t=1}^{\infty}$，企业计划 $\{K_t, L_t\}_{t=1}^{\infty}$，要素价格 $\{r_t, \omega_t\}_{t=1}^{\infty}$ 和养老保险税 $\{\tau_t\}_{t=1}^{\infty}$，则必须满足以下条件。

（1）$\{S_{1,t}, S_{2,t}, \cdots, S_{14,t}\}_{t=1}^{\infty}$ 通过满足一阶条件方程（6.2）获得家庭的最优化问题的解。

（2）要素价格序列 $\{r_t, \omega_t\}_{t=1}^{\infty}$。通过满足方程（6.7）和方程（6.8），得到企业的最优化问题的解。

（3）资金市场和劳动力市场出清，也就是方程（6.9）和方程（6.10）被满足。

（4）养老保险体系收支平衡，即方程（6.11）被满足。

2）稳态

如果给定一个常数替代率 $\overline{\theta}$ 和一个稳定的人口结构 N_j（$j=1, 2, \cdots, 14$），竞争性均衡的稳态有以下的特征：①各期资产在不同代人之间的分布相同；②资本综合的增长率等于人口增长率；③利率和工资率在各期保持恒定；④人口增长率和人口年龄结构恒定。因此，在稳态时各代的资产 $S_{j,t}$，k_t，r_t，ω_t 和 τ_t 都是常数。

（二）分析模型的宏观经济效应和福利效应产生的机制

个人福利的变化由式（6.1）中的各期消费变化决定，福利效应来源于那些可以影响各期储蓄和消费的参数的变化。由于我们的模型既有人口年龄结构的参数，又包含了养老保险制度的影响，所以最终个人福利效应是这两个因素的综合。

我们先分析养老保险制度的引入对福利产生的影响。按前面的分析，不同的养老保险制度对个人生命周期储蓄有不同的影响。一般而言，在不考虑遗产动机和不考虑收入、寿命等存在的不确定因素时，现收现付的养老保险制度对私人储蓄有挤出效应。因此，当现收现付制的养老保险替代率下降，私人储蓄会上升。替代率为零时的情况相应于基金制的制度，因为基金制对私人储蓄没有影响，个人会将基金制的养老保险账户作为私人储蓄的内容之一。替代率变化对储蓄的这种影响可以称为"生命周期效应"。另外，在其他因素不发生变化时，替代率下降导致所要求的养老保险税减少，从而可支配收入相应增加，收入的增加会带来储蓄的增加，这种影响可以称为"收入效应"。但这还只是局部均衡的影响，仍需要考虑到资本存量变化的一般均衡影响。储蓄增加，资本形成将增加，使工资上升和利率下降。所以，这种一般均衡影响有两方面：第一个效应是工资的上升进一步增加了储蓄和资本形成，同时也增加了消费，最终增加个人的福利，我们称之为"一般均衡效应Ⅰ"；第二个效应是利率下降的效应。利率下降对储蓄的影响，取决于利率变动的"收入效应"和"替代效应"的综合影响，但利率下降将导致家庭资产投资收益减少，从而减少个人的福利，我们称之为"一般均衡效应Ⅱ"。因此，一般均衡效应取决于上述两个相反方向的效应的净效应。此外，资本存量还受到资本折旧率的影响，折旧率提高将中和储蓄率增加对资本形成的影响。养老保险制度的福利效应可以用图6.1加以说明。

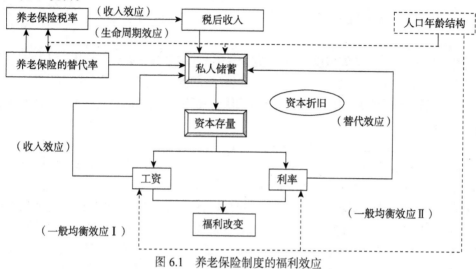

图 6.1 养老保险制度的福利效应

我们进一步考虑人口年龄结构对福利的影响。首先，人口年龄结构影响到人口负担系数，从而打破了养老保险体系原有的收支平衡关系，在替代率一定时，养老保险税率必须改变。因而在人口年龄结构趋于老化时，保证一定的替代率需要提高税率，由此将通过收入效应影响到私人储蓄。其次，由于不同年龄的人的储蓄选择不一样，因此人口年龄结构的改变将改变总的私人储蓄。一般而言，人口老龄化将使总私人储蓄减少，从而对资本形成产生不利的影响。再次，人口老龄化改变了资本和劳动力之间的平衡关系。劳动力相对于资本变得不断稀缺，因而劳动力的价格相对于资本的价格不断上涨，这将改变工资和利率对福利产生的一般均衡效应，而这一影响的方向在理论上并没有定论。

总福利效应即为个体福利效应的加权平均。在我们的分析框架中，每个同龄群的个体是同质的，因而各同龄群中个体的福利效应应该一致。但不同的同龄群存在年龄和劳动生产率两个方面的差异，因而其福利效应也存在差异。总福利效应受到以下因素的影响。

（1）对于已经退出劳动市场的同龄群，替代率的上升显然会增加其福利，替代率的下降会降低其福利，这是养老保险的代际再分配效应所致。

（2）对于尚在劳动力市场的人，其福利效应如图6.1所示，替代率下降的净效应取决于两种一般均衡效应之净值。总的来说，替代率下降后，一般均衡效应将会增加年轻人的收入，其完全由工资收入组成，而降低老年人的收入，其完全由资本收入组成。

（3）总福利还受到同龄群人数的影响。按照定义，总福利函数为各同龄群福利的加总，以同龄群的人数和政府主观贴现率为权重，人数较多的同龄群对福利效应对总福利的影响较大。

因此，替代率变化对总福利的影响由个体的两种一般均衡效应和养老保险的再分配效应共同决定。借助于数值模拟的方法可以模拟上述福利决定的机制和过程，而不必然需要区分图6.1中的各种效应，最终得到不同人口年龄结构、养老保险制度参数下的福利变动结果，从而可以比较养老保险制度安排的福利效应。

（三）模型的参数估计

按照理论模型，数值模拟所需要的参数有四类：一是关于人口死亡率和人口增长及年龄结构演变的数据；二是关于养老保险制度安排的数据，如养老保险的替代率、退休年龄等；三是关于生产函数的参数；四是关于效用函数中偏好的数据。下面基于中国的情况，对这些参数进行合理的估计。

分年龄群的人口死亡率为1%，来源于2003年的《中国人口统计年鉴》中的人口抽样调查数据。根据这一组数据计算从一个年龄群到下一个年龄群的生存概率 $p(i+1, i)$（表6.1）。人口年龄结构为中国城镇人口2005~2050年预测，预测的方法见第二章的内容，模拟中采用了其中较高生育率方案，即假设总和生育率从2005年逐步提高到2025年，到达1.85，随后稳定在这一水平上。人口动态模拟结果显示，从2045年开始，人口增长率趋于零增长的稳定状态，人口年龄结构也趋于一个稳定状态。按5年为一期，将每个年龄段的人口取5年平均数。从2050年开始人口进入稳态，即保持2045~2049年的年龄别人口数量（表6.2）。将20~89周岁的人口分为14个同龄群，每个同龄群包含5年，同龄群的人数为5年的平均数。比较人口年龄结构的初期和稳态状况可以清晰地显示老龄化程度的提高。在初期人口最多的年龄群是35~39周岁，而在稳态时人口最多的年龄群为60~64周岁，两个时期45周岁以后的人口数量差异显著，初始时期45周岁以上人口占20~89周岁人口的38.7%，而稳态时这一比率为56.5%。

表6.1　年龄别死亡概率

年龄群/周岁	年龄别死亡率/‰	生存概率/%
15~19	0.37	0.998 1
20~24	0.26	0.997 5
25~29	0.58	0.996 2
30~34	0.71	0.994 8
35~39	1.04	0.991 9
40~44	1.67	0.998 0
45~49	2.36	0.984 5
50~54	2.86	0.973 7
55~59	5.99	0.954 4
60~64	9.49	0.924 9
65~69	16.37	0.873 5
70~74	28.20	0.788 3
75~79	49.50	0.678 4
80~84	75.70	0.558 5
85~89	109.18	0.402 0

注：年龄别死亡率来源于2002年中国人口抽样调查，其含义为每个年龄别每1 000人一年中死亡的人数，又称为粗死亡率。在此基础上，计算每个同龄群进入下一个年龄段的5年中每年的死亡率，假设其间每年死亡率的变化为线性，再由此计算每个同龄群进入下一个年龄段的生存概率

表6.2 中国城镇年龄别人数的动态模拟（单位：亿人）

年龄/周岁	2005~2009年	2010~2014年	2015~2019年	2020~2024年	2025~2029年	2030~2034年	2035~2039年	2040~2044年	2045~2049年
20~24	0.39	0.41	0.42	0.43	0.45	0.46	0.47	0.47	0.48
25~29	0.42	0.44	0.45	0.46	0.47	0.48	0.48	0.48	0.48
30~34	0.50	0.49	0.50	0.51	0.51	0.51	0.50	0.50	0.50
35~39	0.56	0.55	0.55	0.55	0.55	0.55	0.53	0.52	0.52
40~44	0.50	0.56	0.57	0.58	0.58	0.58	0.56	0.54	0.53
45~49	0.45	0.54	0.58	0.60	0.61	0.60	0.59	0.57	0.55
50~54	0.39	0.48	0.56	0.60	0.62	0.62	0.61	0.59	0.57
55~59	0.31	0.41	0.50	0.56	0.60	0.62	0.62	0.60	0.59
60~64	0.25	0.33	0.42	0.50	0.56	0.59	0.60	0.60	0.59
65~69	0.20	0.26	0.34	0.42	0.48	0.53	0.56	0.57	0.57
70~74	0.16	0.20	0.26	0.33	0.39	0.45	0.49	0.51	0.52
75~79	0.11	0.15	0.19	0.24	0.29	0.35	0.39	0.42	0.44
80~84	0.06	0.09	0.12	0.16	0.20	0.24	0.27	0.31	0.33
84~89	0.03	0.05	0.07	0.09	0.12	0.14	0.17	0.19	0.21

（四）政策含义

按照人口转变的一般规律，人口老龄化趋势难以逆转。中国的问题不是储蓄不足，而是储蓄未能有效地转化为投资，投资收益率低于经济增长率，所以基金制并不是一个有效的选择。由于养老保险制度改革在原有的现收现付制基础上进行，对于当代已经退休和那些已经在原有体制下缴纳了养老保险费的人而言，如果取消现收现付制，引入基金制，他们的福利就将受损。如果将他们留在原有体制中，而对新进入的人采用基金制，那么转型成本的融资最终还是会来源于他们的后代，从而使后来的人福利受损。因而在养老保险从现收现付制转到基金制的过程中总要有人受损。我们的模拟表明，如果政府比较重视当代年龄较长的那些人的利益，那么一个适当的现收现付制是必要的。维持现收现付制的可持续性的一些可行方法包括延长退休年龄、降低养老金的替代率、扩大养老金的覆盖面等。对中国而言，由于养老保险制度只覆盖了不到城市就业人口的50%，而不断增加的农村移民劳动力尚未纳入正式的养老保险制度体系，所以扩大覆盖面有比较大的空间。为此，需要进一步完善劳动力市场，废除劳动力在城乡之间、部门之间流动的政策障碍，为扩大覆盖面创造必要的条件。

人口老龄化和养老保险制度的持续运行归根结底要通过提高劳动生产率加以弥补，劳动生产率提高将增加有效劳动力数量，从而在一定程度上抑制人口年龄结构的老化，增加工作人口对退休人口的赡养能力。东亚地区在经济发展过程中成功地利用了人口老龄化过程中劳动力负担较轻的"人口红利"期。在1965~1990年，东亚地区的人均收入每年以6%的速度增长。1960年以后，婴儿潮时代出生的人陆续开始工作，由于这一代人的教育程度明显提高，他们的进入也改善了劳动力的素质。1965~1990 年这一地区劳动人口年均增长 2.4%，是其他需要负担的人口增长速度的四倍。这就形成了一种良性循环，人口转变带来了收入的增加，收入的增加导致生育率的下降及人口增长速度的进一步下降，于是人口的负担系数下降。与此相对照，在同一时期拉美国家的人口结构也经历了同样的转变，但其经济发展却远远滞后于东亚地区。高通货膨胀、不稳定的政治制度、不完善的劳动力市场和内向型的经济等因素阻碍了拉美国家利用人口结构的有利条件获得人口红利①。

按照当前可能的劳动生产率分布，中国的有效劳动力数量在 2030 年以后开始下降。提高劳动生产率，尤其是提高劳动生产率较低的群体的劳动生产率是增加有效劳动力数量的重要途径。从很多国家的经验数据和中国香港、中国台湾、新加坡等地区和国家的劳动生产率分布看，劳动生产率的年龄分布是一种倒 U 形的分布，职工在刚刚进入劳动力市场和在 50 岁以后时劳动生产率比较低。对中国的劳动生产率的年龄分布还有待我们进行更深入的研究，并据此制定有针对性的有助于人口资本积累的政策。人力资本投资主要有两方面，即教育和健康投资，所以公共政策的重点是公共教育和公共卫生方面的政策。

▶本节拓展材料

第二节　医疗保险制度

一、健康、疾病风险与医疗保险

（一）健康与疾病风险

健康是一个常见但又极其复杂的概念，它涉及生理、心理和道德三大因素，诸多的社会和环境因素会对人的健康产生重要影响。在人力资本理论出现之前，人们通常将资本、劳动和自然资源等生产要素视为经济增长的源泉。但是随着经济学理论的发展，人们开始区分人力资本和物质资本，区分劳动力数量和质量对于经济增长的特殊贡献。人力资本的概念便应运而生，而健康也被看做发展人力资本的重要因素之一。

在微观层面上，健康对人们幸福生活指数及劳动力市场的表现影响重大，包括对劳

---

① 详细可参见 2004 年 Bloom 的著作 *Global demographic change：dimensions and economic significance*。

动参与率、就业、工资和工作时间等方面的影响。健康经济学家利用正常工作时的年收入来衡量健康的价值,迈克尔·格罗斯曼于 1972 年在 *On the concept of health capital and demand for health* 中指出,健康既是一种消费品,也是一种投资品。因为它可以使消费者感觉良好,同时健康状态又将决定消费者可利用的用于工作和闲暇的时间的多少,生病天数减少的货币价值就是对健康投资的回报。

在宏观层面上,国民健康是一个国家国民素质的重要方面,是决定人力资源总体存量的重要因素之一,也是提高劳动生产力和国际竞争力的重要手段。在 1979 年拉蒂·拉姆在《寿命、健康、储蓄与生产率》中和舒尔茨在《经济发展和文化变迁》中对健康水平与教育投资与产出的关系进行了研究。他们提出健康状况的改善会刺激人们获得更多的人力资本,健康投资是其他人力资本投资的前提与基础,有利于提高未来的人力资源质量和人力资本投资的收益,直接促进现在和未来生产力的增长。同时,国民健康也是经济发展和社会进步的目的,反映一个国家的总体福利水平。

健康对于个人和国家都具有重要的意义。人们一旦患病,所造成的损失既有机体方面的,如疼痛、伤残、劳动力丧失乃至死亡,又有经济方面的损失,如治疗费用,支付防止健康恶化的费用和耽误工作造成收入减少的损失,尤其是患大病,需要支付昂贵的医疗费用,由此带来的经济压力往往超出人们的负担能力,甚至产生"因病致贫、因病返贫"现象,这就是所谓的疾病风险。疾病风险与其他风险一样,具有可能发生的客观性和不可预知性等特点,是人们遭受痛苦、不幸和损失的一种不确定性状态,也是人们面临的诸多风险中危害严重、涉及面广、纷繁复杂、直接关系到人类生存的一种特殊风险。

(二)不确定性与医疗保险需求

1. 医疗产品的特性

关于医疗产品的特性,肯尼思·阿罗(Kenneth J. Arrow)很早以前就已做过深入研究,其在 1963 年发表的《不确定性和医疗保健的福利经济学》也被视为有关医疗保健的经典文献。医疗产品的不确定性可分为三个层次:第一个层次是医疗产品需求的不确定性。疾病如同人们在生产和生活中遭受自然灾害和意外事故等不测事件一样,随时都可能发生,没有人能保证自己不会遭受疾病。换言之,每个人都有生病的可能,但是疾病何时发生,危害程度有多大,事先是不能确定的。第二个层次是疾病治疗结果的不确定性。尽管现代医疗卫生技术的发展与进步已经能够有效地治疗诸多常见疾病,但是对于疾病的治疗结果,医生并不能给予 100% 的准确预测,即使是十分常见的疾病,也只能说预测的准确性相对较大,不确定性的结果依然存在。第三个层次的不确定性表现在疾病治疗结果的不可测定性,即第三方难以鉴定治疗结果。这与医疗领域的信息不对称和患者道德风险紧密联系。例如,医生给某患者治疗膝关节疼痛,治疗后的结果,医生认为已经治愈,而患者也可以说没有治好。

2. 医疗保险的需求

由于疾病风险和医疗产品的不确定性，人们在生产生活中探索出了多种处理风险的方式。在规避疾病风险的长期实践中，人们发现依靠集体力量互助互济，建立长效的分散风险机制可有效降低个体风险。于是，医疗保险制度应运而生，人们通过定期缴纳一笔费用，将个人风险与其他人的风险集中起来，通过"大数法则"，横向分散疾病发生时的财务风险。从理论上说，医疗保险的需求主要是由疾病发生的不确定性与人们厌恶风险的程度决定的。随着医疗技术的进步，过去无法治疗的疾病变得可以治疗了，但代价是医疗费用攀升。因此，人们面临的财务风险越来越大，对医疗保险的需求也越来越强烈。

3. 医疗保险与社会医疗保险

国内外学术界对医疗保险的表述及内容的界定千差万别。在实践中，各国的保障项目、保障层次、保障水平各有差异，甚至连名称也不一致，有的称为医疗保险，有的称为健康保险，还有的称为疾病保险津贴。健康保险是广义的医疗保险，发达国家的健康保险不仅包括补偿疾病给人们带来的直接经济损失，如医疗费用，还包括补偿疾病所带来的间接损失，如误工工资。它包括了支出补偿、收入补偿及卫生保健服务等内容。狭义的医疗保险是社会保险中的一个险种，仅是指对医疗费用的保险或补偿，或仅限于支出补偿。健康作为一种产出，需要投入多种要素，包括生活水平、营养状况、生活习惯、生活方式、生活环境、劳动强度、医疗服务等，医疗服务只是影响健康状况的因素之一，既不是最重要的因素，更不是唯一的因素。就中国而言，目前的国民健康状况，既与转轨时期的医疗卫生体制和医疗保障体制有关，又与环境污染、工作压力大、生活方式和行为不科学有关。医疗保险和疾病保险都与伤、病有关，二者所承担的风险是相关的，但是其保障的范围和作用却不相同。医疗保险待遇仅为直接用于医疗服务的费用补偿，而疾病保险则是对因伤病不能工作而失去收入、影响生活的一种收入补偿。学术界对两个概念也区别使用，通常将疾病保险称为疾病津贴或者生活补助，如现金补助，相当于中国的病假工资。在中国，医疗保险和疾病保险是独立的项目，不能相互替代。医疗保险一般分为社会医疗保险与商业医疗保险两大类，本书研究的对象是社会医疗保险。社会医疗保险是指以立法形式通过强制性的规范或自愿的契约，在一定区域的一定人群中筹集医疗保险基金，并为该人群的每一成员公平地分担，对由于疾病引起的纯粹以补偿医疗费用为主要目的的险种。它是社会保险制度重要的组成部分，其制度设计最复杂，成本控制也最困难。

（三）社会医疗保险的特点及功能

1. 社会医疗保险的特点

（1）社会医疗保险的保险事故发生率高，具有普遍性特征。一是社会医疗保险的风险是即时性的而不是延时性的，人们对疾病发生的时间、类型和程度难以准确预测；二是变异性，自然环境和社会环境导致疾病发生的机理十分复杂；三是疾病因人而异，风险损失的统计和精算难度高。

（2）社会医疗保险在社会保险体系中属于关联性最强的险种。被保险人享受生育保险、养老保险、工作伤害保险及失业保险时，只要发生疾病、生育、负伤等保险事故都会同时享受社会医疗保险。各项社会保险待遇，除现金补助外，一般都有医疗服务问题。

（3）社会医疗保险费用开支额度难以预测和控制。人们通常具有强烈的求生欲，在生重病时会盲目求医，这导致社会医疗保险支付的费用额度难以掌握。

2. 社会医疗保险的功能

社会医疗保险的功能多维、复合并且呈叠加效应。

首先，解决医疗保险市场自身无法解决的逆向选择问题及贫困者的医疗保障问题。商业医疗保险虽然顺应市场经济的发展要求，但是其本身固有的逆向选择制约了医疗保险市场的有效运行，甚至导致市场失灵。社会医疗保险通过其强制性可以有效克服保险市场的逆向选择问题。

其次，保障国民健康、增加人力资源总体存量、提高人力资源质量，促进劳动力再生产和国家整体发展。良好的健康状况既是加快发展的手段，又是人类发展最根本的目标。

最后，刺激有效需求，增加国民储蓄。随着预期寿命的延长和疾病谱的变化，慢性病患者尤其是老年慢性病患者会越来越多。一方面，人们对医疗保健服务需求的上升会促进医疗保健行业的发展。加之，医疗保健需求的收入弹性大于 1，也就是说，随着收入的增加，人们对医疗保健的需求增加的幅度会超过收入增长的幅度，从而带动国民经济的增长。有学者提出，健康产业在 21 世纪将会成为新的经济增长点。另一方面，人们会因为预期寿命延长而增加储蓄并将其转化为投资，通过乘数效应带动国民收入的增加。

（四）多层次的医疗保障体系

1. 多层次医疗保障体系的结构

中国已经建立了覆盖城乡全体居民的医疗保障体系。

（1）社会基本医疗保险。社会基本医疗保险制度由国家立法强制推行，它是中国医疗保障体系的主体和基础，包括城镇职工基本医疗保险、城镇居民基本医疗保险和新型农村合作医疗制度。其中，城镇职工基本医疗保险的覆盖范围包括城市所有用人单位、职工和退休人员。城镇居民基本医疗保险覆盖了城镇非从业人员，特别是中小学生、儿童、老年人、残疾人等群体。截至 2012 年年底，新型农村合作医疗的参保率达到了 98.1%，中国的社会基本医疗保险几乎已经覆盖了城乡全体居民。

（2）补充医疗保险。补充医疗保险具有商业医疗保险的一般特征，并且许多补充医疗保险基金建立之后，可以再投保于商业医疗保险。补充医疗保险因其被纳入社会保障政策实施范围而能够享受财政、税收等方面的优惠，而商业医疗保险则必须承担向国家缴税的义务。

（3）医疗救助。医疗救助是社会救助体系的一个分支，主要是针对生活贫困的低收入人群或遭遇灾难性的重症及突发事故的人群，其资金来源于财政的转移支付和社会捐赠，这是一种低层次的、以减免医疗费用为主要形式的医疗保障。

（4）商业医疗保险。它是被保险人在向商业性保险公司投保后，在保险期内因疾病或身体受到伤害时，由保险人负责给付保险金的一种保障方式。商业性医疗保险以营利为目的，并通过对投保人进行风险选择而确保商业利润，它与社会医疗保险并行不悖、各司其职，可以互为补充，但不能互为替代。在中国多层次的医疗保险体系中，商业医疗保险可以接受补充性医疗保险机构对特定项目的委托管理及再投保，使商业医疗保险成为潜在的经济增长点。

2. 多层次医疗保障体系的功能

国际劳工组织强调所有国家医疗服务制度必然是多层次的，它由满足不同群体需求的各个子系统组成。只要存在较大的收入差异，社会就很难保证普遍给予所有人以相同质量的医疗服务和同等的获得医疗服务的机会。发展中国家总是有某些高收入群体有能力消费昂贵的医疗服务，而富裕的工业化国家中的贫困阶层实际上无法利用主流的医疗制度，尽管他们在法律上拥有获得公共援助的权利。

建立多层次医疗保障体系的出发点实际上是在医疗保险领域寻找以下几种平衡的结合点，即强制性计划与自愿性计划的平衡、储蓄与保险的平衡、公共保险与私营保险的平衡、集体互助保障与个人自我保障的平衡——以此增加制度体系的强度、弹性及结构功能。

二、医疗保险的保障范围

（一）医疗保险保障范围的演变

计划经济时期，传统机关事业单位的公费医疗制度和国有企业单位的劳保医疗制度，并不是真正意义上的医疗保障，因为其覆盖范围小且保障程度低。改革开放之后，社会医疗保险已基本覆盖全体城乡居民。

（二）医疗保险保障的人群范围

1. 医疗保险承保人群范围的选择原则

从世界范围看，医疗保险制度分为法定医疗保险和全民医疗服务两种。由于法定医疗保险制度的经费主要来自于雇员和雇主的缴费，在运行的初始阶段，这种制度一般只覆盖工薪劳动者，随后扩大到他们的家属，对未参保人群的医疗服务是由公共医疗救助提供的。在全民医疗服务制度中，所有人口都有资格享受由国家财政补贴的医疗服务。从发展趋势看，社会医疗保险的覆盖对象将逐渐扩大到全民。

2. 有关医疗保险覆盖人群范围的不同价值取向

医疗保险覆盖人群范围的政策选择涉及一个观念问题，即对公民来说，医疗服务属于何种性质的物品。由此产生的另一个问题是政府对公众的医疗保健应当承担何种责任，这种责任以何种方式提供以及提供到什么程度。认识的差异基于对医疗服务性质的不同理解。

第一种观点认为享受医疗服务是公民基于生存权之上的一项基本权利。这就像选举的权利不应当受市场影响一样，享有医疗服务的权利也是一项不可转让、不可买卖的权利。任何个人，不管其收入是多少，都应接受充分的医疗保健。如果要做出选择，不应当以支付能力作为选择标准，而应当依据其他因素，如年龄、手术成功的可能性或随机选择等。在西方国家，人们将这种把享有医疗保健与生存权保障相提并论的做法称为"特定平等主义"。这种观点在实践中面临的难题是，医疗资源是稀缺的，绝大多数医疗服务项目都不是纯粹的公共品，而是介于公共品与私人品之间的一种物品。即便是贯彻一般均等原则，人们也必须在可供选择的机会或范围方面做出某种退而求其次的让步。例如，对一部分仅依赖于政府举办的低水平、免费医疗保险的人群，如贫困人口和失业人员而言，其等待治疗的时间可能会比较长（在这里，分配是以时间代价为形式出现的），或者获得某种相对先进的医疗技术或某种治疗措施的机会受到限制等。第二种观点则认为医疗服务不应与其他普通商品区别对待。持这种观点的人指出，医疗和健康生命（死亡）之间的关系是微弱的，而其他一些因素，如抽烟、喝酒、饮食等生活方式，尤其是受教育程度（如医疗保健知识的拥有程度等），在决定一个人的寿命和健康状况方面起着更重要的作用。在英国，第二次世界大战战后不久，政府对所有的人提供免费医疗，但对英国社会发展状况的一项研究表明，在婴儿死亡率、母亲死亡率和期望寿命方面，以公共支出为基础的、免费的医疗保健服务并没有缩小各阶层之间在这些指标上的分布差距。作为一种折中的第三种观点则认为每个国民都有权利得到某一低水平的医疗保健，超出其上的较高层次的医疗保健则实行市场化的付费制度。

（三）医疗保险承保的项目范围

医疗保险并非分散人们患病的风险，而是分散因病治疗所带来的收入波动风险。根据医疗费用的高低，可将疾病分为小病和大病。医疗保险承保范围必须在保大病还是保小病抑或既保大病又保小病之间做出选择。具体而言，小病的费用较低，对个人和家庭的经济风险小，但发生的概率较高；大病的费用较高，对个人和家庭的经济风险大，但发生的概率较小。虽然"保小放大"可以使更多的参保人在生病后享受医疗保险带来的好处，但是，一旦遇上费用较高的疾病且个人无力承担时，基本医疗保险就无法解决疾病所带来的财务风险。所以"保小放大"式的医疗保险只是一种"福利"，而不是真正意义上的保险。反之，"保大放小"则较多体现了保险的取向，可以减轻重病、大病为参保人带来的沉重的经济负担。

医疗保险是消除或降低疾病所带来的财务风险的一种制度安排。当保险机构的运行成本低于风险溢价时，对全社会而言引入保险制度就增加了社会福利。事实上，真正给人们造成"因病返贫""财务困境"的也正是大病。从这个角度来看，中国基本医疗保险承保的项目范围应当是保大病，而不是保风险溢价，简言之，即是保险带来的好处。

所谓的保大病是指选择发病概率适中、治疗效果比较稳定的病种，而不是发病率低、几乎无法治疗且费用极高的疑难病症。例如，2012 年 8 月 30 日，国家发展和改革委员会、卫生部、财政部、人力资源和社会保障部、民政部和保险监督管理委员会六部门联合公布《关于开展城乡居民大病保险工作的指导意见》，该文件规定，为避免"因病致贫、因病返贫"问题，中国将建立大病保险制度，并且规定大病保险报销的比例不低于 50%，个人无须再额外缴费。

世界上很多国家的社会医疗保险既保大病也保小病，而对保险机构来说保小病的风险溢价很小，难以弥补保小病所产生的交易成本。那么为什么有很多国家在医疗保障范围上还要大病与小病兼顾呢？这就是医疗保险除了分散风险之外还具有派生功能，如与保险机构的谈判、信息功能等。医疗保险机构作为"大户"，通过谈判来约束医疗供方的行为会降低医疗价格。

三、医疗保险的筹资与支付

（一）医疗保险基金筹资机制及其选择基准

医疗保险的财务机制涉及以下几方面的内容及其组合：筹资的资金来源；筹资的方式（包括运作方法、数量等）；资金的存储方式、产权归宿与调剂范围；筹资的管理。对医疗保险财务机制的选择，展示了各个国家是如何解决将稀缺的医疗资源配置到众多的人口中去这样一个难题的。医疗保险筹资机制的选择应包括"效率基准"与"公平基准"。效率基准可分为三个方面内容：一是该筹资模式是否阻碍个人和企业参加生产活动的意愿；二是该筹资模式是否阻碍医疗保险的财力和服务等资源的有效分配；三是该筹资模式是否增强相关主体对医疗保险的费用意识。公平基准可分解为四个方面内容：一是大多数社会成员与少数低收入者间的负担公平；二是支付额与缴费额之间的公平；三是利用者与非利用者之间的负担公平；四是现职一代与老一代之间的负担公平。

（二）中国"统账结合"的社会医疗保险基金筹资机制

中国的城镇职工基本医疗保险实行"统账结合"的筹资机制。这一筹资机制的框架结构如下：基本医疗保险基金由统筹基金和个人账户构成；职工个人缴纳的基本医疗保险费，全部计入个人账户；用人单位缴纳的基本医疗保险费分为两部分，一部分用于建立统筹基金亦称共济账户，用于住院或"大病"的治疗；一部分划入个人账户，用于门诊或小病的治疗。这种模式实际上是将国外的社会保险税模式和个人医疗保险储蓄模式综合而成的一种方式。

"统账结合"模式首先要根据医疗费用分布的一般状况，确立个人账户与共济账户的比例。实施中还需要具体解决以下两个方面的问题：一是如何确定统筹基金与个人账户各自的支付范围、核算办法及二者之间的衔接方式；二是如何选择和设计个人账户与社会统筹这两个账户具体的运作和管理方式。

1. 设置个人账户的出发点及其运作方式

个人账户的缴纳率根据年龄不同，占工资收入的比例也不同。缴纳率分布在一个弹性区间，即可以按工龄或年龄实行不同的累进费率。设置个人账户旨在追求对医疗资源的最优使用。医疗保险个人账户上的资金是个人的财产，它本质上是一种储蓄，而不是真正意义上的保险。储蓄和保险的主要不同点在于，储蓄是个人现时消费与未来消费之间在时间上的交换；而保险则是在不同身体状况的人之间（从健康者转向患病者）进行收入（或财富）的交换。医疗保险个人账户作为私人的财产，它只对个人福利负责，而不能在不同个人之间进行转移；而保险则是基于较大规模的群体性福利的一种经济交换。个人账户实行社会医疗保险卡（IC卡）管理。卡内存有姓名、身份证号、账户余额、历次门诊和住院的信息。在一般情况下，参保人可持卡到任何一家定点医疗机构和药店就医、购药和办理医疗费用结算。个人医疗储蓄账户上的资金有类似银行储蓄的功能。二者的区别在于前者有明确的目的，即为医疗消费而储蓄，后者没有个人银行账户在提取和使用途径方面的自主性和随意性。

个人账户运行机制的基本要点归纳起来有产权私有、专项消费、定向支付、自主使用、超支自理、简化管理。个人账户运行引发的争议有两点：一是其纵向积累功能在有无必要性方面受到质疑，医疗保险属于短期支付项目，过多的资金沉淀是一种浪费；二是其费用约束功能受到质疑，对个人账户支付能力造成压力的不仅仅来自受保人自身的医疗消费行为，更为重要的影响因素是医院为了自身利益而不合理地多开药、开贵药、高检查、滥检查，提供过度医疗服务等道德风险。如果不控制医疗服务过度提供的问题，而单从基金分配角度考虑，是难以解决医疗费用"黑洞"问题的。这二者最后又归结为个人账户运行效率和管理成本问题。

个人账户低效率的原因是：不具备分散风险的功能，费用控制功能有限，减少了参保人员的消费选择集合。因此有学者建议取消中国社会医疗保险中的个人账户。

2. 设置统筹基金的出发点及运行方式

医疗保险统筹基金用于抵御发生频率低但风险高的病种及其大额医疗费用带来的疾病风险，体现了社会保险的"大数法则"。其主要作用是使个人罹患重大疾病的经济风险通过"横向平衡"得以分散。其运作方式是由社会医疗保险统筹机构按照"以支定收，略有积累"的原则统收统支，费用由企业与职工分摊。

医疗保险统筹基金以医学上划分的"大病"标准和规定花费的医疗费用为界限。在操作上，社会医疗保险大病统筹基金共济账户的支付范围限定用于支付"严重疾病导致的大额医疗费用"，其关键环节是制定可操作性的准入标准。改革试点中，大体上形成了三种统筹基金准入办法。一是按照发生费用的数量来确定，当医疗费用达到某一额度时，继续发生的费用纳入统筹基金支付范围；二是以治疗形式来划分医疗费用，凡采用住院形式治疗的疾病，其医疗费用就列入统筹基金支付范围；三是实行支付病种清单制度，凡治疗列入支付清单的疾病的医疗费用，就可纳入统筹基金支付范围。以上三种办法在医患共谋的情况下会失效，因此，可以采用组合式准入办法。例如，海南医疗保险制度改革方案同时实行三个准入标准。海南省医疗保险病种目录由三部分构成：一是共济账户支付医疗费用病种目录，收录严重疾病400余种；二是共济账户不予支付医疗费用病种目录，规定六大类疾病不得进入共济账户支付范围，主要是整容、镶牙及性病、毒品成瘾症、自身违法犯罪、自杀自残造成的伤亡等；三是由此形成的中间地带疾病，经医生临床诊断确认有入院必要的，经审批可纳入共济账户支付范围。

（三）"起付线法"、"封顶线法"和"共付法"的应用

起付线法、封顶线法和共付法三种方法主要应用于医疗保险大病统筹的"共济账户"。

1."起付线法"的应用

"起付线法"亦称为"扣除法"，在医疗费用控制中起到"门槛"作用。参保人发生医疗费用后，首先自付一定额度的医疗费用，超过此额度标准的医疗费用才由社会医疗保险经办机构支付，这个自付额度的标准即为"起付线"。其功能有三个：一是防止由于信息不对称，接诊时医患双方在疾病严重程度上的弄虚作假；二是制约或限制一部分非必需的医疗需求，抑制"门诊挤住院""小病大养"；三是降低了医疗保险的管理成本。

2."封顶线法"的应用

"封顶线法"亦称"最高保险限额法"，即医疗保险经办机构为参保人支付的医疗费用达到某一个规定额度后就停止为其支付费用。其依据是医疗科学技术的进步，已达到非常高深复杂的程度，以至于其所能消耗的医疗费用似乎成了无底"黑洞"，由此形成了一个技术的无限可能性和医疗资源的有限性之间的矛盾，因而需要设置费用上限。这种办法的局限性是对那些发生高额医疗费用的人群，尤其是对于低收入人群，在其最需要帮助的时候，不能通过医疗保险发挥其分散疾病风险的作用。一般而言，社会统筹医疗基金的最高支付限额为当地上年社会平均工资的4倍左右，但根据《医药卫生体制改革近期重点实施方案（2009—2011年）》，城镇职工医保、城镇居民医保最高支付限额将分别提高到当地职工年平均工资和居民可支配收入的6倍左右，新型农村合作医疗最高支付限额提高到当地农民人均纯收入的6倍以上，2011年，职工医保、城镇居民医保和新型农村合作医疗政策范围内住院费用的支付比例要达到75%左右，同时也将进一步提高最高支付限额。

3."共付法"的应用

"共付法"亦称为"按比例分担法"。参保人和医疗保险经办机构各自按一定比例共同负担费用，分担比例可以恒定，也可以随医疗费用额度的变化而递减或递增。世界银行曾广泛地将这种政策推荐给中低收入国家，将其作为扩充医疗服务筹资渠道的一种替

代方式。

中国医疗保险制度的改革中，对大病医疗统筹基金的共济账户运行同时实施了"起付线法"、"封顶线法"和"共付法"。

（四）医疗保险费用的支付方式

目前国际上比较通行的社会医疗保险费用支付方式，主要包括按服务项目付费、按病种付费、按费用级别付费、按服务单元付费、按人头付费、总额预算付费、薪金制付费和以资源为基础的相对价值标准制（resources based relative value system，RBRVS）八种，它们又可以分别归位于后付制（retrospective payment system）、预付制（prospective payment system）、一体化制（integrated payment system）等几个大类。

1. 后付制

后付制是在医疗供方提供医疗服务后，按照一定的费用标准支付费用的方式，其典型支付方式是按服务项目付费。按服务项目付费是指社会医疗保险机构根据约定保险的医疗单位定期上报的医疗服务记录，按医疗保险合同规定向约定医疗单位支付其发生的费用。记录包括医疗单位为参保患者提供的每一项医疗服务（如诊断、治疗、化验、检查、药物、手术、麻醉、护理等），各服务项目收费标准或价格，累计服务价格等，其总费用公式是

总费用=服务项目数×各项目的价格

该支付方式的局限性，一是医疗单位的医疗收入与提供的服务项目数及价格直接相关，容易刺激需求，医疗服务的提供方有动力去增加不必要的医疗服务项目或服务量，或提高服务价格，并以此获得更多的费用偿付。二是医疗保险机构对费用的控制力度较弱。一方面可能出现医患合谋作假、欺骗社会医疗保险机构的现象。另一方面，社会医疗保险机构只能事后对医院上报的服务项目和收费账单进行审查，信息不对称，难以有效控制医疗费用。即使如此，按服务项目付费仍然是医疗领域普遍存在的费用支付方式，这与医疗产品的不确定性有关。如果把费用支付方式分为两大类，即按结果付费和按投入要素付费，前者是指按治疗结果（是否治愈）付费，后者是指按治疗过程中投入的医疗产品和服务付费，显然，按服务项目付费是一种按投入要素付费方式。由于医疗产品具有不确定性，如果选择按结果付费，患者为了逃费而选择撒谎，故意声称疾病没有治愈。因为医生事先也不能确定治疗效果，第三方又难以鉴定。医疗产品之所以普遍选择按服务项目付费，既是为了规避医生的财务风险，也是为了规避患者的道德风险，而这两种风险都与医疗产品的不确定性有关。

2. 预付制

预付制是指在提供医疗服务之前，医疗服务供方与医疗保险机构约定一个相对固定的付费标准进行付费。这类付费方式又可分为以下几种预付费类型。

（1）总额预算支付方式。其运作过程是：由政府或社会医疗保险机构与医疗服务提

供方进行协商，确定供方一年的年度总预算，医疗保险机构在支付医疗供方费用时，以此作为最高限度，相当于为医疗服务供给方设立了一个总的"封顶线"。总额预算制其实质上是将医疗费用的控制权交给了医疗服务的提供方，一定程度上有利于约束医生的道德风险，医疗保险机构的工作主要在于制定预算并对预算的执行情况进行审核，管理得以简化，成本随之下降。局限性在于医院为降低成本而对医疗费用支出控制过度，导致治疗不足，损害了患者的利益。这种方式多在政府对医疗卫生和社会医疗保险干预力度较强的国家使用。

（2）按服务单元付费方式。服务单元是指将医院服务的过程按照一个特定的参数划分为均质的各个部分，每一个部分成为一个服务单元，如一个门诊人次、一个住院人次和一个住院床日，医疗保险机构根据过去的历史资料以及其他因素制定平均服务单元的费用标准，然后根据医疗机构服务单元数量进行偿付。其总费用公式是

总费用=平均服务单元费用×服务单元量

按服务单元付费的局限性在于，容易刺激医生通过增加服务次数以及提供过量服务，多获取偿付费用，加大监督的难度，影响医疗卫生统计工作的准确性；造成病人就医的不便，如反复出入医院，多次排队挂号等；医生花费更多时间重复抄写被分解的处方和病历，以致减少诊治时间等。

（3）按病种付费方式。按病种付费又称按诊断相关分类付费，该方式把为疾病诊疗提供的医疗服务的全过程看成一个计量单位，或一个确定服务价格的标志。具体而言，它是根据诊断、年龄、性别、治疗结果等要素将病人分为若干组，每组又根据疾病的轻重程度分为若干级，对每一组不同的级别制定相应的标准化的偿付费用额，医疗保险机构根据每一种疾病或病程所需全部服务进行事先定价后，按此标准支付给医疗服务提供者。按病种付费方式的设计初衷是通过制定统一的疾病分类定额偿付标准，达到医疗资源利用的标准化，使医院对医疗资源的消耗与所治疗的住院病人的数量、疾病治疗的复杂程度和服务强度成正比。然而随着医疗技术的发展，对同一疾病的治疗有了越来越多的治疗方案，其费用的差别也越来越大。医疗实践的发展迫切需要通过技术经济分析科学测算每一病种的标准化诊断、标准化治疗、标准化药品的费用。在众多的治疗方案中，选择适当的治疗方案，并作为医疗保险机构费用偿付的依据。按病种付费制度的局限性是：医院在技术上安于现状，不愿采用可能会增加支出的新技术，减少对住院病人的服务，不愿接受重症病人；将轻病说成重病以便得到更多的补偿；当诊断界限不明时，使用昂贵的检查手段使诊断费用上升，缩短每次住院日却增加住院次数等不正当手段。

按病种付费要求实现计算机管理，提高病案管理质量，医院管理成本高和难度大，因而其推广受到一定的限制。

（4）按费用级别付费方式。该方式按照疾病治疗费用的大小，把疾病划分为若干类别，对每一类别制定一个标准。例如，新加坡根据手术的难易程度将手术病人分成8个级别，在每一级别下又分为A、B、C三等（有的级别下只有二等），共划分22个等级。不同的等级有不同的费用支付标准，医疗保险机构按此标准向医院支付费用。按费用分类付费方式实际上是介于按服务单元付费和按病种付费之间的一种过渡类型，其费用控制力度、管理成本和操作难度高于前者而低于后者。该方式对医疗质量的影响依医疗机

构的状况不同而有所不同。

（5）按人头付费方式。该方式是指医疗保险机构按合同规定的时间（一月、一季或一年内）根据约定医疗单位所提供服务对象的人数和规定的收费定额，预先支付医疗供方一笔固定的服务费用，在此期间，医院或医生负责提供合同规定范围内的一切医疗服务，不再收费，旨在使医疗服务提供方能自觉采取预防措施，降低发病率以减少医疗开支。该方式的局限性在于按人头预付医疗费后，提供服务越多，支出亦越多，收入反会有减少的倾向，因而医院经常提高每个医生照管的人员定额。医疗保险机构通常规定医院服务对象的最高人数限额，以防因病人太多、照顾不周而降低医疗服务质量。此种支付方式在丹麦、荷兰和英国最早实行。

3. 一体化制

一体化制，即社会医疗保险的承担方和医疗服务提供方联合为一体，既收取医疗保险费，又提供医疗服务。医疗费用的支付在这里表现为一体化机构内的预算和支出，其典型的模式代表是美国的健康维持组织（Health Maintenance Organization，HMO）。该支付方式的优点是，由于医疗保险的承担方和医疗供方联合一体，实质上将医生的道德风险内部化，不会导致医疗费用膨胀。但是这种方式难以调动医生的积极性。

4. 以资源为基础的相对价值标准制

以资源为基础的相对价值标准制是一种新的医疗费用支付方式，最近，此方式被用于美国的老年医疗保险计划。它的基本内容是：根据医疗服务中投入的各类资源成本，计算出医生服务或技术的相对价值或权数；应用一个转换因子把这些相对价值转换成收费价格。

相对价值是以成本为基础来确定的，是相当复杂的工作。大体上要为 7 000 多项服务制定相对价值。为此，需要不断地对数据进行分析和更新。制定相对价值标准所依据的消耗成本包括：医生的服务时间；服务的复杂性，承认所需要的技术及努力程度存在差异；机会成本，使接受不同培训时间的医生能够得到相应的回报率；开业的管理费用，如办公室人员工资及设备折旧等。具体计算公式为

$$RBRV=（TW）（1+RPC）（1+AST）$$

其中，RBRV 是特定医疗服务的按资源投入为基础的相对价值；TW 是医生劳动总投入；RPC 是不同专科的相对医疗成本指数；AST 是以普通外科为标准的专科培训机会成本相对分摊指数。以资源为基础的相对价值标准制的优点是能全面、合理地估计和比较每个医生服务资源的投入，并以此为基础使各种服务得到近似于理想的竞争市场中的补偿标准；有助于调节医生的服务行为，促使医生将其活动范围向诊断及管理性服务转移，减少不必要的外科手术；改善目前各医疗专业服务补偿水平不公平的现象，提高全科医生的收入，降低专科医生过高的收入。然而，也有不少人反对以资源为基础的相对价值标准制的支付制度，目前，该制度还处于研究阶段，需要进一步完善。

四、医疗保险领域的道德风险

道德风险是指市场交易中的一方因难以观测或监督另一方的行动而导致的风险，它属于经济学范畴而非伦理学范畴，与道德本身没有多大关系。社会保障领域中存在着广泛的道德风险，其中，道德风险发生频率最高、分布最广、造成损失最大又最难以有效规避的当属医疗保险，这是由医疗行业的特殊性决定的。

（一）医疗保险领域道德风险的表现形式及特点

对于医疗保险机构而言，患者和医生都有诱发道德风险的动机。患者的道德风险表现在参保后"小病大养""门诊挤住院"等；医生的道德风险表现在乱开"大处方""高价药"以及提供过度医疗设备检查。然而，两种道德风险的重要性并不一样。患者的道德风险是派生的道德风险，而医生的道德风险则是原生的道德风险，因为医生是一切医疗费用的策源地。

1. 患者的道德风险

道德风险在保险领域表现在人们参加保险后影响事故发生的概率或损失，从而损害保险机构的利益。例如，某人在投保火灾保险之后便放松了对火灾的防范，从而导致发生火灾的实际概率提高。但是，社会医疗保险领域中患者的道德风险的表现形式与其他保险有所不同，这是因为医疗保险中保险标的极为特殊，生命和健康不仅是患者希望"购买的物品"，而且是他们不愿付出的"成本"。理性的被保险人不会因为参加医疗保险客观上降低了医疗服务价格而放松对健康的预防，这点正如同一个在参保之前烟酒不沾的人在参保之后也不会去竭力酗酒、抽烟一样。然而，这并不意味着医疗保险领域的道德风险不会在患者身上发生，相反，由于医疗保险机构这个"第三方支付"的存在，客观上降低了医疗服务价格，形成了患者对医疗服务的过度需求，诱发道德风险。

医疗保险领域患者道德风险的特殊表现形式是：在参加医疗保险的情况下，人们一旦患病，将比在未投保条件下消费更多的医疗服务、更长的住院时间、更加昂贵的药物及采用更先进的设备进行诊疗等，甚至还会出现"一人参保全家吃药"、社会医疗保险中的"一卡多用"等混乱现象。这将导致医疗保险机构更高的保险支付，进而导致更高保险金水平。

此外，医疗保险领域的道德风险程度取决于医疗服务的需求价格弹性。当价格弹性为零时，不存在道德风险问题；价格弹性越大，道德风险越严重。

2. 医生的道德风险

医生道德风险的一个重要表现就是医生诱导需求。关于医生诱导需求问题，西方国家已做过几十年的大量研究。最早的研究，可追溯到卫生经济学家罗默（1644～1710年）在1959年发表的一篇关于床位增长与利用之间关系的文章。他通过大量的统计研究，发现医生每增加一个床位，总是有市场需求，并据此得出"床位供给创造床位需求"这一结论。这点类似经济学上的"萨伊定理"——供给创造需求，正因为如此，也有人将罗默的发现称为医疗领域的"萨伊定理"。关于"床位供给创造床位需求"，有两种解释。一种解释认为和医生的行为无关。之所以出现这种情况，是因为床位的供给一直处于短缺状态。换言之，新增床位的供给解决了排队等候患者的需求。这点类似于 20 世纪中国计划经济末期至市场经济初期医疗卫生领域的情况。在计划经济末期，患者就医需要排队，进入市场经济后，为了解决排队问题，医院的设备和床位增加了很多。另一种解释认为，这一现象与医生有关，即存在医生诱导需求。当床位很少时，医生把床位分配给最需要的患者。随着床位的增加，甚至出现了闲置病床，医生可能会让那些可住院也可不住院的患者接受住院治疗。这样做的好处，对于西方国家的医生而言，减少了医生上门治疗的路途成本；对于中国医院的医生而言，有利于增加医院和医生的收入。对于医院各科室而言，病床是每个科室的资源，因此每个科室也希望能够多分配到一些病床。然而，医院院长在分配病床的过程中，分配的依据就是病床的利用率。如果某个科室的病床出现闲置，那么在下次分配中就会减少这个科室配备的病床数。这点也正如高校里关于招生指标的分配。如果某个专业长期难以招满指标，那么学校就会减少该专业的招生指标，然后再把这些多余的指标分配给市场需求大的其他专业。这种动态管理的副作用就在于诱导医生充分利用病床，从而出现不需要住院的病人接受住院治疗、住院病人的治疗天数增加的情况。

罗默在 1959 年提出床位供给创造床位需求之后，人们也将这一命题扩展到医疗设备的利用上，认为医疗设备的供给创造了其需求。对此，解释也如上面所提及的，一是医疗设备供给不足，二是医生诱导需求。事实上，供方诱导需求的现象不仅存在于医疗领域，在其他领域也是存在的。如果某个领域存在信息不对称和消费者主权的缺失，在委托-代理关系中，也会存在供方诱导需求的现象。理发师常常在为顾客理发的过程中，不断介绍染发的好处而游说顾客染发；服装店主常常夸赞衣服如何漂亮而游说顾客购买；在美国，人们打官司的频率远远高于其他国家。有人解释为美国国民掌握的法律知识更多，姑且不论这种解释是否正确，另一个解释在于律师诱导需求，很多时候，当事人并非一开始就选择打官司，而是通过律师上访或者电话游说之后才选择打官司的。当律师的游说成为一种潮流时，人们遇事不管大小就找律师，打官司的频率自然增加。

许多卫生经济学家就美国医疗市场中是否存在道德风险进行了长期的研究和争论，形成了大量的文献资料，其研究结论证明在西方发达国家，医生的道德风险是微不足道的。但是与西方国家迥然不同的是，中国医疗领域医生的道德风险非常突出。中国传统社会医生讲究医德，在西方社会医生同样注重医德，古希腊医学之父西伯克拉底就将医德奉为"为病家谋利益之信条"。如此看来，西方医生也具有诱导需求的能力，却没有诱导需求的动力。但是中国目前医生道德风险却很严重，这与现有医疗体制不无关系。

（二）医疗保险领域道德风险的成因

中国医疗保险领域道德风险盛行的原因归结起来主要有以下两个方面。

第一，信息不对称。这是道德风险产生的根本条件，医生的委托代理身份以及供方诱导需求的行为都是基于信息不对称而产生的。在医疗市场中，医患双方之间存在严重的信息不对称，医疗服务是一种专家服务，具有天生的非同质性和供方信息垄断性。疾病的严重程度、治疗手段的有效性等信息只有极少数专家（医生）了解，患者由于缺乏必要的医疗知识，往往处于医疗信息的劣势，而医生作为医疗服务的提供者具有天然的信息垄断优势，在绝大多数的情况下，患者对医生都是持服从态度。在医疗产品上，患者缺乏消费者主权。医生既是患者的代理人，又是医疗服务的供给者，具有双重身份，其处方权决定着患者能否实现医疗消费以及如何消费。医生诱导需求的能力大小与医疗市场信息不对称的程度有关，一般而言，信息不对称程度越高，医生诱导需求的能力越强。

第二，制度原因。医疗保险领域道德风险盛行的制度原因可以从三个方面来理解。首先是"第三方付费"制度的影响。在医疗保险中，医疗费用的支付与医疗服务的消费相分离，在患者与医疗供方之间增加了第三方，即医疗保险机构。由于第三方支付医疗费用，患者具有过度消费医疗服务的倾向，而医疗供方也具有提供过多医疗服务以获取更多费用补偿的动力，道德风险由此产生。其次，"管办不分"的医疗卫生体制使医疗供方缺乏自律的动力，而医疗卫生行政部门对医疗供方的监督也极易产生"管制俘获"，为医生道德风险的产生提供了宽松的环境。最后，"以药养医"的医疗服务价格补偿机制，客观上促进了医方道德风险的滋生和蔓延。医院为鼓励医生工作的积极性，同时也为医院增收，采取"工效挂钩""开单提成"等激励方法。

（三）医疗保险领域道德风险的影响及其规避

1. 医疗保险领域道德风险的影响

首先，道德风险在医疗保险领域的影响表现在对患者的影响上。投保者患病时，其自付的医疗服务价格降低。尤其是在完全保险的情况下，患者自付的价格为零，患者将根据零价格决定其医疗消费量，在图 6.2 中，患者选择 $Q2$ 而不再是未投保时的消费量 $Q1$，于是产生过量消费。而过量的医疗消费并不意味着健康状态的明显改进。图 6.2 中，D 代表医疗需求曲线，S 代表供给曲线（边际成本曲线）。在未参加医疗保险的情况下，人们一旦患病，其消费的医疗服务量是 $Q1$，当完全保险时，患者面临的医疗价格为零，消费量是 $Q2$，这是一种低效率状态，虽然个人边际成本与边际效用都等于零，但社会边际成本等于 $P1$，社会边际成本大于边际效用，表现为医疗服务利用过度。保险机构对医疗服务供方的支付将是（$P1 \times Q2$）。

其次，道德风险对医疗保险机构影响重大。道德风险使医疗保险机构对医院（医生）的支付增加。医疗保险机构的支付是（$P1 \times Q2$），显然大于（$P1 \times Q1$）。这会对医疗保险机构的生存及医疗保险市场的效率产生严重影响。如果在设计医疗保险合同时，医疗保险机构没有考虑道德风险因素，而是按照图 6.2 中（$P1 \times Q1$）作为患病损失额（医疗费）为基础计算保险金水平，那么医疗保险机构肯定亏损，其正常运行难以为继，甚至

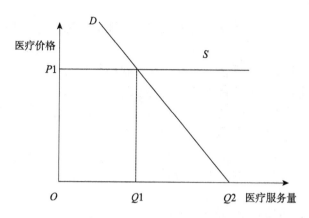

图 6.2 医疗需求与供给曲线

破产倒闭。如果医疗保险合同的设计考虑到道德风险的影响，按照图 6.2 中（$P1 \times Q2$）作为患病损失额来计算保险金水平，那么，患者将会重新选择，是自保，在患病时承担医疗费用（$P1 \times Q1$），还是参加保险，按损失额（$P1 \times Q2$）计算的保险金水平支付保险金。可以肯定的是，当道德风险严重、（$P1 \times Q2$）远远大于（$P1 \times Q1$）时，人们将选择自保，而不是参加医疗保险。可见，道德风险的存在必然提高保险金水平，从而降低人们的保险需求，进而导致医疗保险市场萎缩。

从宏观层面讲，医疗保险领域的道德风险带来的突出影响便是导致医疗费用急剧攀升，这在中国表现得尤为突出。中国医疗保障制度早在计划经济时期就存在较为严重的道德风险问题。公费、劳保医疗制度下，"小病大养""长期住院"等现象时有发生，但当时主要问题是患者的道德风险，医生的道德风险表现较弱。改革开放之后，尤其是医疗保障制度改革后，"以药养医"的医疗服务价格补偿机制加剧了医生道德风险的严重性。医疗供方的"工效挂钩""开单提成"等激励方法，为医生道德风险的产生提供了客观条件和主观动机，乱开"大处方"、滥开检查单等混乱现象在整个医疗领域盛行。此时的道德风险影响全面，既影响医疗保险的覆盖人群，又影响医疗保险覆盖范围之外的人群；既影响药品和医疗耗材的价格，又影响手术利用和住院时间，而且与医疗领域相关的医疗保险领域、药品流通领域等都深受影响。可以说医生道德风险是中国医疗费用攀升的根本性因素，也是中国医疗领域一切问题的根源。

2. 遏制医疗保险领域道德风险的路径选择

自律与监管是遏制道德风险的两个主要途径。监管是传统的遏制道德风险的手段，但是一方面中国的卫生行政部门和国有医院具有"父子关系"，管办不分的体制使监管难以奏效。另一方面，医疗领域的特殊性在于医生具有双重身份，既是医疗产品的供给者，又是患者的代理人，从而提供了医生道德风险的动机和实现道德风险的部分可能性，即医生和患者双方信息不对称、地位不对等，医生具有绝对优势。同时，医疗领域广泛存在不确定性，导致缺乏评判标准，不仅患者难以评判，就连第三方专家也难以鉴定。监督医生行为的成本很高。这些特殊性也有助于说明解决医生道德风险的根本途径在于自律，而不是监管。自律与否取决于自律是否符合理性人自身利益，即取决于医生声誉是否具有市场价值以及市场价值的大小，医疗市场声誉机制的形成也是规避医生道德风险的根本途径。

遏制医疗保险领域的道德风险离不开"三改联动"的大背景。一方面，"三改联动"的核心在于医疗卫生体制改革，首先做到卫生行政部门与医院"管办分离"，培育市场声誉机制，增强医生自我约束的行为意识，从而达到规范医生行为的目的。另一方面，在医疗保险领域做到医疗保险机构与政府部门"管办分离"，同时让商业保险机构参与社会医疗保险，只有医疗保险机构真正独立于政府部门之外走向市场化，才能充分发挥医疗保险机构同医疗供方的谈判功能，从而有效抑制医生的道德风险。

五、中国医疗保险制度改革实践

中国的医疗保险制度经过几十年的改革与发展，基本完成了从公费、劳保医疗到社会保险制度的历史性转变，初步建立起覆盖城乡全体居民的医疗保障体系。然而，由于医疗保险的实施往往要涉及十分复杂的医疗、药品等众多领域，中国医疗保险制度的改革进程依然任重而道远。

（一）中国医疗保险制度的建立与发展

1. 城镇职工基本医疗保险制度的建立与发展

中国传统的职工医疗保障制度是在新中国成立初期建立起来的，包括机关事业单位的公费医疗制度和国有企业单位的劳保医疗制度。20 世纪 80 年代，中国开始探索性地进行医疗保险制度改革。改革的过程可以分为两个阶段。第一阶段是改革开放初期至 1994 年，这一阶段是引入个人分担部分医疗保险费用机制和职工大病医疗费用社会统筹。第二阶段是 1995 年至今，建立社会统筹与个人账户相结合的社会医疗保险制度。1994 年 3 月，经国务院批准，确定在江苏省镇江市、江西省九江市按照社会统筹与个人账户相结合的模式进行职工医疗保险制度改革试点，这就是所谓的"两江"模式。1996 年 4 月，国务院在总结"两江"试点的基础上，扩大试点范围从而遍及我国的 29 个省、自治区和直辖市。1998 年 12 月，国务院在继续总结试点经验的基础上，提出了《国务院关于建立城镇职工基本医疗保险制度的决定》。到 2000 年前后，全国绝大多数地区完成了医疗保险制度改革方案的组织实施，标志着新制度在全国基本建立。

2. 新型农村合作医疗制度的建立与发展

中国农村合作医疗兴起于 20 世纪五六十年代农业合作化高潮时期。到 70 年代，覆盖率达到当时全国行政村的 90% 以上。但是，改革开放之后，随着家庭联产承包责任制的实施，以农业合作社为依托的合作医疗制度开始解体，再加之经济发展水平低、资金来源有限、风险分担和互济作用无从发挥，以及干部和群众享受医疗服务的不公平等原因，传统农村合作医疗覆盖面急剧下降。到 1985 年，继续坚持合作医疗的行政村占全国的比例不到 5%。

从 20 世纪 90 年代开始，合作医疗的恢复和重建被称为"二次合作医疗时期"。2002年 10 月，国务院下发了《关于进一步加强农村卫生工作的决定》，明确提出要求建立以大病统筹为主的新型农村合作医疗制度。2003 年，国务院办公厅转发卫生部等部门《关于进一步做好新型农村合作医疗试点工作的指导意见》，从 2003 年起，新型农村合作医疗在全国迅速铺展开来。2006 年 1 月卫生部等七部委又联合下发了《关于加快推进新型农村合作医疗试点工作的通知》。截至 2012 年年末，全国 2 566 个县（市、区）实施了新型农村合作医疗制度，新型农村合作医疗的参合率达到 98.1%；2012 年 1～9 月全国新型农村合作医疗的基金支出总额为 1 717 亿元，受益 11.5 亿人次。这标志着新型农村合作医疗制度在全国已初步建立。

3. 城镇居民基本医疗保险制度的建立

城镇居民基本医疗保险制度旨在解决城镇非从业人员，特别是少年儿童、老年人和残疾人等群体的医疗保险问题，2007 年 7 月国务院下发了《国务院关于开展城镇居民基本医疗保险试点的指导意见》，并首批确定 79 个试点城市，计划用三年时间逐步在全国城镇全面推开。

该指导意见要求，通过试点，探索和完善城镇居民基本医疗保险的政策体系，形成合理的筹资机制、健全的管理体制和规范的运行体系，逐步建立以大病统筹为主的城镇居民基本医疗保险制度。试点工作要求坚持"低水平，广覆盖，居民自愿，属地管理，统筹协调"的原则。全面实施后，基本医疗保险将覆盖城镇所有人员。截至 2012 年年底，参加城镇居民基本医疗保险的人数达到 27 122 万人。

（二）新一轮医药卫生体制改革的历程与争议

1. 改革历程

社会医疗保险制度改革离不开中国医药卫生体制改革的大背景，2005 年国务院发展研究中心课题组发布研究报告《对中国医疗卫生体制改革的评价与建议》（简称国研报告），声称中国医疗卫生体制改革"从总体上讲是不成功的"，引发新一轮关于中国医药卫生体制改革（简称"新医改"）的讨论与实践。医改的具体历程如下。

2006 年 9 月，由 16 个部委组成医改协调小组，并于次年 3 月委托八家国内外机构开展"中国医药卫生体制改革总体思路和框架设计"的独立平行研究。

2008 年 10 月，国家发展和改革委员会公布《关于深化医药卫生体制改革的意见（征求意见稿）》。

2009 年 4 月，《中共中央 国务院关于深化医药卫生体制改革的意见》（简称"新医改"方案）对外公布，新一轮医改方案正式出台。

2010 年 2 月 11 日，国务院印发《关于公立医院改革试点的指导意见》，指导各地切实做好公立医院改革试点工作。

2012 年 3 月 14 日，国务院印发关于《"十二五"期间深化医药卫生体制改革规划暨实施方案》的通知，该规划确定了 2012～2015 年中国医药卫生体制改革的阶段目标、改革重点和主要任务。

2013 年国务院发布的《深化医疗卫生体制改革 2013 年主要工作安排》，要求以科学发展观为指导，加强改革创新，坚持为人民健康服务的方向，坚持预防为主、以农村为重点、中西医并重，坚持保基本、强基层、建机制的基本原则，全面实施"十二五"医改规划，着力加快健全全民医保体系。

2014 年《深化医药卫生体制改革 2014 年工作总结和 2015 年重点工作任务》下发。文件一方面对 2014 年医改工作进行了简要总结，另一方面重点对 2015 年医改重点工作列出了时间表。

2015 年国务院下发《国务院办公厅关于全面推开县级公立医院综合改革的实施意见》和《国务院办公厅关于印发深化医药卫生体制改革 2014 年工作总结和 2015 年重点工作任务的通知》。该通知明确深化医保支付制度改革，支付方式改革要覆盖县域内和试点城市区域内所有公立医院，并逐步覆盖所有医疗服务。

随着"新医改"的启动与推进，争议也随之产生。关于改革的争议，一度从政府主导和市场主导之争转变为"补供方"和"补需方"之争等。

2. 政府主导与市场主导之争

政府主导派认为中国医疗体制中出现的问题原因在于过度的市场化，改革的关键在于强化政府责任，国务院发展研究中心课题组于 2005 年发表的《中国医疗卫生改革的挑战》一文便是政府主导派论调的典型代表。除此之外，李玲在 2005 年的《中国应采用政府主导型的医疗体制》中，认为目前中国医疗卫生体制问题的主要原因在于政府失职与市场失灵，主张政府干预。

与政府主导派不同，市场主导派认为中国医疗体制中的问题在于竞争不足，改革的重点在于引入市场竞争机制。2005 年，顾昕在《走向有管理的市场化：中国医疗体制改革的战略性选择》中，认为中国医改不成功的根源与其说是医疗服务市场化，不如说是在市场化过程中政府职能的缺位和越位。2007 年，刘国恩在《我国医改成功的关键：破除垄断，加强竞争，促进供给》中，指出"看病难、看病贵"的实质是医疗服务供不应求，其主要原因是过多的政府干预和行政垄断所导致的市场竞争不足。2012 年，朱恒鹏在《基层医改逻辑新梳理》中，认为当前公立医院存在问题的主因不在财政投入方面，而是在于没有进行真正的市场化改革。

3. "补供方"和"补需方"之争

随着争论的深入，争论的焦点从"政府主导与市场主导"转换成"政府如何主导"，即"补供方"与"补需方"之争。

李玲在 2004 年发表的《中国新医改、问题与地方实践研究》一文中主张补供方，认为政府应该直接提供医疗服务，包括加大对医疗供方的财政补贴，政府投钱给公立医院，维护其公益性；继续由政府举办医疗机构，包括医院和社区卫生组织等，以及政府免费或部分免费提供公共卫生和基本医疗服务。

2014年，骆向兵在《我国医疗卫生行业政府投入管理制度研究》中，认为政府财政应该补贴医疗需方，增加需方购买能力，尤其是低收入人群等弱势群体，从而实现全民医保，通过医疗保险成为强有力的谈判者，向医疗机构购买医疗服务，并建立相应的以市场和谈判为基础的价格决定机制和费用支付制度。

（三）管办分离：另一种声音

赵曼和吕国营于2007年在《关于中国医疗保障制度改革的基本建议》中基于对中国医疗卫生体制"特殊性"的分析，认为中国医疗体制改革的重中之重在于医疗卫生制度改革，改革的切入点在于"管办分离"，最简洁的方法就是将各级国有医院从卫生行政部门移交各级国土资源委员会。同时引入民间资本，实行增量改革，辅之以社会医疗保险制度改革，发挥医疗保险机构的信息功能和谈判功能，以强化医疗供方声誉机制。2007年，周其仁在《管办合一是症结所在》中从制度经济学的角度，论述管办合一的形成逻辑，并指出管办合一是构成全部医疗问题的制度基础。此外，2011年，蔡江南在《美英两国医改新进展及对中国医改的启示》中，基于对其他国家和地区公立医院改革的经验分析，认为管办分离应成为中国公立医院管理体制改革的方向。2007年10月，"政事分开、管办分开"更是作为医疗卫生体制改革的重中之重写进了党的十七大报告，这一点也体现在2012年3月14日国务院发布的《"十二五"期间深化医药卫生体制改革规划暨实施方案》中，该规划要求各地要按照"四个分开"（即政事分开、管办分开、医药分开、营利性和非营利性分开）的要求，大力推进公立医院改革事业，以破除广受诟病的"以药补医"弊端。而2012年11月党的十八大报告中，进一步提出了要按照"保基本、强基层、建机制"的要求，"深化公立医院改革，鼓励社会办医"。

综上所述，新医改历久时长，虽引发诸多争议，但也在争议中逐渐达成了共识，那就是管办分离。

（四）医疗保险制度改革的目标与手段

1. 社会目标与部门利益之争

作为新医改的一部分，医疗保险制度改革同样面临着争议，事实上，上述新医改的历程和争议的背后还涉及社会目标与部门利益之争。在医疗保险领域，社会目标与部门目标的区别本应非常鲜明。为人民群众提供基本医疗保障，解决人民群众"看病难""看病贵"的问题，保障人民健康是医疗保障制度改革的目标所在。但相关行政部门却在这一共同的社会目标下提出与现实大相径庭的目标手段，而这些手段正反映了相关部门的不同利益之争。例如，卫生行政部门主张通过建立医疗服务供给体系，直接为人民群众提供低价或者免费的医疗服务，竭力避开医疗保险制度这一环节。其理由是，避开医疗保险这一环节有利于降低管理成本，并且在实践上有英国等国家的经验支持。人力资源和社会保障部则主张继续健全和完善基本医疗保险制度,使之逐步扩大到覆盖全民,保障全体人民的基本医疗,其理由则认为医保机构具有强大的谈判功能和信息威慑能力,从而有能力约束医疗供方的道德风险,降低医疗价格。此外,药品监督管理部门同样主张侧重有利于自身部门利益的医药流通领域改革。

2. 目标与手段的混淆

在医疗保险领域的改革中,其目标应该是通过有效的医疗保险制度设计为人们提供基本医疗保障,解决人们"看病难""看病贵"的问题,实现病有所医,保障人民健康。至于医疗保险改革过程中是"政府主导"还是"市场调节",这只是手段而非目标。有两种错误认识就是由于混淆目标与手段造成的,一是直接将医疗保险制度改革由政府主导作为目标,二是将政府主导等同于"看病难""看病贵"的问题。其实,政府与市场都是手段,不能据此认为主张政府干预就是关心人民群众,主张市场调节就是对人民群众的不关心。正确的认识应该是讨论政府和市场这两种手段哪一个更有利于实现保障人们健康的目标。

社会保险领域的医疗问题具有强烈的感情色彩,其解决手段也常常受感情因素影响。市场容易让人们联想到冷冰冰的交换关系,而政府则更容易让人感到温暖。世界上任何国家试图引入市场机制来提高医疗保障效率的努力都不同程度地受到感情因素的抵制。相关利益集团也经常会利用这些感情因素来误导公众,从而加剧了目标与手段的混淆,导致现实中有效率的手段不能得到充分的利用。

在医疗保障领域,帮助弱势群体的有效手段经常因为公众对手段与目标的混淆而遭到误解。医疗保障的效果首先取决于能否分辨目标人群。例如,假定一家公立医院的目标是为贫困阶层提供必要的医疗服务,那么为了实现这一目标,必须通过一定手段把真正的穷人与富人区分开来,防止富人冒充穷人而"掠夺"穷人的医疗资源。而将穷人与富人区分开来的手段可能不近人情,甚至近乎残忍。例如,香港的公立医院里,面向穷人的低收费和免费病房与其他人群的病房相比环境十分恶劣;航空铁路部门对座位分等级;等等。在社会医疗保险领域里,绝大多数国家都是通过提供低水平的医疗保障来迫使富人放弃享受医疗服务的权利,其实质都是通过不同质量的产品或者服务将穷人和富人区分开来,有效发挥信号甄别作用,达到保护弱势群体利益的目的。

3. 有效的手段与目标的实现

在分清目标和手段之后,就要选择有效的途径来实现医疗保险领域的社会目标。医疗保险改革的实践证明,仅仅通过改革医疗保险制度本身无法有效遏制,如医生乱开"大处方"、药价虚高、医疗费用攀升、医保机构与医疗供方合谋等医疗领域所存在的突出问题,也无法从根本上保障人民群众的基本医疗服务。所以,早在2000年6月国务院就全面规划和部署了医疗领域的三项改革,即医疗保险制度改革、医疗卫生体制改革和药品流通体制改革,也即"三改联动"。然而,三项改革应有所侧重。在医疗领域中,患者、医生和保险机构三者关系中,医生处于枢纽地位,医生既是患者的代理人,也是保险机构的代理人,解决医生的道德风险问题是解决医疗保险体系中所有问题的关键。患者的道德风险和医生的道德风险不是并列的两个问题，医生的道德风险更为重要，患者的道德风险只有通过医生才能实现，所以医生的道德风险成为了社会医疗保险的核心问题，而医疗卫生体制改革就是解决医生道德风险问题。因此，医疗卫生体制改革是医疗保险制度改革的前提和基础。具体而言，卫生行政部门应该与国有医院解除"父子关系"，做到"管办分离"，建立医疗领域的市场声誉，规范医生的行为。然后在医疗保险领域，做到社会医疗保险机构从劳动保障部门脱离，允许在医疗保险领域引入商业医疗保险机构，医疗保险的市场化有利于医保机构真正地发挥其"大户"优势和谈判功能，加强其与医疗供方的谈判动力，进而约束医生的行为，以此解决医疗保险领域的患者道德风险、医疗费用攀升等诸多难题，达到保障人民群众享受基本医疗服务的目的。

（五）中国医疗保险制度改革评估与建议

1. 改革成就

中国医疗保险制度改革取得了显著成就，主要体现在以下几个转变。

（1）医疗保障的理念：从服务于国企改革转变到以人为本。

改革开放前期，医疗保险制度改革只是国有企业改革的一项配套措施，其目的是接过国有企业甩下的社会包袱，减轻"企业办社会"的压力。当时的主流观点认为，国有企业效率低下的根源在于承担了过多的社会责任，因此，应该让企业的社会责任回归社会，使企业的目标单一化。据此，国有企业将附属医院和劳保医疗推向社会，将企业内部举办的"劳保医疗"等"单位保障"变成"社会保障"。

随着中共十八大和十八届一中、二中、三中全会的召开，"全面建成小康社会"的战略任务更加明确。在这个大背景下，社会医疗保险改革不再是国企改革的配套措施，而是政府主动发起作为小康社会建设的一部分，其地位和目的发生了根本性的变化。城镇居民基本医疗保险正是为了解决城镇非从业人员，特别是少年儿童、老年人、残疾人等群体的医疗保险问题，这与早期仅为少数人服务的城镇职工基本医疗保险相比是一个标志性的突破，这标志着社会医疗保险的目的正式从服务于企业改革转变到以人为本。同样，新型农村合作医疗的直接目标就是保障农民享有基本医疗服务。

（2）覆盖人群：从强势群体到弱势群体。

理论上，社会保障，包括医疗保险，应该首先保障弱势群体的利益。然而在中国的实践中，首先保障的却是强势群体，而后再延伸至弱势人群。计划经济时期的公费医疗和劳保医疗保险主要是针对机关事业单位及国有企业的员工而实施的，广大农民、城市非从业人员及众多集体所有制企业的职工并不在列。这种状况在改革开放之后依然延续很长时间。

1998 年以后，尤其是进入 21 世纪以来，社会医疗保险覆盖面快速扩展。首先是城镇职工基本医疗保险实施后，其覆盖面从国有企业的员工扩展到集体所有制企业、民营企业，一直到现在涵盖各类企业。新型农村合作医疗的实施，使社会医疗保险的参保人群从城市扩展到了农村，随后参合率逐年提升。2007 年开始推行的城镇居民医疗保险更是将参保人群扩展到了城市非就业人员，直至覆盖全民。截至 2012 年年末，参加城镇基本医疗保险的人数达到 53 589 万人，比 2011 年增加了 6 246 万人。其中，参加城镇职工基本医疗保险的人数为 26 467 万人；参加城镇居民基本医疗保险的人数为 27 122 万人。同时，全国 2 566 个县（市、区）开展了新型农村合作医疗工作，新型农村合作医疗参保率为 98.1%；2012 年 1~9 月新型农村合作医疗基金支出总额为 1 717 亿元，11.5 亿人受益。由此可见，中国已经建立起覆盖城乡各层居民的医疗保障体系。

（3）保障性质：从福利待遇转变为社会保障。

计划经济时期的公费医疗和劳保医疗制度保障的仅仅是部分并非弱势群体的利益，即使是改革开放前期的医疗保险制度改革也是国有企业改革的配套组成部分，为国有企业改革减轻阻力。因此，当时的社会医疗保险并不是真正意义上的社会保障，而是基于身份的福利待遇。进入 21 世纪之后，在构建和谐社会的历史背景下，社会医疗保险逐渐恢复了本来面貌，从基于身份的福利待遇转变为真正意义上的社会保障。

（4）改革策略：从单项改革转变为"三改联动"。

在医疗保险制度改革过程中，医疗费用支付方式被视为控制医疗费用攀升的关键因素。因此，各地高度重视医疗费用支付方式。例如，在后付制中引入起付线法、封顶法和共付法，采用按人头付费或者总额预付制，但效果却不尽如人意。通过医疗保险制度改革十几年的实践，我们逐渐发现，仅靠医疗保险制度本身无法解决医疗保障中的一些重要问题，如药价虚高、医生滥开大处方、医疗费用攀升等。2000 年 6 月国务院全面规划和部署了医疗领域的三项改革，即医疗保险制度改革、医疗卫生体制改革和药品流通体制改革，也即所谓的"三改联动"。虽然八年以来"三改联动"并未取得实质性进展，但是并不能否认"三改联动"的策略在方向上是正确的。

2. 基本经验

（1）坚持保障标准低水平，保持可持续发展。从城镇职工基本医疗保险、新型农村合作医疗到城镇居民基本医疗保险，无不强调"基本"二字，坚持低水平的保障标准。这是保证医疗保险事业可持续发展的必要条件。如果采用高水平的保障标准，一旦遭遇经济波动就会导致支付困难，而利益刚性将阻碍保障标准下调。2007 年发生在法国的因政府推行"特殊退休体制改革"而引起的铁路工人大罢工就是一个反面事例，更是前车之鉴。

（2）坚持"渐进式"改革，尊重既得利益。中国医疗保险覆盖面的扩展是从非弱势群体的人群开始，逐渐波及弱势群体。这种渐进式的改革尊重既得利益，故阻力较小。

（3）发挥企业作用，降低运作成本。从 1994 年"两江"模式开始，各类医疗保险制度改革试点模式的共同之处在于，筹资基本上都是以企业为单位进行的。为什么要以企业为单位进行缴费？原因在于，与员工单独缴费相比较，以企业为单位进行缴费能够降低筹资成本。若与养老保险、工伤保险、生育保险和失业保险等项目捆绑缴费，则筹资成本更低。不仅如此，集体保险本身具有克服逆向选择的功能。

（4）坚持以大病统筹为主，分散大病风险。城镇职工基本医疗保险、新型农村合作医疗和城镇居民基本医疗保险都是以大病统筹为主，即用统筹的方法保大病。为何要保大病？保险是分散风险的一种制度安排，可以给当事人带来风险溢价，而风险溢价的大小部分取决于保险事故的损失。在其他条件不变的情况下，保险事故损失越大，风险溢价就越高。因此，医疗保险应该保大病，以分散人们的财务风险，避免"因病返贫"。而保小病所产生的风险溢价很小，难以弥补保险的交易成本，这点也有利于说明医疗保险个人账户存在的低效率。

（5）广泛运用"试点"法。试点法是中国经济体制改革的基本方法，也是医疗保险制度改革的主要探索手段。实际上，试点就是市场演化。在城镇职工基本医疗保险制度建立之前的十年中，先有1989年开始的辽宁丹东、吉林四平、湖北黄石和湖南株洲四个城市的医疗保险制度改革试点，以及深圳市和海南省的社会保障综合改革试点；后有1994年开始的"两江"试点，以及1996年开始的58个城市扩大医疗保障制度改革试点。为了建立城镇居民基本医疗保险，2007年7月国务院决定在79个城市进行试点。新型农村合作医疗制度也是在大量试点基础上推广的。

3. 政策建议

（1）管办分离，引入竞争机制。中国的医疗保险制度改革从"两江"试点开始一直都由政府来组织实施，包括制度设计、组织建设，甚至是医疗保险服务等方面。这种管办不分、高度垄断的组织形式导致医疗保险机构的预算软约束，进而导致医疗保险机构缺乏谈判的动力，这正是医疗保险机构未能发挥大户谈判功能的根源之一。其实，在社会医疗保险中，政府的真正作用在于筹资而非直接提供医疗保险。医疗保险的组织与提供可以引入市场中的营利性和非营利性保险机构，在国际上已有成熟经验。德国社会，医疗保险就是由高度自治的保险机构来管理的；美国老年医疗保险计划和穷人医疗救助计划，则是通过合同形式把大量的业务委托给商业保险机构和健康维护组织。中国江苏省江阴市市政府早在2001年国家正式提出建立新型农村合作医疗制度以前就将新型农村合作医疗委托给太平洋保险公司经办，截至2013年，江苏全省至少有中国人寿、太平洋人寿、新华人寿和中华联合四家公司参与了24个县（市、区）的新型农村合作医疗，而政府仅为商业保险机构支付管理费用。

（2）"三改联动"，全面推进。"三改联动"并未取得实质性进展的主要原因是没有理清三项改革的关系。在"三改联动"中，三项改革并不是并列关系，而是有主次之分的。其中，医疗卫生制度改革是"三改联动"中的主要矛盾，医疗保险制度改革和药品流通制度改革则是次要矛盾，这是由医生的特殊地位决定的。患者的医疗消费只有通过医生的处方才能实现，药商的处方药也只有通过医生的处方才得以销售，简言之，医生是一切医疗费用的策源地。在医疗卫生体制改革中，关键是要建立医生的市场声誉机制，规范医疗供方的行为，为此，必须在医疗卫生领域实行政事分开、管办分开，解除卫生行政部门与国有医院的"父子"关系。医疗卫生制度改革是医疗保险制度改革和药品流通制度改革的基础，一旦医疗卫生制度改革取得突破性进展，医疗保险制度领域与药品流通领域的诸多矛盾将迎刃而解。

（3）因地制宜，大胆试点。试点法的有效性已经被实践所证明。在完善中国社会医疗保险制度的实践中，应该结合各地具体情况，因地制宜，借鉴相应的契约形式，切忌"一刀切"。

> **本节拓展材料**

第三节　失业保险、生育保险和工伤保险制度

一、失业险

（一）失业与失业风险

1. 失业的含义

失业是指劳动者处于劳动年龄、具有劳动能力、有劳动愿望并确实在寻找工作的情况下，不能得到适宜职业而失去收入的状态。它强调的是一种不确定性，是出于非自愿、不能计划地失去工作，与主动辞职这种主动的、可确定的、可计划的行为有本质上的区别。国际劳工组织于 1982 年将失业定义为在调查期内达到一定年龄并满足以下条件者：第一，没有工作，即未被雇佣同时也未自谋职业者；第二，目前可以工作，即可被雇佣或自谋职业者；第三，正在寻找工作，即在最近特定时期已经采取明确步骤寻找工作或自谋职业者。这样的规定就可以把那些由于严重病残丧失劳动能力的人和未达到或超过劳动年龄而没有职业的人，以及暂时没有就业要求，如等待升学和从事家务劳动的人排除于失业范围之外。

2. 失业类型

依据导致失业的原因不同，可将失业划分为五种类型。

其一，摩擦性失业，是指由于劳动力市场的功能缺陷所造成的临时性失业，一般是由于求职的劳动者与需方提供的岗位之间存在着时间滞差而形成的失业。也就是说劳动者想要工作与得到工作之间的时间消耗造成的失业。造成摩擦性失业的原因：一是在实际的劳动市场上，劳动者的流动具有时间和空间的限制；二是劳动力市场信息不完全，劳动者和雇主都不能掌握完全的信息；三是劳动者和雇主之间相互搜寻需要花费时间，然而即使搜寻到并获取双方信息，也难以立即做出甄别和评价。这样就造成了总有一部分人在寻找工作。一定的摩擦性失业是不可避免的，这也是失业率总是围绕自然失业率波动的原因之一。

其二，季节性失业，是指由于某些行业生产条件或产品受气候条件、社会风俗或购买习惯的影响，生产对劳动力的需求出现季节性的波动而形成的失业。季节性失业是一种正常性的失业。造成季节性失业的原因：一是一些行业或企业对劳动力的需求随季节变动，如旅游业；二是季节影响某些消费品或产品的消费需求从而产生购买的高峰期和低谷期，如服装业，从而影响该行业对劳动力的需求。季节性失业存在区域性差异和行业性差异，并呈现一定的规律性，失业时间有限，并且随着科技的进步有减缓的趋势。

其三，技术性失业，是指由于使用新机器设备和材料，采用新的生产工艺和新的生产管理方式，社会生产节省了劳动力而形成的失业。在经济发展过程中，技术不断进步必然导致企业采用资本和技术来替代工人的劳动，机器取代工人，造成对劳动力需求的降低，形成失业。同时，劳动力相对价格的上升，使人工成本增加，也会促使企业选择用技术取代工人，加剧这种失业问题。技术性失业的工人大多是技能不能及时提升、不适应现代化生产技术要求的群体。

其四，结构性失业，是指由于国民经济产业结构的变化以及生产形式和规模的变化，劳动力结构不能与之相适应而导致的失业。结构性失业的产生同时具备两个条件：一是经济结构的变动使市场对劳动力的需求结构产生了变化；二是劳动力的供给受到多种原因的限制不能满足这种变化。这种情况下，满足不了需求结构变化的那部分劳动者便成了失业人员，得不到满足的工作岗位则成了空位，造成职位空缺与失业并存。

其五，周期性失业，是指周期性的经济波动，或者说景气循环所形成的失业。它一般发生在经济萧条阶段，是由于劳动总需求不足而导致的短期失业。这种失业与经济波动有关，不是自然失业，而是一种可以避免的失业。

此外，依据失业者的意愿不同可划分为自愿性失业和非自愿性失业；依据失业的表现形式可划分为公开性失业和隐蔽性失业；依据失业程度不同可划分为完全失业和不完全失业；依据失业期限不同可划分为长期失业和短期失业。从发达国家情况看，失业保险对不同类型的失业的有效性不同。对摩擦性失业最为有效，对周期性失业的有效性次之，对结构性失业和隐性失业作用非常有限。

3. 失业风险的特点

（1）失业是一种系统性风险。造成个体失业的因素有许多种，但绝大多数失业的原因都可以归结为劳动者自身无法控制的社会经济因素，如经济周期、产业结构调整、重大技术进步和国际贸易变化等。因此，失业风险在一定程度上可以被看做一种系统性风险，它无法通过保险市场上投保人之间的横向风险分散来缓解。商业保险首先要求任何人的投保事件要与其他人之间相互独立，即所谓的独立性。对于失业风险，当系统性因素引起大规模失业时，这种独立性就不存在了。因此，失业是一种不可承保的风险，失业保险呈现一定的市场失灵。

（2）相关概率难以预知。对于商业保险，事故发生的概率必须是已知或可估计的。如果保险公司不知道事故发生的概率，那么就不可能计算保费，保险价格也就无法制定。虽然在特定时期社会的平均失业率是可以被获知的，但是，由于某些外生不确定性因素对宏观经济的冲击，失业率会随时发生变化。这也决定了商业保险市场的难以运行。

4. 中国失业风险的特点

从国内形势看，在"十二五"期间，按照加快转变经济发展方式的要求，将淘汰落后产能，由此对投资和工业生产造成压力，可能会对就业产生挤出效应。与此同时，尚处起步阶段的战略性新兴产业还未形成明显的就业增长效应，也会使需要转行和新进入的劳动者在劳动技能和素质上不适应新的就业需求，从而导致我国结构性和摩擦性失业风险增加。

然而，相对于西方发达国家，失业风险的影响对我国劳动者而言相对较小，因为我国居民具有良好的储蓄习惯且没有超前消费习惯，即使发生失业风险，短期影响也不会特别严重，也不会使失业者生活水平迅速大幅下滑，这就为失业者再就业提供了物质上的支持。

（二）失业保险

1. 失业保险及其类型

失业保险是指国家通过立法实行的，对非因本人意愿中断就业而失去工资收入的劳动者提供一定期限的物质帮助及再就业服务的一项社会保险制度。

失业保险是强制性保险。在失业保险管理中，分为集中管理型和分散管理型。具体而言，世界各国的失业保险管理体制大致可分为三类。

其一，由政府直接管理。失业风险是一种动态的社会性风险，失业保险性质决定了政府的责任，是各国采用较多的一种体制模式。我国也采用这种管理体制，由各级人力资源和社会保障行政主管部门及其经办机构负责失业保险的管理工作。

其二，在政府监督之下，授权自治机构管理。一般由劳动者、企业和政府三方共同组成有关机构进行合作式的管理，现已在一些发达国家如法国、德国和意大利等国推行。其效率较高，且能得到各方面配合。

其三，在政府支持和指导下，由工会专职进行管理，这些工会都从政府得到大量的财政补贴。这种模式虽然是工会进行管理，但并不意味着这种模式没有强制性，它的强制性体现在工会内部，凡是参加工会的工人都必须参保。这种形式主要是在那些工会运动有较好基础的北欧国家如丹麦、瑞典、芬兰等实行。

强制性失业保险属于真正意义上的社会保险。这种制度的核心，是利用保险原理，集中社会资金，分散风险。失业保险的特殊性还体现在只能由政府举办，商业保险难以参与，主要原因是存在市场失灵。

其一，失业风险是一种系统性风险，难以通过市场在投保人之间进行分散，也不具有商业保险中要求的独立性，是一种不可保风险。同时，失业率难以被获知，导致保险价格也难以制定。

其二，逆向选择与道德风险特别严重。保险公司和参保人之间信息不对称，由此造成的逆向选择与道德风险对于保险公司的影响非常大，能否有效地克服这两个问题或者削弱其造成的损失，对保险公司能否继续生存起着决定作用。在失业保险上，这两个问题尤其严重，以至于商业保险公司无法克服，这也是失业保险都是由政府来举办，并且很难见到商业性的补充失业保险的重要原因。

2. 失业保险中的逆向选择

失业保险中的逆向选择问题严重。不同行业的失业风险是不同的，以中国为例，高校教师的失业风险显然远远低于农民工的失业风险。这样，如果没有强制性，那些失业风险低的雇主和雇员就不会参加失业保险，而那些失业风险高的雇主和雇员则会选择参加，造成"劣币驱逐良币"，最终导致失业保险市场的崩溃。加拿大在 1982~1983 年为应对经济衰退而制定了一项名为"职业保护"（career guard）的失业保险计划，该计划不适用于购买失业保险后 6 个月内被解雇的人员，这条规定明显就是针对逆向选择问题的。然而，逆向选择问题并没有得到彻底解决。6 个月的限制期过后，在购买失业保险的群体当中，就有相当高比例的人群被解雇。逆向选择的严重性最终导致该计划的失败。为了克服这一层次的逆向选择，强制集体参保（也称团体保险）这种投保方式被运用。这种投保方式在其他许多保险项目上也被广泛使用，通过集体参保有效地降低逆向选择造成的损失，最典型的就是美国的健康维护组织。美国大多数雇员和他们的家庭是通过雇主团体保险计划而不是个人保险来投保的，由于雇员或家庭只有有限的选择，他们也就不能有效地利用其信息优势。因此，强制性的集体参保便有效地克服了行业和企业内部的逆向选择。

3. 道德风险与失业陷阱

失业既是一种与经济周期有关的系统性风险，又受当事人道德风险的影响。失业保险中的道德风险包括自愿失业、有预谋的失业等事前机会主义行为，也包括失业后再就业积极性的下降，这是一种事后的机会主义行为。

失业保险的直接目标就是保障失业者的基本生活，同时还要促进失业者再就业。然而，二者之间具有一定的矛盾性。如果失业保障水平过低，则不能保证失业者的基本生活；如果失业保障水平过高，又必然影响失业者再就业的积极性。这是一个"两难问题"：一方面，高福利造成巨大的财政压力，进而加重纳税人的负担，并导致人们的工作积极性和投资积极性下降；另一方面，失业者陷入失业陷阱而不愿自拔，贫困者陷入贫困陷阱而不愿自拔。例如，在英国，不工作而靠政府津贴为生的单身父母约有 100 万人；靠政府"长期病号"津贴为生者达 175 万人。福利的刚性使改革成本异常高。

失业陷阱是一种事后机会主义行为，是指由于收入替代率（即失业时的实际收入与就业时实际收入的比率）过高，失业者缺乏再就业的动力，长期摆脱不了或不愿摆脱贫困的状态。据英国政府调查显示，一个低收入的四口之家和一个同等条件的失业者的四口之家的实际收入相差无几。失业的实际收入（包括失业保险金和失业补贴项目）为在业者收入（扣除应缴的所得税和社会保障费）的 83%，有的甚至高于再就业者的收入，这就使失业者在找工作时比较挑剔，甚至宁愿坐享社会保障待遇。失业保险中的道德风险可以从以下两个方面加以规避。

（1）增加道德风险制造者的成本。设计各种机制提高失业者制造道德风险的机会成本。例如，加大对违规的惩罚力度，对失业保险中的欺诈行为和其他违规行为进行严厉惩罚，惩罚力度应该足够大，以期产生威慑作用。在这一点上，《失业保险条例》第28条规定，"不符合享受失业保险待遇条件，骗取失业保险金和其他失业保险待遇的，由社会保险经办机构责令退还；情节严重的，由劳动保障行政部门处骗取金额1倍以上3倍以下的罚款"。

（2）保持失业者与保险机构之间的"激励相容"。1995年，英国失业保险制度改革中推出"求职者津贴计划"，即将失业保险金的发放和提供就业服务与失业者的求职表现结合起来，更加紧密地联系失业保险与再就业服务，从而把失业者的行为引导到失业保险的目标上来。这既分散了失业者的风险，又提高了失业者寻找工作的积极性。这种合理的制度设计，使66%的失业者在6个月内重新找到了工作。

（三）失业保险制度

1. 失业保险基金的筹集

（1）失业保险基金的筹集来源。失业保险基金的筹集来源有政府直接负担式、政府和企业分担式、劳动者和企业分担式以及政府、企业和劳动者共同分担式等。其中，以政府、企业和劳动者三方共同负担的方式较为普遍，占实行失业保险制度国家总数的40%左右。以经济状况调查为依据的失业补贴办法（其实质是针对失业的一种社会救助），其资金完全从政府财政拨款中提供。

我国失业保险基金主要有三个来源：一是企业和个人缴纳的保险费，这是失业保险基金来源的主要部分；二是失业保险费的利息收入，是指将已收缴的失业保险基金存入银行后，由银行按国家规定的利率支付的利息；三是财政补贴，这是失业保险基金出现入不敷出情况时的补足部分。除此之外，还包括在国家规定范围内运用多种形式获取的失业保险金储备金的增值收入以及滞纳金等。

（2）失业保险基金的费率水平。失业保险基金筹措的基本原则是基金筹集与基金支出平衡。失业保险作为短期支付类项目，其总需求取决于近期失业人数和待遇水平。应强调进行其与企业负担能力的定量分析、个人缴纳失业保险费在"量"和"度"方面的可行性分析。同时，为了应付实际风险发生率和给付率的不断变化，失业保险要提取特别风险准备金，以满足紧急需要。失业保险基金费率是根据以往的经验数据和对当前的经济发展、就业状况的预测分析确定的。保险费率为工资的一个固定百分比。

（3）失业保险基金的财务机制。失业保险是属于短期支付类项目，一般采取现收现付的财务机制。其局限性在于，因必须经常调整费率而造成操作不便；管理上或政治上的原因易于影响保险费率的调整，无法迅速予以核定。其优势在于无巨额积累基金，不受通货膨胀的影响，不会发生基金贬值问题等。许多国家在法律上明文规定采用弹性费率制，授权主管机构根据失业保险财务收支的实际状况适时调整费率。

2. 失业保险基金的支付

1）支付范围

我国失业保险基金的支付范围包括：①失业保险津贴；②失业人员在失业期间参加的职工基本医疗保险所应当缴纳的基本医疗保险费；③领取失业保险津贴期间死亡的失业人员的丧葬补助金和其供养的配偶、直系亲属的抚恤金；④领取失业保险津贴期间接受职业培训、职业介绍的补贴；⑤国务院规定或者批准的与失业保险有关的其他费用。第一项是为了保障失业人员在失业期间的基本生活，降低失业风险带来的损失；第二项是对与医疗保险项目有交叉的部分做了规定，保障了失业人员的医疗需求；第四项的目的是帮助失业人员就业，提高其就业能力，缩短失业时间以及降低再次失业的概率。此外，对于第三项，个人死亡同时符合领取基本养老保险丧葬补助金、工伤保险丧葬补助金和失业保险丧葬补助金条件的，其遗属只能选择领取其中的一项。

2）支付标准

国际劳工组织曾通过了下列三条建议，作为各国制定失业保险津贴的准绳：第一，失业保险津贴的厘定，以失业者的投保费为依据，但是，应视各国具体情况而定。第二，失业保险津贴不低于失业者原有工资的50%（第75届国际劳工大会建议改为不低于失业者原工资的60%）；大多数国家计算失业保险金的基本比例为平均收入的40%~75%。第三，失业津贴有上下限。给付标准的上限是不超过失业前的工资收入，否则，不能体现劳动与不劳动的差别，混淆了就业与失业的区别，乃至诱导人们宁愿沦为失业者；给付标准的下限是高于社会救助的标准，这是因为，失业保险制度旨在保障失业者享有"基本"而不是"最低"生活水平。

我国失业保险津贴给付标准从以下三个方面把握：第一，对失业者个人而言，给付标准要低于失业者原有的工资水平，并限制一定的给付期限，超过此期限者，则按社会救助的标准给付。第二，保障失业者及其赡养人口的基本生活需要，使劳动力的再生产得以顺利进行。第三，权利和义务相对称。失业保险的给付标准与期限应与被保险人的工龄、缴费年限和原工资收入呈正相关关系。《失业保险条例》规定，失业保险金的标准，按照低于当地最低工资标准、高于城市居民最低生活保障标准的水平，由省、自治区、直辖市人民政府确定。

3）支付方式

其一，工资比例制，即失业救济金是以被保险人在失业前一定时期内的平均工资收入或某一时间的工资收入为基数，依据工龄、受保年限、工资水平和缴费年限，确定百分比计发。其中工资基数又分为工资总收入、标准工资和税后工资等几种。在根据失业者原工资水平计发失业津贴时，有些国家规定失业津贴与原工资的水平呈逆相关关系，即原工资越低，失业津贴占原工资的比例应越高；反之，原工资越高，失业津贴占原工资的比例越低。

其二，均一制，即对符合条件的失业者不考虑原工资水平而规定统一的、以绝对金额形式表示的失业保险津贴。

其三，混合制，即失业救济金采取比例制和均一制相结合的方式计发，一部分按失业前工资收入的一定比例给付，另一部分则按绝对数给付。例如，芬兰把失业保险津贴设计为两个部分，一是固定部分，每天为 70 芬兰马克；二是与原工资有联系的部分，为原工资的 45%。

其四，一次性给付，即对失业者一次性支付既定数额的失业保险津贴或解雇金，数额根据工资水平和工龄长短而定。

有些国家失业保险金的数额，有时因家庭情况或失业者的年龄大小不同而不同。有些国家对用以计算失业保险金的工资有最高限额的规定，或对实际发给的失业保险金规定一个最高限额。这就使按百分比计算的失业保险金的高低差距大为缩小。一些国家还规定失业保险金随物价或生活指数的变化而相应调整。在许多国家，如果失业者是户主，除发给其基本的失业保险金外，还对其配偶和子女加发一定的失业补助金。

4）支付期限

失业保险基金的支付期限，是指失业者从开始领取失业津贴，到领取期限延续的终止。此外，还包括确定失业保险津贴开始给付的期限，即等待期限。失业保险属于短期给付类社会保险项目，只能根据平均失业周期确定一个给付期限。

（1）失业者连续领取失业保险津贴的最长时限。

大多数国家限制失业者连续领取失业保险金的时间。失业者在失业保险津贴给付期结束后，若仍未找到工作，则改为支付仅能保证最低生活水平的失业救助金。失业救助不属于社会保险而归于社会救助类项目。国际劳工大会 1952 年规定失业保险给付期为12 个月内发 26 周，1988 年又规定 24 个月内可以支付 30 周，特别情况下可支付 52 周。实行投保式失业保险制度的国家，往往把失业保险津贴给付期限的长度同缴纳失业保险费的期限挂钩，使二者呈正相关关系，即按每个工人失业前的受保时间和缴纳保险费的持续时间，确定其可以领取失业保险费的连续时间。

根据《失业保险条例》，我国失业职工领取失业保险金的期限规定如下：①失业保险累计缴费时间满 1 年不满 5 年的，最长可领取 12 个月的失业保险金。②累计缴费时间满5 年不满 10 年的，领取失业保险金的期限最长为 18 个月。③累计缴费时间满 10 年以上的，领取失业保险金的期限最长为 24 个月。④失业保险金的标准，按照低于当地最低工资标准、高于城市居民最低生活保障标准的水平，由省、自治区、直辖市人民政府确定。2011 年 7 月正式实施的《中华人民共和国社会保险法》对这一标准做出同样规定，但同时规定，重新就业后再次失业的，缴费时间重新计算，领取失业保险金的期限与前次失业应当领取而尚未领取的失业保险金的期限合并计算，最长不得超过 24 个月。

（2）等待期。

在支付失业保险金以前，须有若干天的等待期。这样规定有两种意义：一是有助于防止冒领失业保险津贴的行为，因为社会保险机构不可能马上确定各种失业者的失业真实情况，需要有个了解和调查的过程；二是有助于减轻管理上处理大量申请小额失业保险金的烦琐负担。大多数国家的等待期为 3~7 天。值得注意的是，越来越多的国家缩短乃至取消了等待期，如德国、西班牙、葡萄牙、荷兰、法国完全取消了等待期限。大体在以下五种情况下才会出现等待期为零的规定：国家非常富裕；社会保险机构的管理缜密，信息灵通；对谎报失业、冒领失业保险津贴的行为惩处极重；工人团体、工会的势力非常强大；生产力水平低下，劳动者的生活十分拮据，不可一日无收入。

二、生育险

（一）生育保险的概述

1. 生育保险的构成

生育是一种社会行为，是妇女对人类做出的巨大贡献。在生育过程中，孕妇面临着身体、工作、家庭生活等多方面的风险。生育保险是指国家针对女性生育行为的生理特点，通过社会保险立法为怀孕和分娩的职业妇女及时提供物质帮助和产假，以保障受保母子的基本生活，保持、恢复或增进受保妇女的身体健康及工作能力的一项社会保险计划。为了保障妇女及其所生子女的基本生活，确保劳动力再生产的进行，提高人口素质，从 20 世纪初开始，各国陆续实行了生育保险制度。实践证明，生育保险的实行，对社会的进步和家庭的稳定发展发挥了极大的作用。生育保险已成为保护妇女权益的一个重要方面。生育保险制度是社会保险制度中的一项基本保险制度，是专门保护妇女的社会保险，包括生育保险的实施范围、保险待遇、给付标准等方面的内容。

生育保险主要由生育医疗服务、产假和生育津贴三部分组成。

第一，生育医疗服务提供孕期、分娩和产后所需要的各种检查、咨询、助产、住院、护理及医药等一系列的医疗保健和治疗服务，以保障母婴平安健康。它主要包括早孕保健、产前检查、高危妊娠筛检、监护、管理、产时保健、新生儿保健、产褥期保健、计划生产手术服务、流产医疗服务及生育引起疾病的诊断和诊疗等。

第二，产假是指职业妇女在分娩或流产期间依法享有的假期。

第三，生育津贴，又称生育现金补助，是对职业妇女生育期间工资收入的损失依法给予的现金补助，目的是为生育妇女提供基本生活保障。生育津贴的计算方法有均一制和薪资比例制两种。一个国家生育保险制度的完善与否和保障水平的高低，主要取决于生育保险的给付待遇及条件。一般来说，女职工要享受生育补助金，必须履行一定的义务，或者最迟在产前 6 个月缴纳一定数额的生育保险费，或者实际参加工作达到一定时间。个别国家不规定投保期限和数额，但规定符合该国公民或财产调查手续者，方可享受生育保险待遇。大多数国家规定享受生育补助的必要条件是，产妇在领取补助金时，已不再从事有报酬的工作，其雇主也已停发其工资使她们实际上没有了收入。

2. 生育保险的特征

生育保险制度在社会保险制度中有其明显的特征，具体表现为以下几个方面。

第一，建立和实行时间较晚。到 1990 年年底，全世界仅有 86 个国家和地区建立了疾病生育保险制度，其中有些国家没有特别的生育保险。

第二，生育保险实施对象基本上是已婚女职工。生育虽包括男女双方所组成的家庭内的事情，生育带来的经济负担应由夫妻双方共同承担，但生育保险仅补偿参加保险的女职工由于生育行为所造成的直接经济损失。生育保险在我国只在建立劳动关系的企业、事业和国家机关中实行。

第三，生育保险一般总是阶段性的。生育保险在弥补家庭因生育而造成的收入损失、扩大劳动力再生产、维护妇女和儿童的合法权益等方面的作用是十分明显的。生育保险这种同时保障劳动者自身简单再生产和扩大再生产正常进行的功能，在社会保险体系中具唯一性。

第四，生育保险的给付，只发给合法的结婚者。合法的结婚者包括符合法定的结婚年龄、按婚姻法规定办理了合法的结婚程序、符合和遵守国家的生育政策的人员。生育保险作为一种社会经济制度，必然受国家政策，如计划生育政策的约束。

第五，生育期间的保护，着重在于休息和增加营养，医疗只是特殊情况下的医疗照顾。

第六，生育的分娩者不论其为活胎或死胎，也不论妊娠期多长或流产，只要是怀孕生育现象的生产期内致使被保险人收入中断或身体健康失常需要的医疗，都纳入生育保险期限（包括节育期间及节育而致的事故在内）。

第七，产假的休息是根据生育期来安排的。生育分怀孕后、临产前、产假和产后几个阶段。女职工的产假包括生产和产后两个阶段，产假期间工资照发。

第八，生育保险与疾病保险虽都是针对暂时丧失劳动能力的人群，两者的待遇和给付都是现金补助和提供医疗服务，但也有原则的区别。其区别如下：其一，从生育保险的享受时间看，生育事件的发生取决于育龄妇女年龄、结婚时间、生育顺序（胎次）等，疾病则没有年龄的限制，无论哪一个年龄段都可能发生。其二，从疗养和休息看，生育保险着重生育期间的保护，着重休息和增加营养，医疗只是特殊情况下的照顾。与此相反，疾病着重医疗期的治疗。其三，保险的待遇不同，生育保险待遇在经济补偿时高于疾病保险待遇，而又区别于工伤保险待遇。

3. 生育保险的意义

建立生育保险制度，有着非常重要的意义。一是实行生育保险体现了人类自身生产的社会价值得到社会的确认，妇女生育是社会发展的需要，其付出的代价应当由社会加以补偿，各国需要制定专门的法规对妇女的生育行为予以特别保护。生育保险制度的完善与否，反映了社会的进步程度。二是实行生育保险是对妇女及其所生子女基本生活的保障，有利于劳动力的再生产，有利于家庭的稳定，是社会得以存在和发展的基础。因此，应通过生育保险制度补偿妇女由于生育暂时中断劳动而失去的收入。三是实行生育保险是保护生育妇女健康和提高人口素质的需要。妇女生育体力消耗大，需要休息、补充营养和保护。生育过程存在一定的风险，生育保险需要为她们提供医疗检查和服务。特别是有了生育保险所提供的各种产前、产中和产后的医疗服务，有利于优生、优育，提高人口素质，有利于下一代的健康成长。四是实行生育保险体现了国家对妇女权益的保护。妇女承担着人类繁殖的任务，关系到人类的生存，社会和国家给予物质保障，是对妇女权益的最基本保障。

（二）生育保险制度

1. 生育保险制度的建立与发展

新中国成立初期就制定了旨在保护女职工生育的保险制度。几十年来的实践表明，它对促进我国的社会安定、维护女职工生育权益、保障其生活等方面发挥了积极的作用。自然，随着社会的进步和经济的发展，社会对生育的重视程度在不断地提高，生育环境和政策也有了很大的变化，因此，生育保险制度需要相应地进行变革。我国生育保险建于 20 世纪 50 年代初期，由企业生育保险和机关、事业单位生育保险两项制度组成。企业生育保险建于 1951 年，属于劳动保险的一个部分。同年政务院颁发了《劳动保险条例》，其中对企业女职工的生育保险做了明确的规定，包括生育保险实施范围和给付待遇。为了更好地实施生育保险制度，1953 年劳动部制定了《劳动保险条例实施细则》，具体规定了有关生育保险的给付待遇及标准。机关、事业单位的生育保险制度建于 1955 年，政务院颁发了《关于女工作人员生育假期的规定的通知》，对机关事业单位女职工生育保险做了详细的规定。当时规定，企业生育保险费由女职工所在企业供款，职工不出资；机关事业单位则由财政拨款。标准收益人都是女职工；其他收益人包括企业男工之妻和女职工生育的婴儿等。1986 年根据多年实施情况和社会经济环境，由卫生部、劳动人事部、中华全国总工会和中华全国妇女联合会联合印发了《女职工保健工作暂行规定（试行草案）》，在此基础上，1988 年国务院又颁布了《女职工劳动保护规定》，调整了有关待遇，明确了保护女职工劳动权益的有关法规。特别是统一了机关事业单位和企业的生育保险制度。1992 年全国人大通过了《中华人民共和国妇女权益保障法》，全面规定了妇女在政治、文化教育、劳动、财产、人身、婚姻、家庭方面的权益，明确"国家保护妇女依法享有特殊权益，逐步完善对妇女的社会保障制度"。1994 年 7 月《中华人民共和国劳动法》（简称《劳动法》）颁布，规定女职工与男职工享有同等的权利和义务，劳动者在生育情况下，依法享有社会保险待遇。1994 年 12 月，为配合《中华人民共和国劳动法》的贯彻实施，规范生育保险办法，为女职工的合法权益提供保障，劳动部颁布了《企业职工生育保险试行办法》（简称《生育保险试行办法》）。它标志着我国生育保险制度的改革和发展进入了一个新的阶段。1999 年为了与基本医疗保险制度改革在政策上衔接，由劳动和社会保障部、国家计划生育委员会等联合下发了《关于妥善解决城镇职工计划生育手术费用问题的通知》，明确了执行各类生育保险制度地区参保单位职工计划生育手术费用的支付途径。2005 年 8 月 28 日，第十届全国人民代表大会常务委员会第十七次会议通过了《中华人民共和国妇女权益保障法（修正案）》，其中增加了"国家推行生育保险制度，建立健全与生育相关的其他保障制度。地方各级人民政府和有关部门应当按照有关规定为贫困妇女提供必要的生育救助"的内容。

2. 现行生育保险制度的主要内容

（1）生育保险基金的资金来源。生育保险根据"以支定收，收支基本平衡"的原则筹集资金，由企业按照其工资总额的一定比例向社会保险经办机构缴纳生育保险费，建立生育保险基金。生育保险费的提取比例由当地人民政府根据计划内生育人数和生育津贴、生育医疗费等费用确定，并可根据费用支出情况适时调整，但最高不得超过工资总额的 1%。企业缴纳的生育保险费作为期间费用处理，列入企业管理费用。生育保险制度规定，职工个人不缴纳生育保险费。

（2）生育保险的实施范围。女职工生育保险适用于国内的一切国家机关、人民团体、事业单位和城镇企业及其职工。其中，企业包括国有企业、集体企业、股份制企业、外商投资企业、私营企业和城镇街道企业等，军队系统的企业单位也可以参照执行。目前，我国企业女职工生育保险工作由人力资源和社会保障部社会保险司主管，具体由各级社会保险经办机构负责。

（3）生育保险的给付待遇和标准。我国的生育保险制度主要包括产假及产假工资、生育医疗服务、孕期特殊劳动保护、生育期间职业保障等。其一，产期。正常产假为 90 天，分产前假和产后假两个部分。产前假为 15 天，产后假为 75 天。难产的增加产假 15 天，多胞胎生育的，每多生育一个婴儿也增加产假 15 天。流产产假以 4 个月划界，其中，不满 4 个月流产的，根据医务部门的意见给予 15~30 天的产假；满 4 个月以上流产的，产假为 42 天。其二，孕期和产假收入待遇。孕期收入待遇主要是指任何单位不得在女职工怀孕期间降低其基本工资，必须按照原标准发放基本工资和国家规定的物价补贴等；产假收入待遇规定，女职工在产假期间的生育津贴按照本企业上年度职工月平均工资计发，由生育保险基金支付。其三，医疗服务及其费用。女职工在怀孕和生育期间，享有一切所必需的医疗服务。女职工生育的检查费用、接生费用、手术费用、住院费和药费等由生育保险基金支付，但超出规定的医疗服务费和药费由职工个人负担；女职工出院后，因生育引起疾病的医疗费，由生育保险基金支付；对其他疾病的医疗费，按照医疗保险待遇的规定办理。女职工产假期满后，有疾病需要治疗的，按照有关病假待遇和医疗保险待遇规定办理。其四，女职工的孕期劳动保护。女职工的孕期特殊劳动保护是为了解决女职工因孕期生理变化而在工作中可能遇到的特殊困难，保障在职母亲的健康和母子生命安全。其劳动保护与健康保障的主要措施有：不得安排怀孕女职工从事强度劳动和孕期禁忌从事的劳动，也不得在正常劳动日以外延长劳动时间；对不能胜任原岗位的孕期女职工，应当减轻其劳动量或安排其他工作；对怀孕 7 个月以上的女职工，不应安排夜班劳动，应在劳动时间内安排一定的休息时间，以防止早产。

（4）生育保险基金的管理和使用。生育保险基金由四部分组成，第一是企业缴纳的生育保险费；第二是基金的利息；第三是滞纳金；第四是依法纳入生育保险基金的其他资金。生育保险基金按属地原则组织，生育保险费用实行社会统筹。生育保险基金由劳动部门所属的社会保险经办机构负责收缴、支付和管理。目前，除了进行生育保险制度改革的地区之外，大部分地区仍维持着"企业自保"，即女职工生育期间的生育津贴和医疗费用由女职工单位负担，具体生育保险管理服务工作也由女职工单位承担。实行原制度的地区及企业，根据国家有关规定，国家机关、事业单位、人民团体工作人员怀孕的检查费、接生费、手术费、住院费和药费以及施行计划生育手术的费用和手术后遗症的治疗费，在公费医疗经费中开支；国有和城镇集体企业职工及其供养的直系亲属的上述生育费和计划生育手术费，在企业职工福利基金中开支；独生子女父母奖励费从国有和城镇集体企业职工所在的企业福利基金和利润留成中扣除，如这样解决后仍有困难的，可报请财政部门批准，在企业管理费中补充；机关、学校等行政事业单位，在职工福利费项下开支，如有困难，可在单位行政或事业费中解决；个体就业者，应在其上缴的管理费中解决；已参加劳动服务公司或其他联营组织的失业青年，由其所在单位在公益金中解决。

3. 中国生育保险制度的改革与完善

新中国成立初期，我国的生育保险制度还是比较完整的，这一制度具有统筹的特点且覆盖临时工和职工家属。计划经济时期，生育保险制度"从社会走向企业"，多层次覆盖消失了，在经济体制改革中，这种"企业生育保险"成了影响女性公平就业的障碍，因此，改革社会生育保险制度迫在眉睫。从目前实施现状来看，我国生育保险制度正处于新旧交替时期，社会生育保险正逐渐替代企业生育保险，但企业生育保险依然占有主导地位。

我国生育保险制度主要有以下几方面的不足。

第一，生育保险制度覆盖面较低。至 2001 年年底，生育保险制度所覆盖的职工（即参加生育保险社会统筹的职工）为 3 455 万人，约占生育保险制度内职工的 30%，70% 左右的职工依然实行老制度。根据中华全国总工会女职工部于 2003 年发布的调查报告，在问卷调查涉及的 1 871 家企业中，参加生育保险人数占职工总数的 86.3%。1999 年至 2001 年三年间享受生育保险女职工的人数占被调查企业女职工总数的 10.9%。

第二，生育保险基金筹集方式呈多样性。根据中华全国总工会女职工部于 2003 年发布的调查报告，绝大部分地区生育保险基金是按工资总额比例征缴的。按 1999 年至 2001 年三年平均计算，企业提取生育保险费的比例为工资总额的 0.84%，最高的为 1%，最低的为 0.4%。三年中，80% 的企业未能调整提取比例，个别地区仍采取按绝对额方法缴纳生育保险费，即按每个参保职工一年缴纳 30 元的简单方法计算。

第三，生育保险统筹的地区差异较大。我国生育保险统筹工作发展很不平衡。东部经济比较发达的地区覆盖率较高，西部经济比较落后的地区覆盖率较低；同一地区，生育保险基金欠缴与结余并存。其原因主要在于有的企业没有如数缴纳生育保险费，而有的如数缴纳生育保险费的企业有可能因为费率定得太高或者支付上的问题而造成结余较多。生育保险制度实施的地区差异性还表现为费率高低以及支付水平的差距较大。

第四，生育保险金不足额发放，待遇给付出现空缺。中华全国总工会女职工部的调查发现，目前基本按照《企业职工生育保险试行办法》规定支付生育保险基金的仅占 17.3%。生育医疗费能够得到全额支付的占 20.9%，支付 50%～80% 的占 30.4%，支付 50% 以下的占 7.6%，其他的为 41.1%。调查还发现，医疗保险改革对落实生育保险待遇有一定影响。目前一些地区在医疗保险改革中，把生育保险也纳入其中，有 29.4% 的企业将生育费用纳入医疗保险范围。在纳入医疗保险的企业中，有 19.6% 的可以全额报销生育医疗费，46.9% 的只能部分报销。

第五，生育保险收大于支问题突出。调查显示，目前生育处于逐年降低趋势，但生育保险基金提取比例却多年保持不变。随着工资总额的增长，生育保险基金提取的数额不断增加，造成基金收大于支，形成较多结余。

第六，生育保险立法滞后。多年来《企业职工生育保险试行办法》还停留在试行阶段，其中有些条款已不适应形势发展需要，如对参保缺乏强制性措施。《企业职工生育保险试行办法》与《女职工劳动保护规定》的有关待遇规定不一致，如《女职工劳动保护规定》中规定生育女职工的产假工资为百分之百，而《企业职工生育保险试行办法》规定生育女职工的生育津贴按照本企业上年度职工平均工资计发，这种待遇规定的差距以及生育医疗费用缺乏统一规范的界定标准，在实施中遇到了一些问题，给操作带来一定困难。

第七，生育保险社会化管理尚在探索中。企业办理生育保险费用手续烦琐，由于一些地区社保经办机构工作制度不规范，给企业增加了不必要的麻烦。生育保险是体现对女性权益的尊重和保护的重要制度保证。因此，从目前来看，应加快对生育保险制度改革和发展的力度，如扩大社会统筹的覆盖面、扩大生育保险的保障范围、减少地区之间的不平衡、完善生育保险与医疗保险制度的衔接、建立全民生育保险制度等。各地在健全和完善生育保险制度的过程中也都进行了有益的探索。生育保险制度的改革和发展，除应遵循社会保险的基本原则外，还应遵循以下几方面的原则：一是充分保护女性工作者的特殊权益，充分体现生育保险制度保证劳动力再生产、促进经济社会再生产的目标；二是加快生育保险的立法工作，使生育保险制度的改革通过法律制度的完善得以实现；三是遵循国家、企业和个人共担责任的保险原则，最大化地实现社会保险的功能；四是生育保险制度的建设应与国家人口政策和计划生育政策相结合，并逐渐考虑把计划生育费用纳入生育保险制度内，促进计划生育政策和生育保险制度的进一步完善。

（三）生育保险制度的改革

总体上说，我国生育保险制度是在计划经济体制下建立起来的，在运作过程中，存在着环境和机制方面的问题，因此难以适应市场经济发展的需要。其中突出的问题是社会生育保险的企业化，这既增加了企业负担，约束了企业发展，也引发了企业的经营状况不良并进而使受保人权益受到损害。另一个大的问题是生育保险的覆盖面较小，难以使我国绝大部分生育妇女享受保险待遇。因此，需要对我国的生育保险制度进行改革，彻底解决我国生育保险功能不全、实施范围小等问题，以期在经济发展中真正发挥生育保险的作用。

（1）生育保险制度改革的目标。生育保险制度的改革，要继续从建立社会主义市场经济的要求出发，紧紧围绕落实《妇女发展纲要》中保障女职工合法权益的目标，适应现代化的需要；要更广泛地建立生育保险基金，加大社会统筹的覆盖力度，将女职工生育保险费由企业管理逐步改为社会统筹管理，将实施范围由国有企业扩展到所有企业，受保人群扩大到所有企业的劳动者；要逐步实现在直辖市和地市级范围内统一保险项目、统一保险费率、统一给付标准，逐步统一全国立法，使生育保险覆盖城镇全体女性劳动者。生育保险改革既要为保险主体提供经济保障，又要为市场主体提供公平竞争条件；既要提供充足的最基本保障待遇，又要最大限度减轻企业的负担；既要按时完成在全国城市基本实现生育保险社会统筹的目标任务，又要完善立法、规范各项操作标准；还要适应建立现代企业制度的需要，为形成稳定的市场制衡机制，减少产权重组给生育女职工带来的震荡和冲击创造有利条件。

（2）生育保险制度的改革过程。生育保险改革自20世纪80年代中期开始，以1988年7月为界，分两个方面展开：第一，扩大实施范围、提高保险待遇。原有的生育保险实施范围仅限于计划经济体制下的国有企业和城镇集体企业。从20世纪80年代中期开始，乡镇企业和三资企业得到迅速发展，女职工人数迅速增加，但这些企业的女职工没有被纳入生育保险的范围。随着市场经济的不断发展，非公有制经济份额在逐步扩大，而国有企业出现了经济效益滑坡的现象，女职工的生育保险待遇水平有下滑的趋势。针对女职工权益受损现象，1988年，国务院颁布了《女职工劳动保护规定》，对生育保险的实施范围、女职工生育保险待遇等方面做了明确规定。生育保险的实施范围扩大到包括外商投资企业和乡镇企业在内的我国境内一切企业、机关和事业单位及社会团体。生育待遇由产假、产假工资和医疗保健三部分组成。正常产假由原来的56天延长到90天；对流产产假也做了调整；产假期间基本工资照发；产假工资和国家规定的物价补贴的支付期均相应延长到新的产假期满为止。第二，建立生育保险基金制度，均衡企业负担。长期以来，我国一直实行着"企业自保"式的生育保险制度。这种方式社会化程度较低，分散风险的功能较差，难以发挥生育保险的保障功能，也加重了企业负担。1988年，江苏省南通市和山东省曲阜市几乎同时在全国率先进行了以社会统筹为特征的生育保险制度改革试点。此后，到1994年年底，全国生育保险费用社会统筹已发展到17个省（自治区）的522个市、县。1994年12月，劳动部颁布了《企业职工生育保险试行办法》，对建立生育保险基金统筹，实现生育保险社会化做出了规定。其主要内容有：一是生育保险按属地原则组织，实行社会统筹。二是按"以支定收、收支平衡"的原则筹集资金，并由企业按照其工资总额的一定比例向社会保险经办机构缴纳生育保险费，建立生育保险基金。生育保险费的提取比例由当地人民政府根据计划生育人数、生育津贴、生育医疗费等费用确定，并可根据费用支出情况适时调整，但最高不得超过工资总额的1%。生育保险费由企业支付，职工个人无需缴纳。三是女职工生育按照法律、法规的规定享受产假。产假期间的生育津贴按照本企业上年度职工月平均工资计发，由生育保险基金支付。四是女职工生育的检查费、接生费、手术费、住院费和药费由生育保险基金支付。超出规定的医疗服务费和药费（含自费药品和营养药品的药费）由职工个人负担。五是女职工生育出院后，因生育引起疾病的医疗费也由基金支付，其他疾病的医疗费仍按照医疗保险待遇的规定办理。六是女职工生育或流产后，由本人或所在企业持当地计划生育部门签发的计划生育证明，婴儿出生、死亡或流产证明，到当地社会保险经办机构办理手续，领取生育津贴，报销生育医疗费。

（3）生育保险制度的改革成就。1995年我国政府颁布《中国妇女发展纲要》，对生育保险改革的实施范围、覆盖方式和时间进度做了更明确的政策规定，指出"在全国城市基本实现生育费用的社会统筹"，提出"改革女职工生育保障制度。将女职工生育保险费用由企业管理逐步改为社会统筹管理，这项改革由国有企业逐步扩展到所有企业"；到2000年，"在全国城市基本实现女职工生育费用的社会统筹"。劳动部下发《关于贯彻实施"中国妇女发展纲要"（1995—2000 实施方案）的通知》，具体规定了实施生育保险社会统筹的计划，即全国 35 个大中城市不迟于 1997 年年底实施生育保险社会统筹；全国所有地级市的生育保险社会统筹在 1998 年年底基本完成；全国 80%的市、县级统筹在 1999 年年底完成。由于生育保险法律、法规的不断完善，生育保险基金社会统筹的覆盖面有较大扩展，基本保障能力也有较大提高。1994 年统筹基金支付的生育保险待遇为人均 900 元左右，相当于女职工应享有生育保险待遇水平的 1/2。另一半待遇留给企业支付。到 1998 年，统筹基金支付的人均生育保险待遇水平已达到 1 650 元，相当于女职工应享有生育保险待遇水平的 2/3~3/4，企业负担有所减轻。1996 年 7 月至 1997 年 6 月为 40 万生育女职工提供了保险待遇，试点地区困难企业的生育女职工和下岗女工的生育保险待遇普遍得到保障。生育保险制度改革取得了较大成效，但在新的制度实施过程中还存在着不少亟待解决的深层次改革问题，主要有以下几个方面：还没有完全出台包含 35 个大中城市的全面实施生育保险统筹的规划方案；各地社会统筹的试行方案不规范；由于受原有行政管理体制的影响，属地管理原则难以贯彻；生育保险基金提取率偏高，结余量过大，造成企业负担偏重，而生育保障水平又得不到满足，各地改革发展不平衡；等等。

（4）生育保险制度深化改革的具体措施。劳动部于 1997 年下半年相继下发了《转发国务院妇女儿童工作委员会（关于转发深入开展企业职工生育保险制度改革的会议纪要的通知）的通知》和《关于印发生育保险覆盖计划的通知》（简称《生育保险覆盖计划》），有针对性地制定了一系列解决难点问题的具体政策措施。第一，调整改革进度，制定覆盖计划。20 世纪末的改革要按照"区别情况、分类指导、逐步提高"的原则整体推进。要分步骤逐步实现覆盖计划，从国有企业、集体企业、股份制企业职工开始，逐步覆盖到整个企业职工直至个体工商劳动者及其帮工。第二，对已实行生育保险费用县（市）级社会统筹的地区，要求逐步向地市级统筹过渡。对尚未实行县（市）级统筹的地区，要求按照《生育保险覆盖计划》的要求，抓紧实施。第三，规范各地生育保险办法。要健全基本项目，调整待遇水平。要把计划生育工作纳入社会统筹项目中。要根据人力资源和社会保障部规定的缴费基数、缴费比例和给付标准修订生育实施办法。第四，降低基金提取率，压缩基金结存量，减轻企业负担。各地生育保险基金提取率原则上应控制在企业工资总额的 0.6%~1%。基金累计结余额原则上不得超过上年度实际支付生育保险基金总额的 30%。第五，要加快立法进度，完善法规体系。劳动部与卫生部、国家计划生育委员会等部门研究制定《生育保险医疗津贴支付标准》和《生育导致疾病的保险分类标准》。《生育保险条例》也在制定之中。各地要在建立和完善本地区生育保险制度的进程中，参与生育保险法规体系的建立。第六，加强生育保险的管理工作。要监控生育保险基金的运行分析，对参与生育保险的医疗服务机构进行考核和审查；建立健全参保企业育龄女职工的生育保险基础资料统计整理工作；建立年检制度，加强组织领导工作。

三、工伤保险

（一）工伤保险制度

我国的工伤保险制度建立于 20 世纪 50 年代初。实施以来，保障了职工的合法权益，对维持企业的正常生产和保障相关职工及其家庭生活发挥了积极的作用。但随着经济的发展和经济活动的多样化，经济体制及企业制度的变革，我国原有的工伤保险制度在许多方面都越来越不适应经济社会发展的需要，产生了许多问题。因此，自 90 年代开始，我国对工伤保险制度进行了改革，以期建立适应我国社会主义市场经济和充分保障职工合法权益的现代工伤保险制度。

1. 工伤保险制度的建立

1951 年 2 月，我国政府颁布《劳动保险条例》，标志着我国工伤保险制度的建立。此后，根据实际执行情况，多次做了修正，形成了我国社会主义计划经济体制下的劳动保险制度。其主要内容包括以下几个方面。

第一，工人和职员因工负伤，全部治疗费、药费、住院时的膳食费与就医路费，均由企业行政或资方负担。在医疗期间，工资照发。

第二，因工负伤致残，完全丧失劳动力退职后，饮食起居需人辅助者，发给本人工资 75% 的因工残废抚恤费，付至死亡时止。

第三，因工负伤致残，完全丧失劳动力退职后，饮食起居不需人辅助者，发给本人工资 60% 的因工致残抚恤费，付至恢复劳动能力或死亡时止。

第四，部分丧失劳动力尚能工作者，企业应给予适当工作，并按其残废后丧失劳动力的程度，发给本人残废前工资 5% ~ 20% 的因工残疾补助费，至退职养老或死亡时止。

职业病的确认，是实施工伤保险制度的一项重要工作。1957 年，卫生部制定和颁布的《职业病范围和职业病患者处理办法的规定》，首次将职业病伤害列入工伤保险的保障范畴，并确定了将危害工人、职员健康和影响生产比较严重，职业性比较明显的职业中毒、尘肺、职业性皮肤病等 14 种职业病正式列入职业病范围。并明确规定，患职业病的工人、职员，在治疗或休养期间及医疗终结确定为残废或治疗无效而死亡时，均按《劳动保险条例》有关规定作因工待遇处理。随后又将布氏杆菌病、煤矿井下工人滑囊炎、铅中毒、钩螺旋体病和接触炭黑引起的尘肺等纳入职业病范围。1958 年国务院颁布了《国务院关于工人、职员退休处理的暂行办法》，1978 年又颁布了《国务院关于工人退休、退职的暂行办法》等，这些政策法规中，对工人工伤保险待遇做了调整和提高。1987 年 11 月，卫生部、劳动人事部、财政部、中华全国总工会修订颁发了《职业病范围和职业病患者处理办法的规定》，确定了九大类共 99 种职业病。上述条例文件的颁布，确立了我国工伤保险制度的基本内容。

2. 我国现行工伤保险制度的主要内容

（1）工伤保险范围及其对象。现行工伤保险制度，是为了保障因工作遭受事故伤害或者患职业病的职工获得医疗救治和经济补偿，促进工伤预防和职业康复，分散用人单位的工伤风险。根据2003年国务院颁布的《工伤保险条例》的规定，中华人民共和国境内的各类企业和有雇工的个体工商户应当依照本条例规定参加工伤保险，为本单位全部职工或者雇工缴纳工伤保险费。中华人民共和国境内的各类企业的职工和个体工商户的雇工，均有依照本条例的规定享受工伤保险待遇的权利。

（2）工伤保险基金。第一，工伤保险基金的构成。工伤保险基金由用人单位缴纳的工伤保险费、工伤保险基金的利息和依法纳入工伤保险基金的其他资金构成。工伤保险费根据以支定收、收支平衡的原则，确定费率。国家根据不同行业的工伤风险程度确定行业的差别费率，并根据工伤保险费使用、工伤发生率等情况在每个行业内确定若干费率档次。第二，工伤保险费的缴纳。用人单位应当按时缴纳工伤保险费。职工个人不缴纳工伤保险费。用人单位缴纳工伤保险费的数额为本单位职工工资总额乘以单位缴费费率。工伤保险基金在直辖市和设区的市实行全市统筹，其他地区的统筹层次由省、自治区人民政府确定。跨地区、生产流动性较大的行业，可以采取相对集中的方式异地参加统筹地区的工伤保险。第三，工伤保险基金的管理。工伤保险基金存入社会保障基金财政专户，用于本条例规定的工伤保险待遇、劳动能力鉴定以及法律、法规规定的工伤保险的其他费用的支付。任何单位或者个人不得将工伤保险基金用于投资运营、兴建或者改建办公场所、发放奖金，或者挪作其他用途。工伤保险基金应当留有一定比例的储备金，用于统筹地区重大事故的工伤保险待遇支付；储备金不足支付的，由统筹地区的人民政府垫付。储备金占基金总额的具体比例和储备金的使用办法，由省、自治区、直辖市人民政府规定。第四，工伤保险基金支付。我国目前工伤保险基金支付主要包括工伤医疗费、护理费、伤残抚恤费、一次性伤残补助金、残疾辅助器具费、丧葬补助金、供养亲属抚恤金及一次性工亡补助金。

（3）工伤认定。第一，职工有下列情形之一的，应当认定为工伤：①在工作时间和工作场所内，因工作原因受到事故伤害的；②工作时间前后在工作场所内，从事与工作有关的预备性或者收尾性工作受到事故伤害的；③在工作时间和工作场所内，因履行工作职责受到暴力等意外伤害的；④患职业病的；⑤因工外出期间，由于工作原因受到伤害或者发生事故下落不明的；⑥在上下班途中，受到机动车事故伤害的；⑦法律、行政法规规定应当认定为工伤的其他情形。第二，职工有下列情形之一的，视同工伤：①在工作时间和工作岗位，突发疾病死亡或者在48小时之内经抢救无效死亡的；②在抢险救灾等维护国家利益、公共利益活动中受到伤害的；③职工原在军队服役，因战、因公负伤致残，已取得革命伤残军人证，到用人单位后旧伤复发的。其他情形根据条例相关规定实行。

（4）工伤保险待遇。第一，职工工伤医疗待遇。职工因工作遭受事故伤害或者患职业病进行治疗的，享受工伤医疗待遇。职工治疗工伤应当在签订服务协议的医疗机构就医，情况紧急时可以先到就近的医疗机构急救。治疗工伤所需费用符合工伤保险诊疗项目目录、工伤保险药品目录、工伤保险住院服务标准的，从工伤保险基金中支付。职工住院治疗工伤的，由所在单位按照本单位因公出差伙食补助标准的70%发给住院伙食补助费；经医疗机构出具证明，报经办机构同意，工伤职工到统筹地区以外就医的，所需交通、食宿费用由所在单位按照本单位职工因公出差标准报销。工伤职工到签订服务协议的医疗机构进行康复性治疗的费用，符合工伤条例规定的部分，从工伤保险基金中支付。

第二，工伤职工配置辅助器具的规定。"工伤职工因日常生活或者就业需要，经劳动能力鉴定委员会确认，可以安装假肢、矫形器、假眼、假牙和配置轮椅等辅助器具，所需费用按照国家规定的标准从工伤保险基金支付"。

第三，工伤医疗期待遇规定。职工因工作遭受事故伤害或者患职业病需要暂停工作接受工伤医疗的，在停工留薪期内，原工资福利待遇不变，由所在单位按月支付。停工留薪期一般不超过12个月。伤情严重或者情况特殊，经设区的市级劳动能力鉴定委员会确认，可以适当延长，但延长期不得超过12个月。工伤职工评定伤残等级后，停发原待遇，按照有关规定享受伤残待遇。工伤职工在停工留薪期满后仍需治疗的，继续享受工伤医疗待遇。生活不能自理的工伤职工在停工留薪期需要护理的，由所在单位负责。工伤职工已经评定伤残等级并经劳动能力鉴定委员会确认需要生活护理的，从工伤保险基金中按月支付生活护理费。生活护理费按照生活完全不能自理、生活大部分不能自理和者生活部分不能自理三个不同等级支付，其标准分别为统筹地区上年度职工月平均工资的50%、40%或者30%。

第四，工伤补助金标准。职工因工致残被鉴定为一级至四级伤残的，保留劳动关系，退出工作岗位，享受以下待遇：①从工伤保险基金中按伤残等级支付一次性伤残补助金，其标准为，一级伤残为24个月的本人工资，二级伤残为22个月的本人工资，三级伤残为20个月的本人工资，四级伤残为18个月的本人工资。②从工伤保险基金中按月支付伤残津贴，其标准为，一级伤残为本人工资的90%，二级伤残为本人工资的85%，三级伤残为本人工资的80%，四级伤残为本人工资的75%。伤残津贴实际金额低于当地最低工资标准的，由工伤保险基金补足差额。③工伤职工达到退休年龄并办理退休手续后，停发伤残津贴，享受基本养老保险待遇。基本养老保险待遇低于伤残津贴的，由工伤保险基金补足差额。职工因工致残被鉴定为一级至四级伤残的，由用人单位和职工个人以伤残津贴为基数，缴纳基本医疗保险费。职工因工致残被鉴定为五级、六级伤残的，享受以下待遇：①从工伤保险基金中按伤残等级支付一次性伤残补助金，其标准为，五级伤残为16个月的本人工资，六级伤残为14个月的本人工资。②保留与用人单位的劳动关系，由用人单位安排适当工作。难以安排工作的，由用人单位按月发给伤残津贴，其标准为，五级伤残为本人工资的70%，六级伤残为本人工资的60%，并由用人单位按照规定为其缴纳应缴的各项社会保险费。伤残津贴实际金额低于当地最低工资标准的，由用人单位补足差额。经工伤职工本人提出，该职工可以与用人单位解除或者终止劳动关系，由用人单位支付一次性工伤医疗补助金和伤残就业补助金。具体标准由省、自治区、直辖市人民政府规定。职工因工致残被鉴定为七级至十级伤残的，享受以下待遇：①从工伤保险基金中按伤残等级支付一次性伤残补助金，其标准为七级伤残为12个月的本人工资，八级伤残为10个月的本人工资，九级伤残为8个月的本人工资，十级伤残为6个月的本人工资。②劳动合同期满终止，或者职工本人提出解除劳动合同的，由用人单位支付一次性工伤医疗补助金和伤残就业补助金。具体标准由省、自治区、直辖市人民政府规定。工伤职工工伤复发，确认需要治疗的，按照有关条例规定执行。职工因工死亡，其直系亲属按照下列规定从工伤保险基金中领取丧葬补助金、供养亲属抚恤金和一次性工亡补助金：①丧葬补助金为6个月的统筹地区上年度职工月平均工资。②供养亲属抚恤金按照职工本人工资的一定比例发给由因工死亡职工生前提供主要生活来源、无劳动能力的亲属。其标准为配偶每月40%，其他亲属每人每月30%，孤寡老人或者孤儿每人每月在上述标准的基础上增加10%。核定的各供养亲属的抚恤金之和不应高于因工死亡职工生前的工资。供养亲属的具体范围由国务院劳动保障行政部门规定。③一次性工亡补助金标准为48个月至60个月的统筹地区上年度职工月平均工资。具体标准由统筹地区的人民政府根据当地经济、社会发展状况规定，报省、自治区、直辖市人民政府备案。伤残职工在停工留薪期内工伤导致死亡的，其直系亲属享受本条第一款规定的待遇。一级至四级伤残职工在停工留薪期满后死亡的，其直系亲属按照有关规定可以享受相应待遇。职工因工外出期间发生事故或者在抢险救灾中下落不明的，从事故发生当月起三个月内照发工资，从第四个月起停发工资，由工伤保险基金向其供养家属按月支付供养亲属抚恤金。生活有困难的，可以预支一次性工亡补助金的50%。职工被人民法院宣告死亡的，按照本条例第37条职工因工死亡的规定处理。

（5）《工伤保险条例》还规定了经办机构应履行的监督管理职责，并就条例实施过程中法律责任的划分进行了具体规定。

（二）中国工伤保险制度的改革

我国工伤保险制度自实施以来，在对因工受伤职工提供医疗、收入补偿和抚恤方面，起到了较大的保障作用。但由于传统的工伤保险制度是在20世纪50年代建立和发展起来的，并一直延续至今，已经不能适应我国经济发展和企业运作的要求。

（1）传统工伤保险制度的弊端。第一，传统工伤保险的实施范围只限于国有和集体企业职工，不能维护所有劳动者的基本权益。改革开放以来，外资企业、私营企业、乡镇企业迅速发展，在这些企业就业的劳动力所占比例逐步提高。但同时，一些相关的劳动条件、管理设施、安全措施并没有同步完善。一旦发生工伤事故，基本上没有工伤保险制度加以保障，劳动者的权益难以维护。第二，工伤保险基本上就是"企业保险"，社会化程度较低，没有体现分散风险的社会保险原则。一旦发生特大事故，企业不堪负担，甚至会破产，既不利于保障职工的基本权益，也不利于企业的生存和发展。第三，待遇标准偏低，有些企业的工伤职工和遗属处境艰难。现行的伤残死亡待遇，基本上还是20世纪五六十年代的标准，计发基数按标准工资，而现在企业的标准工资只相当于收入的一半，因而伤亡抚恤待遇更低。随着生活水平的上升，物价的上涨，如果不建立正常的调整机制，提高待遇标准，工伤职工及其家庭的基本生活将难以维持。第四，工伤认定及评残的标准和程序不健全。劳动能力鉴定机构不健全，使工伤鉴定及处理缺乏统一程序。工伤处理工作往往由企业来承担，不规范因素增强。处理不当，还会出现"闹工伤"事件，不利于企业和社会的稳定发展。第五，传统的工伤保险缺乏工伤预防机制，也没有与职业病的康复有机结合，工伤保险工作只限于事故后的赔偿，没有兼顾工伤保险制度与安全生产和职业康复的相互促进,不利于贯彻"安全第一,预防为主"的安全方针。第六,工伤保险费率机制不甚合理。差别费率和浮动费率机制还没有完全形成,因而达不到费率与风险相关联的目的,其结果必然使工伤保险与促进安全生产相结合的机制不能充分发挥作用。第七,工伤保险的法律体系不够健全,立法工作存在严重的滞后性。第八,工伤保险管理缺乏有效的监督机制。第九,工伤保险改革进展缓慢。因此,改革我国的工伤保险制度,是贯彻实施《中华人民共和国劳动法》、保障职工合法权益、促进安全生产的需要,也是促进社会主义市场经济发展的需要。

(2)工伤保险改革的目标和原则。1993 年,党的十四届三中全会通过的《中共中央关于建立社会主义市场经济体制若干问题的决定》中提出了要"普遍建立企业工伤保险制度"。1994 年 7 月颁布的《中华人民共和国劳动法》规定:"国家发展社会保险事业,建立社会保险制度,设立社会保险基金,使劳动者在年老、患病、工伤、失业、生育等情况下获得帮助和补偿。""劳动者在下列情形下,依法享受社会保险待遇:退休、患病、负伤、因工伤残或者患职业病、失业、生育"。以上规定的制定,为工伤保险制度的改革提供了政策和法规依据,从而开始了我国工伤保险制度的改革进程。经过多年的摸索和实践,根据我国经济社会发展和企业的现实情况,我国确立了工伤保险制度改革的目标,即建立与社会主义市场经济体制相适应的,覆盖所有企业各类职工的,将工伤保险和工伤、职业病预防相结合的工伤保险制度。

在工伤保险制度改革过程中,主要遵循了以下原则。第一,根据我国社会生产力发展水平和各方面的承受能力,确定工伤保险待遇标准,使之能够保障工伤职工和遗属的基本生活需要。同时考虑到地区间的经济发展不平衡,国家规定基本待遇标准并建立正常的调整机制。企业实行补充性工伤保险或职工互助性工伤保险。第二,工伤保险制度必须适用于城乡所有企业及劳动者。工伤保险要保障劳动者的基本权利,特别是职业伤害补偿权利。第三,工伤保险实行社会统筹,设立工伤保险基金,对工伤职工提供经济补偿和实行社会化管理服务。第四,工伤保险与事故预防、职业康复工作相结合。工伤保险的目的不仅在于为工伤职工提供保障和补偿,更重要的是积极预防工伤,减少职业伤害。同时,做好医疗康复、职业病康复工作,帮助工伤职工恢复功能并能从事适合其身体状况的工作。第五,工伤保险的法制化和规范化。必须按照法律条例的具体规定,以市(地区)为基本统筹管理单位,规范、有序地处理工伤事故。

在上述改革目标和原则的指导下,我国的工伤保险制度在 20 世纪 90 年代进行了较为彻底的改革。1996 年 3 月,国家技术监督局颁布了《职工工伤与职业病致残程度鉴定标准》,使工伤鉴定更加规范化,也更加科学化。1996 年 8 月,劳动部又发布《企业职工工伤保险试行办法》,它第一次把工伤保险作为独立的制度加以法规化并予以实施,对我国实施几十年的原有工伤保险制度做了较为彻底的改革,明确了我国工伤保险制度的体系和改革方向,提出了我国工伤保险的内容和任务是工伤预防、工伤康复和工伤补偿的有机结合。《企业职工工伤保险试行办法》使我国工伤保险制度更加规范、更加适应现阶段社会经济条件和企业的实际,对伤残职工的保障范围和水平也有了较大幅度的提高。2003 年 4 月,国务院颁布的《工伤保险条例》包括总则、工伤保险基金、工伤认定、劳动能力鉴定、工伤保险待遇、监督管理及法律责任等内容。相比 1996 年颁布的《企业职工工伤保险试行办法》,《工伤保险条例》在许多方面取得了突破,如进一步扩大了覆盖范围,对医疗待遇进行了调整,加强了工伤医疗管理的具体规定。它的颁布标志着我国工伤保险制度的日趋规范。2004年6月,劳动和社会保障部又颁布了《关于农民工参加工伤保险有关问题的通知》,要求各级劳动保障部门切实维护农民工的权益,农民工参加工伤保险"认定难、赔付难"的困难局面有望得到改善。

(三)中国工伤保险制度的发展和完善

我国工伤保险制度从新中国成立之初建立,经历了几十年的发展。1996年的《企业职工工伤保险试行办法》的颁布,建立了我国工伤保险制度的基本框架,而2004年1月1日起实行的《工伤保险条例》,又在工伤保险制度的具体内容上做了十分具体的规定。从《工伤保险条例》的内容来看,它十分具体地规定了保险范围、待遇标准、管理机制等内容,对工伤保险制度的实施制定了十分详尽的制度和政策规定。它一方面强调了工伤保险制度的规范性,同时也透出了一种十分明显的制度设计理念,即坚持以工伤赔偿为主的理念来确立工伤保险制度。这样的设计理念从目前来看,有它得以存在的社会经济基础。因为目前我国工伤保险制度还未实现从企业自保向社会保险的完全转移,可以说工伤保险制度还未完全确立,在全国各地区经济发展差距较大的状况下,一些劳动力资源过剩、经济水平比较落后的地区并不注重劳动力的保护,更缺乏相应的工伤预防、康复机制的建立。在这样的经济社会发展阶段,确定以工伤赔偿为主的制度选择,比较有利于工伤保险制度的明确性和政策目标的集中性,同时又能比较集中和有效地解决最现实、最核心的工伤赔偿问题,保障劳动者的合法权益,促进工伤保险制度在实施中不断完善和规范。《工伤保险条例》的制度规定,较之1996年的《企业职工工伤保险试行办法》有了明显的发展。

第一,在工伤保险覆盖范围方面有了扩展,不仅对企业职工的工伤保险做出了规定,还对于非企业单位职工的工伤保险做出了规定,如国家机关和依照或参照国家公务员制度进行人事管理的事业单位、社会团体的工作人员的工伤保险办法,其他事业单位、社会团体以及各类民办非企业单位的工伤保险办法,无营业执照或者未经依法登记、备案的单位以及被依法吊销营业执照或者撤销登记、备案的单位的职工受到事故伤害或者患职业病后的赔偿办法,用人单位使用童工造成童工伤残、死亡的赔偿办法等都做出了原则性的规定。第二,细化并明确了劳动能力的鉴定等级及工伤补助金的待遇等级。第三,详细规定了工伤保险各职能部门的职责范围,并从法律责任的角度进行了规范和明确。第四,整个条例规定具体、明确,更具有可操作性。《工伤保险条例》与《企业职工工伤保险试行办法》相比较,也存在其不足的方面,主要表现在条例缺乏对工伤预防和职业病康复的具体规定。

从目前工伤保险制度的发展来看,预防工作以及康复工作已成为工伤保险制度非常重要的组成部分,一些发达国家在20世纪60年代就在法律条文、规章制度等方面实施预防和康复工作,并建立了事故预防和康复机构。我国经济社会发展在各地区间十分不平衡,针对经济社会发展水平较为落后的地区,强调以工伤赔偿作为制度设计的主要内容是无可非议的，但对于一些经济社会发展水平较高的城市和地区，应该鼓励强调工伤保险制度的完整性，并及早实现与国际社会保障发展制度的接轨。因此，我国工伤保险制度还不能仅仅停留在工伤赔偿的层面，而应实现工伤赔偿、工伤预防以及康复工作的全面发展，真正保障劳动者的合法权益，促进劳动力的持续发展。具体来说，应做到以下几点：第一，应继续扩大工伤保险的实施范围，建立广泛适用的社会化的工伤保险制度；第二，加快费率征缴机制改革，认真严格执行差别费率制和浮动费率制，高风险多缴费，低风险少缴费；第三，加快法制步伐，加大监督力度。应加快《中华人民共和国安全生产法》及《工伤保险条例》的制定步伐，使工伤保险可依法具有更高的权威性和强制力；第四，完善"预防-保险（补偿）-康复"相结合的工伤保险体系。

▶本节拓展材料

推荐阅读书目

董拥军.2012.我国社会保障支出对效率与公平影响的实证分析.成都：西南财经大学出版社

吕学静.2013.社会保障国际比较.北京：首都经济贸易大学出版社

推荐阅读材料

《公共政策与社会保障案例分析》一书，由黄晓勇著述，社会科学文献出版社出版。该书立足于公共管理领域的前沿问题，既是公共政策与社会保障的"案例与分析"，又是解决相关问题的"对策与建议"。研究成果紧密结合作者所在部门的管理实际，既充分发挥了作者多年从事相关工作、具有丰富实践经验的优势，又充分展示了他们运用公共管理理论和方法解决现实问题的能力。

资料来源：http://baike.baidu.com/view/2714534.Htm

第七章　社会保障基金管理

> **本章主要内容：**
> ● 社会保障基金筹集与支付
> ● 社会保障基金管理

本章从社会保障的筹集预支付和社会保障基金管理等方面讲述社会保障管理的基本内容和实施模式。通过对本章的学习，掌握社会保障管理职能方面的基本知识，把握我国社会保障管理体制中目前存在的问题及其改革方向和内容。

第一节　社会保障基金筹集与支付

一、社会保障基金的含义和特征

社会保障基金是指为了保障社会成员在丧失劳动能力或失去劳动机会时的基本生活需要，在国家立法的强制规定下，通过向社会成员及其所属单位征收社会保障费用或由国家财政直接拨款而形成的一种基金。社会保障基金的基本内容主要包括四个方面，即基金筹集、基金运行、基金支付和基金监管。

根据基金的用途来分，社会保障基金可以分为社会保险基金、社会救济基金、社会福利基金和社会优抚基金。社会保险基金可分为养老保险基金、医疗保险基金、失业保险基金、工伤保险基金和生育保险基金；社会救济基金、社会福利基金和社会优抚基金也可以分为若干个子基金。根据基金的调剂范围来分，社会保障基金可以分为社会统筹基金和个人账户基金。各种社会保障基金的来源渠道是很不相同的。社会保险基金一般来自于个人和所属单位缴纳的保险费和政府的财政支持，社会救济基金一般来自于国家或地方财政，社会福利基金主要来自于国家财政及社会、单位和个人的捐助。其中社会保险基金影响面最大，它是国家通过立法对全体社会成员强制实行的一种机制，任何单位和个人都必须无条件地根据国家规定承担社会保险费用（税或费），并享受有关社会保险待遇。因此，社会保障基金是实现社会保障目标的经济基础，它同样具有强制性、互助性、保值性和增值性等特征。

二、社会保障基金的筹集

（一）筹集原则

一是收支平衡原则，即在筹集资金时，应保持基金收入和基金支出的平衡。由于社会保障基金是实现社会保障目标的经济基础，因此，只有遵循这一原则，才能使整个社会保障机制真正发挥作用。

二是公平原则，即在筹集资金时，应保证资金分担的公平性。因为实现社会公平是社会保障的最终目标，所以，在筹集资金时，必须遵循这一原则，否则会事与愿违。

三是效率原则，即在筹集资金时，应保证社会经济运行的效率性。社会保障与经济发展既具有互相补充的功能，又存在着基本矛盾。在筹集社会保障基金时，必须以不损害经济发展或有利于发展经济为前提条件。

四是稳定原则，即保证筹资模式、筹资比例在一定时期内的稳定性。通过实施社会保障制度来实现社会公平是国家的一项长期性政策，这就需要社会保障基金在筹集方面也应该遵循这一原则。

（二）筹集模式

1. 单位全部缴纳

这种筹集模式以工伤保险为代表。在工伤问题上，各国都采用"无过失原则"，即无论造成工伤的原因在哪里，劳动者都应该得到补偿。

2. 政府财政全额拨款

这种模式往往存在于实行税收方式的国家，这些国家征收社会保障税或直接税，社会保障待遇的资金全部来自国家财政。这种模式往往仅强调政府应该承担保障全体社会成员生活的义务，而忽视个人贡献，并具有容易造成国家财政负担过重的弊端。

3. 个人全部缴纳

采用这种模式的国家以新加坡和智利为代表。这种模式实际上是一种强制的个人储蓄方式，与银行储蓄有一点相似，但两者之间的区别在于银行储蓄是一种任意行为。这种模式强调和鼓励个人贡献，在这一点上，与政府财政全额拨款模式有着本质的区别。

这种模式的优点在于一般不会发生国家财政负担过重的状况。

4. 单位与个人共同缴纳

在这种模式中，社会保障尤其是社会保险所需要的资金完全依靠单位和个人缴纳的社会保障费用，但各国单位与个人的缴费比率则很不相同。例如，在中国的养老保险制度中，单位的缴费比率远远高于个人的缴费比率，但是在日本的厚生养老保险制度中，单位与个人的缴费比率是相同的。

5. 国家、单位与个人三方共同负担

许多国家尤其是发达国家基本上都采用了这种模式。在社会保障资金负担方面，这种筹集模式既强调国家责任，又重视个人及其所属单位的贡献。这实际上体现了社会保障既是政府行为，又是个人应尽义务的特征。实践证明，这种模式最具有合理性，而且也最具有可行性。

（三）社会保障费用的征收方式

任何一个国家在采用某种社会保障行政管理模式时，首先面临的一个问题是如何决定社会保障费用的征收方式。社会保障费用的征收方式一般可分为税收方式和保险方式两种。一般来说，对社会保险以外的社会保障领域都实行税收方式；在养老、医疗、失业、工伤、生育等社会保险项目中，有些国家实行保险方式，有些国家则实行税收方式。税收方式是通过国家征税，把征收的税金作为社会保障基金的来源，其特征是在实施对象上具有广泛性和普遍性。采用税收方式的社会保障制度的实施对象一般是社会全体成员，并且在支付标准上具有统一性。征收的税种又可以分为一般税和目的税，一般税是指所得税、企业税等，目的税是指社会保障税。保险方式是通过征收保险费来满足社会保障基金的支出资金，事前缴纳保险费是领取保险金的一个前提条件；换句话说，不缴纳保险费的人没有领取社会保险金的资格。在这一点上，保险方式与税收方式有着本质的区别。这两种方式各有利弊，从理论上无法判断哪一种方式更具优势。一个国家一定要根据本国的实际情况来选择采取税收方式还是保险方式。税收方式的优点在于社会保障的资金来源容易得到保障，这是因为征税相对来说具有更强的法律约束力；它的弊端在于容易造成国家财政负担过重，这是由社会保障支付水平提高所造成的。保险方式的优点在于一般不会造成国家财政负担的增加，这是因为支付标准往往根据缴纳水平来决定；它的缺点在于容易形成社会保障基金短缺的情况，这是因为在法律约束力上，保险费的征收不如征税更具约束力，征收保险费相对比较困难。正由于这两种方式各有利弊，因此，从各国实施社会保障制度的实际情况来看，大多数国家都采用了税收方式与保险方式相结合的方式，即混合型方式。具体来说，在实行社会保障制度时，向个人与单位征收保险费的同时，国家从财政中拿出一部分资金来资助社会保障基金。当然，无论是一个国家或地区的总社会保障水平，还是每个社会保障项目的支付水准，其管理都要受到以下这些因素的影响。

（1）经济发展程度。一个国家社会保障水平的高低，最终取决于本国的经济发展程度。这是因为社会保障基金是否充裕决定了社会保障的支付水平，社会保障基金的来源不外乎是国家财政拨款、单位和个人缴费（税），经济发展水平则是决定国家财力和单位与个人缴费（税）能力的主要因素。这也是发达国家的社会保障水平普遍高于发展中国家的一个根本原因。

（2）人口结构。一个国家的人口结构，即儿童、青年与老年三者的比例，也是制约社会保障水平高低的一个重要因素。这是因为，老年人在人口总数中所占的比例越高，社会保障支出总额必然会越大；中青年人数的相对或绝对增减都意味着整个社会负担社会保障费用能力的增强或减弱。目前，人口的老龄化和少子化是困惑社会保障制度改革的一个决定性因素，各国为了解决人口老龄化问题，采取了各种各样的社会保障制度改革措施。因此，人口结构的变化同样会影响到社会保障基金的收入和支出，最终在一定程度上决定社会保障水平的高低。

（3）政治体制。一个国家的政治体制是在一定程度上决定该国社会保障制度发展及其社会保障水平的一个因素，这一点在多党竞选制的西方发达国家中表现得更为明显。在这些国家的总统或议员竞选中，经济政策和社会保障政策一直成为选举的两大焦点，而且与经济政策相比，选民更关心的是候选人所提出的社会保障政策，这是因为社会保障政策直接涉及选民的自身利益。参加竞选的各党派和各候选人为了赢得选民的支持，往往在竞选纲领中提出实施高水平社会保障的口号。并且，在当选后，为了实现事前提出的诺言及为下一次竞选打下良好的基础，他们有时会在忽视本国或本地区经济和社会发展水平的情况下，制定和实施高水平的社会保障政策。因此，在这些国家，时常会出现社会保障水平脱离本国实际情况的现象。

（4）价值观念。价值观念也是影响社会保障水平的一个因素。例如，美国在经济上是一个超级大国，但其社会保障水平应该说不如其他发达国家，其原因在于美国在保障国民生活的价值观念上与其他发达国家很不相同。由于美国在整个社会和经济生活中崇尚自由与竞争，因此，强调国民的生活保障首先应该通过个人努力来实现，并且在设计社会保障制度时，也非常注重自由与竞争，尽量把这种价值观念纳入社会保障制度之中。这也是美国社会保障制度区别于其他发达国家社会保障制度的一个重要特征。

▶本节拓展材料

第二节　社会保障的基金管理

一、社会保障基金的风险特征

建立社会保障制度的目的之一就是帮助社会成员应付各种经济风险，社会保障基金是实现这个目的的经济基础。但是，由于社会保障基金具有长期性和规模大等特征，因此，其本身面临着以下一些风险。

（1）通货膨胀风险。通货膨胀对社会保障基金的风险，是指由于物价上涨而造成社会保障基金的实际价值下降。由于社会保障基金具有积累的长期性，因此，在这个长期积累过程中，一旦该国或该地区发生通货膨胀，社会保障基金的实际价值就会下降。关于这一点，在养老保险基金中表现得最为明显。

（2）投资运行风险。社会保障基金既然具有长期性和规模大这一特征，就有必要实现基金的保值和增值。如果实现了这一目标，社会保障就更能发挥其作用；否则，就很难实现其既定目标。但是，在社会保障基金投资运行过程中，由于主观因素（投资决策失误、投资组合选择不合理等）和客观因素（宏观经济环境的变化、利率变动、政策变化等），可能会造成投资运行的收益性差。这种不确定性就是社会保障基金的投资运行风险。

（3）偿付能力不足风险。社会保障费用的征收状况不佳、投资运行的收益性差、缴费水平的提高速度低于支付水平的上升幅度等因素，都会造成社会保障基金收支不平衡。这种收支失衡会产生社会保障基金偿付能力不足问题，导致无法实现社会保障所追求的目标。

二、社会保障基金的投资运行

（一）社会保障基金的投资运行原则

任何基金的投资运行都应该遵循安全性、收益性和流动性的原则，但由于社会保障的性质和目标，决定了社会保障基金投资运行原则的顺序应该是安全性、收益性和流动性。具体来说，在保证社会保障基金投资运行安全的基础上，提高其收益，最后才满足其流动性的要求。

1. 安全性原则

社会保障基金投资运行的安全性是指低风险，许多国家或地区往往采取以下一些措施来保证这一目标的实现：第一，分散投资，以便于降低其投资运行风险；第二，在投资组合中限制高风险金融工具的投资比例，并保证低风险金融工具的投资比例；第三，重视投资的长期性，在整个投资金额中，中、长期投资工具往往占到较高比重。

2. 收益性原则

社会保障的最终目标决定了必须注重社会保障基金投资的收益性，并且社会保障基金自身存在着一定的风险，如通货膨胀等因素，也要求社会保障基金投资保证一定的收益性。为了保证较高的社会保障基金投资的收益性，许多国家或地区都采用以下两个措施：第一，在投资组合中，保证一定比例的高风险性投资工具；第二，在决定投资组合时，必须适当考虑并选择一些相对风险高但稳定性又较强的投资工具。

3. 流动性原则

社会保障项目的多样性和一些社会保障项目支付的即时性，要求社会保障基金投资遵循流动性原则。不同的社会保障项目对其基金投资流动性的要求也有所不同。例如，养老保险基金对投资的流动性要求比较低，医疗保险基金对投资的流动性要求则相对高一些。而且，不同的投资工具在流动性上存在着很大的差异。这就要求在决定社会保障基金投资时，必须对流动性高和流动性差的金融工具进行一定的组合，即在投资组合中，既要保证一定比例流动性高的金融工具，也要选择一定比例流动性差的金融工具。

（二）社会保障基金的运作方式

许多国家或地区在决定社会保障基金的投资运作方式时，都遵循多样化原则，其目的是在避免高风险的同时，能够取得较高的收益。但是，各种投资工具所占的比例在各国之间差异很大，这与该国或地区社会保障的基本理念、资本市场的完善程度以及社会保障基金的监管体制有着密切关系。社会保障基金的运作方式主要有以下五种。

1. 购买国债

购买国债是一种各国普遍采用的运作方式，因为该种运作方式具有低风险的特征。在投资组合中，各国往往对它规定一个下限，即规定一个不得低于某一规定的投资比例。但是，这种运作方式在存在低风险特征的同时，也具有收益性差的弊端。

2. 银行储蓄

银行储蓄也是各国普遍采用的一种运作方式，因为该种运作方式也具有低风险的特征。在投资组合中，各国也往往对它规定一个下限。当然，这种运作方式也具有收益性差的弊端。

3. 购买企业债券

购买企业债券也是许多国家或地区普遍使用的一种运作方式。这种运作方式具有稳定的收益性和较高的风险。企业债券的利率一般高于银行利率和国债利率，但其风险也大于前两者。与购买股票相比，购买企业债券具有较低风险和较差收益的特征。这种运作方式要求该国或地区具有比较完善的资本市场。

4. 购买股票

购买股票是一种高风险伴随高收益的运作方式。虽然目前许多国家或地区都采用了这种运作方式，但都显得比较谨慎。因为股市中潜伏着较高的风险，一旦出现股市暴跌，就会给社会保障基金带来很大风险，容易造成社会保障基金入不敷出，无法实现社会保障的最终目标。这种运作方式也要求该国或地区具有比较完善的资本市场。

5. 直接投资

一般来说，直接投资也是一种高风险伴随高收益的运作方式。直接投资一般可分为以下两种：一是直接创办经济实体，通过经营公司得到回报，从而创造出社会保障基金的投资价值。二是直接投资于基础设施，如公路、机场等的建设。这种投资虽然周期长，但会得到稳定的长期效益；当然，其风险也较大。

三、社会保障基金管理模式

（一）社会保障基金的财务方式

1. 现收现付制

现收现付制是支付所必要的费用，在当时通过从现役劳动者那里收保险费来解决的一种方式。

现收现付制具有以下三个优点：第一，容易保证国民的生活水平。这是因为在现收现付制下，事前决定的支付水平通常考虑到当时国民的生活水平。第二，容易应付通货膨胀与利率所带来的风险。这是因为在这种模式下没有社会保障基金积累或者积累值很少，基本上不存在基金贬值和收益性差这种问题。第三，再分配功能强，具有代际间收入再分配的功能。同时，现收现付制具有以下两个缺点：第一，难以应付人口老龄化的挑战。这是因为由于现收现付制的实质是一种下一代人扶养上一代人的制度，其供养水平直接受到两代人人口比例关系的影响，如果供养一代人的规模相对较小，被供养一代人的规模相对较大，将使供养一代人的平均负担加重。第二，容易使国家财政负担加重。这是因为在这种模式下，当社会保障基金入不敷出时，往往最终由国家财政来承担责任。

2. 完全积累制

完全积累制又称基金制，是把将来支付所必要的费用通过征收保险费预先进行积累的一种方式。完全积累制具有以下四个优点：第一，容易应付人口老龄化所带来的风险。因为在这种机制下，不存在代与代之间的收入再分配，从而不受代与代之间人口比例的影响。第二，具有激励机制。因为在这种机制下，国民容易了解和接受自己工作时所缴纳的费用将用于自己未来消费的这种做法，因此，容易激励国民积极缴纳费用。第三，促进资本市场与国民经济的发展。因为在完全积累制下，会形成大量而长期的积累资金，其中，大部分积累资金会进入资本市场，从而会增加资本市场上的资金供应量。第四，不容易增加国家财政负担。因为在这种机制下的支付水平取决于缴费比率和投资运行的收益性，不容易出现基金入不敷出的情况。但同时，完全积累制具有以下四个缺点：第一，容易受通货膨胀和利率的影响。这是因为，在完全积累制下，积累了大量的资金，容易受到物价和利率的影响而产生贬值。第二，不容易保障国民生活而无法实现社会保障目标。这是因为在这种机制下的支付水平取决于缴费比率和投资运行的收益性，往往会发生其支付水平低于国民所必要生活水准的情况。第三，容易受到资本市场完善程度等因素的影响。这是因为社会保障基金在资本市场上进行投资运作的收益大小将在很大程度上取决于资本市场的完善程度。第四，社会互济性差。这是因为在完全积累制下，不存在代与代之间的收入再分配；并且，在个人账户下，不存在不同收入阶层之间的收入再分配。

部分积累制的本质是现收现付制与完全积累制相互结合的一种方式，它既具有部分现收现付制的成分，也具有一定的积累制成分。目前，许多发达国家和发展中国家都采用这种方式。这种方式在一定程度上具有现收现付制和完全积累制两者的优点，又在一定程度上能够克服两者的缺点。但是，从理论上来讲，这种方式很难发挥两者的优点，同样也很难克服两者的缺点。究竟采取哪一种方式，将取决于这个国家或地区的具体情况。

（二）社会保障基金的管理模式

根据给付方式和缴费方式的不同，社会保障基金管理模式又可以分为给付确定制（defined benefit，DB）和缴费确定制（defined contribution，DC）。

1. 给付确定制

这种模式是根据社会平均工资水平和生活水准等因素预先确定社会保障支付水平，然后再确定社会保障的缴费（税）水平。在给付确定制下，社会保障基金的筹集模式往往采用现收现付制。给付确定制具有以下四个特征：一是容易保障国民的基本生活。这是因为在这种模式下，在确定社会保障支付水平时，首先已经考虑到了国民的基本生活水平、工资收入水平和物价等因素。二是政府承担最终责任。这是因为在给付确定制下，实际上很难精确估计将来的支付水平，往往会发生偏差，由于预先承诺了给付水平，一旦发生社会保障基金收支入不敷出，其最终责任将由政府来承担。三是容易增加国家财政负担。这是因为为了维持事前确定的给付水平，必将增加国家财政负担。四是容易享受社会和经济发展所带来的成果。这是因为在确定其支付水平时，把这一因素也已经考虑进去了。

2. 缴费确定制

这种模式预先确定缴费水平，然后再根据社会保障基金积累和投资收益情况确定其给付水平。缴费确定制一般与完全积累制和部分积累制相联系。与给付确定制相比，缴费确定制具有以下四个特征：第一，不容易增加国家财政负担。这是因为当社会保障基金出现入不敷出时，往往通过提高缴费（税）比率来解这个问题，所以，这种模式有时具有国民个人自担风险的特征。第二，不容易保障国民的基本生活。这是因为在社会保障基金积累和收益状况不佳时确定的支付水平，往往难以满足国民的基本生活需求。第三，透明度高。这是因为在这种模式下，国民个人缴纳的社会保障费用于自己，不存在代与代之间的再分配，而且强调权利与义务对等，容易被国民所接受。第四，支付水平与基金积累多少有关。这是因为社会保障的支付水平是根据积累的多少来确定的，而积累的多少取决于缴纳费用的多少和投资运作的收益性。

四、社会保障基金监督管理

1. 社会保障基金监管的内涵和外延

社会保障基金监管是指国家授权专门机构根据国家法律对社会保障基金征收、投资运行及支付整个过程进行监督和管理。其目的是确保社会保障基金的正常、稳定运行。社会保障基金监管的首要任务在于确保社会保障基金的安全运行，保证社会保障政策最终目标的实现。由于社会保障基金监管机构责任重大，因此，必须通过国家立法赋予社会保障基金监管机构较高的独立权限，避免受各种部门及各级地方政府的干预。社会保障基金监管是否有效，取决于监管制度建立的合理性和监管决策的正确性，以及监管人员的素质水平。根据各国的经验，社会保障基金监管一般包括机构控制、财务控制、会员控制和待遇支付控制等部门。机构控制部门负责社会保障基金运行机构的选择和资格认定，根据法律、法规对社会保障基金运行机构实行有效的监管。财务控制部门负责制定社会保障基金的投资组合限额、收益限额、保障条款等，其监管目的在于保证基金财务稳定运行。会员控制部门主要负责国民转移个人账户及有关索赔事务。待遇支付控制部门的主要职责是对社会保障待遇支付水平的计算与核查进行监管。

2. 社会保障基金监管的内容

社会保障基金监管的主要内容包括两个部分：一是建立和完善社会保障基金投资运行的各项规则和准则及运行机构的资格认定，如投资组合规则、基金分散化规则、信息披露规则等；二是通过各种具体的监管方式和手段，监督和检查基金运行机构是否遵循上述各项规则和准则。

（1）社会保障基金投资运行机构的资格认定。社会保障基金投资运行机构一般可以分为政府集中管理的运行机构和私营的、分散化的基金管理机构以及受委托的现有金融保险机构。对这些运行机构尤其是对后两者，必须完善审批手续和资格认定程序，从而保证社会保障基金投资运行的正常和稳定。社会保障基金投资运行机构与社会保障管理机构有着严格的区别。前者负责基金的投资运行，从而保证基金的保值和增值；后者仅仅负责基金的征收、基金的保管和基金的支付等。

（2）社会保障基金投资规则体系的健全。为了达到社会保障基金投资运行的安全性、收益性和流动性要求，许多国家制定了基金投资组合规则，基本上可以分为以下三类：第一类是美国、英国和加拿大等国家，这些国家要求基金运行机构遵循谨慎原则选择投资工具，即强调社会保障基金的投资运行机构有责任像对待自己的资产一样，谨慎地为社会保障基金选择一个最有效的投资组合，因此，对社会保障基金的投资组合没有严格的限制。第二类是欧洲大陆国家，这些国家对社会保障基金的投资组合做出了一定的限制，即对高风险的投资工具规定一个上限，对低风险的投资工具规定一个下限。第三类是拉美国家和东欧国家，这些国家对社会保障基金的投资组合做出一个比欧洲大陆国家更为严格的限制，并对高风险和低风险的投资工具分别做出上限与下限的规定。伴随着社会保障制度的改革，社会保障基金的投资组合限制正在不断突破风险与收益的单一投资组合，向综合投资组合方向发展。具体来说，在决定社会保障基金的投资组合时，不仅要考虑收益与风险之间的单一关系，而且还要考虑不同年龄层次的国民具有不同风险偏好这个因素，如年轻人喜欢高收益和高风险，老年人则具有低风险、高流动性的偏好。

3. 社会保障基金监管的模式

国际社会对社会保障基金的运营监管主要有两种模式：①审慎性监管。监督机构较少干预基金的日常活动，只是在当事人提出要求或基金出现问题时才介入，在很大程度上监管机构依靠审计、精算等中介组织对基金运营进行监督。②严格的限量监管。监管机构独立性强，权力较大，除了要求基金达到最低的审慎性监管要求外，还对基金的资产结构、运作和绩效等具体方面进行了限制性的规定。监管机构根据这些规定，通过现场和非现场监管的方式密切监控基金的日常运营，一旦出现问题马上采取行动。究竟采用何种监管模式，完全取决于该国或地区的政治体制、经济发展水平及资本市场的发育程度。在发达国家，一般要求基金管理机构遵循谨慎原则从事社会保障基金的管理工作，限制往往比较少，采用审慎监管。而在发展中国家，由于基金的监管体系不健全等原因，一般对社会保障基金管理机构控制得比较严格，采用严格的限量监管。

4. 社会保障基金监管的法律体系

社会保障基金监管的法律体系一般包括三个层面的内容。

一是宪法层面，这是社会保障基金监管的法律体系中最高的一个法律层面。在许多国家的宪法中，都明确规定享受社会保障待遇是国家赋予每个公民的一项基本权益，实际上从法律上间接地规定了社会保障基金监管的地位、作用等。宪法中虽然规定了一定的内容，但往往是比较原则性的内容。

二是社会保障法层面。许多国家都颁布了社会保障法，在这个法律中通常都明确规定社会保障基金监管的性质、具体内容等。这个法律层面所规定的内容要比第一法律层面更加明确而具体，具有一定的操作性。

三是社会保障基金管理或者监管方面的法律法规，这是三个法律层面中最低的一个层面，但也是社会保障基金监管中最具有操作性的一类法律。这是因为，在这类法律中都详细而具体规定社会保障基金监管机构的设置、监管的主要内容以及监管体系的建立等。

在这三个层面的法律体系中，宪法是最为基本的法律体系，其他两个层面的法律内容都是根据宪法制定的，不能违反宪法的规定，因此，宪法是其他两个层面法律制定的基础。而社会保障法在地位上虽低于宪法但又高于社会保障基金管理法规或者社会保障基金监管法规，它是第三层面法律制定的基础，即根据社会保障法来制定社会保障基金管理或者监管方面的法律法规，后者在内容上要与前者保持一致。

5. 社会保障基金监管的组织体系

社会保障基金监管的组织体系包含两个层面：一是内部监管，它又包括行政监管和财务监管，是第一层面的监管组织体系；二是外部监管，它又包括金融审计监管和社会监管，是在内部监管组织体系的基础上的第二层面的监管组织体系。而且，必须把这两者结合起来一起使用，形成一个既有分工又相互联系的综合性监管组织体系。

行政监管是社会保障基金监管机构依靠行政和法律等手段对社会保障基金管理运行情况进行的一种监管，主要是由监管社会保障基金的管理服务机构对基金管理的运行过程中进行监管，有如下管理形式：第一，它属于一种内部监管；第二，它是内部监管中的第一层次监管；第三，它通常是一种事中和事后监管。

财务监管是指社会保障基金监管机构通过财务内部控制制度对社会保障基金管理运行情况进行的一种监管。与其他监管活动相比，社会保障基金财务监管具有以下三个特征：第一，它属于内部监管；第二，在整个监管体系中，它是第二层次的监管；第三，它是一种全过程的监管，社会保障基金监管体系中的其他监管基本上属于事后监管和事中监管，而财务监管则既是事后监管，又是事前和事中监管。

金融审计监管是金融、审计机构依法对社会保障基金管理运行情况进行的一种监管，它是偏重于资金和财务方面的一种监管。金融审计监管具有以下几个特征：第一，它属于一种外部监管；第二，它通常属于外部监管中的第一层次监管；第三，它不是一种事前监管，而是一种事中和事后监管。

社会监管又包括新闻媒体监管和社会公众监管，其中新闻媒体监管越来越受到各国的重视，并发挥着越来越大的监管作用。社会监管具有以下几个特征：第一，它的作用是其他监管手段所不能替代的；第二，这种监管具有公开性、透明性和公正性；第三，它是一种事前监管、事中监管和事后监管相结合的监管方式；第四，它属于外部监管中的第二层次监管。

综上所述，内部监管和外部监管各有利弊。内部监管尤其是财务监管是一种能尽早发现问题的有效手段，与外部监管相比，往往可以减少损失；但关键在于内部监管机制必须健全，而且必须实现有效的运作，只有这样，才能达到社会保障基金监管的目的。与内部监管相比，外部监管虽然是一种事中和事后监管，但在监管时往往比较客观和公正。所以，内部监管和外部监管必须结合起来形成一种既有分工又有密切联系的综合性监管机制。根据这一特征，社会保障基金监管的组织体系也必须包括内部监管的组织结构和外部监管的组织结构。

推荐阅读书目

郭士征. 2006. 社会保险基金管理. 上海：上海财经大学出版社

林义. 2012. 社会保险基金管理. 第二版. 北京：中国劳动社会保障出版社

推荐阅读材料

Hinz R，Mataoanu A. 2004. Understanding international practice in pension supervision. Working Paper，The World Band

Hinz 先生是世界银行社会保险基金监管知名专家，该文对国外养老保险基金监管的理论与实践进行了比较系统的分析，提出了养老保险基金监管的主要模式、运行机制、约束条件及有关欧美国家实施基金监管的经验教训，是深入研究社会保险基金管理的重要文献，指出了国际社会保险基金监管研究的发展方向。

资料来源：林义. 2012. 社会保险基金管理. 第二版. 北京：中国劳动社会保障出版社

第八章　其他保障制度

本章主要内容：
- ●住房保障制度
- ●社会救助与最低生活保障制度
- ●社会福利制度
- ●慈善事业

通过本章学习，掌握住房的社会保障功能，认清我国住房社会保障发展历程，熟知世界住房保障的主要模式，把握我国住房保障模式的改革，了解多层次住房保障体系的构建。

第一节　住房保障制度

一、住房的定义

住房是供人们居住用的房屋建筑，是人类生活最基本的物质前提之一，是按照用途划分的房地产的重要构成部分，是一种价值最大、最重要、最基本的生活和生存耐用品。住房作为居民生活的基本消费资料，是人们的立足之地、栖身之所，是人类生存、发展和享受所必需的基本要素之一，是人们安居乐业和社会稳定的关键所在。在现代社会，居住状况已成为衡量居民生活质量的重要标志。

二、住房的功能及属性

住房的几千年变迁反映了人类社会经济文化发展的漫长历史过程。随着住房的不断改进和演变，住房的功能也在不断拓展。

首先，住房具有生活资料功能。住房作为生活必需品之一，最基本的功能是满足居住需要的生活资料功能。该功能包括两个方面：一是满足人们最基本的生存需要；二是满足人们居住生活的享受需求。住房需求贯穿于人的整个生命，人类有房可住，才能生存。"居者有其屋"，就是要实现这种最基本的居住需要。随着社会经济文化的发展和收入的增加，住房的享受资料功能日益上升到主要地位。人们不仅要有房可住，而且要住得舒服，享受居住生活的乐趣。

其次，住房具有资产功能。住房具有双重属性，既是生活资料，又是不动产，价值量大，使用年限长，是良好的保值、增值的投资品。与居民家庭的其他耐用品相比，住房具有很高的价值性。居民购买住房既是消费行为，又是投资置业行为。购房者不仅从中获得居住享受的权益，还可以在未来获得住房的增值收益。由于住房的资产功能，消费者在买进住房后，可以通过出租、转售、抵押、典当等方式，从中获取收益。

最后，住房具有文化艺术功能。住房是社会经济文化综合的结晶，也是一种文化艺术的象征，可以反映不同国家、地区和民族在不同历史阶段的建筑文化和人民的生活方式、居住习惯和居住文化的特点。不同时代、不同风格的住房建筑，构成独特的造型艺术，类似凝固的音乐，甚至成为可供人们欣赏的旅游胜地。

住房不同于一般意义上的商品，它比其他商品有更深刻的内涵。因此，住房除了具有多重功能外还有多重属性。住房具有自然和社会两大属性。

住房的自然属性包括：①不可移动性。住房是占用一定土地和空间资源而建成的不动产，其空间位置是固定的，不能通过位移调剂不同地区之间住房供求数量的余缺。②耐用性。住房是最具有耐耗性的物品，房屋一经建成，即使是普通的砖瓦也可以使用数十年。③异质性。任何住房都可能由于坐落位置不同、建筑面积不等、建筑风格各具特色、新旧程度不一样、产权性质存在差异等原因而具有异质性的特点，在住房市场上不可能有完全一样的住房。

住房的社会属性是商品，住房具有一般商品的共性特征。同时，由于资源稀缺，生产过程中资本、劳动投入较多，住房具有价值高、生产周期长及使用寿命长等特点，具有一些特殊的社会属性：①高价值性。无论从单个家庭还是从一个国家来看，住房的价值都高于一般商品或财产的价值，住房是绝大部分家庭中价值比重最大的财产。②供给有限性。房屋可以无限制建造，但可供建筑房屋的土地是不可再生的，这决定了住房供给具有有限性的特点。③长期性。住房的开发、建设、流通和消费过程较长，住房的开发建设从获取土地到开发建设直至房屋建成，一般历时两年左右；由于住房的价值量大、价格高，消费者在购买时都要经过一番慎重考虑和比较；同时，土地的物理性能可以永久使用，房屋建筑物的使用寿命大大高于其他耐用消费品。④投资与消费的双重性。住房既可以用于居住，即用于生活消费，也可以用于投资租赁，以达到保值、增值的目的。住房既是一般消费性商品，同时也是资本性商品。对住房需求者或购买者来说，如果购买房屋只是为了满足起码的个人生存建筑空间的需要，住房是一种消费性商品；如果购房者是出于营利目的，将购买的房屋用于出租或在二级市场上再转让以获取收益，此时住房就表现出资本性商品的特征。⑤产权的可分割性。住房产权是由一系列权利组成的，这些不同的权利可以同时分属于不同的产权主体，由不同的权利人支配。

住房商品的上述特点决定了住房市场有其独特之处。住房市场上的价格构成、交易手段以及供求平衡的实现条件比一般市场要复杂得多，并表现出以下特征：住房市场的有限开放性，住房市场的地域性、层次性和价格差别性，住房市场交易是非物流的交易，住房市场上投资性和投机性同时存在。

这些特征决定了政府对住房市场的关注和调节必然大于一般市场。一般情况下，在市场可以发挥功效、可以自发调节的场合，政府会放手给企业以自由竞争的机会；但在市场不能有效配置资源或无法保证公平的情况下，政府则会利用职权发挥调节市场的作用。为了纠正市场失灵，提高住房资源的使用效率，改善社会分配的公允性，以维护社会的稳定，促进社会经济的发展，政府往往要对住房市场进行干预。这种干预是政府根据本国社会经济的宏观目标，通过行政、法律、经济等手段对整个住房市场的供求状况进行控制和调节的方法，也是国家住房政策在住房市场中的具体实施过程。国家干预市场的目的在于指导市场行为，一方面刺激住房建设的发展和居民消费的增加，另一方面又要帮助中低收入者在各种优惠的政策指导下取得自己的住房，从而体现社会的公平性并实现住房资源的有效利用。

由于各国经济发展水平、文化背景各不相同，政府对住房市场进行干预的方向、目标和手段各不相同。世界上大多数市场经济国家对住房市场干预的一个共同点是，为解决好中低收入家庭的住房问题建立了相关的住房政策和住房保障制度，通过对住房市场的干预，扩大市场供求，使中、低收入家庭得到各种补贴，提高他们的住房支付能力，并且建立社会性的住房保障体系，以显示社会的公允性。

三、住房问题的本质

从本质上讲，住房问题从质量和数量两个方面反映了人们对居住这一人类基本需求的满足状况。在以住房市场为基础的住房分配和供应体系中，人们对于住房质量和数量的满足程度取决于其对住房的支付能力，因此，住房的价格和住户的支付能力始终是住房问题的核心。住房消费本质上是一种商品性消费，同时又有一定范围的社会保障性。住房的商品属性要求实现住房的生产经营商品化，住房的分配、流通、消费市场化，住房的管理市场化、专业化、社会化，住房资源的配置市场化。同时，由于住房是价值量大的超耐用消费品，购买或租赁都要花费较大代价，低收入者按市场价格购买或租赁住房难以胜任，因此，需要政府将实现"居者有其屋"、保持社会稳定作为宏观调控的目标，制定住房社会保障政策，采取低息贷款、房租补贴、廉租屋等措施，帮助中低收入者解决住房困难问题，使中低收入者也能得到满足基本生存需要的住房保障。住房所具有的社会保障属性决定了即使在发达的市场经济国家住房也有其福利性的一面。社会主义经济的本质更决定了我国各级政府必须把解决居民住房问题作为社会发展的重要目标，将中低收入者的住房保障问题作为社会保障的重要组成部分。

四、住房保障的内涵

住房保障是由政府和社会为负担起给所有社会成员提供最基本的居住条件的责任而举办的社会保障项目，是由政府作为责任主体，以解决国民住房困难和改善住房条件为目的，具有经济福利性的国民居住保障系统。它是一种在住房领域实行的社会保障制度，其实质是政府利用国家和社会的力量，通过国民收入再分配，为特殊阶层家庭（在多数情况下是低收入家庭，但是某些条件下也包括低收入家庭）提供适当住房，保障居民的基本居住水平。住房保障具有以下内涵。

1. 住房保障的责任主体是政府

住房保障制度是一项重要的社会政策，政府担负着促进社会全面发展和保障全体居民基本权利实现的职责，理应成为构建住房保障制度的主体。具体而言，住房保障的基本目的是维持社会安定和维护基本人权，这是一项具有广泛社会功能的活动，必须由社会的集中代表，即政府承担其职能。同时，住房保障覆盖面广，支出成本巨大，土地稀缺，项目周期长，住房困难人口众多，这些问题非某个社会阶层或社会成员所能应付，只有政府才有能力调动全社会的资源。

2. 住房保障的目标是满足特殊阶层基本居住需要

以中低收入者为主体的特殊阶层难以仅仅依赖市场机制来解决自身的住房需求问题，必须借助政府和社会的力量，去解决住房问题或改善其居住条件。市场和政府都是住房的配置力量，两者应各负其责，政府主要通过住房保障制度来解决中低收入家庭的居住问题。在实践中，对特殊阶层人群的界定很难达到统一，因此导致了许多地区保障性住房分配不公平的争议。

3. 住房保障实施的保证和依据是保障立法

住房保障制度是一项靠法律支撑的正式制度，需要具备有效的法律支持，从法律上规定住房保障的不同对象及住房保障措施，严格规定住房保障对象的进入、退出管理办法，规定保障措施根据社会经济发展和保障对象收入水平变化进行调整的程序，以保证住房保障运作的制度化和规范化。我国在 2008 年 11 月将《住房保障法》列入十一届全国人大常委会五年立法规划，住房和城乡建设部住房保障司负责该法的起草工作。

五、住房保障的特性

从发达国家的经验来看，住房保障具有如下一些特性。

1. 政府的干预性

住房保障是政府从社会保障的角度，为体现公平原则，以政府投资为主，由政府或其委托的机构兴建并向社会提供公共住房，是政府以实物或货币形式进行社会再分配的一种方式。为此，公共住房的开发、建设、分配、消费和管理，住房保障的实施，都必须有政府的介入。

2. 需求对象的有限性

住房保障的目的是解决低收入家庭的居住问题。从住房需求者的角度看，主要是政府给低收入阶层供应住房。住房保障是为了解决低收入阶层居民的居住问题而实施的一种综合性的普遍保障，虽然其实施范围面向社会全体居民，但必须符合法律规定要求的居民，才可以按照规定标准享受保障。

3. 经营目的的非营利性

住房保障是一项社会政策，其运作不以营利为目的；公共住房建设和经营的基本原则也不以营利为目的，在实际运行中往往还存在亏损，需要政府政策性补贴。

4. 价格的低廉性

在住房保障中，政府所提供的公共住房主要面对低收入家庭，是低于市场价格租售的住房，其差价主要源于政府在土地供应、房租和税收等方面的政策性补贴。

5. 保障性质的复杂性

住房保障对象的复杂性及具体保障方式的不同，使住房保障兼有社会保险、社会救济、社会福利及社会优抚等多种性质。

近年来，我国不少城市为解决低收入家庭的居住问题，在建立区域性住房保障体系方面进行了积极探索。作为社会保障的一个重要内容，住房保障除具有社会保障的一般特征之外，在我国现阶段还具有其自身特点。

首先，实物性与货币性相结合。其他社会保障都是以货币性为主的，而住房保障既可以由政府以实物（住房）的形式向低收入阶层提供，又可以以发放住房补贴等货币化方式为低收入阶层进行住房补助。

其次，以地方政府为主，鼓励其他社会力量参与。我国各地经济发展水平相差较大，相应的住房标准、价格水平及个人收入水平也有较大差距，因此，由中央统一制定住房保障制度具体政策和标准并不合适，只能由地方政府依据中央的宏观政策要求制定适合本地特点的具体政策、法规和标准，以地方政府为主，鼓励其他社会力量参与。

最后，低标准特点。与其他社会保障制度相类似，按照"效率优先、兼顾公平"的基本原则，对低收入阶层的住房保障只能是低标准的，往往是确定低收入者的衡量标准后，向符合标准的低收入者出租已有的低标准住房，或向低收入者提供低标准住房补贴。

六、住房保障制度改革

1. 改革历程

中国的住房保障政策是在住房商品化和住房制度改革的过程中不断发展和完善的，经历了从补贴出售、优惠出售到提租补贴、公积金制度与廉租房建设的演变过程，包含了丰富的内容。城镇住房保障制度的改革阶段如下。

第一阶段：探索和试点阶段（1978～1990年）。

1978年邓小平提出了关于住房制度改革的问题。1988年2月出台的《国务院关于印发在全国城镇分期分批推行住房制度改革的实施方案的通知》是我国第一个关于住房制度改革的法规性文件，标志着住房制度改革进入了整体方案设计和全面试点阶段。在这一阶段，主要的改革措施包括：①建房政策。②公房出售政策。③补贴出售公有住房政策。④新、旧公有住房优惠出售政策。1988年有关部门提出不发放住房补贴，各地大力推进现有公有住房的优惠出售工作。由于许多住房以不到重置价的15%甚至5%的价格出售，引来各方非议，因此此项工作在1988年年底即告停止。⑤鼓励自建住房政策。⑥提租补贴改革政策。

第二阶段：全面推进和配套改革阶段（1991～1993年）。

1991年，城镇住房制度改革取得了重大突破和实质性进展，进入了全面推进和综合配套改革的新阶段。1992年2月，国务院正式批复了上海市的住房制度改革方案；同年5月，上海市实行了"五位一体"的住房制度改革实施方案。

1991年6月《国务院关于继续积极稳妥地进行城镇住房制度改革的通知》提出：①合理调整现有公有住房的租金，有计划有步骤地提高到成本租金。②出售公有住房。今后，凡按市场价购买的公房，购房后拥有全部产权。③实行新房新制度。凡住房迁出腾空的旧公有住房（不包括互换房），应视同新建公有住房，实行新制度。④住房建设应推行国家、集体、个人三方面共同投资体制，积极组织集资建房和合作建房，大力发展经济实用的商品住房。⑤通过多形式、多渠道筹集住房资金，各级人民政府要切实做好住房资金的转化，建立住房资金。⑥发展住房金融业务。⑦加强房地产市场管理。⑧在同一市、县内的住房制度改革政策、办法和实施步骤应当统一。⑨军队的住房制度改革，原则上应与地方同步进行。⑩住房制度改革涉及面广、政策性强，是一项长期的工作。⑪各省、自治区、直辖市人民政府要按照本通知的规定，因地制宜，分散决策，抓紧实施方案。

2. 经济适用房建设

经济适用房是指政府提供政策优惠，限定建设标准、供应对象和销售价格，具有保障性质的政策性商品住房。经济适用住房要严格控制在中小套型，中套住房面积控制在80平方米左右，小套住房面积控制在60平方米左右。确定经济适用住房的价格应当以保本微利为原则。《经济适用住房管理办法》规定，集资、合作建房是经济适用住房的组成部分，其建设标准、优惠政策、上市条件、供应对象的审核等均按照经济适用住房的有关规定执行，集资、合作建房应当纳入当地经济适用住房建设计划和用地计划管理。经济适用房与商品房的差异主要表现在房屋的售价、销售对象、所有权及法律法规保障体系等几个方面。

3. 廉租房政策

目前，廉租房构成了我国公共住房的主要供应来源。廉租房制度主要包括如下内容：①城镇最低收入家庭廉租房保障方式应当以发放租赁住房补贴为主，实物配租、租金核减为辅。租赁住房补贴，是指政府向符合条件的申请对象发放补贴，由其到市场上租赁住房；实物配租，是指政府向符合条件的申请对象直接提供住房，并按照廉租房租金标准收取租金；租金核减，是指产权单位按照当地政府的规定，在一定时期内对已承租公有住房的城镇最低收入家庭给予租金减免。②廉租房的来源。廉租房资金的来源主要包括：市、县财政预算安排的资金，住房公积金增值收益中按规定提取的城市廉租房补充资金，社会捐赠的资金，其他渠道筹集的资金。实物配租的廉租房来源主要包括政府出资收购的住房、社会捐赠的住房、腾空的公有住房、政府出资建设的廉租房和其他渠道筹集的住房。实物配租的廉租房来源应当以收购现有旧住房为主，限制集中兴建廉租房。实物配租需要面向孤、老、病、残等特殊困难家庭及其他急需救助的家庭。③廉租房并非终身制。对家庭收入连续一年以上超出规定收入标准的，取消其廉租房保障资格，停发租赁住房补贴，或者在合理期限内收回廉租房，或者停止租金核减。

总之，我国当前的住房社会保障制度主要由住房公积金制度、经济适用房制度和廉租房制度三部分构成。这个制度体系对于支持城镇中低收入居民解决住房问题起到了一定的作用。但是，住房公积金制度存在着拉大居民收入差距，"劫贫济富"的问题；经济适用房引发、滋生了腐败现象；廉租房因资格规定得过于苛刻，受众面过窄，也受到指责。

▶**本节拓展材料**

第二节　社会救助与最低生活保障制度

一、社会救助

在现代国家中，一个公民最基本的权利——生存权，毫无疑问是必须得到国家和社会保证的。因为在一个国家工业化、现代化的过程中，人们传统的自给自足的生产方式和生活方式被破坏，因而导致了一部分人陷入贫困。一般认为，在造成贫困者困境的原因中，社会因素大于个人因素。所以，对于国家和社会来说，社会救助是它们义不容辞的社会责任，这种责任或义务通常用国家立法的方式加以确认；对于每一个公民来说，社会救助是他们应享的受法律保护的基本权利。

社会救助作为社会保障中一个相对独立的内容，是产生最早的社会保障项目，所以，社会救助隐含着丰富的历史文化内涵。

（一）社会救助的内涵和外延

社会救助是社会保障中历史最悠久的项目，但是，到目前为止，国际上对社会救助尚未有严格、公认、明确的定义。可能的原因包括：首先，社会救助项目的复杂性和多变性超出我们的想象，致使我们难以如定义社会保险那样给出明确的定义；其次，不同语言之间的转译难以做到精确、贴切，进一步加剧了这种复杂性。什么是社会救助？虽然学术界有不同的定义，但基本上大同小异，都把生活救助作为社会救助的主要内涵。强调救助是国家和社会的责任。因此，我们倾向于这样定义社会救助，即社会救助是指在公民因为各种原因导致难以维持最低生活水平时，由国家和社会按照法定的程序和标准向其提供款物接济和服务，以使其生活得到基本保障的社会保障制度；主要包括经常性的社会救助、灾害救助、临时性的救助。我们有必要强调一下"社会救助"与另一个类似的概念——"社会救济"的区别。在中国，政府为灾民或贫困人口提供实物或现金赈济的实践几乎贯穿了整个社会历史，也许是受到这种历史传统的持久影响的原因，"社会救济"的用法一直沿用至今，并常常见诸政府报告、新闻媒体及研究文献中。救济一词中所包含的传统的恩赐观念和被动性、随意性也被沿袭至今。救助意指一种长期持续以救困助危为目的的政府行为，是一种积极的减贫政策，而救济则是一种临时短暂的，以行善施舍为目的的政府或民间行为，体现的是一种消极的积德行善和救苦救难的慈善心怀。采用社会救助来替代社会救济，这绝对不是文字游戏，而是对政府和市民权责分配以及制度设计和安排的重新认识。社会救助的特点包括以下几个方面。

1. 权利与义务的不对等性

在现代社会保障体系中，社会保险强调权利与义务相结合，即受保人必须缴纳一定的保险费而后才能享受社会保险的待遇，社会福利在许多国家也开始收取廉价的费用。而社会救助在各国及历代社会都是无偿的，它由国家或社会单方面供款，享受者并不需要先尽缴费义务。只要符合救助条件，即有权利享受救助待遇。因此，社会救助不要求权利与义务的对等，对接受者而言，是单方面的权利；对提供者而言，又是单方面的义务，这种权利义务关系通常由法律加以规范。这是社会救助制度的基石，是社会救助区别于其他社会保障制度的重要标志。

2. 救助对象的选择性

救助对象由法律规定，只有符合条件且真正陷入生活困境的社会成员才有资格享受救助。在我国，城市社会救助、农村社会救助、自然灾害社会救助分别有着各自特定的救助对象，这既不同于社会保险项目实施对象的法定成员资格，也区别于社会福利项目在适用范围方面人人有份的普惠性。

3. 救助标准的最低保障性

为防止和减少救助对象依赖社会救助的问题，其保障水平低于社会保险和社会福利，只是最低生活保障。保障救助对象的最低生活水平，对因各种原因导致生活陷入困难的居民给予救助，其目的是维护和保障其基本生存权，帮助其尽快走出困境，树立起生活的勇气和信心，以增强体力、发展智力、延续生命，进而更好地实现物质资料生产和人类自身生产，推动社会的进步。也正因为如此，社会救助被人们称为整个社会保障体系中最后一张社会"安全网"。

4. 救助手段的多样性

在社会救助实践中，既可以采用实物救助也可以利用现金救助，既有临时应急救助又有长期固定救助，既有政府救助，又有民间救助。还有房屋救助、口粮救助、衣被救助、役畜救助、种子救助等具体救助形式。这种多样化、具体化、实物化的社会救助形式，正是作为最低层次社会保障的社会救助特征的体现，满足社会救助对象的最迫切的需要。在当今社会，享受社会救助是符合法定条件的社会成员的一项基本权利，而提供社会救助则成了国家和社会的应尽责任和义务，二者均受国家法律的规范。社会救助作为当代社会保障体系的基础型保障措施，与社会保险、社会福利等存在着并行发展、分工合作的关系。

（二）中国社会救助的发展

在中国传统社会，由于整个社会生产力发展水平低下，社会动荡不安，天灾人祸频频发生，存在着大批弱势人群。早在《周礼》中，就以儒家的"仁""孝"等信条对老者及鳏寡孤独的救助做出了指导性的规定。汉代以后，从平仓制度的设立到对年老、鳏寡、废疾及贫困之人的定期或不定期的物质赏赐，使国家对这些人的救助更加系统化。但是实际上，没有得到任何救助的人，往往比比皆是。1840年鸦片战争后，社会救济突破了古老的救荒和保息的模式，并向现代社会救助制度转化，即由仁政到国家社会政策、由恩赐到公民的权利、由随意行为到刚性行为。这主要表现为：1869年，清政府出台了《灾伤蠲赈办法》；1943年，国民政府出台了《社会救济法》。另外，带有西方色彩的红十字会、华洋义赈会等慈善机构的活动及其运作，在灾荒与战乱频繁的近代中国，在救助灾民和战争难民中作用突出。

新中国成立后，社会救助的发展大体可分为三个时期。

1. 传统社会救济时期：1949～1978年

这一时期社会救助的实施，主要是以1950年中央政府召开的中国人民救济代表大会，讨论建立社会救济制度，采取以何种救济方法解决战后大规模贫困问题为开端。随后我国建立了中国人民救济总会，由国家财政拨款拨物，针对国内生活水平低下，社会上数以千百万计的人面临着贫困、饥饿、瘟疫和死亡的威胁，在全国范围内进行了大规模紧急救助活动，以此来扩大党和政府的影响，稳定国民生活。1953 年国家召开了第三次全国城市社会工作会议，确立了"生产自救、群众互助，并辅之以政府的必要救济"的方针，之后国家又先后颁布了许多单行通知，在城市按不同对象确立了不同的救济标准，在农村实行了"五保户"制度。此时期的社会救济是国家通过系统的社会救助管理机构、社会团体，实施紧急救助、分类救助的原则，主要对鳏寡孤独、残疾人及生活困难户实施救助。在救助措施方面，对救助对象的施医和救济款的支付也相当有限。特别是"文革"期间救济款项不能完全得以落实，救济工作处于停顿状态。

2. 社会救济工作恢复和发展阶段：1978～1992 年

在 20 世纪 80 年代，中国社会救济工作的主要管理部门——民政部门在国家规定的职责范围之内，对社会救济工作进行了一系列的改革，主要包括救灾、救济、五保和扶贫四个方面。社会救助是中央和地方政府通过财政拨款，依法对特定的社会救助对象按规定向他们提供的社会援助。然而，改革后中国社会救济制度存在的问题却是：社会救助经费没有能够与国民经济的发展同步增长，社会救助标准也过低。

3. 社会救助制度的建立和发展阶段：1993 年至今

这一时期主要改革了以往的社会救济制度，建立了城乡居民最低生活保障制度。城乡社会救济工作主要是调整了社会救济的标准，探索改革了农村社会救济制度。在转轨时期，由于市场经济的冲击，为适应新的经济体制而设立的最低生活保障制度开始挣脱传统观念的束缚，向着现代意义上的社会救助制度迅速靠拢。经过十年多的磨合，这项制度在中国的社会和经济生活中已经发挥着很大的作用。从 2004 年开始，国家着手探索和建立以城市最低生活保障制度为主体，以优惠政策和临时救助制度为补充，与医疗救助、教育救助、住房救助等相配套的综合性社会救助体系，来实施为城市贫困居民解决更多的实际困难的战略性措施。

（三）社会救助的标准

社会救助的标准，也就是判断贫困的标准。关于贫困的划分，目前普遍的观点认为：贫困可分为相对贫困和绝对贫困，绝对贫困是指生活没有保障，依靠个人的合法劳动及其他诸如变卖财产、借款等方法仍不能满足衣、食、住、行的基本需求，再生产难以维持。相对贫困是指对于社会平均生活水平而言，处于社会最底层的人的生活状态。我们可以看出，相对贫困是一个主观性的判断。到底如何来判断贫困呢？目前，理论上与实际操作中有不少计算或测量贫困线的方法，这里介绍两种代表性的划分标准。

1. 贫困标准线法

这是一种收入比例法，这一方法是经济合作与发展组织（Organization for Economic

Cooperation and Development，OECD）提出的，以一个国家或地区的家庭中位收入或平均收入的 50%或 60%为贫困线，即一个家庭的收入低于全社会的中位收入或者平均收入的 50%或 60%，这个家庭就属于贫困家庭，应当得到救助。这种方法的最大优点是简单易行，并且反映了一定的贫困的相对性与地区差异性。其缺点是只考虑到收入水平而全然不顾个人的具体需求，虽然收入决定了一个人的消费支出，但是一些没有收入的人同样也有基本的需求，所以只是粗略地估计贫困状态，计算的贫困线是不准确的，而且以中位或平均收入的 50%或 60%来确定，这一标准本身也是值得怀疑的。在美国，联邦政府有两种衡量贫困的标准，一是贫困界线（poverty line），也叫做贫困水平线（poverty level）；二是贫困指导线（poverty guide line），有时叫做联邦贫困水平线（federal poverty level，FPL），但是，美国官方认为"贫困水平线"叫法是不准确的。贫困界线是指美国人口普查局测算出来的（最初是美国社会保障署的人员开发的），一年更新一次。贫困界线主要用于统计，如估计贫困人口数，或者说，官方公布的所有贫困人口数，都是根据贫困界线计算的，而不是根据贫困指导线计算的。贫困指导线是由联邦政府的健康与人力资源部（Department of Health and Human Services，DHHS）发布的，也是一年一次。贫困界线与贫困指导线的贫困标准基本上是一致的，但是二者之间也有一定的区别。第一，贫困指导线是贫困界线的简化版，主要用于行政管理，如确定联邦政府的某个社会救助计划的财政负担能力；第二，贫困界线是对当年贫困界限的界定，一般在当年的下半年发布。贫困指导线是对当年贫困救助工作的指导，所以，贫困指导线在当年年初发布。所以，"今年"的贫困指导线大约相当于"去年"的贫困界线。

2. 恩格尔系数法

19 世纪德国统计学家恩格尔（Robert F. Engel）在《萨克森邦的生产与消费》中根据统计资料，对消费结构的变化得出一个规律：随着家庭和个人收入增加，收入中用于食品方面的支出比例就越小，反之，则越大，这一定律被称为恩格尔定律（Engle law）（1821~1896 年），反映这一定律的系数被称为恩格尔系数（Engle's coefficient）。其公式表示为：恩格尔系数＝食品支出总额/家庭或个人消费支出总额×100%。联合国根据恩格尔系数确定了一个划分贫富的标准，这一方法操作比较简便，能反映一定的地区差异。但最大的缺点在于，所反映的贫困过于绝对，而且只是一种结果贫困，往往测算出的贫困线偏低。此外，国际上设定的恩格尔系数的 60%为贫困线，并没有在中国得到验证。

（四）灾害救助

自然灾害对一定区域的经济发展和居民生活会造成重大的伤害，并且在时间上具有突发性，所以，往往需要全社会给予及时的救助。

1. 灾害救助的概述

1）灾害救助的内涵和外延

灾害救助简称救灾，是一个内涵和外延都比较广泛的概念，是指国家和社会依法向因遭受自然灾害袭击而造成的生活贫困的社会成员提供一定的物质帮助，以保证其维持最低生活水平，帮助灾民确立自行生存能力的社会保障制度。现行的灾害救助内容有广义和狭义之分。广义灾害救助内容主要有：①紧急抢救，即在灾害发生后的危急关头，动员和组织一切力量抢救、转移受灾人民生命财产和国家财产，抢救受灾的农作物，抢救被灾害破坏的交通、供电、供水、通信等生命线工程，尽快恢复灾区的社会经济生活秩序；②安排灾民生活，即把抢救出来的灾民安置在安全地点，使他们有吃、有穿、有住、有医；安排好下一季农作物收获前灾民的生活，修复因灾倒塌的住房，使灾民安定生活；③恢复工农业生产和公益设施，重建因灾损毁的工商企事业单位、道路、电路、医院、学校及农田水利工程等；④扶持灾民发展生产，使灾民生产活动迅速地重新恢复到灾前水平，甚至有所提高。狭义的灾害救助则是指民政部门负责实施的灾害救助工作。民政部门实施的灾害救助工作的内容有七个方面：①掌握灾情，及时、准确、全面地掌握灾害发生发展变化情况、各种灾害损失的情况，因灾带来的生产、生活困难问题及解决的措施和效果，为开展救灾工作提供依据和参考。②组织紧急抢救、转移和安置灾民。③受理、发放和使用救灾款物，即利用国家安排的灾害救济预算，帮助灾民解决吃、穿、住、医方面的基本生活困难。④检查、督促国家生产自救、互助互济、救济扶持、灾后恢复重建等方面方针政策的贯彻执行情况。⑤发动、组织和指导有关救灾的社会互助互济活动；接收、分配、使用、管理国外援助和国内捐赠的救助款物。⑥解决好遗属遗孤和残疾人员的抚恤安置问题。⑦组织指导救灾扶贫工作，扶持灾民生产自救。我们这里主要探讨狭义的灾害救助。

2）灾害救助的特点

灾害救助的特点突出地表现在灾害救助内容的广泛性、灾害救助手段的多样性和灾害救助对象的复杂性。首先，灾害救助的内容具有广泛性。如上所述，灾害救助的内容既包括对人的救护，也包括对物的转移和保护；既包括对具体个人的救助，又包括对由人所组成的社会的救助；既包括对灾民身体的保护，还包括营造灾民生活所需的正常的心理世界。其次，灾害救助的手段具有多样性。救灾手段主要是指救灾措施，是将救助主体与受体联系起来的中介，是保证灾害救助目标实现的客观条件和可靠保证。灾害救助手段是多种多样的，概括起来主要是物质手段、精神手段和组织手段三种。这些手段直接决定着灾害救助是否成功以及成功的程度。构成灾害救助手段多样化特点的因素除了灾害救助手段的多样性外，还包括每一具体救灾手段的内容也是多种多样的。最后，灾害救助的对象具有复杂性。从宏观上分，灾害救助的对象是灾区的灾民和社会。灾民是复杂的，因为在灾害冲击下灾民平时的追求、乐趣、目标、心理、行为等都被打破或中断了，因此无论是心态，还是行为，都表现出异常复杂的特点。社会是关系的产物，在灾害情景下正常的关系受到冲击和影响，社会机体整合受阻，可能出现紊乱状态、社会控制能力降低等复杂的社会现象。因此对灾民的救助是比较复杂和困难的。

2. 我国灾害救助的形式

我国灾害救助的形式较多，并有多重分类标准。

（1）根据我国实施救助的主体划分，我国灾害救助的形式可分为国家救助、生产自救和互助互济三种形式。

第一，国家救助形式。国家有充分组织动员人力、物力、财力去抢救、急救灾区的权力和能力。在自然灾害救助方面，特别是当突发性特大灾害发生后，在短时间内组织大量的人力、物力、财力实施急救，这是其他任何群体或组织难以胜任的。只有国家才能组织调动大量的人力、物力、财力，有组织、有计划地实施救助。尤其在依靠群众、集体的力量，通过生产自救，仍有无法解决的困难时，国家要给予必要的救助和扶持，这是国家在救灾工作中发挥保障作用的具体体现。

第二，生产自救也是自然灾害救助的主体形式。由于我国人口众多，自然灾害频繁，损失巨大，而国家经济财力有限，不可能不分轻重缓急完全依靠国家对所有灾民实施救助；社会的发展对自然灾害救助提出了更高要求，不仅要保障灾民的基本生活水平需求，而且还要在短期内尽量缩小灾民在灾前和灾后生活水平的差距。可见，只有鼓励灾民生产自救才能很好地满足这一需求。一般来说，当灾区灾情稳定后，各级政府要立即号召、组织灾民生产自救。为了使灾民更好地开展生产自救，各级政府组织要尽可能地在资金、信息、技术等方面给予扶持或服务。生产自救，灾民既是受灾对象又是救助主体，而且生产自救作为自然灾害救助的主体形式，是最具有生命力和创造力的救助形式。

第三，互助互济形式。灾区之间、非灾区与灾区之间（包括城乡之间）展开互助互济、助人为乐活动，扶持灾区渡过难关。互助互爱、扶贫济困一直是中华民族崇尚的美德。中华人民共和国成立后，传统美德得以进一步弘扬。在救灾过程中，真正体现了"一方有难，八方支援"的社会新风尚。

（2）按照灾害救助的介入时机划分，我国自然灾害救助形式可分为灾中紧急救助、灾后生产自救和长期防灾减灾。

第一，灾中紧急救助，是指国家用救灾款物无偿帮助处于危急情况下的灾区群众解决临时生活困难的应急性救济。一般适用于发生洪涝、台风、地震、冰雹、滑坡、泥石流等灾害的大灾区。其目的在于，提供灾民临时性的吃、住和必要的衣被，以及伤病灾民的紧急医疗等，以避免灾民的非正常死亡，同时，还应尽量按基层原行政或经济体系实施救助。

第二，灾后生产自救。在第一种分类中已述。

第三，长期防灾减灾。防灾是人类社会减少自然灾害的重要措施和基础条件。防灾是抗灾、救灾的前期性工作，做好防灾工作，可以减轻灾情。从狭义上讲，防灾是指灾害发生之前采取的一系列防止灾害发生的措施。减灾是指通过一系列主动措施，减轻自然灾害所带来的生命财产破坏，以及由此引起的社会和经济的停顿。从广义上讲，防灾减灾不仅是指灾害发生之前，而且在灾害发生之后，为防止次生灾害和续发灾害发生而采取的一系列措施。其主要包括：兴修各种防灾工程和设施，建立灾害的监测、预报、报警系统，减灾科学技术的研究和应用。减轻自然灾害是一项系统工程，需要发挥科技的先导作用。防灾是手段，减灾是目的，两者在实践过程中，是一系列具体措施的延续。防灾和减灾是最积极的灾害救助手段，使那些本可能遭受生命财产损失的人免受损失。

（3）按照救助手段分类，自然灾害救助可分为实物救助、现金救助和服务救助。

第一，实物救助，是指国家或社会救助机构以发放实物的形式，帮助社会成员解除生存困境的一种救助手段。救助物资包括粮食、衣被、食品、餐具、建房材料、医药及中小农具、化肥等。

第二，现金救助。其特征是直接给被救助者发放现金，由被救助者根据自己的实际困难安排使用。在救灾实际工作中，主要的现金救助手段是定期救助，但临时救助中也常采用现金救助。

第三，服务救助，即提供满足灾民生存和基本生活需要的服务，如灾区医疗服务、防疫服务等；还包括一些灾民自我服务和相互服务，最典型的服务形式是以工代赈和互助互济。以工代赈是指由政府组织安排灾民或贫民兴修水利、堤坝、道路等工程，以给付工钱的方式帮助灾民和贫民渡过生活难关。

3. 我国灾害救助管理体制和工作程序

1）我国灾害救助管理体制

我国灾害救助管理体制包括领导体制和综合协调体制。我国自然灾害管理的基本领导体制是：党政统一领导，部门分工负责，灾害分级管理。在灾害管理的过程中，党中央、国务院统揽全局、总体指挥，地方各级党委和政府统一领导，各有关职能部门分工负责，强调地方灾害管理主体责任的落实，注重中国人民解放军指战员、武警官兵、公安干警和民兵预备役部队突击队作用的发挥。实行各级党委和政府统一领导的灾害管理体制，是我国多年成功的救灾经验，可以充分发挥我国的政治和组织优势，明确各级党政领导的责任，最有效地全面协调辖区内的各种救灾力量和资源，形成救灾的合力。民政部是我国救灾工作的主管部门，具体工作由内设的救灾救济司处理。救灾救济司的主要工作是：拟定救灾工作的方针、政策、规章并监督实施；组织、协调救灾工作；统一发布灾情，管理、分配中央救灾款物并监督检查使用情况；组织核查灾情、慰问灾民；组织和指导救灾捐赠；承担国内外对中央政府捐赠款物的接收和分配工作；承担国家减灾委员会办公室和全国抗灾救灾综合协调办公室的工作。我国自然灾害管理的综合协调体制如下：在国务院统一领导下，中央层面上设立有国家减灾委员会和全国抗灾救灾综合协调办公室等机构，负责自然灾害救助的协调和组织工作。这些协调机构既为中央灾害管理提供决策服务，也保证了中央灾害管理的决策能够在各个部门得到及时落实。在地方层面，则有各级自然灾害救助应急指挥部，负责组织指挥本地区的救灾应急工作。

2）救灾的工作程序

（1）灾害预警。各级职能部门根据各级有关部门发布的地质、气象、洪涝等自然灾害预警迅速及时将预警信息通报、公布、传达。相关部门和人员要做好相应准备。

（2）报灾。报灾是救灾工作的第一个环节，它是指灾区政府和业务部门向上级政府和业务部门报告灾害或灾荒情况。由于灾情人命关天，报灾强调及时、准确、全面、系统。

（3）计灾。掌握灾情，有许多具体内容需要用数字来反映，须制定一套统一的计灾标准。有了统一的计灾标准，就能准确地报灾、核灾。所谓计灾，就是按规定的计灾标准，准确统计灾情。计灾要合乎规定，逐项、细致、准确统计，意不漏项。在救灾工作中，灾情状况与救灾工作的效果往往是通过一系列的统计指标来反映，如受灾面积、受灾人口、因灾直接死亡人数、因灾房屋受损数等。

（4）查灾。查灾是指各级政府和业务主管部门调查了解灾区人民生活疾苦、检查自然灾害对人民生命财产造成的损失和因灾致荒等情况。

（5）核灾。核灾是指灾区政府和有关部门对灾害造成的实际损失和确切后果在检查落实后所做的定量分析，它以报灾为前提，以查灾为基础。核灾作为制定救灾救助方案、采取救灾救助措施的重要依据，关系到灾民救助问题和灾区社会稳定，应实事求是，坚持不拔高、不缩小的原则。

（6）救灾。经过灾区报灾、主管部门查灾、当地政府和上级主管部门核灾，就应对因灾陷入生活困境的灾民给予款物救助。紧急救助与报灾、查灾、核灾几乎同时进行，待灾情稳定或灾后则应转入正常救灾轨道。在救助中，由政府领导、民政部门主管；其经费主要来源于国家和地方财政拨款，亦可接受救灾捐赠，并发动灾区群众开展生产自救活动，帮助灾民解决生活困难。救灾作为国家的一项重要工作，其效果好坏直接影响着社会安定和国家经济建设，因此，务必及时并严肃纪律。我国是一个灾害频繁、损失严重的国家，灾害救助有着重要的作用。经过几十年的发展，我国的灾害救助取得了长足发展。在我国灾害救助体系建设上，中央制定了《国家自然灾害救助应急预案》和《民政部应对自然灾害工作规程》，目前，绝大多数的省、市、县级政府都制定出台了本级救灾应急预案，初步建立了全国的自然灾害应急预案体系。在此基础上，灾情信息网络、救灾物资储备和救灾装备等方面的建设工作得到了全面加强。覆盖到县的灾情信息网络系统已全面开通，提高了灾情信息报送时效。以国家设立的 11 个中央级救灾物资储备库为龙头，我国 31 个省（自治区、直辖市，不包括港澳台地区）和新疆生产建设兵团建立了省级救灾物资储备库，251 个地市和 1 079 个县（市）建立了相应的救灾物资储备库和储备点。全国救灾物资储备网络已初步形成。此外，救灾装备及救援设备也得到很大改善。建立了重大自然灾害综合协调机制，健全了灾害应急社会动员机制。

4. 国外灾害救助管理体制

由于自然灾害具有群发性、突发性、频发性和危害性，因此各国政府都非常重视灾害救助的管理工作，并形成了相应的管理体制。虽然各国灾害救助管理体制大不相同，但却有一些共同的特点和发展趋势：①最高层政府作为灾害救助管理的决策核心。政府的共同安全保障目标不再局限于保护公民的生命和财产，更涉及维护政府的执政能力、运行功能和公信力等。②统一指挥，加强协同成为灾害救助管理体制建设中的重点，从而在统一指挥下，各部门纵向能对接、横向能联动。③自上而下地逐步建立和完善各级政府的灾害救助管理机构。从中央到地方，逐步建立起不同级别的，专职专人的，具有综合性、协同性的管理职能机构。④灾害救助管理工作纳入政府管理职责，职能在常态和非常态间灵活转换。⑤提升和强化灾害救助管理机构的地位和权力，以保证高效权威运作。⑥小时调整灾害救助管理机构的模式和职能，以防止难以预料的灾害发生。

二、最低生活保障制度

城市最低生活保障制度是现代社会保障制度的一项制度创新，是城市社会救助的规范化和法制化的表现。

（一）城市最低生活保障制度的内容

英国的韦伯夫妇早在1890年就提出在全国范围内建立最低生活保障制度的设想。目前，发达国家都实施了最低生活保障制度。城市最低生活保障制度，是指共同生活在一个家庭的家庭成员人均收入低于当地城市居民最低生活保障标准的城市居民，均有从当地人民政府获得基本生活物质帮助的权利。在城市推行最低生活保障制度，城市政府因地制宜地制定当地最低生活保障线，按最低生活保障线实行救助，是中国现阶段城市社会救济工作的一项基本任务。中国1999年颁布实施的《城市居民最低生活保障条例》是实施城市最低生活保障制度的指导性法规，它规定了城市最低生活保障的主要内容。

1. 保障对象

《城市居民最低生活保障条例》规定："持有非农业户口的城市居民，凡共同生活的家庭成员人均收入低于当地城市居民最低生活保障标准的，均有从当地人民政府获得基本生活物质帮助的权利。"这里的收入，是指共同生活的家庭成员的全部货币收入和实物收入，包括法定赡养人、扶养人或者抚养人应当给付的赡养费、扶养费或者抚养费，不包括优抚对象按照国家规定享受的抚恤金、补助金。该条例同时规定，对无生活来源、无劳动能力又无法定赡养人、扶养人或者抚养人的城市居民，批准其按照当地城市居民最低生活保障标准全额享受；对尚有一定收入的城市居民，批准其按照家庭人均收入低于当地城市居民最低生活保障标准的差额享受。

2. 保障原则

城市居民最低生活保障制度遵循保障城市居民基本生活的原则，坚持国家保障与社会帮扶相结合、鼓励劳动自救的方针。

3. 保障标准

城市居民最低生活保障标准，又称为城市居民最低生活保障线，是国家为救济社会成员中收入难以维持其基本生活需求的人口而制定的一种社会救济标准。《城市居民最低生活保障条例》规定："城市居民最低生活保障标准，按照当地维持城市居民基本生活所必需的衣、食、住费用，并适当考虑水电燃煤（燃气）费用以及未成年人的义务教育费用确定。"为了使每个居民不至于在生活困难时处于无助的困境，这个标准的制定应当相当于或略高于最低生活需求标准，再加上社会发展状况和物价等因素，各地制定的低保标准的依据主要包括：①维持居民的最低生活需求所需要的物品的种类和数量；②生活必需品所需要费用；③市场综合物价指数，尤其是生活必需品的价格指数；④居民的平均收入和消费水平；⑤经济发展状况和财政收入状况；⑥其他社会保障标准。

直辖市、设区的市的城市居民最低生活保障标准，由市人民政府民政部门会同财政、统计、物价等部门制定，报本级人民政府批准并公布执行；县（县级市）的城市居民最低生活保障标准，由县（县级市）人民政府民政部门会同财政、统计、物价等部门制定，报本级人民政府批准并报上一级人民政府备案后公布执行。城市居民最低生活保障标准原则上"只升不降"，并在需要提高时重新核定。

4. 资金来源

《城市居民最低生活保障条例》规定："城市居民最低生活保障所需资金，由地方人民政府列入财政预算，纳入社会救济专项资金支出项目，专项管理，专款专用。国家鼓励社会组织和个人为城市居民最低生活保障提供捐赠、资助；所提供的捐赠资助，全部纳入当地城市居民最低生活保障资金。"

5. 运行程序

《城市居民最低生活保障条例》规定："申请享受城市居民最低生活保障待遇，由户主向户籍所在地的街道办事处或者镇人民政府提出书面申请，并出具有关证明材料，填写《城市居民最低生活保障待遇审批表》。城市居民最低生活保障待遇，由其所在地的街道办事处或者镇人民政府初审，并将有关材料和初审意见报送县级人民政府民政部门审批。管理审批机关为审批城市居民最低生活保障待遇的需要，可以通过入户调查、邻里访问以及信函索证等方式对申请人的家庭经济状况和实际生活水平进行调查核实。申请人及有关单位、组织或者个人应当接受调查，如实提供有关情况。""对经批准享受城市居民最低生活保障待遇的城市居民，由管理审批机关采取适当形式以户为单位予以公布，接受群众监督"。

（二）城市居民最低生活保障的发展与实施状况

1. 城市居民最低生活保障制度的建立和发展

1993 年 6 月 1 日，上海率先在全国建立了城市居民最低生活保障制度，拉开了城市社会救济制度改革的序幕，取得了很好的社会效果。1994 年，第十次全国民政会议提出"对城市社会救助对象逐步实行按最低生活保障线标准进行救济"的改革目标。形势发展很快，东部沿海地区的厦门、青岛、大连、福州、广州及无锡等大中城市相继建立了城市居民的最低生活保障制度。这些由地方政府因地制宜建立起来的制度，呈现出了各自不同的个性和特点。1995 年 5 月，民政部在厦门、青岛分别召开了全国城市最低生活保障线工作座谈会，年底有 12 座城市建立了居民最低生活保障制度。1996 年，民政部提出和实现了在 100 座城市建立最低生活保障线制度的工作目标。1997 年 9 月，国务院下发《国务院关于在全国建立城市居民最低生活保障制度的通知》，同时召开全国电视电话会议做出工作部署，要求 1999 年年底以前在全国所有城市和县政府所在地的镇建立这项制度。1998 年，城市居民最低生活保障制度、下岗职工基本生活保障和失业保险"三条保障线"相互衔接，构成了有中国特色社会保障制度的重要组成部分。1999 年 1 月，民政部下发《关于加快建立与完善城市居民最低生活保障制度的通知》，要求 10 月底以前基本完成建制任务。1999 年 8 月，中共中央决定将"三条保障线"的保障水平普遍提高 30%。同年 9 月，《城市居民最低生活保障条例》经国务院常务委员会审定并于同年10 月 1 日在全国实行。2000～2002 年，各地在扩大保障人数上进展迅速。2002 年后，城市最低生活保障制度进入稳步发展阶段。2003 年，城市低保制度开始了"分类救助"的制度建设。分类救助对"三无"人员、重病重残人员、在读中小学生、优抚对象等采取上调一定比例待遇的做法，使特殊困难的低保对象的基本生活得到一定改善。经过十余年的努力，最低生活保障制度在保障人数、覆盖范围、资金投入上都有了巨大发展。

目前，城市最低生活保障制度已经比较健全，基本实现了"应保尽保、动态管理"。截至 2007 年 6 月底，全国共有 2 235.5 万个（1 040.6 万户）城市居民享受了城市最低生活保障，平均保障标准为 176.8 元／（人·月），最低生活保障月人均支出水平为 92.0元／（人·月）。

2. 城市最低生活保障制度运行中存在的主要问题

（1）低保标准偏低，难以满足部分低保对象的最低生活需要。我国城市居民的低保标准是由各地方政府根据本地区经济发展程度及人民生活水平等实际情况确定的，各个城市的标准有高有低，平均保持在 200～300 元。与实际消费水平相比，低保标准总体仍处于较低水平，特别是对没有劳动能力的保障对象来说，因为他们没有其他收入来源，生活基本依赖最低生活保障津贴。而在实际操作中，还有部分理论上存在但实际上难以得到的收入，故低保对象真正能得到的补助就更少，造成这些低保对象的基本生活难以得到有效保障。究其原因，主要是部分城市制定低保标准时不是"量体裁衣"，而是"量布裁衣"，先定经费后定标准，即在实施过程中没有进行科学测算，而是按财政承受能力和低保对象人数确定低保标准。财政承受能力越弱，低保对象人数越多的城市，确定的低保标准便越低。虽然中央决定适当提高低保标准，但一些城市并未切实遵照执行；有的则未按中央要求把适时提高标准作为长远政策固定下来。

（2）与再就业机制缺乏有效衔接。虽然目前各地对低保对象中有劳动能力者加大了再就业培训的力度，对低保家庭中就读子女的照顾也在不断强化。但从就业培训来看，调查显示，大多数低保户接受过政府提供的就业培训，但是只有三分之一左右的低保户认为这些就业培训有用。从对再就业低保户的优惠政策来看，不少城市都采取了"救助渐退"的政策，但时限太短，各市的救助渐退政策最多不超过三个月。显然，这种鼓励措施在实质上起不到太大的激励效果。更有甚者，纳入低保的困难家庭，尽管所获得的低保金不高，但是除此之外，他们还有可能获得配套救助。配套救助措施增加低保制度的含金量，削弱了低保户找工作的积极性。此外，低保户一旦参加工作，获得收入，就要退出低保。然而他们的收入普遍不高，扣除就业成本，就相差无几了。在这种情况下，他们就可能拒绝就业、享受低保。

（3）低保资金筹集机制不合理，财政压力大。目前的低保资金筹集机制存在一定的问题。在低保资金的构成中，国家财政和省财政所占的比例较低，市、区（县）两级财政是资金的主渠道。由于各市的经济发展水平差异较大，且即使在同一个市，不同的区（县）之间的经济发展水平也是有差异的，但目前不少城市的低保资金筹集机制中存在着平均主义的倾向，即市财政给各区（县）的拨付比例是固定的，各区（县）所要自筹的比例也是相同的。这就引发了一个问题，即经济越不景气的地方，贫困人口越多，财政越困难。

3. 完善城市最低生活保障制度的措施

（1）规范标准。首先，适当提高低保补助标准，扩大低保制度的覆盖面。其次，在完善分类办法的基础上建立更加科学、合理的分类救助标准体系。建议各地政府通过实地调查，对低保对象做更为科学、合理、细致的分类，归纳不同困难人群的特点及需求，深入细化分类救助的办法，实施多种救助方式（标准），以更好地满足这些特殊困难群体的基本需求。此外，适当考虑对贫困边缘户的救助。建议各地根据实际，逐步将贫困边缘户纳入低保制度的保护范围。

（2）强化制度促进再就业的功能。为了防止福利依赖，促进再就业，我们建议从以下几个方面着手：其一，在保障标准上，扩大有劳动能力的贫困者与无劳动能力的贫困者之间的差别；其二，民政部门积极配合劳动部门，加强对低保对象再就业的培训，改进培训方式与培训内容，使之真正切合低保对象的就业需要；其三，对有劳动能力低保对象的保障待遇，在支付方式上尽量避免直接的现金支付。各社区可以积极发展社区公共服务，为有劳动能力的低保对象提供临时性就业岗位，将救助金转化为推动其工作的劳动津贴。

（3）完善低保制度的筹资机制。中央、省、市、区（县）各级政府所应承担的比例应当合理划分，做到各尽所能，不宜"一刀切"。一方面，在属地管理的基础上，中央和省一级建立社会救助专项调剂资金，用于补充贫困地区保障资金的不足。另外，在城市要合理确定市、区两级财政各自的负担比例，根据保障对象的分布状况和财政承受能力合理分担，市财政应适当向贫困市区倾斜。除此之外，为确保"应保尽保"所需资金，各地还可以开拓社会筹资渠道作为补充。

（三）农村最低生活保障制度

农村最低生活保障制度，在有的国家，与城市最低生活保障制度基本上是统一的，在我国，城乡最低生活保障制度之间存在一定的差别。

1. 农村五保户制度

在建立农村最低生活保障制度之前，农村难以维持生活的人口群体，基本生活难以保障。

1）"五保"供养制度的产生与发展

"五保"一词，最早是在1956年《高级农业生产合作社示范章程》中提出的，当时是指保证吃、穿、烧柴、住、安葬五个方面。后来把享受"五保"的人称为"五保"供养对象，把享受"五保"的家庭称为五保户。1960年，《全国农村发展纲要》中又进一步明确了"五保"的内容。1994年，国务院颁布实施《农村五保供养工作条例》，"五保"

的内容有了新的发展。2006 年国务院又颁布了《农村五保供养工作条例》。新修订的《农村五保供养工作条例》将农村最困难的群众纳入了公共财政的保障范围，实现了五保供养从农民集体内部的互助共济体制，向国家财政供养为主的现代社会保障体制的历史性转变。

2）"五保"供养的具体内容

现在所称的农村五保供养，是指依照《农村五保供养工作条例》规定，在吃、穿、住、医、葬方面给予村民的生活照顾和物质帮助。

（1）供养对象：老年、残疾或者未满 16 周岁的村民，无劳动能力、无生活来源又无法定赡养、抚养、扶养义务人，或者其法定赡养、抚养、扶养义务人无赡养、抚养、扶养能力的，享受农村五保供养待遇。

农村五保供养对象中未满 16 周岁或者已满 16 周岁仍在接受义务教育的，保障他们依法接受义务教育所需费用。农村五保供养对象的疾病治疗，正逐步与各地的农村合作医疗和农村医疗救助制度相衔接。

（2）农村五保供养内容：①供给粮油、副食品和生活用燃料；②供给服装、被褥等生活用品和零用钱；③提供符合基本居住条件的住房；④提供疾病治疗，对生活不能自理的给予照料；⑤办理丧葬事宜。

3）供养标准

农村五保供养标准不得低于当地村民的平均生活水平，并根据当地村民平均生活水平的提高适时调整。农村五保供养标准，可以由省、自治区、直辖市人民政府制定，在本行政区域内公布执行，也可以由设区的市级或者县级人民政府制定，报所在的省、自治区、直辖市人民政府备案后公布执行。

4）资金来源

五保供养资金，在地方人民政府财政预算中安排。有农村集体经营等收入的地方，可以从农村集体经营等收入中安排资金，用于补助和改善农村五保供养对象的生活。农村五保供养对象将承包土地交由他人代耕的，其收益归该农村五保供养对象所有。具体办法由省、自治区、直辖市人民政府规定。中央财政对财政困难地区的农村五保供养，在资金上给予适当补助。

5）供养形式

农村五保供养对象可以在当地的农村五保供养服务机构集中供养，也可以在家分散供养。农村五保供养对象可以自行选择供养形式。集中供养的农村五保供养对象，由农村五保供养服务机构提供供养服务；分散供养的农村五保供养对象，可以由村民委员会提供照料，也可以由农村五保供养服务机构提供有关供养服务。乡、民族乡、镇人民政府应当与村民委员会或者农村五保供养服务机构签订供养服务协议，保证农村五保供养对象享受符合要求的供养。村民委员会可以委托村民对分散供养的农村五保供养对象提供照料。

2."霞光计划"

2006 年 12 月，民政部决定开展"农村五保供养服务设施建设霞光计划"（简称"霞光计划"），这是贯彻落实《农村五保供养工作条例》、国家"十一五"规划纲要和民政事业"十一五"规划的一项重要行动，意义重大，影响深远。"霞光计划"的主要内容：自2006 年至 2010 年，从中央到地方，各级民政部门都从本级留用的彩票公益金中拿出一部分资金，同时积极争取各级政府的投入，5 年总投入力争达到 50 亿元左右，其中部级每年安排资金不少于 1 亿元，用于资助农村五保供养服务设施的建设。实施"霞光计划"，主要是以满足农村五保供养对象的实际需要为出发点，以彩票公益金资助为手段，坚持政府主导、社会参与的方针，采取新建、改建、扩建并举的方式，有重点、有步骤地建设一批农村五保供养服务设施，改善农村五保分散供养对象居住条件，解决农村五保供养对象的住房问题，提高供养服务水平。通过实施"霞光计划"，经过五年的努力，基本实现以下两个目标：一是要基本满足农村五保供养对象的集中供养需求。建设一批农村乡（镇）五保供养服务机构，基本形成布局合理、设施配套、功能完善、管理规范的农村五保供养服务机构网络，保证愿意集中供养的农村五保供养对象能够集中供养。二是要全面改善农村五保分散供养对象的居住条件。建设一批位于村庄、靠近群众、规模可大可小的农村五保分散供养对象集中居住点，保证每户分散供养对象拥有达到当地一般居住条件的住房，并由村民委员会提供必要的管理和服务。

3. 农村最低生活保障制度的实施

随着我国城市最低生活保障制度的全面实施，农村居民最低生活保障制度也开始逐步兴起。在 1996 年年初召开的全国民政厅局长会议上，民政部明确提出了在全国范围内积极探索农村居民最低生活保障制度的任务。会后，山东、河北、四川、甘肃、浙江等省市迅速建起了试点。浙江省在 2001 年颁布并实施《浙江省最低生活保障制度办法》，在全国第一次以法规的形式将农民纳入最低生活保障范畴。根据 2007 年中央一号文件和十届人大五次会议通过的《政府工作报告》的要求，2007 年要在全国建立农村最低生活保障制度。目前，我国已有 27 个省（市、自治区）全面建立了农村最低生活保障制度，其余省区也即将出台实施办法。全国农村最低生活保障对象达 1 815 万人，特困救助对象达 562.3 万人。

在全国范围建立农村低保制度，将符合救助条件的农村贫困群众纳入保障范围，稳定持久地解决农村贫困人口的温饱问题，是实施农村低保制度的主要目标。全面建立农村低保制度，可以使改革发展的成果进一步惠及农村困难群众，对于构建社会主义和谐社会和建设新农村具有重要的意义。做好这项工作，有利于统筹经济与社会、城市与农村以及区域间的协调发展；有利于兼顾不同群体的利益，协调各方面的利益关系，缩小收入差距；有利于维护社会公平，消解社会矛盾，促进社会稳定，为社会主义和谐社会构筑牢固的社会基础和群众基础。

农村低保对象范围，是指家庭人均纯收入低于当地低保标准的贫困居民，根据各地农村低保工作的实际情况，我们强调保障的重点是那些因疾病、残疾、年老体弱、丧失劳动能力和生存条件恶劣等原因造成家庭生活常年困难的农村居民。重点保障特困人员也有利于鼓励有劳动能力的困难群众，在"三农"政策和扶贫开发政策支持下，千方百计发展生产，依靠积极劳动脱贫致富。建立农村低保制度以地方人民政府为主，实行属地管理，低保标准由县以上各级地方政府自行制定和公布执行。低保标准的确定主要从以下几个方面考虑：一是维持当地农村居民基本生活所必需的吃饭、穿衣、用水、用电等费用；二是当地经济发展水平和财力状况；三是当地物价水平。农村低保标准起码应该保证低保对象的生活水平不低于绝对贫困线，否则就无法保证农村居民的最低生活需求；但也不宜比贫困线高得太多，否则会不利于鼓励有劳动能力的群众生产自救。除了少数东部发达地区，一般地方都参照国家每年公布的国家级贫困县的贫困标准来制定。2006 年的贫困标准是年人均纯收入为 683 元，2007 年是 693 元。目前，中西部地区农村年低保标准一般在 600~800 元，东部地区一般在 1 000~2 000 元。据民政部统计，截至2006 年年底，低保对象实际领到的低保金为月人均 33.2 元。随着农村低保制度的全面建立以及各级政府逐步加大投入，实际补助水平将会逐步提高。

　　核定低保申请人家庭的收入等情况，是审核审批低保对象的一个重要程序。在低保对象收入的计算上，各地采取了因地制宜的方法，主要分为两种类型：一类是一些东部经济发达地区，由于已经实现了城乡低保一体化运行，城市化水平高，工作基础较好，可以做到在较准确地核定低保申请人家庭收入的基础上，原则上按照申请人家庭年人均纯收入与保障标准的差额发放低保金。另一类是在广大的中西部地区和部分东部地区，基于农村居民收入渠道比较多，生产经营活动形式多样，家庭收入难以准确核算，但困难家庭的情况左邻右舍都清楚等实际情况，通常是在初步核查申请人家庭收入的基础上，更多地依靠民主评议等办法来确定低保对象，并采取按照低保对象庭的困难程度和类别，分档发放低保金，这样做比较适合农村的特点，同时也较为简便易行。各地在实施农村低保制度的过程中，普遍对低保对象的申请、审批程序做了具体规定，并遵循公开公正透明的原则。申请农村低保的基本程序是：由户主向乡（镇）政府或者村民委员会提出申请；村民委员会开展调查、组织民主评议提出初步意见，经乡（镇）政府审核，由县级政府民政部门审批。乡（镇）政府和县级政府民政部门对申请人的家庭经济状况进行核查，了解其家庭收入、财产、劳动力状况和实际生活水平，结合村民民主评议意见，提出审核、审批意见。在申请和接受审核的过程中，要求申请人如实提供关于本人及家庭的收入情况等信息，并积极配合审核审批部门按规定进行的调查或评议，有关部门也应及时反馈审核审批结果，对不予批准的应当说明原因。

　　为保证审核发放低保金过程中的公正，各地采取了一系列民主公开的措施，包括严格执行民主评议、张榜公布、群众监督等程序，有关部门经常进行抽查、检查也成为一项基本的工作制度，使低保工作比以往的救助工作更加公开、公正和透明。过去，各地农村低保的资金都来源于各级地方财政，2006 年各地财政共支出了农村低保资金 41.6亿元，加上农村特困户定期定量救助资金 13.9 亿元，一共是 55.5 亿元。从 2007 年开始，中央财政将对财政困难地区实施农村低保制度资金补助，在中央和地方的共同努力下，农村低保资金的来源和数量都将得到保障。同时，各级有关部门也将规范和完善资金管理制度，保证专款专用，推行通过代理金融机构直接发放低保金的办法，确保低保金能够及时足额地发放到低保户手中。

　　目前农村低保工作进展很大，但在实际运作中也遇到一些新的制约因素，如保障对象多但是补助资金少，基层财政没有能力对低保资金进行配套；工作任务重但是工作人员少，基层没有编制，没有专职人员；目前建立农村居民最低生活保障制度只是依据上级的办法、意见等来执行，没有一部统一的法律，实际工作中存在随意性。为保证农村低保工作的顺利开展，今后应将农村低保工作经费和低保金社会化发放手续费列入财政预算给予保障，并配足乡镇、街道农村低保管理工作人员和办公设施，国家应尽快出台指导农村低保的法规性文件。为了提高农村低保对象的社会救助效果，还应该制定并完善与农村低保制度相配套的优惠政策，对农村低保对象在就医、就学等方面给予优惠或照顾，并对有劳动能力的救助对象给予就业扶持，鼓励其通过生产劳动脱贫自救。

▶**本节拓展材料**

第三节　社会福利

一、社会福利基本概述

在现代经济社会发展中，各国政府越来越强调和推进以改善人们生活质量为宗旨的社会福利事业，特别是在保障儿童、老人和残疾人等弱势人群的安全和基本生活的同时，如何改善他们的生活质量和发展环境，已成为世界各国密切关注的问题。社会福利制度的建立和发展，使这些问题的解决和人们良好愿望的实现成为可能。

在不同的国家和地区，对于社会福利的界定是不同的。即便是在同一个国家和地区，由于研究者的研究视角不同，对于社会福利的理解也有很大的差异。而且与社会保险、社会救助等制度相比，社会福利制度也有其自身的特点。

（一）社会福利的含义与特点

1．社会福利的含义

"社会福利"（social welfare）一词，最早见于1941年美国总统罗斯福与英国首相丘吉尔所签订的《大西洋宪章》。在现实生活中，社会福利可以指社会福利状态，也可以指社会福利制度。社会福利状态是指人类社会（包括个人、家庭和社区）的一种正常和幸福的状态；社会福利制度则是指国家和社会为实现社会福利状态所做的各种制度安排，包括增进收入安全的社会保障的制度安排。社会福利有狭义和广义之分。例如，1991年出版的《中国大百科全书·社会学》对"社会福利"的定义为："社会福利狭义指当社会成员因年老、疾病、生理或心理缺陷而丧失劳动能力出现生活困难时向其提供的服务措施；广义指为了改善和提高全体社会成员的物质生活和精神生活的各种社会服务措施。"

在本书中，我们把社会福利界定为国家和社会通过社会化的福利津贴、实物供给和社会服务，满足社会成员的生活需要并促使其生活质量不断得到改善的一种社会政策。这一概念包括以下几个层次。

第一，国家（通过政府有关职能部门）和社会（通过从事福利事业的社会团体）是社会福利的责任主体，国家颁布相关法律对各项福利事业进行规范，如中国就先后颁布过《中华人民共和国残疾人保障法》《中华人民共和国老年人权益保障法》等若干部法律或法规，政府通过有关职能部门对社会福利事业进行监督与管理，并承担着相应的拨款补贴责任。

第二，与其他社会服务相比，社会福利的本质主要体现在经济福利性上，从而它既属于第三产业范畴，又不同于一般第三产业，是难以采取市场调节的社会公共领域，政府的呵护与政策扶持往往是其生存、发展的必要条件。

第三，它强调社会化，即福利的提供必须是开放式的。因此，严格而论，由各机构提供给员工的福利并不能算是社会福利。

第四，社会福利的供给，采取的主要是提供服务的方式，如青少年教育服务、残疾人康复服务、老年人安老服务，以及其他各种具有福利性的社会服务等，它主要处于服务保障的层次，甚至也包括对有需要者的精神慰藉。

第五，社会福利的目标，不单是为了保障社会成员的基本生活，或解除社会成员的后顾之忧，还在于促使社会成员的生活质量不断得到改善和提高，如满足社会成员在教育、文化方面的需求等。

2. 社会福利的特点

（1）福利范围的普遍性。一方面，社会福利作为国家社会政策的重要方面，为社会成员提供范围广泛的福利项目；另一方面，尽管社会成员享受的社会福利待遇事实上存在差异，但之于社会保险主要服务于工薪劳动者，社会救济只面向贫困人口和灾民，社会福利覆盖的人口范围更具有普遍性。社会成员均能通过社会福利制度获得某种物质帮助和服务照顾，尤其对于某些社会津贴，更是所谓"人人有份"的"人头费"。

（2）社会福利具有公平性和高层次性。社会福利待遇的给付和社会救助、社会保险均不相同。社会救助对贫困程度愈大者，给予的救助愈多；社会保险则对投保者参保年限愈长和投保额愈多者，给予的保险金也愈多；社会福利一般来说对所有享受对象给予公平的福利待遇，无论贫富贵贱均是同一享受标准。所以说，社会救助、社会保险和社会福利实际上是整个社会保障体系中由低到高、梯度递进的三个不同层次的保障项目。社会救助是对全体社会成员最低生活水平的保障，社会保险是对劳动者及其家属基本生活水平的保障，而社会福利是为全体社会成员物质和文化生活水平和生活质量的改善和提高而提供的保障，是整个社会保障体系中的最高层次，也是评价一个国家或地区社会文明进步程度的重要指标。

（3）社会福利的多样性。社会保险和社会救助制度，通常由政府强制实施，作为政府干预社会生活的体现，具有很强的政府干预性和制度的规范性、统一性。而社会福利则是体现了政府干预和社会参与的有机结合。也就是说，国家作为福利举办的主体但又不包揽，体现为依靠社会力量、依靠社区、依靠群众的互助，"社会福利社会办"，并且社会福利还体现为多层次、多类型、多渠道，既包括国家投资的高层次福利，又有依靠社会力量举办的集体福利和社会服务事业等。从举办的方式看，社会福利有集中的和分散的，有大型的、中型的、小型的，有单一型的，又有综合型的等，形成资金、物力来源的多渠道。

（4）社会福利的服务性。社会福利的主要目的是改善社会成员的生活，重在提高国民的生活素质，而要达到这一目的，只依靠社会保险那样的现金援助和社会救助那样的现金兼实物援助手段是远远不够的，还必须依靠广泛的社会福利服务，并通过福利服务来实现对社会成员的特定社会保障目标。例如，职工年老退休后领取养老金不等于生活有改善，残疾人的康复不能通过现金补助来实现，少年儿童的教养不能通过金钱来替代。

（5）社会福利资金的单向性。社会福利在资金来源上，具有明显的由国家和社会直接或间接向社会成员提供福利和服务的单向性特征。也就是说，享受社会福利待遇的社会成员，事先无需承担缴费的义务。并且，国家和社会在向社会成员支付福利待遇时，也不需要进行家庭经济状况调查。

（6）社会福利具有官民结合性。当代社会保障制度中，官民合办社会福利事业已经成为一种国际惯例。一方面，社会福利的经费筹集除政府财政预算拨款外，还要依靠民间捐助和发行各种奖券捐募，并已经制度化；另一方面，民间团体和民间志愿机构又直接承办多种社会福利事业。

（二）社会保障与社会福利的关系

社会福利与社会保障的关系在理论学术界事实上存在着争议。一种观点是把社会福利广义化，把社会保障作为社会福利的一部分；另一种观点是把社会福利狭义化，并把社会福利作为社会保障的一部分。也有的学者将社会保障划分为三大层次，即基本保障——社会保险；最低保障——社会救助；最高保障——社会福利。还有的学者认为"社会福利"和"社会保障"这两个概念都有广义和狭义的定义。在实践中，从一些国家的情况看，这两个概念并没有明显的差别，其业务范围几乎一样，两个概念实际上可相互替代使用。但也有些国家和地区对两个概念给出区分，其中社会保障的外延比社会福利小。最明显的例子是中国香港地区，社会保障仅仅是指老年、残疾人的公共福利金以及提供给贫困者的综合援助，社会福利除了包括社会保障外，还包括福利服务。美国没有直接对社会福利和社会保障进行区分，但从其社会保障部门的业务范围可以看出，社会保障外延要比广义的社会福利窄得多。英国的社会保障部门仅涉及收入性福利而不涉及福利国家所提供的国民卫生服务、住房福利及个人社会服务。美国社会保障署的业务也主要限于养老金项目。国际劳工组织对社会保障的定义，其范围也比社会福利小，仅仅涉及收入性福利。在中国，社会保障概念的外延要比社会福利大得多。中国的社会福利定义不涉及贫困救助和养老、医疗、工伤、生育、失业等社会保险项目，而社会保障不仅包括这些项目，还包括了社会福利。在行政上，中国由人力资源和社会保障部及民政部分别管理不同的项目，虽然人力资源和社会保障部仅涉及社会保险业务，但在概念上，人们认为社会保障应包含目前民政部门的业务。中国共产党第十四届三中全会通过的《中共中央关于建立社会主义市场经济体制若干问题的决定》，就反映了这种观念。该决定明确指出："社会保障体系包括社会保险、社会救济、社会福利、优抚安置、社会互助、个人储蓄积累保障。"

二、社会福利项目

社会福利的内容相当广泛，因此，从不同的角度来看，社会福利可有不同分类。如按社会福利采取的给付形式进行划分，社会福利可分为货币形式、实物形式和社会服务形式的社会福利。若按社会福利服务的内容与对象划分，社会福利可分为全民性福利、职业福利、老年人福利、残疾人福利等项目。在此，我们主要按照后一标准进行探讨。

社会福利作为一项重要的社会政策，日益为世界各国所重视。中国自1949年以来，也一直在努力发展和完善社会福利制度，现已建立起较为健全的社会福利体系，社会福利开支也日益增加。

（一）全民性福利

全民性福利是相对于选择性福利的一种福利模式，它是指社会成员在社会福利资源分配的过程中，不论贫富，皆有资格享受福利服务，如社会福利制度中的国民失业保险、家庭儿童津贴、退休保险、国民健康服务等，而不是像选择性的社会福利，透过社会福利服务机构，分配给那些真正需要福利服务的特殊困难者。全民性福利模式的优点是每个人都有平等的机会来享受社会福利服务，它基于公民权利的基本原则，在操作上也可减少行政上的复杂性。但是随着社会的发展，它的缺点越来越明显：很容易造成福利资源的浪费，尤其是容易阻碍社会经济的正常发展，因为全民性福利措施极易培养整个社会的安逸风气，导致缺乏工作热情与进取心；全民性包含了机会平等的意义，但它不能保证平等的结果，甚至可能带来更不公平的现象。

（二）职业福利

职业福利（亦称为机构福利、员工福利）是以企业、社会团体、政府部门为责任主体，并专门面向内部员工的一种福利待遇，它本质上属于职工激励机制范畴，是职工薪酬制度的重要补充。因此，从本源意义出发，职业福利是机构招揽人才和激励员工并借此赢得竞争胜利的一种重要手段。

1. 职业福利与社会福利的关系

（1）两者区别之处。

第一，性质不同。社会福利属于社会政策范畴，由国家通过相关的法律制度规范，并由公共机构或社会团体举办，是政府主导的公共事务；职业福利属于企业或社会团体人力资源管理范畴，完全是举办机构的内部事务。

第二，目标不同。社会福利的最终目标是保障社会成员的基本生活并不断改善、提高其生活质量，而机构提供的职业福利的最终目标则是参与市场竞争并促使利润最大化。因此，社会福利的评价指标主要是公众的满意度和社会效益，职业福利的评价指标则是成本核算和工作效率，并确保其为举办机构的最大利益服务。

第三，调节机制不同。社会福利的发展，必须借助政府干预和公共资源的分配，并服从于社会需要；职业福利则只能遵守市场规则，是举办者对内部资源的一种调配，其投入产出必须遵循成本核算原则，并服从于市场竞争规律。

第四，系统性能不同。社会福利是一个开放的、稳定的系统，它面向所有有需要的社会成员；职业福利是一个自我封闭的系统，它只面向举办机构的员工，其是否继续保持与发展下去取决于举办者的效益状况和利益需要，并非表现为稳定状态。

第五，内容不同。社会福利通过采用提供社会服务的方式来满足社会成员对福利的需求，也包括一定的现金津贴等；职业福利则包括休假、疗养、免费工作餐、旅游等多种方式。因此，社会福利重在满足大众化的需求，职业福利则可以考虑员工的个别需求。

此外，无论在资金来源、实施规模、实施方式还是在福利水平、功能作用等方面，社会福利与职业福利均存在着很大的差异。

（2）两者联系之处。

虽然，社会福利与职业福利有明显的区别，但是也应当考察两者社会功能与发展趋势。一方面，在工业社会里，职业福利事实上具有越来越大的社会功能，许多机构提供的福利可以满足其员工的多数社会服务需求，从而客观上起到了替代社会福利的作用；另一方面，由于政府负责的社会保障水平的降低，往往需要各机构举办相应的补充保险等来弥补，如补充养老保险、补充医疗保险等项目作为现阶段新兴的职业福利项目，正在占据职业福利中的重要地位。因此，将职业福利纳入社会福利范畴进行研究并无不妥之处。

2. 我国的职业福利

长期以来，职业福利在我国的社会福利体系中占有重要的地位，被看做社会主义制度优越性的具体表现。实行这种职业福利制度的原因有四个：第一，就其性质来说，职业福利属于按劳分配的范畴。在社会主义初级阶段，我国多种所有制并存，各企业、各单位的经营状况和经济效益是不同的，这就意味着在全社会的范围内还不可能实行等量劳动领取等量报酬的分配原则，各单位只能根据向社会提供的有效劳动量进行内部分配，而职业福利就是其中的分配形式之一。第二，建立职工福利制度，是与我国社区服务不发达的现状密切相关的。长期以来，由于社区服务不发达，本应由社区提供的服务，尤其是集体生活福利设施和文化福利设施，却转嫁到了企业和单位，造成"单位办社会""企业办社会"的现象。随着我国社区服务的发展，集体生活福利设施和文化福利设施方面的职业福利将不断弱化，直至被社区服务所取代。第三，一些行业的工作条件艰苦或危险，对工人的身体健康会产生不利影响。为了解除这部分工人的后顾之忧，须对他们提供职业福利。第四，为了增强本行业、本单位的凝聚力，稳定职工队伍，或者是为了扩大本行业、本单位的社会影响，提高社会声望，吸引人才，各单位都十分重视职工的职业福利。

我国职业福利的内容较为广泛，大致分为三种形式：一是以现金支付各种福利补贴，包括职工生活困难补助、职工探亲期间工资和往返车船票补贴、书报费、洗理费、交通补贴费、取暖费、防暑降温费、卫生费、水电补贴等；二是职工集体生活福利，即兴建为职工提供生活便利、解决生活困难的各种集体福利设施，包括职工食堂、医院、宿舍、浴室、理发室、幼儿园、子弟学校等；三是职工集体文化生活设施，即为丰富职工业余生活、提高其生活质量和文化水平而兴办的文化生活服务设施，主要包括图书馆、文化宫、俱乐部、电影院、体育馆、业余学校等，以及举办多种形式的文化、体育娱乐活动。

我国职业福利制度具有以下特征：第一，普遍性或均等性。职业福利是向本行业、本单位的职工普遍提供的，不再需要其他资格条件。同一单位的职工，在享受本单位分配的福利补贴及举办的各种福利服务的机会方面是均等的。与社会津贴制度一样，职业福利制度也容易造成吃"大锅饭"的现象，这是应该极力避免的。第二，差别性。虽然同一单位的职业福利具有均等性，但各单位之间的职业福利却存有差别。这种差别性有利于调动职工的生产积极性，有利于提高单位的经济效益。第三，补充性。在计划经济体制下，我国长期实行"高就业，低工资"的社会劳动政策，职工的工资水平一直较低。在此情况下，职业福利就具有补充职工收入的特征，使广大职工能够享受到经济发展和社会进步的成果。

（三）老年人福利

所谓老年人福利，是指国家和社会为了安定老年人生活、维护老年人健康、充实老年人精神文化生活而采取的政策措施和提供的设施服务。随着人口老龄化乃至高龄化时代的到来，老年人已经不满足于对养老金的需要，而是对社会福利提出了更高的要求。从老年人的生活保障出发，老年人的福利需求除经济保障需求外，还包括健康保障需求、情感保障需求、服务保障需求等其他保障需求。总之，老年人对生活保障的需要是多方面的，也是复杂的，它需要一个健全完备的社会福利系统。因此，老年人福利构成了许多国家社会福利中的主体内容。

1. 老年人福利的形式

根据为老年人提供社会福利的单位的不同，老年人社会福利主要有收养性的、娱乐性的和一般服务性的福利三种形式。

（1）收养性福利。收养性福利的主要职能是收养无家可归、无依无靠、无生活来源的孤寡老人。在经济条件比较好的地区，也开展自费收养，主要收养一些由其单位或亲属负担费用的老人。收养性的福利设施包括养老院、老年公寓、托老院和福利院等。

（2）娱乐性福利。娱乐性福利的主要职能是为老年人提供各种文化娱乐性服务，面向所有老年人开放，包括老年人大学、老年人活动中心、老年人活动站等。同时，还可根据不同地区的不同情况，开展诸如组织老年人郊游等休闲娱乐活动。

（3）一般服务性福利。一般服务性福利主要是为老年人提供一些生活和健康方面的服务，面向全社会老人，这类设施包括老年人康复中心、老年医院、老年人咨询中心、老年人交友中心等。近年来，有些专门性的社会福利设施已随着社会的发展而走向综合化，许多收养机构也开展了面向老年人的文化、娱乐和医疗等方面的服务业务，从而为老年人提供了更好的生活条件。

2. 老年人福利的主要内容

从西方国家老年人福利的实践发展来看，老年人福利的内容主要有老年经济保障、老年生活照顾、老年服务及其他相关内容。

（1）老年经济保障。老年经济保障是指对退出劳动领域或无劳动能力的老年人实行的社会保护和社会救助措施，包括经济、医疗等方面的社会保护和社会救助，主要包括养老年金、医疗保险、贫困救助等。

（2）老年生活照顾。老年生活照顾是指对因年事已高而在生活中存在困难的老年人进行的生活照料，主要是指生活上的照顾，包括吃、穿、住、行等具体方面，以及医疗保健方面的照顾。老年生活照顾可以分为三种形式，即家庭照顾、机构照顾和社区照顾。

第一，家庭照顾。家庭照顾是指将需要照顾的老年人留在家中或让其生活在自己熟悉的环境里，由社会提供生活上的照顾，它主要有家庭寄养与家庭助理服务。其中，家庭寄养是为了使一些孤单老人可以享受家庭生活而不必被送到养老院，社会服务机构就会征募一些愿意收养老年人的家庭，政府再对收养老年人的家庭给以补助。家庭助理服务是让老年人居住在自己的家中而由社会服务机构上门提供服务。

第二，机构照顾。机构照顾是指在一定的专门社会服务机构内为老年人提供护理、食宿、生活服务的照顾。进行老年人照顾的机构可以根据其收住对象和所提供的相对不同的服务分为以下几种：①安老院，主要是为那些没有亲属并且也没有了工作能力的老年人所提供的服务，主要是住宿、饮食，以及一些像协助穿衣等非医疗性的服务。②疗养院或者称为护理中心，提供全天候的专业护理以及医疗服务。③日间照顾中心，有些老年人虽然住在家中，但是在白天，生活的某些方面需要照顾，包括情绪上的支持。④ 身心障碍中心，主要针对具有身心障碍老人的需要，除了提供特别的医疗照顾外，还提供一些医疗设备。

第三，社区照顾。社区照顾是指让那些需要照顾的老年人住在自己的家中或者尽可能地在靠近他们社区的机构中接受照料。社区照顾的服务项目包括：一是解决老年人的住房安置。二是提供家庭之外的医疗卫生服务。三是为促进老年人的全面健康而提供的专业咨询和情感援助，具体包括：为老年人提供社区日间活动中心、俱乐部、休闲及健身场所；让老年人接受继续教育；让老年人参加假日活动及志愿者活动等。

（3）老年服务及其他。老年服务构成了社会服务的主体内容，它包括老年人心理和社会服务、老年人教育服务和老年人就业服务等。此外，一些国家还有相应的面向老年人的其他福利措施，如免费乘坐公共交通工具、免费逛公园等，均以纳入老年人福利范畴。

（四）残疾人福利

残疾人是一个值得关注的社会群体，它是指在情理、生理、人体结构上，某种组织、功能丧失或者不正常，全部或部分丧失以正常方式从事某种活动能力的人。

1. 残疾人福利的内容

残疾人福利是指国家和社会对残疾的公民在年老、疾病、缺乏劳动能力及退休、失业、失学等情况下提供基本的物质帮助，并根据社会的经济、文化发展水平，给予残疾人相应的康复、医疗、教育、劳动就业、文化生活、社会环境等方面的权益保障，实现残疾人"平等、参与、共享"的目标。

虽然各国的残疾人福利政策存在一定的差异，但总体而言，残疾人福利的基本内容是一致的。具体而言，残疾人福利的内容主要包括以下几个方面。

（1）残疾预防。它是指国家与社会通过采取一些行动来避免出现生理、智力、精神或感官上的缺陷或防止缺陷出现后造成永久性功能限制或残疾。简单地说，残疾预防是指在了解致残原因的基础上，利用现有的医疗卫生技术，积极采取各种有效措施和途径，防止、控制或延迟残疾的发生。

（2）残疾人康复。它是指国家和社会通过专业化的程序和技术对生理的、心理的、行为的残障者实施再教育和再塑造，增强他们适应社会的能力，帮助他们进入正常的社会生活，乃至成为具有建设性的社会一员。它具体包括医疗康复、心理康复、教育康复、职业康复、社区康复和社会康复等。

（3）残疾人教育。它是国家和社会提供给患有残疾的儿童、青年和成年人享有平等教育机会的一种制度安排，由政府财政扶持。残疾人教育福利通常包括三个方面：一是有关残疾人教育的法律、法规。二是残疾人教育机构。除了一般教育机构中的特殊教育外，还有专门的残疾人教育机构，如聋哑学校和特殊教育学校等。三是与残疾人康复相关的教育训练，如残疾人职业训练等。

（4）残疾人就业。残疾人就业也是残疾人社会福利的重要内容之一。保障残疾人就业的福利措施一般包括两个方面：第一，利用法律或政策手段保护残疾人的就业机会。世界各国都有相应的法律，其中明确规定企业有义务雇用一定比例的残疾人。第二，开展残疾人职业康复，提供残疾人职业咨询、职业评估、职业治疗和职业培训等福利服务。

（5）残疾人文化体育。早期的残疾人社会福利一般比较注重残疾人物质生活方面需要的满足，随着残疾人社会福利的不断发展，残疾人文化体育活动开始活跃，丰富了残疾人的精神生活。现在许多国家都把残疾人体育的发展视为本国体育发展、经济发展水平与文明程度的标志，并予以高度重视。

（6）无障碍环境。它包括物质环境无障碍及信息和交流的无障碍。物质环境无障碍要求城市道路、公共建筑物和居住区的规划、设计和建设应方便残疾人通行和使用。信息和交流的无障碍要求公共传媒应使听力、言语和视力残疾者能够无障碍地获得信息，进行交流，如影视作品、电视节目可配备字幕和解说，运用电视手语；出版盲人有声读物；等等。

2. 中国的残疾人福利

中国残疾人福利事业获得了发展。1951 年，中国政府颁布了《劳动保险条例》，陆续开办了一些聋哑学校和社会福利机构及社会福利企业。改革开放后，全国人大常委会于 1990 年制定了《中华人民共和国残疾人保障法》，国务院于 1994 年颁布了《残疾人教育条例》等法规，近二十年是残疾人福利事业得到较好发展的时期。中国残疾人福利事业的成就，主要表现在残疾人就业、残疾人教育、残疾人康复、残疾人文化体育和无障碍设施建设等方面。不过，在中国残疾人福利事业发展进程中，也存在着一些需要引起关注的问题。这些问题包括：残疾人福利事业推进过程中的行政化现象严重，官方色彩浓厚，影响了民间残疾人福利事业的发展壮大；福利服务水平低，供需矛盾突出，能够享受残疾人福利服务的残疾人仍然较少，残疾人在生活保障、就业保障、康复医疗保障乃至文化教育保障等方面仍然得不到满足，其在社会生活中处于非常不利的地位；残疾人福利事业的筹资渠道较单一，主要是财政拨款，这导致了社会资源动员不足，而且残疾人福利基金的管理和运用亦较为混乱。

（五）妇女儿童福利

妇女儿童福利是妇女福利和未成年人福利的合称，它是国家和社会为满足妇女、未成年人的特殊需要和维护其特殊利益而提供的照顾和福利服务，是社会福利项目之一。妇女儿童福利项目则是根据妇女和未成年人的生理、心理特点以及可能受到的歧视和侵害而设立的。

1. 妇女福利

由于妇女在生理、心理上有与男子相区别的特点，需加以特殊的照顾和保护，因此，国家和社会极有必要发展妇女福利事业。妇女福利一般包括特殊津贴与照顾、妇女劳保福利、福利设施和福利服务方面的内容。

（1）特殊津贴与照顾。1952 年国际劳工大会通过的《生育保护公约（修订）》（第103 号）、《生育保护建议书》（第 95 号）和国际劳工大会此前通过的《生育保护公约》（第3 号），在世界范围内提供了照顾妇女生育的政策框架，它的宗旨就是确保妇女劳动者在产前产后使其本人及婴儿得到支持和照顾。许多国家的劳动立法，亦规定雇主支付产假工资，如果对妇女没有这种足够的保护，便由社会保障机构提供。有的国家建立专门的生育保险制度，面向工薪劳动者中的妇女。在一些发达国家，除了提供生育津贴外，还提供其他项目的福利津贴。

（2）妇女劳保福利。女职工劳动保护是保障妇女合法权益、照顾妇女身心特殊需要的重要方面，也是为了保护社会生产力、保护妇女及下代身体健康所采取的必要措施。因此，各国的劳动法及相关法律，均有对妇女在劳动过程中提供相应的保护措施的规定，并要求雇用单位严格执行。

（3）福利设施和福利服务。妇女福利设施和福利服务包括为妇女保健服务的妇幼保健院、妇产医院，为女性服务的妇女活动中心、咨询服务中心、健美中心、妇女用品专门店等。在许多国家与地区，还设有专门的妇女庇护所，为受虐妇女或遭遇特殊困难的妇女提供特殊救助。

2. 儿童福利

儿童福利，也叫未成年人福利，是指面向未满 18 周岁的社会成员提供的各种福利。未成年人由于身体、心理均在发育成长过程中，他们对自身的保护能力和对社会的适应能力还未形成，从而特别需要家庭和社会的关心、帮助和教化。国际社会对保护未成年人非常重视。早在 1839 年，德国颁布《普鲁士儿童保护法》，禁止使用 9 岁以下童工。1883 年，英国通过的《工厂法》也将未成年工列为保护对象，规定了其劳动时间的上限。国际劳工大会从 1920 年第 2 届起，多次制定通过禁止和限制使用童工的公约。在中国，国家对未成年人的成长高度重视。《中华人民共和国宪法》规定，儿童受国家保护；父母有抚养教育未成年子女的义务；禁止虐待儿童。《中华人民共和国婚姻法》规定，父母有管教和保护未成年子女的权利和义务；禁止溺婴和其他残害儿童的行为；非婚生子女、养子女和受继父、继母抚养的子女，享有与婚生子女同等的权利。在刑法中，中国政府对各种侵害儿童合法权益的违法犯罪行为依法予以制裁。《中华人民共和国义务教育法》则对儿童享受国家义务教育的权利和禁止使用童工做了一系列规定。1991 年 9 月 4 日，全国人大常委会还专门通过了《中华人民共和国未成年人保护法》，对如何保护未成年人做出了系统的法律规范。

儿童福利的内容，主要包括以下几个方面。

（1）儿童医疗保健设施和服务，即国家和社会面向儿童提供相应的保健设施和服务，一般由国家财政专门拨款，用以补贴。

（2）儿童的活动场所和条件，即国家和社会建立和完善适合未成年人文化生活需要的场所和设施，如托儿所、幼儿园、儿童活动中心、少年宫等儿童活动和学习场所等。

（3）普及义务教育。义务教育是一项面向儿童的教育福利事业，普及义务教育是为了保障每一位学龄儿童有受到教育的机会。对接受义务教育的儿童免收学费，对家庭经济困难的学生酌情减免杂费，对贫困家庭的儿童给予教育补贴等。

（4）孤残儿童福利事业。对于孤残儿童，国家和社会建立相应的福利机构来集中收养，或者在财政补贴上通过家庭领养、代养、收养的方式提供保障。例如，儿童福利院是政府部门在城市举办的，以孤儿为主要收养对象的社会福利事业单位，其主要任务是收养城市中无家可归、无生活来源、无法定义务抚养人的孤儿和家庭无力看管的残疾儿童。此外，还有 SOS 儿童村。另外，为减轻残疾儿童的残障程度、恢复其自理生活和从事劳动的能力，还建有残疾儿童康复中心，专门为残疾儿童提供门诊和家庭咨询，开展各种功能训练和医疗、教育、职业培训。

（六）教育福利

在当代社会，随着知识在经济和社会发展中重要性的提高，教育对社会和个人的重要性也不断增强。一方面，教育对个人的成长与发展具有重要性，尤其是能够改善穷人的困境，促进社会平等；另一方面，教育对国家与社会的发展非常重要，它不仅有利于社会文化的传递和主导价值观的灌输，具有文化整合的作用，而且有利于提高国民文化素质和社会人力资本，进而可以赋予人们各种进入不同职业的必要条件，跨越自己原有的阶层，实现"向上流动"。然而，在现代社会中，教育的花费也越来越大，以至于部分社会成员难以支付。如果纯粹以市场机制分配教育资源，则会导致教育机会的不平等，尤其会使贫困家庭的孩子丧失教育机会，从而导致贫困的代际传递。因此，需要通过政府的教育福利去弥补市场的不足。事实上，许多国家都因采取教育优先与发展教育福利的战略而使教育事业得到了快速、持续的发展。有些国家几乎所有的学校都是公立学校，而另外一些国家则是公立学校与私立学校并存，教育福利主要体现在公立学校，同时也体现在国家和社会对私立学校的支持与援助上。一般来说，教育福利的内容主要包括以下几个方面。

第一，由政府为主体负责建设教育机构，包括投入教育事业的基础设施、设备和建设教育人员队伍，政府直接管理教育机构，或者指导教育机构的运行。各国都通过兴办教育基础设施，培训合格的教师员工队伍，对教育机构进行管理和监督。

第二，建立不同层次的免费或低费教育体系，为低收入者提供教育补贴，如助学金等。当今世界各国在巨大的公共教育体系的支撑下，基本上解决了义务教育阶段的教育需要，特别是在发达国家中，几乎所有青少年都能获得法律所规定的义务教育，并且在公共教育机构中的义务教育阶段，一般都是由公共资金支持，而个人受教育是免费的。

第三，建立合理的教育结构，包括教育的层次结构、专业结构和区域分布。发达国家根据本国的情况建立了包括各类教育在内的多样化的教育体系，除了普通教育以外，还有大量的职业教育、成人教育和特殊教育等，以满足各类人员对教育的不同需要。在高等教育阶段，发达国家一般都实现了高等教育的大众化。有的国家是通过政府举办公共高等教育机构而向所有人提供免费或低费的高等教育服务，而另外一些存在大量的私人教育机构的国家中，政府或其他组织则通过提供奖学金等制度来保证人们受教育的权利。

第四，在特殊地区实施鼓励教育发展的政策，如在农村地区、贫困地区、少数民族地区等实行对教育的特殊投入和其他特殊政策。

（七）社区福利

1. 社区及社区福利

"社区"一般是指聚集在一定地域范围内的社会群体和社会组织，是具有某种互动关系和共同文化维系力的人类群体进行特定社会活动的活动区域，它一般为地域的、规模较小的基层社会共同体。我国目前所称的社区，在城市一般是指街道，在农村则是指乡、镇或自然村。社区的构成要素包括一定的地域要素、人口要素、组织体系（如居民委员会、业主委员会等）、社区意识，以及相应的物质要素支持（如办公场所、服务设施、办公设备、经费来源等物质条件）。社区福利是指在一定层次的城乡社区内，由社区组织和福利机构为满足全体社会成员，特别是一些重点对象和特殊需求者的需要而提供的设施与服务的福利项目。它是在自愿、自治、自助、互助的基础上建立的，具有明显的地区性和针对性。由社区提供生活服务保障，具有方便、及时等优点。社区福利的实施不仅可以满足人们日益增长的福利需求，而且可以调节个人、家庭与社区关系，协调社区与政府之间的关系。社区福利的发展是社会福利社会化的重要途径，有助于我国尽快建立起国家、企业、民间组织、社区和家庭各司其职的新型福利体系。

2. 社区福利的内容

社区福利的内容主要有：面向老年人、残疾人及特殊人群的社会福利性服务；面向社区居民的便民利民服务；面向社区企事业单位和机关团体开展的双向服务；为社区居民提供的心理咨询和家庭辅导服务；等等。从我国的实践来看，面向老年人、残疾人及特殊人群的社会福利性服务是社区福利服务的主要内容，它主要包括三个系列：一是老年人服务系列，包括孤老服务站、敬老院、托老所、老年人公寓、老年庇护所、老年婚姻介绍所、老年人活动站、老年人医疗保健站、老年人康复中心、老年人学校等。二是残疾人服务系列，包括残疾人服务站、残疾人医疗站、精神病人医疗站、康复中心、残疾人婚姻介绍所、弱智儿童启智班、伤残儿童寄托所等。三是少儿服务系列，包括托儿所、幼儿园、学前班、课后辅导班、小学生午餐点、儿童医疗保健站、失足青少年帮教组等。其中，居民委员会对特殊居民群众提供的从物质到精神、从有形到无形的救助、关爱和照顾，都是对国家福利政策的补充和完善。居民委员会的服务，既是社区服务的依托，又是社会福利的社区体现形式。

▶**本节拓展材料**

第四节　慈善事业

我国政府明确提出了"健全社会保险、社会救助、社会福利和慈善事业相衔接的社会保障体系"，"慈善事业"第一次出现在党的重要文献中，成为我国社会保障体制的重要组成部分。慈善事业的蓬勃发展，能够最大限度地解决社会多样化、个性化的福利和救助需求，切实帮助群众解决实际困难；能够弘扬中华民族传统美德，实现政治文明、物质文明、精神文明和社会文明的共同进步；能够加强社会各阶层之间的理解、交流与合作，营造团结友爱、和谐相处的人际关系。推动和鼓励慈善事业的发展，对于促进社会公平正义、维护社会安定团结、弘扬社会主义制度的优越性和巩固党执政的社会基础，具有重要的作用。

一、慈善事业的基本理念

现代社会中的慈善事业具有多重维度的理论视野。从伦理学视角看，慈善事业是以人道主义为支撑的关心众人、不断增进人类福利的社会事业；从经济学视角看，慈善事业是基于社会责任基础上的财富第三次分配；从政治学视角看，慈善事业是社会全体成员和各类社会组织积极参与的社会自我治理机制；而从法学视角看，慈善事业则是对人权的尊重与捍卫。研究和探讨慈善事业的基本理念与特征，还要从慈善的本源着手。怀有仁爱之心谓之慈，广行济困之举为之善。慈善就是仁德与善行的统一。慈善，作为一种观念，就是发扬人道精神；作为一种事业，就是调节、补救、福利人群与社会。

（一）慈善

慈善在中国和西方都有自己悠久的传统和历史，但各自的起源、发展历程和表现形态却不尽相同。中国古代的慈善概念是建立在西周以来的民本主义、儒家的仁义学说、佛教的慈悲观念与善恶报应学说和民间善书所反映的道家文化等思想基础上的。传统文化典籍中，"慈"是"爱"的意思。《国语》中有"为义好学，慈孝于父母"之句，表明"慈"与孝顺、敬重之意是相连的。后来"慈"的含义愈加广泛，逐渐引申出怜爱、仁慈方面的寓意。唐代大儒孔颖达曾说："慈者，爱出于心，恩被于物也"，至此，"慈"的语义从原来较为狭义的父母之爱扩展到了全社会人与人之间的关爱。"善"的本义是"吉祥"和"美好"的意思，是指人与人之间的友爱和互助。到了南北朝的时候，"慈"与"善"就常常并列言之。古人的慈善关爱、怜悯他人的道德规范和观念，自先秦出现以来，中经两汉、至魏晋南北朝时，又受儒、释、道等多元文化思想的影响，成为人们自觉或不自觉地遵循的善行指导。中国现代语汇中的"慈善"概念，其含义直接承袭了中国古代的"慈善"概念。《汉语大词典》中，"慈善"指的是慈爱、善良、仁慈、富有同情心。在英语中，"慈善"一词有两个对应的词，一个是"charity"，另一个是"philanthropy"。这两个词有相通之处。"charity"一词出现的历史较为久远，可以追溯到公元前，其本义为"爱"的意思。据《英汉辞海》，"charity"主要指基督教义方面的爱，即爱上帝的美德或行动和对人的神圣的爱，也包含帮助穷人和受难人的良好同情意愿或一系列行动。"philanthropy"一词源于古希腊语，本义为"人的爱"，大约从公元18世纪开始使用。主要有三层意思：一是慈善，是指对通过促进人类福利事业的积极努力而表现出来的善意。二是慈善事业，即那些经过慎重考虑的慷慨行为或事例。三是慈善组织或机构。可见，"philanthropy"的含义比"charity"要宽，其适用范围要比"charity"也广泛得多，"philanthropy"的公益色彩比"charity"更强。另外，前者比后者更少宗教上的意义。

总之，无论古今中外，慈善都是个人或群体基于人道主义精神通过某种途径自愿地向社会及受益人提供无偿社会救助和社会援助的行为。这些援助包括资金、劳务和实物等方面。中华慈善总会原会长崔乃夫认为，慈善就是互助，就是人帮人的活动，即一部分人帮助另一部分人，反过来又是那一部分人帮助这一部分人的活动。

（二）慈善事业

随着我国社会主义市场经济体制的逐步确立和国内慈善事业的发展，学界对慈善事业的概念界定也逐步展开。

1. 慈善事业的一般概念

慈善事业的概念，有广义与狭义之分。有观点认为，历史上的慈善活动都可以归入"慈善事业"这一范畴。一种观点认为，慈善事业是一个历史范畴。尽管关于慈善事业的起源有不同的说法，慈善事业在不同的社会形态和社会制度下有不同的表现形式，但从本质上讲，慈善事业是一种救济行为，施惠者与受惠者是慈善事业的两个基本要素，这对不同时代和不同民族的慈善事业来说，具有普遍意义。另一种观点认为，"慈善事业"特指"现代慈善事业"。持第二种观点的学者认为，"慈善事业"是自近代工业文明以来在市场经济条件下逐渐形成的，与传统的慈善活动应区分开来，并指出，"慈善事业作为一项有着实质内容的道德事业和现代社会保障体系中的必要组成部分，是指建立在社会捐献经济基础之上的民营社会性救助行为，是一种混合型社会分配方式"。有学者直接将慈善事业定义为市场经济条件下的"第三次分配"。如果说第二次分配是第一次分配的补充，即政府弥补市场之不足，那么第三次分配则是第二次分配的补充，即民间捐赠弥补政府之不足。基于民间自愿捐赠的第三次分配的价值与贡献，不仅在于它有助于缓解贫困、缩小贫富差距，而且还可以弘扬社会主义精神文明，增进中华民族的团结与融合，提升国家和社会的凝聚力。有学者进一步完善了"第三次分配"这一概念，认为：通过市场实现的分配，被称为"第一次分配"；通过政府调节而进行的收入分配，被称为"第二次分配"；个人出于自愿，在习惯与道德的影响下，把可支配收入的一部分或大部分捐赠出去，称为"第三次分配"。

2. 慈善事业的定义、特征与运作环节

当前，学界比较通行的关于慈善事业的定义为：慈善事业是指众多的社会成员在志愿基础上所从事的一种无偿的、对不幸无助人群的救助行为。它通过合法的社会中介组织，以社会捐献的方式，按特定的需要，把可汇聚的财富集中起来，再通过合法途径，用于无力自行摆脱危难的受助者。慈善事业不是政府主导进行的社会救济行为，而是民间的扶贫济困行为。就其现代意义来讲，慈善事业搭建的是社会各阶层回报社会的爱心平台，在倡导人文关怀、帮助弱势群体上发挥着特殊的功能。慈善事业以社会成员的慈爱之心为道德基础，以人道主义为思想基础，以社会捐助为经济基础，以民间公益团体为组织基础，以社会成员的广泛参与为发展基础，是社会财富第三次分配的一种形式，

是社会保障的必要补充。慈善事业的这些特征将它和政府从事的社会救助事业区分开来。政府的社会救助事业以社会稳定为政治基础，以财政拨款为经济基础，以政府机构为组织基础，以法律制度为实施基础。慈善事业的运作包括接受捐献、资金管理和实施救助三大环节。第一，接受捐献环节。慈善组织要开展慈善宣传，弘扬慈善美德，有组织地进行募捐，动员有帮助他人能力的社会成员向慈善组织捐献。第二，资金管理环节。慈善组织的任务是确保每一笔资金的安全，并使之用于捐献者指定的救助项目。慈善组织对社会捐献的款项只有看护权，而无所有权和自主使用权，因此，慈善组织应该建立健全财务账册，并严格财务管理制度，自觉接受捐献者、政府有关职能部门和社会各界的监督和检查。第三，实施救助环节。慈善组织必须充分尊重捐赠者的意愿，做好社会调查工作，对救助对象及所需服务进行摸底，然后做好与有关各方面的联系工作，保证将救助资金用在最适当的地方。

3. 救助型慈善事业与公益型慈善事业

（1）救助型慈善事业。如果把慈善理解为对不幸者的救助与关爱，那么这个理解接近于英文中的"charity"。实际上，早期的慈善在很大程度上就表现为"救助型慈善业"。在西方，慈善最初意味着一种珍贵的情怀与高尚行为，它与恩惠及感恩相联系，是用以表达一个人对自己家庭（家族）以外的他人的善意行为。19世纪以后，由于对真正的不幸者（如残疾人、孤弃儿等）的救助被认为应当是当时职能日趋发达的国家的责任，日益兴起的私人捐助信托基金（慈善基金）便逐渐退出传统慈善领域转向了对公共生活的关注，如教育、法律、宗教、科研等，更突出的则是20世纪兴起的环保等领域。从福利制度的层次来看，救助型慈善事业对应的是正式的社会福利制度。20世纪是福利充分发展的世纪，第二次世界大战后西方国家因承担大量的社会福利和救助工作而成为福利国家，福利开始特指国家提供的服务和救助。如果将慈善限定在社会救助工作上，只能涉及现代慈善的一部分功能。现代西方的慈善主要还是对教会、教育、文化等的捐赠和扶持，社会救助和救济主要由国家来承担。

（2）公益型慈善事业。当慈善事业突破狭隘的救助领域而转向公益事业的时候，便实现了从救助型慈善业向公益型慈善业的发展。公益型慈善业接近于英文的"philanthropy"。该词可被译为"为增加人类的福利所做的努力"。现代西方慈善事业的概念主要界定为对公共事务的关注和志愿性地对社会弱势群体的救助，当今大多数发达国家的现代慈善主要转向投资教育、科研、医学等对于社会公众有益的领域，补充福利国家制度无法惠及的范围。非宗教的慈善活动是提供社会福利的重要制度安排。非营利组织大量地参与多种多样的社会福利活动，有组织的宗教和非宗教的慈善活动形成了社会福利的志愿部门，即"第三部门"。从这个角度来看，慈善与公益是等同的，慈善事业就是公益事业。 慈善事业作为一项民营公益事业，其发展需要具备一定的前提和基础。慈善意愿、行为、主体、客体、财物、途径和制度等是构成慈善事业的基本要素。

（三）慈善事业的基础

（1）道德基础——慈善之心。慈善属于道德范畴，慈善行为的非强制性和自愿性，决定了慈善事业只能建立在社会成员慈爱之心的道德基础上，这与政府纳入社会政策或法制的社会保障事业是有根本区别的。

（2）社会基础——贫富差别。共同贫穷或共同富裕的社会都不会产生慈善事业，唯有存在贫富差别的社会需要慈善事业，在这样的社会，构成慈善事业两极的社会成员——有能力捐献者和需要救助者并存，慈善事业则成为沟通两者关系并适度平衡两者利益的良好途径。

（3）经济基础——社会捐献。慈善事业不会排斥政府的财政援助，但无社会捐献则无慈善事业。也就是说，社会各界尤其是社会成员的自愿捐献，构成整个慈善事业生存与发展的经济基础。

（4）组织基础——社会组织。慈善事业虽然可以接受政府的财政帮助并服从其依法监督，但由于政府干预可能改变慈善事业的性质并背离捐献者的意愿，在具体运作中又必然排斥政府权力的干预，因此，慈善事业必须由社会组织来承担具体的组织实施工作。

（5）实施基础——捐者意愿。没有捐献便不会有慈善事业，这种特殊的经济基础决定了慈善事业必须坚持以捐献者的意愿为实施基础，即慈善事业具有捐献者意愿至上的特点。当然，捐献者的意愿不能违背现行法律法规及社会公德。

（6）发展基础——社会参与。当慈善事业仅仅是少数富人的事情时，慈善事业发展应有的社会氛围尚无法形成。只有社会成员普遍参与，才能形成一种有利的、自觉地促进慈善事业发展的社会氛围，从而使慈善事业具有更加广泛、更加厚实的基础，最终使单个的慈善行为集约成为一项宏伟的事业。

（四）慈善事业的要素

（1）意愿。慈善意愿也即情感，属于精神道德层面的内容，即慈善的道德基础。在我国，这种道德意向建立在传统的儒、释、道的思想基础之上；在西方，这种道德意向则来自基督教的观念，主要是通过浓厚的社会氛围体现出来的。慈善事业是一项社会事业，其发展需要有一定的社会氛围，即需要公民慈善意识和社会慈善价值观的支撑。如果大多数人还没有充分意识到慈善事业在社会发展中的不可替代作用，也就根本不可能产生公益意识和慈善意识，其结果就是将公益事业和社会救助事业完全归于政府职能的范围。慈善行为归根结底是一个道德范畴，道德对慈善事业的发展具有根本意义。因此，发展慈善事业的首要任务就是培养公众的慈善意识和提升社会的道德水平。

（2）行为。慈善行为，即慈善意愿在现实中的实现，也就是捐助钱物或提供义务的劳务等行为。慈善行为要遵循一定的原则，即慈善行为应建立在法律允许的、可行的、自愿的、无报酬的、慈善组织自主管理的基础上。发展慈善事业的行为方式具有多样性。慈善捐赠按照流向可分成三类，即向慈善筹款机构的捐款、向慈善执行机构的捐赠、向受助人的直接捐赠；按照主体划分，主要有社会形式（主要通过慈善基金会等慈善机构来筹款）、个人形式（公民以个人权利进行的慈善活动，如义工、义演等）；按照慈善行为实施的频率分为一次性捐赠和定期捐赠等；按照是否附带条件分为有条件捐赠和无条件捐赠；按照捐赠的内容分为物质援助和精神支援等。

（3）主体。慈善主体，即慈善意愿的持有者和实现者。关于慈善的主体，要区分捐助主体、运营主体、监管主体这三个概念。捐助主体包括个人或家庭、慈善家、社区、社团、企业、联合集资与募款组织等。个人或家庭构成了慈善事业最为广厚的社会基础；慈善家是专门从事慈善事业或进行慈善活动的人；企业法人、社团、社区等是慈善捐助的重要主体。运营主体主要是指慈善组织。慈善组织建立在个人和团体的法定资本和自愿协议基础上，为共同实现慈善事业的组织，它不以营利为目的。监管主体主要是政府和其他社会力量。

（4）客体。慈善事业的客体主要是社会的弱势群体。具体来说，慈善行为的客体主要包括个人和团体，包括慈善基金会、各类居民区等。慈善捐助的主体可以独立地为自己的慈善活动选择客体和区域，但对象不可以是捐助企业和基金会内部职工。

（5）财物。慈善的财物包括自愿捐助的资金、实物与劳务等。慈善事业的人、财、物不是直接来自社会生产和再生产环节的必要扣除，受惠者不以进入生产过程就业为前提，它是一切有能力的捐助者在慈善心驱使下的自觉行为，失业者、弱势群体和遭受各种天灾人祸的困难群体是其主要的受益对象。

（6）途径。慈善事业不是政府行为，而是在政府倡导下，由民间团体自愿组织和开展活动的，是民众行为，所需的资金主要来自企业、社会团体、宗教组织及海内外私人捐助，是非强制性集资，对象具有较大的选择性和不确定性。因此，慈善事业的实现途径与社会救助和社会福利是完全不同的。

（7）制度。发展慈善事业既需要建立和加强慈善组织的行业自律观念、能力建设及专业化程度，同时还必须有完善的法律体系作为保障。

（五）慈善事业的功能

慈善事业的功能是指慈善组织或个人的慈善行为及其产生的影响。慈善事业所具有的功能是慈善事业自身能够存在和运转的根本。具体来说，慈善事业的功能主要体现在以下几个方面。

（1）财富或资源的分配功能。第三次分配理论既是现代慈善事业赖以立足的基础，也是慈善事业自身所具有的重要功能之一。综观世界各国，慈善事业的社会地位不断得到加强，日益成为社会分配和社会资源重组的一种重要途径。在中国，由于收入分配体制改革正处在逐步完善阶段，行业间收入差距较大，财政再分配调控手段未能充分发挥应有功效，基于社会责任和爱的法则的慈善事业的第三次分配功能具有更加突出的意义，在一定程度上弥补了两种分配方式的不足，促使财富和资源能够在社会各阶层之间进行流动和重新分配。

（2）社会整体受益功能。福利经济学指出，同一般商品一样，人们从一单位财富中所获得的满足感随着财富的增加而不断减少。根据边际效用递减规律，慈善家把一部分财富转移给低收入阶层，对整个社会来说，所增加的效用要大于减少的效用，从而会增进全体人民的福利。

（3）社会稳定功能。慈善事业是移富济贫的事业，能够促进社会和谐发展，成为社会稳定器。发展慈善事业是处理阶层关系的重要手段，是社会健康和持续发展的重要基础。慈善事业越是发展，对缩小阶层差距、缓解社会矛盾的作用就越大。

（4）思想教化功能。慈善组织通过对人的道德教化，从内心深处激发对人、对人类社会的关怀和责任，使社会更加和谐，使人们更加富有爱心，从而有助于提升社会的道德水准。志愿服务是慈善事业的核心价值形式，个人和团体通过发自内心的志愿义务服务，用行动体现内心对人和社会的爱与道德关怀。

（5）弥补政府失灵和市场失灵功能。市场不仅会失灵，而且市场经济的逻辑本质上是一种优胜劣汰的社会达尔文主义，财富的集中不仅是获取规模效益的需要，也是市场竞争的必然结果。这一机制正是保证经济效率的前提，但同时又容易造成贫富不均和社会分化。特别是在社会转型时期，政府和社会都面临着很多艰难的问题。慈善事业作为不同于国家和市场的第三股力量，能够承担国家剥离给社会的许多职能，有助于解决在某些方面"市场失灵"和"政府失灵"所带来的社会问题。

（六）我国发展慈善事业的意义

对处于转型期的中国来说，发展慈善事业对于促进社会和谐、调节社会冲突、强化社会沟通，均具有极其重要的意义。

1. 开发和拓展新的社会资源

中国慈善事业具有非常广阔的发展空间，社会募集资金和物资存在巨大潜力。2008年，中国社会募集资金的总量超过 1 000 亿元。从 5 月 12 日开始到 11 月 25 日，全国为四川汶川地震捐款 700 多个亿；慈善活动吸引大量的志愿者提供无偿服务，为社会建设事业提供了宝贵的人力资源。由于汶川地震和奥运会引发的全国志愿服务热潮，2008 年中国志愿者队伍至少增加了 1 472 万人。据统计，170 万名奥运志愿者服务累计超过 2 亿小时；深入灾区的国内外志愿者队伍总量在 300 万人以上，在后方参与抗震救灾的人数达 1 000 万以上，其经济贡献相当于 185 亿元；大力发展慈善事业，能够有效发挥社会组织的作用，促进慈善组织的制度建设和能力建设，加快社会组织的生长、发展和壮大，为社会建设增添新的组织资源。

2. 促进政府职能转变和现代社会管理方式的建立

发展慈善事业对政府管理方式提出了更高的要求，政府需要进一步转变职能，从单纯的行政控制到对慈善组织进行法律监控和政策监控，对于重新调整政府与社会的关系、建立现代化的社会管理方式、提高政府管理社会的能力，具有重要的推动作用。

3. 促进公民道德教育

慈善行为是一种道德行为，慈善事业是一种人道事业，慈善文化和慈善精神是社会主义思想道德体系的组成部分，是社会主义先进文化的组成部分。发展慈善事业，可以提升人们的道德关怀，强化人们的集体意识和政治责任感。中华民族乐善好施、扶危济困、"一方有难，八方援助"的传统美德，随着慈善事业的发展，必将发扬光大。

4. 形成政府、企业以及公民之间的合作机制

发展慈善事业为和谐社会建设提供了新的社会整合机制。慈善事业的主体是民间性质的，主要包括个人或家庭、社区、宗教团体、企业、基金会及联合集资与募款组织等。慈善事业搭建的是社会各阶层回报社会的爱心平台，为社会要素参与社会保障和社会福利体系的建设提供了空间和通道，社会各阶层能够加深理解、增进交流、广泛合作，也有助于社会治理结构的形成，更加有力地推动社会主义和谐社会建设。政府在发展慈善事业的过程中，承担着营造社会氛围、创造有利环境、制定政策、健全和完善法律和法规、借鉴国际通行做法和经验、规范社会捐助行为、宣传先进典型、调动各类组织和人士参与慈善事业的责任。公民是慈善事业的重要参与者，通过捐助、从事慈善义工等形式，可以有效地参与社会主义和谐社会的构建过程中来。企业组织是社会捐助的重要主体，在慈善事业发展过程中，企业等经济组织的作用是不可替代的，他们的社会捐助为慈善事业提供了重要的资源支持。

（七）民间慈善的发轫

在中国，由社会团体举办慈善事业自古有之，比较有影响的民间私人慈善活动从唐朝就开始出现，当时北方地区民间社会私人结社开始盛行，从事民间的经济活动和生活互助。至晚清时期，民间资本特别是江南沿海地区新兴工商业阶层的不断壮大，由他们主导的民间慈善事业也逐渐兴起，扩展了传统慈善救济的内容，使大规模的民间慈善活动在全国范围内得到广泛推行。到民国时期，官办力量提供公共物品的缺位以及民间组织主体能力的增强共同引发了中国民间慈善组织向近代的转型，使民间慈善首次成为中国慈善事业的主要形式。民国时期，灾害频发，战乱连年，以致生灵涂炭，民不聊生。由于政府救济不力，大量的救济工作便只能由慈善组织来承担。这一时期，无论是慈善团体的数量，还是慈善家群体，在中国慈善事业史上都是首屈一指的。据1930年国民政府内政部调查江苏等18个省的救济院和旧有慈善团体（明清时期设立的慈善团体）时统计的数据，总计566个县市共有1 621个旧有慈善团体。又据国民党中央社会部1946年年底的统计，全国29个省市共有救济机构3 045个，其中私立的有1 011个，约占33%。1948年的《中国年鉴》披露：当时全国有4 172个救济机构，其中私立者1 969个，占47%。这些数据因调查范围不同而有所差异，但是，民国时期的民间慈善救济机构一直数目众多却是不争的事实。在众多的民间慈善救济机构中，影响较大的有中国红十字会、中华慈幼协会、战时儿童保育协会、香山慈幼院、华洋义赈会等。

新中国成立以后，通过没收官僚资本、土地改革、人民公社化、粮油统购统销等一系列制度安排，国家获得了对社会中绝大部分资源的控制权和支配权，由此形成了一种"强政府-弱社会"的社会形态。在这种社会形态中，民间的社会公益团体的生存空间被国家掌控，慈善活动转化为政府主导的济贫帮困行为，纳入政府体制中去，民间的慈善组织几乎销声匿迹，民间性的慈善救助活动也不复存在。"从 1949 年到 1993 年长达 44 年的时间中，中国没有一家以慈善为名的组织，也没有'慈善'的说法，在这长达 44 年的时间里，甚至在很长的一段时间里，人们连讲'人道主义'都得加上'革命'二字"。可以说，中国的慈善事业在此期间出现了发展史上的真空状态。

（八）新中国成立后的慈善事业的历程

1. 调整与改造阶段：1949~1954 年

政府对慈善事业给予了相应的重视，并制定了新中国的慈善工作方针政策。一方面是接收、改造旧社会留存下来的各种慈善机构，另一方面则是新建一批社会福利救济机构和设施。据有关资料显示，至 1953 年年底，全国各地已改造旧的慈善机构 419 处，调整旧的救济福利团体 1 600 多个。

2. 发展停滞阶段：1955 年至 20 世纪 80 年代

由于时局的变化，政府将原有慈善机构予以接收、改组，并逐步纳入国家社会保障与福利制度的轨道中，用福利的形式取代民间的慈善，即把过去民间所办的慈善内容都由政府一一包办起来，慈善事业渐渐偏离其本义，中国内地已经不再有完全意义上的民间慈善组织。后来尤其是受极"左"思潮和"文化大革命"的影响，慈善事业被当做社会统治阶级麻痹人民的装饰品而屡遭批判，人们谈慈善而色变，慈善事业由此陷入近三十年的停滞阶段。

3. 复兴发展阶段：20 世纪 80 年代以后

党的十一届三中全会后，全国在"解放思想、实事求是"的路线方针指导下，开始进行各个领域的拨乱反正。国家和社会也逐渐意识到，就我国当时的财力，单靠政府部门进行社会救助往往会捉襟见肘。并且伴随着经济改革的不断深化和社会的转型与变迁，社会救济问题也越来越突出，政府逐渐改变了对慈善事业的政策措施，开始积极主张并推动慈善事业的发展。从 1981 年中国儿童少年基金会的成立开始，二十多年的时间里，在国家层面的慈善团体就达 700 个，2008 年慈善捐款达千亿元。我国的慈善事业迅速进入复兴阶段。2008 年 12 月 5 日，党中央国务院召开了第二次中华慈善大会，胡锦涛总书记亲切接见了来自全国各地的 600 多名慈善工作者、慈善项目获奖代表和慈善先进个人。大会表彰了 2008 年为我国慈善事业做出突出贡献的个人、企业和慈善项目，授予企业、机构、慈善项目以及 336 名个人 2008 年度"中华慈善奖"，授予 119 名个人为"全国优秀慈善工作者"，授予 22 名为慈善做出杰出贡献的人士"中华慈善贡献奖"。在当天举办的慈善论坛上，举行了"5·12"慈善联合行动启动仪式，将"5月12日"定为全国慈善日。中华慈善大会的召开，对弘扬慈善精神，激发全社会的慈善热情，激励社会各界参与和支持慈善事业起到了极大的推动作用。2008年，在中国慈善事业发展史上具有里程碑的意义，堪称慈善元年。近年来慈善事业的迅猛发展与政府的积极倡导和推动密切相关，自20世纪90年代以来，政府采取了一系列推动慈善事业复兴和发展的政策措施。

二、我国慈善事业的改革

1. 制定推动慈善事业发展的法律法规

改革开放以后，特别是20世纪90年代以来，我国陆续制定了一系列的法律法规，以完善我国慈善事业发展的制度环境，主要有1998年9月国务院发布的《社会团体登记管理条例》，1998年10月国务院发布的《民办非企业单位登记管理暂行条例》，1999年6月第九届全国人大常委会通过的《中华人民共和国公益事业捐赠法》，2004年3月国务院发布的《基金会管理条例》及财政部、民政部、国家税务总局、海关总署等部门制定的有关规章。在这些政策法规中，对包括慈善事业捐赠在内的公益事业捐赠和包括慈善基金会在内的为公益目的而设立的基金会做了界定及分类，制定了鼓励用于公益事业捐赠的措施，规范了捐赠和受赠行为、基金会的设立、非营利社会团体和民办非企业单位的登记，以及组织机构和财产的管理使用，强调了监督管理和法律责任。这一系列的法律和行政规章保证和推动了近年来慈善事业的迅速发展。党的十六大以来，党中央、国务院支持慈善事业发展的力度进一步加大。民政部制定颁布的《社会捐赠资金管理办法》，对捐赠资金的使用、尊重捐赠人的意愿、接受捐赠人和社会的监督都有一系列的规定，保护慈善捐赠的行为，并于2007年通过了修订的《中华人民共和国企业所得税法》，把抵扣比例从3%提高到12%，这对进行捐赠的企业是一个很大的鼓励。

2. 完善管理体制

1978年国务院进行机构调整，正式恢复民政部，并于1982年8月再次确立民政部为主管全国救灾救济和社会福利的主管机构，明确提出进行社会福利服务的社会化运作，鼓励社会力量参与社会福利和社会救助领域。进入20世纪90年代，政府对慈善事业采取了更为开明的态度，国家领导人在许多场合公开表示赞同和支持中国慈善事业的发展。2008年9月，民政部正式成立社会福利和慈善事业促进司，主管福利彩票、慈善和社会捐助、老年人和残疾人福利及儿童福利工作，意在进一步推进与健全"社会保险、社会救助、社会福利和慈善事业相衔接的社会保障体系"，对中国慈善事业的发展更是意义深远。

3. 扶持慈善组织的发展壮大

20世纪80年代以来，在政府部门的大力支持下，各类慈善机构应运而生。中国儿童少年基金会成立于1981年，中国青少年发展基金会成立于1989年。这些基金会都是"运作型基金会"，即募集资金与开展各类济贫救困与助学工作同时进行，形成了早期中国基金会的特色。1994 年，中华慈善总会成立，发起成立中华慈善总会的第一任会长崔乃夫就是前任民政部部长。其目标是进一步动员海内外社会力量进行济贫救困，目前中华慈善总会的团体会员单位已达 250 多家，这些地方慈善会几乎遍布全国所有省份和大中城市，有些甚至深入到乡镇和居民社区。2004 年出台的《基金会管理条例》，首次将基金会分为公募基金会和非公募基金会，并鼓励民间力量积极参与成立非公募基金会。2004 年 6 月 1 日，由浙江省政协委员、旅美华侨叶康松捐赠原始基金 200 万元发起的"温州市叶康松慈善基金会"获浙江省民政厅批准设立。这是国务院《基金会管理条例》实施后全国首家获准设立的非公募慈善机构。

4. 大力弘扬慈善精神和慈善文化

由于慈善事业在大陆沉寂已久，国民的慈善意识还很薄弱。为了培养和普及慈善意识，提高人们为慈善事业捐赠的自觉行为，多年来，各级政府和各地慈善组织都注重通过报刊、电视台等新闻媒体来宣传慈善会的性质、宗旨和意义。例如，中华慈善总会对宣传阵地的建设尤为重视。1999 年公开创办《慈善》杂志，又编辑出版《中华慈善年鉴》，并与电视台、电台、报刊等媒体合作开设公益慈善专栏，充分利用各种渠道和资源为慈善事业服务。并且政府部门也一直十分注重慈善理论研究，在民政部举办的年度民政论坛中，慈善事业发展一直是民政论坛中的重要研究内容。各级地方政府也在进行有关慈善文化、慈善组织建设等方面的探索。2005 年 4 月，国务院和国家民政部会同上海市民政局开始起草我国第一部《慈善事业发展纲要》，以此为基础，第一部系统阐述我国慈善事业发展的力作《中国慈善事业发展研究》问世。2005 年 11 月 1 日，中华慈善大会在北京人民大会堂隆重举行，大会正式向社会发布了《中国慈善事业发展指导纲要(2005～2010)》，表彰了一大批为慈善事业做出杰出贡献的社会组织、企事业单位和个人。全国上下掀起了一股慈善的浪潮。

5. 慈善事业的改革实践

随着改革开放的进一步深入，社会利益格局发生了深刻的变化，新的社会问题相继出现，新的社会矛盾逐渐凸显，社会对慈善事业有了新的需求。20 世纪 90 年代末特别是 21 世纪以来，我国的慈善事业进入了快速推进阶段。

（1）慈善机构如雨后春笋般建立起来。截至 2008 年年底，登记注册的社会组织总量接近 40 万个。其中，社会团体有 22 万个，比上年同期增长 6.3%；民办非企业单位有 17.8 万个，比上年同期增长 3.5%；基金会有 1 390 个，比上年同期增加 21 个。初步形成了门类齐全、层次不同、覆盖广泛的社会组织体系。截至 2007 年年底，全国共有基金会 1 340 个，比上年增长 17.1%，其中，公募基金会有 904 个，非公募基金会有 436 个，中央级基金会有 107 个。全国各类基金会组织共接收捐赠 40.5 亿元，接收捐赠实物折价 10.2 亿元。2004 年 6 月 1 日新的《基金会管理条例》正式实施之后，由企业家设立的非公募基金会也有不同程度的增长。

（2）慈善资金逐渐增加。在慈善机构快速发展的同时，善款的募集也在逐年增长。2008 年的重大事件和巨大灾害直接引发了慈善捐赠的"井喷"。初步统计，2008

年全国接收各类捐赠款物总额合计达 1 070.49 亿元，占 GDP 总量的 0.356%，年增长率达 246%。其中，内地民众个人捐款达 458 亿元，占捐款总额的 54%，首次超过内地企业捐款数。

我国的慈善事业发展是在中国特色社会主义的大框架内进行的，是在社会主义初级阶段现实基础上展开的。虽然近几年我国的慈善事业得到了一定程度的发展，但从总体上看，慈善事业的基础还较为薄弱，发展过程中还有很多亟待解决的问题。

第一，慈善组织和机构数量偏少。目前，中国有专门从事慈善活动的各级慈善机构近 700 家。有数据显示，美国非政府组织总数超过 200 万个，经费总数超过 5 000 亿美元，工作人员超过 900 万人。德国、英国、瑞士都有 1 万多个基金会。与这些国家相比，中国的慈善组织和机构数量有很大的差距。在地区分布上，东部 13 个省、直辖市有慈善组织 63 个，中部 6 个省共有 34 个，西部有 12 个省、直辖市共有 31 个，其中西藏没有设立慈善组织。各个慈善组织之间联系松散，无法形成合力。据资料显示，中华慈善总会不具备详细相关的国内慈善组织信息，无法进行召集组织工作。

第二，慈善文化发展有待进一步提高。民众对慈善事业的了解不够。中国社会科学院设计的问卷调查表明，超过半数以上的被调查者认为慈善事业属于政府的救济行为；绝大部分被调查者虽然参加过捐款捐物活动，但主要是通过工作单位、学校、居住街道被动捐赠，"经常主动捐赠"的人数很少；大部分公民对慈善事业及慈善机构不了解，甚至从未听说过。由于慈善意识不普及，慈善活动开展不多，慈善事业宣传力度不够，使慈善组织、慈善理念和慈善行动没有深入人心。在美国，富人与平民百姓对慈善的态度是不同的。虽然全美最富有的 1% 人群拥有整个美国 2/5 的财富，但这些人平均每年只捐出了个人收入的 2%；相反，生活在最底层的平民百姓每年都将个人收入的 6% 捐了出来。在中国也存在慈善捐款"倒挂"的现象，平民百姓慈善意识更强。据一位工作在募捐第一线的人士介绍，许多家境并不富裕的普通老百姓将自己省吃俭用的钱拿出来帮助其他困难群体。人均捐赠水平不高。发展慈善事业中一个重要的因素就是社会慈善价值观的普及。美国在 2003 年时人均慈善捐款已达 828.7 美元，85% 以上的捐款都来自民众，而我国 2007 年人均捐赠只有 0.92 元，2006 年人均接近 1 美元，2008 年，汶川大地震的发生引发群众慈善捐赠的高潮，人均捐赠达到 150 美元左右。中华慈善总会的统计显示，在 2006 年以前所获捐款的 70% 来自海外和港台。大陆富豪的捐款只占总额的 15% 左右。中华慈善总会的统计数字还显示，在中国，占有社会财富 80% 的富豪们，对社会的慈善捐赠却不到 20%。

第三，政策法规不健全。有关慈善方面的税收政策严重不足。一是慈善税收优惠的相关规定较为零散，分散在不同的法律文件中。二是税收优惠制度在法律位阶上级别较低，一般都是通过财政部和国家税务总局发布的规定性文件公布，只有少数规定以法律条文的形式出现在特别法中。三是慈善税收优惠制度还较为原则，缺少灵活性和变通性，特别是在实践当中的细则没有详细规定，法律法规亟待完善。

第四，慈善组织能力不足。慈善组织缺乏公信力。当前，在开展慈善捐助活动时，变相的摊派普遍存在，公众很反感。有些慈善机构在管理上存在漏洞，财务制度不透明、资金运行效率不高，善款使用的随意性较大，存在被贪污或挪用的风险。中国慈善机构的劝募能力不强。慈善机构募捐能力较弱，国内工商注册登记的企业超过 1 000 万家，有过捐赠记录的不超过 10 万家，即99%的企业从来没有参加过捐赠。1998 年洪水大灾，中国人均慈善捐助也只有 1 美元。2008 年汶川大地震的发生表明，经过这么多年的发展，中国的慈善理念及居民的慈善意识已得到了明显的提升，但当社会大众慈善意识蓬勃涌现的时候，社会民间慈善机构和慈善组织在组织捐赠、调动和合理安排资金方面的能力欠缺就凸显出来。中国的慈善事业发展目前已处在正待腾飞的阶段，亟须取得慈善理念传播、组织能力建设、社会资源动员、政府政策推动和法律法规完善等几个方面的突破。只有这样，慈善事业的发展才能与经济发展相协调，才能为落实科学发展观和构建和谐社会提供有力的支撑。

6. 加快制定和完善进一步优化慈善事业发展的法律和政策环境

目前，我国尚无系统的慈善公益法，仅有的《中华人民共和国公益事业捐赠法》较为原则，缺乏操作性。2008 年四川汶川特大地震中，国内个人捐赠为 314 亿元，企业捐赠为 304 亿元，国内捐赠远大于境外 44.36 亿元，首次打破以往的结构。但由于汶川地震的特殊性，因此要全面考核我国慈善捐赠的结构，还需对 2009 年以后的捐赠结构进行跟踪评估。国家层面上应当加强法律制度的建设，尽快研究并制定《慈善事业法》或在《中华人民共和国社会救助法》中确立慈善事业的地位、原则等，从法制上统一规范慈善事业的性质、组织形式和具体的运作程序，明确政府监管部门与社会协调机制，并通过政府和社会的监管，确保慈善组织的运作符合法制规范。可以将民间组织划分为慈善公益组织、互益性组织和非营利企业三大类型，对此应采取不同的税收政策、政府支持政策及不同的监管办法。应对《中华人民共和国企业所得税法》《中华人民共和国个人所得税法》等法律进行修改，提高慈善捐赠的税款减免比例，简化免税程序，鼓励和引导企业、团体和个人向慈善事业捐赠，以壮大慈善事业发展的物质基础。

7. 建构政府与慈善公益组织关系的新模式

政府与慈善公益组织之间应通过协议的方式明确合作伙伴关系。"小政府，大社会"是社会结构转型的必然要求和发展趋势，政府要引导中国的慈善组织为社会经济发展服务，也就是引导慈善组织进入目前政府和企业都不适宜介入或效率较低的领域，逐步将部分社会救济、社会福利方面的事宜转移给有资质的慈善组织，国家在制度层面给予尽可能的支持。坚持公共服务政府的理念，进一步转变政府的社会职能。在社会管理、社会服务及慈善领域中，政府与社会组织的角色和职能应该有明确的区分，尽快建立政社分开的社会体制。政府在慈善事业发展中是慈善政策的制定者、慈善实施的监管者、慈善文化的倡导者和慈善行为的鼓励者，慈善活动的主体应是各类专业的慈善组织、运作慈善项目的其他社会机构及民间自发的慈善行为。

8. 建立慈善公益组织的行业组织和行业规范

慈善组织的发展，包括：①明确慈善组织的非营利组织性质。根据国际惯例，非营利的实质在于营运收入的非分配性质。②确定慈善组织的法人资格。法人资格确定的程序即是组织注册登记，其目的之一在于在今后的民事行为（如债务纠纷）中承担有限责任，目的之二是可以进一步申请获得免税资格。③慈善组织免税资格的认定。免税的问题相当复杂，何种收入应该免税、何种机构担任免税资格的认定的职责，都是亟待研究解决的问题。④慈善组织的法人治理结构的建立。慈善组织内部的制度构造，与公司有一定的平行性，其决策机构为董事会或理事会，由该机构聘请首席执行官（chief executive officer，CEO）负责组织的日常运营。对于慈善项目，需提供的制度包括：①建立一套涵盖接受项目机构的管理架构、机构使命、人力资源政策、财务管理政策、计划和评估政策、服务对象需求评估政策、隐私保密政策、投诉及危机处理政策等方面的管理体系。②按照项目管理的理念，制定包含项目背景、项目目标、项目实施过程、项目主要执行人员、项目进度安排、项目评估方法、项目预算等内容的规范要求。③资金提供方或慈善基金会需要进一步加强对资助项目的评估，可以要求申请资助的社会组织提交严格的项目计划书，项目开始时，慈善基金会派专人追踪项目的执行情况，项目结束后对受资助机构提交的评估报告进行第三方专家评审。通过加强慈善基金会对受资助机构的要求，控制并提升服务项目的品质，使社会大众更多地受益，从而促进社会公共组织与慈善基金组织的长效合作。对于自发的慈善行为，当务之急是使之合法化。由于我国法律并没有规定自然人具有组织和发起募捐的主体资格，因此，首先要通过立法明确民间慈善行为的合法性地位；其次，防止不法分子为营利而利用捐款行为进行诈骗；最后，对零散的慈善行为必须明确规定在什么程度进行募捐，募捐的方式、对象，募捐的数额、持续的时间等，防止盲目、重复的行为。

9. 改进和完善现有的劝募机制

逐步试点推行联合劝募机制，以提高募捐的效率和动员力。努力实现慈善劝募由依赖行政动员认捐方式向市场化自主自愿捐赠方式转变，建立慈善事业发展与企业慈善文化相结合的工作机制，逐步使企业成为慈善捐赠的主体。要着力募集慈善资金，完善市场化的劝募机制。慈善资金是慈善事业发展和做好慈善工作、实施慈善救助的物质基础。关键要进一步创新资金募集机制，健全完善募集形式，不断扩大慈善资金总量。要坚持企业、社会法人单位捐赠与群众捐赠相结合，特别要完善政策、创新机制，促进企业特别是有实力、有能力的企业更多地参与到慈善募捐中，教育引导广大群众普遍参与，不断夯实慈善事业发展的社会基础。要坚持市内捐赠与市外捐赠相结合，进一步创新"企业留本捐息冠名基金"等慈善募集形式，打造一批具有较强公信力和影响力的"慈善品牌"，既要发挥市内资源作用，又要深度拓展市外慈善资源，切实增强对各种慈善资源的吸引力，不断提高慈善事业可持续发展能力。积极推进建立各种形式的基金会，如公募基金会、私人基金会、公司基金会、社区基金会和运作型基金会，以拓展我国慈善事业的资金来源。

10. 营造全社会参与慈善的良好氛围

要推进我国的慈善事业，除了各项制度性建设之外，如何发扬我国特有的慈善文化传统，如何培育人们的慈善理念，如何改变不利于慈善公益事业发展的种种陈旧观念，既需要税收上的激励，更需要媒体的科学宣传和全社会的参与，还要进一步培育全社会的现代慈善价值观，将现代慈善价值观更深、更广泛地渗入公众意识当中。同时还需要建立专门的志愿者招募组织。该组织本身应该是慈善公益组织，所招募的志愿者主要服务于本区域内的慈善公益事业，而不能从事任何营利性活动。通过这样的组织，可以使志愿活动变成日常的、经常性的行为，而不是间歇性的行为。另外，志愿者队伍也不应该局限于某个年龄段，而应该根据需要，招募不同年龄段的志愿者，以扩大志愿者队伍。

▶本节拓展材料

第五节　国防人员保障制度

一、军人社会保障和社会优抚的概念及特点

（一）军人社会保障的概念及特点

1. 军人社会保障的概念

世界大多数国家对军人社会保障的解释是：政府和社会运用社会化的保障手段，依法保障全体军人基本生活的经济福利制度。其宗旨在于维持军人一定的生活标准和质量，增强军人的安全感。目前为止，我国现行法律、法规中尚未出现对军人社会保障概念的正式界定，但有关军人社会保障体系的阐述却多次在党的重要文件中出现。军人社会保障是国家社会保障体系的重要组成部分，是对特殊对象提供的特殊保障，它的产生和发展与国家社会保障的产生和发展联系紧密。

因此，对军人社会保障概念的界定可以归纳为：国家和社会依据一定的法律和规定，通过国民收入的再分配，对军人及军人家庭的基本生活权利和物质利益给予保障的一项社会制度，是一种具有福利性质的社会经济制度和安全稳定系统。

2. 军人社会保障的特点

军人社会保障作为国家社会保障体系的重要组成部分，除了具有国家社会保障的社会性、强制性、互济性、保证性、储蓄性等共性特征之外，还具有以下几个方面自身的特殊性。

（1）责任主体的特定性。企业、公司等单位能直接产生经济效益，有能力成为社会保障的责任主体，而军队是执行国家政治任务的特殊武装集团，其劳动产品是国家安全与社会稳定，属于社会公共产品，军队无法也不应该承担对其成员的社会保障任务。这就需要由国家和社会作为特定责任主体，承担起对军人应尽的社会责任。

（2）保障对象的荣誉性。军人社会保障以军人及其家庭成员为保障对象，这是一个特殊的社会群体，具有特殊荣誉或光荣身份。军人既是社会成员的一部分，又是国家安全的捍卫者，承担着比普通社会成员更多的责任和风险，也为社会做出了更多的奉献与牺牲，理应得到社会的尊重和合理的补偿。在军人社会保障制度的制定和实施过程中，不仅要充分保障军人的基本生活待遇，还应体现国家对军人及其家庭的特殊关注和优待，以更好地保障军人的合法权益。

（3）保障待遇的优厚性。由于军人对国家的特殊贡献，各国政府都给予军人较高的社会地位和优厚的经济待遇。一般而言，军人社会保障的水平与标准要普遍高于一般社会成员的社会保障水平与标准，这主要是由于被保障的对象为国家所付出的牺牲、做出的贡献比一般社会成员大。国家和军队有关部门应在安排社会保障支出时，向军人做适度倾斜，并在国家经济允许的范围内，适当提高军人社会保障各项目的给付标准。为烈属提供精神与经济补偿，为军人及其家庭提供较为优厚的生活待遇，实际上是对军人的一种褒扬，是对军人为社会额外付出的一种补偿。

（4）保障功效的激励性。军人社会保障对于提高军队的吸引力、凝聚力、战斗力具有很强的激励作用。军人的社会保障问题解决得好，不仅有利于把社会上优秀青年吸引到军队，以适应军队现代化建设的需求，也有利于解决军人的后顾之忧，使广大官兵安心建功立业，还可以减轻军队的非军事工作压力，以便集中精力抓好军队建设和发展。

（5）保障管理的相对独立性。军人社会保障对象和保障内容的特殊性决定了军人社会保障体系和管理的相对独立性。一方面，在体系的设计上，军人社会保障不同于一般国民的社会保障，它涉及军队、地方和国家等方面，需要建立一种上下沟通的行政隶属关系，组织专门的业务部门和常设的机构来统一协调和管理；另一方面，军人社会保障是一项经常性的工作，加上军事职业的特殊性、保密性，更加大了军队社会保障部门的自主性和管理的相对独立性。

（二）社会优抚的概念及特点

1. 社会优抚的概念

社会优抚是国家以法定的形式和通过政府行为，对社会有特殊贡献者及其眷属给予一定的物质照顾、工作帮助和精神鼓励，以保障其生活不低于一般生活水平，具有褒扬和优待赈恤性质的特殊社会保障措施。世界各国都根据自己的国情和需要，对一部分特殊的社会成员设置了特别的优抚制度。在我国，社会优抚制度主要是为现役军人、退役军人及其家属而设置的一项社会保障制度。

2. 社会优抚的特点

与其他的社会保障制度相比，社会优抚具有以下几个特点。

（1）社会优抚的对象是特定的。社会优抚是国家和社会对特殊的社会成员实施的一项制度，优抚对象是对国家有着特殊贡献的个人和家庭。根据我国现行法律规定，优抚对象主要是军人及其家属。军人家属是指军人的直系血亲、配偶、依赖军人生活的未满16岁的弟妹，以及军人自幼依靠其抚养长大、现在又需要依靠军人生活的其他亲友。

（2）社会优抚的责任主体是政府。社会优抚任务是由政府来完成的，其资金来源于政府的财政支出。

（3）社会优抚具有褒扬性。社会优抚是政府对于那些自我牺牲和无私奉献的人及其家属给予的物质奖励、政治待遇和精神表彰，是对他们行为的褒扬。社会优抚是对被优抚人及其家庭给予较高的物质待遇，以保障优抚对象的生活稍高于或者不低于当地群众的平均生活水平。

二、国外军队社会保障与社会优抚

军队社会保障与社会优抚是影响部队战斗力的重大课题，受到各国的普遍重视。国外的军人社会保障与社会优抚通常采纳以下实践方式。

1. 为军人地位与社会保障建立完备的立法体系

目前，世界多数国家为军人地位与社会保障建立了完备的立法体系。为了保障军人的福利待遇，多数国家法律规定的军人的基本工资都高出地方行政部门同级人员的基本工资，在此基础上，各国还通过货币、实物、免费医疗和其他优待政策为军人提供优厚的福利待遇，增强军营吸引力，促进部队建设。1993年，俄罗斯制定了《军人地位与社会保障法》，大幅度提高军人福利待遇，军人薪金随物价指数和全国劳动收入水平的上升而增长。1944年6月22日，美国总统罗斯福签署的《老兵权利法》，使大批的退役军人得到教育资助和家庭安置贷款。1983年，美国国会又通过了《退役军人紧急职业训练法》，为退役军人尽快就业提供了法律保护和经济资助。1984年，里根总统签署了以国会众议院议员蒙哥马利名字命名的《蒙哥马利法案》，这个法案"为军人顺利转业到地方起到巨大的作用"。此外，美国还通过了《退役军人优先权法》和《双重补偿法》，规定退役军人和符合一定条件的军人配偶或遗属在政府部门和私有企业就业方面享有优先权，退役军人可优先回到服役前的工作岗位；裁减职员时，退役军人有保留工作的权利，雇主不得以任何理由辞退。

2. 设立多种保险保障制度，确保军人权益

军人的社会保险是军人保障计划的重要组成部分。军人保险制度是国家通过立法，设立专项基金，在军人遇到死亡、伤残、年老、退役等情况时，给予一定经济补偿的特别社会保障制度，它为确保军人生活质量提供了安全保障，也充分体现了国家和社会对

军人的关心和高度负责。国外通常专门强制性地为军人设立了寿命保障、伤害保险、养老保险和医疗保险四大类险种。多数国家的保险范围仅限于现役军人和退役军人。保险费的缴纳方式，因国家和险种而异，主要分为三种：一是保险费全部由政府（或军队）交付，二是保险费由军队和军人个人共同负担，三是保险费完全由个人负担。此外，国外对军人保险的条件及保险费率等均有特殊的优惠政策。例如，军人与地方人员的保险相比，同一个险种，军人的保险金金额要高于地方人员，保险费金额又要低于地方人员，因而军人的投保受益也就高于地方人员。

经过多年实践，美国社会已经为军人建立了机构完善、服务周到的社会保险体系。美国军人保险分为社会保险和个人投资保险两大类。其中的社会保险是强制性保险，根据军人社会保险计划，按照规定的比率从军人基本薪金中征收税款。除了社会保险以外，美国军人在拥有了稳固的资金基础之后，还要确立个人保险投资计划，这是其生活保障计划的重要内容。另外，美国军人还有其他基本险种，如战争风险保险、航空保险、伤残保险、红利选择保险、双倍赔偿保险、结算保险、教育捐赠保险、退保金额保险和贷款金额保险等。美国政府还设立并承办军人集体人寿保险计划。该计划以每月四美元的投保费向现役军人和参加国民警卫队及后备训练的人员提供五万美元的人寿保险金。根据退役军人集体人寿保险计划，军人退出现役后，这笔保险金作为保费定期保险将持续五年。此后，不管健康状况如何，军人都将有权将其转入永久性保险项目。另外，美军还设有"遗属补贴计划"，以使军人能够为其所选择的亲人提供基本的生活保障，并且规定由联邦政府支付计划涉及的大部分费用。美国地方和军方有许多对军人及其家属提供保险的机构，其中最著名的机构有陆空军互助协会、武装部队补贴金协会、美国陆军协会、汽车联合服务协会、武装部队保险协会等。

3. 成立军人援助组织，为军人提供广泛援助

国外在政府、军队内部各种军人社会保障机构之外，广泛建立了一些从事军人社会保障的外围组织，作为军人社会保障的补充形式，在维护军人及其家庭权益上发挥了重要作用。例如，俄罗斯政府在社会上建立了许多从事军人社会保障工作的协会、基金会和中心等。这些社会团体在国家财政困难的情况下和军人社会保障力所不及的范围内，给予军人及其家庭成员包括经济资助和社区支援在内的多方面援助,使其得以摆脱困境。美国建立和完善了一整套由政府、军方及地方等多方合作的军人家庭援助体系，为军人及军人家庭提供日常生活、教育、医疗等全方位的服务和援助。美国地方和军队都建立了各种支援和保障组织，形成较为完备的服务网络，其中比较著名和重要的机构有：①退伍军人事务部，负责退役军人的许多服务项目、权益和补贴等方面的事务。绝大多数城市和乡镇都有为退役军人及其家属提供帮助的相应办事处。②陆军社会福利处，旨在为军人及其家属提供信息、帮助和指导。陆军社会福利处特别致力于帮助那些负有赡养义务的军人不在身边的军人家属。③陆军紧急救济协会，其主要使命是向军人提供资金贷款和补贴。美国军队每个营区都设有陆军紧急救济军官，专门负责为军官及军官家属提供帮助。④美国红十字会，其官员和志愿服务人员也为军人提供庞大的服务项目。美军每个营区设有专人帮助办理紧急通知、进行调查、提供救济金、办理子女福利等各种事

务。⑤美国绝大多数城市都设有社会保障办事处，这种机构可以向军官及其家属提供社会保障项目众多复杂的条文和管理规章等方面的周全咨询服务。

4. 探索军人就业管理办法，促进退役军人就业

为使军人退役后能得到恰当的就业安置，各国通常成立专门的职能机构。例如，美国的退伍军人事务部、退役军人职业与训练处，日本的防卫厅人事局及各级司令部的就业支援业务课等。另外，国外通常由国家出资，为军人举办各种形式的就业培训，为其再就业创造条件。许多国家为使军人退役对军队和社会产生共同的效益，把军人职业和社会上的其他职业视为一个联系的整体，将军人在服役期间的表现同就业安排密切挂钩。在美国，政府法律规定，优秀退役军人可优先获得文职工作；有重要贡献的军人，政府在录用时实行增分等优待政策，鼓励现役军人更加勤奋地工作。同时为军人提供教育资助，为退役军人再就业创造条件。美国退役军人的教育主要分为文化教育和职业培训，文化教育在军人服役过程中已经开始；职业培训教育一般在军人退役前一定时期和退役以后进行，以便退役军人更好地适应地方行业需要。

纵观世界，各国从维护本国安全的最高利益出发，都先后建立了军人保障和社会优抚制度。我们发现，各国军人保障和社会优抚制度主要有如下特点：①军人保险与军人福利、抚恤相结合，军人保险与商业保险相结合，军人保险与社会保障相衔接；②军人社会保障的各个项目和标准都以国家法律的形式加以规定，使军人社会保障的权益以国家强制力在全社会得以落实；③军人社会保障内容呈货币化趋势，这种趋势不仅简化了管理程序，而且便于落实和检查。

三、中国军人社会保障与社会优抚现状及存在的主要问题

中国军人社会保障与社会优抚产生于中国共产党领导的土地革命时期，已经有 70 余年的发展历程。进入 20 世纪 80 年代以后，国务院和中央军事委员会（简称中央军委）又相继颁布了一系列军人社会保障和优抚安置法规，初步形成了包括军人保险制度、军人优抚制度、军人安置制度等与新的历史发展要求相适应的、较为完整的军人保障与优抚制度，它综合了国家社会保障主要子系统的基本内涵，构建了对军人及其家属保障责任的项目体系，主要由军人保险、军人社会优抚、军人退役和离退休安置、军人福利及军人社会救助等方面组成。

（一）中国军人社会保障与社会优抚的现状

1. 军人保险制度逐步发展与完善

中国军人保险制度创始于 1998 年数十万官兵舍生忘死的抗洪抢险斗争中。1998 年 6 月，国务院、中央军委批准颁布了《军人保险制度实施方案》，标志着军人保险制度正式建立。经过十多年的发展，目前它已成为维护军人权益、解除军人后顾之忧的一项重

要保障制度。中国军人保险制度结构已基本确定。军人保险制度体系的内容主要包括军人伤亡保险、军人养老保险和军人医疗保险。这既成了军人保险的三大基础险种，也是军人保险最重要的保险项目。随军配偶未就业期间社会保险和前三个基本险种构成了军人保险的"3+1"结构。

1997 年颁布的《中华人民共和国国防法》是军人保险的基本法律依据。2000 年又开始拟订《中华人民共和国军人保险法（草案）》。军人保险法的起草，标志着中国军人保险制度正走向法制化轨道。"铁打的营盘，流水的兵"，这一特点决定了军人保险制度运作的军地互动性。军人保险管理部门主动与地方政府及社保部门沟通，大力营造了和谐顺畅的运行氛围，建立了"政策衔接顺畅、组织机构健全、业务联系经常"的军地协调机制，构建了覆盖军地社会保险协调信息网络体系。

1998 年军人保险委员会成立，负责军人保险的宏观决策，统一领导全军军人保险工作，制定军人保险发展规划，协调军内外有关部门拟制法规制度，并组织实施和检查指导。在总后勤部和军区联勤部、军兵种后勤部成立了军人保险机构，负责承办具体业务，行政管理由业务部门负责，基金管理归财务部门负责，审计监督由解放军审计署负责，这就为军人保险工作的开展提供了组织上的保证。

2. 军人优抚制度不断与时俱变

军人优抚是优待和抚恤的简称，是国家对法定的优抚对象，为保证其一定生活水平而提供的资助和服务，是一种带有褒扬、优待和抚恤性质的特殊制度。新中国成立后，在继承根据地优抚工作传统的基础上，进一步完善了优抚工作，制定了统一的优抚法规。1950年 2 月，经政务院批准，内务部颁布《革命烈士家属革命军人优待执行条例》、《革命残废军人优待抚恤执行条例》和《革命军人牺牲、病故抚恤执行条例》。1988 年将这三个条例合并，由国务院颁布《军人抚恤优待条例》，对人民解放军的现役军人、革命残废军人、复员退役军人、革命烈士家属、因公牺牲军人家属、病故军人家属、现役军人家属的抚恤与优待事项做了统一规定。条例主要涉及死亡抚恤、伤残抚恤、伤残军人及军人家属的优待四个方面的内容。1983 年第八次全国民政会议把优抚工作方针修订为"思想教育，扶持生产，群众优待，国家抚恤"，突出了优抚工作的核心内容。国务院于 1988 年和 2004年先后两次颁布《军人抚恤优待条例》，为全国优抚工作确定了新的指导理念。现行军人抚恤优待制度是以 2004 年 8 月 1 日国务院、中央军委颁布《军人抚恤优待条例》为标志建立的，并较好地解决了军人抚恤优待工作遇到的新情况和新问题。中国目前的军人优抚政策主要有军人优待和军人抚恤。对于烈士遗属、牺牲和病故军人遗属、伤残军人等对象，实行国家抚恤；对老复员军人等重点优抚对象实行定期定量生活补助；对义务兵家属普遍发放优待金；残疾军人等重点优抚对象享受医疗、住房、交通、教育、就业等方面的社会优待；对现役军人家属在随军安置、就业、医疗、住房、生活补助和子女入学等方面实行优待。中国已形成了较完善的优抚保障网络。目前，一个以 1 117 所优抚医院和 1 275 所光荣院为载体，以 260 多万个基层群众性拥军优属组织为依托，各行各业共同参与的优抚保障服务网络基本形成，为优抚对象提供医疗、供养、保健、交通、住房、教育、文化、社会公益等生活方面的服务，较大幅度提高了优抚对象的生活质量。新修订的《烈士褒扬条例》于 2011 年 7 月 26 日，由国务院前总理温家宝签署并公布，该条例于 2011 年 8 月 1 日起施行。中央还将提高优抚对象抚恤和生活补助标准，并逐步实行全国优抚对象抚恤补助资金社会化发放和残疾军人抚恤金"一卡通"工程。

3. 军人退役和离退休安置制度在改革中迈向完善

军人退役和离退休安置，主要包括军官退役安置，义务兵退役安置，伤残军人安置，离、退休军人安置等内容。《中华人民共和国现役军官法》规定，"军官退出现役后，采取转业由政府安排工作和职务，或者由政府协助就业、发给退役金的方式安置"。《军队转业干部安置暂行办法》对这一条文也进行了具体规定。这种安置是国际通行的做法。义务兵的退役安置实行城镇和农村区别对待，按照"妥善安置，各得其所"的方针和"从哪里来，回哪里去"的原则进行。离、退休军人的安置，主要是保证军官在服役满一定年限后，可以取得退休资格，并享有终身保障，不存在二次就业问题。对于伤残军人的安置，《中华人民共和国国防法》早有规定："因战、因公致残或者致病的残疾军人退出现役后，县级以上人民政府应当及时接收安置，并保障其生活水平不低于当地的平均生活水平。"

目前，中国军人退役安置制度在改革中迈向完善。在人员方面，1985 年 6 月，中国宣布裁军 100 万人，保证了 55 万名转业军人的妥善安置；1998~2000 年裁军 50 万人，安置了 20 万名军转干部；新近完成的军队体制编制调整改革，安置了 20 多万名军转干部。在法规方面，1983 年 2 月，国务院、中央军委颁发了《中国人民解放军志愿兵退出现役安置暂行办法》；1987 年出台了《退伍义务兵安置条例》；1999 年 12 月，国务院、中央军委下发了《中国人民解放军士官退出现役安置暂行办法》。军人退役安置制度改革主要体现在两个方面：一是退役士兵安置方面。1998 年《中华人民共和国兵役法》规定，机关、团体、企业事业单位，不分所有制性质和组织形式，都有按照国家有关规定安置退伍军人的义务；城镇退伍军人在待安置期间，由当地人民政府按照不低于当地生活水平的原则发给生活补助费；鼓励退伍军人竞争就业或自谋职业，当地人民政府给予一次性经济补助，并给予政策上的优惠；义务兵退出现役后，报考国家公务员、高等院校和中等专业学校，按照有关规定给予优待。二是退役军官安置方面。2004 年 1 月 20 日，国务院办公厅转发民政部等部门《关于扶持城镇退役士兵自谋职业优惠政策的意见》，从而把城镇退役士兵单一的政府安排就业方式，转变为自谋职业与政府安排就业相结合的安置形式。截至 2008 年年底，全国共有近 10 万名转业干部选择了自主择业的安置方式。鼓励军人自谋职业，实行计划性安置和市场安置相结合，提高了军人退役制度的灵活性，也有效缓解了政府的安置压力。

4. 军人福利制度对改善军人福利起到了一定的积极作用

军人福利费是在军人工资、津贴以外，由国家给予军人和军队各单位掌握的生活照顾性的费用，用于集体和个人福利优待，是军人物质、文化生活待遇的补充部分。目前，中国军人福利主要包括生活福利、教育福利、住房福利、卫生福利、职业福利等，其对改善中国军人福利待遇起到了一定的积极作用。

5. 军人社会救助尚处于萌芽阶段

军人社会救助是指国家、社会和军队向低收入的军人家庭和遇到特殊困难的军人家庭提供的一种经济帮助和照顾。它是随机的，是救济或扶助部分或个别人员及其家庭在生活和工作等方面的意外和特殊需要。中国现行军人社会救助保障功能弱，保障形式单一。由于军人服现役期间，主要依附于军人社会福利保障制度，军人社会救助制度没有引起足够的重视，其职能在现有军人生活福利保障体系中没有得到充分重视。目前中国还没有真正的军人社会救助项目，只有列入福利费的具有军人救助性质的"救济费"一项。其他诸如随军配偶生活困难补助费，应是军人福利保障的范畴。救济费是我军家庭人员生活困难补助的一项开支，采取标准领报的管理方式，由各级后勤财务部门按实力和标准编制决算计领。

（二）中国现行军人社会保障与社会优抚制度存在的主要问题

中国现行军人社会保障与社会优抚制度还明显带有计划经济时代的特点，与当前形势和日益完善的市场体系相比，还有许多急需改进和完善的地方。其主要存在以下问题。

1. 保障和优抚体系不完善

虽然中国改革开放以来，对军人社会保障与社会优抚做了大量工作，建立了许多涉及军人社会保障与社会优抚的法律，但是从军人社会保障和社会优抚体系建设情况来看，还有需要完善的地方。1995 年，国家有关部门在设计《社会保障体制改革总体方案》时，没有协调军队及时参与，对军人的保障，仅考虑了社会优抚和退役军人安置两部分内容，造成了军人权益保障项目覆盖面窄，内容不统一、不规范，致使长期以来有不少单位和个人将军人社会保障仅仅狭义地理解为军人优抚。虽然 1998 年 8 月我军正式实施《军人保险制度实施方案》，标志着中国军人保险制度的初步确立，但是，建立军人保险制度是一项复杂的系统工程，诸如保险项目覆盖面窄，保险险种比较单一，尚未形成完整体系，已出台的军人伤亡保险和退役医疗保险的保障范围、给付水平与部队的需求仍有很大差距，至今没有与地方保险制度接轨等问题都有待进一步改革和完善。在退役军人安置和军人优抚制度方面，由于国家、企事业单位的人事制度进一步调整，劳动与就业形势发生了巨大变化，而对退役军人的安置却依然沿用原来的安置政策，以安排就业为主、经济补偿为辅，使军人退役安置工作出现了安置计划难以落实、安置数量难以保证、安置情况差异大等问题，对军队的稳定和军人的积极性造成了一定的负面影响。军人优抚制度还存在着保障效率低、保障能力弱、保障项目可行性差、保障形式大于实质等问题。

2. 保障与优抚水平低

进入 20 世纪 90 年代以后，虽然军费逐步增加，实际购买力有所上升，但是，与军队现代化建设的最低需要相比还有很大差距。随着经济增长和人民生活水平的提高，军人的社会保障水平显得偏低，优抚的具体标准明显滞后于国家经济的增长水平。军人保险方面，中国军人保险制度起步较晚，在制度建设上还存在着保障项目少、给付标准低、资金缺口大、效用单一、社会化程度低、保障能力不足等问题。全军每年都有一定数量的伤、病、残军人需要退出现役，由于退役补助标准低和地方民政部门承担安置工作的压力大、矛盾多，导致一些人员难以及时得到妥善安置而长期滞留部队。义务兵优待费，由于地方经济不景气或地方财政的不宽余，有的标准也很低，而且难以保证定时发放，极大地伤害了义务兵的积极性。军人退役安置方面，许多原有保障项目，如靠行政分配的军人就业安置保障的实施越来越困难。虽然国家近年来推行了军人退役制度，但与日益严峻的就业形势相比，不仅结构不完善，而且标准偏低，明显不能满足退役人员生活和再就业的需要，许多地方急需改进。比照发达国家的军人退役保障制度，我军的退役费还处在标准较低的初级阶段。

3. 管理体制不完善

军人社会保障与优抚要求由专门的机构来管理一切事务。但是长期以来，中国军人社会保障与优抚都由军队和地方共同承担，造成了管理主体的非社会化、多元化的局面，导致保障效率低下。例如，军队离退休干部的养老问题就是由军队自建干休所的自行保障方式；军人转业安置由中国人民解放军总参谋部、中国人民解放军总政治部和民政部、人事部、劳动部门等多家分头负责，安置成本很高；军人社会优待和抚恤政策由地方民政部门和军队共同负责管理；军人优待由国家政府和地方社区为主去实施；军人福利则分散由政府、军队和地方社区来管理。全国缺乏一个能统一领导、组织和统筹协调的部门；各地方也没有权威性的军人社会保障与优抚决策机构；各主管部门和单位之间的职责划分不清，集中与分权不当；各地方军人优抚保障政策和实施办法也不统一，导致管理上混乱。在实际工作中，由于各部门看问题的角度不同，以及受权利利益的驱动，经常发生决策与管理的矛盾，甚至有的部门之间相互推诿，军人权益难以保障。从保障资金的管理来看，国家没有专门独立机构和监督体制，不仅政策不完善，而且制度不健全、不配套。有些地方执法不严、监督不力，甚至部分地方单位认为落实转业安置计划是负担，不照章办事，从而使军人退役安置政策得不到落实。

4. 立法程序尚待规范

随着经济的发展，军人社会保障与社会优抚在军人参与社会分配中的作用不断强化。为保证该制度的规范和有效实施，必须将军人社会保障各项制度作为一个统一的整体，在法律上进行明确的认定。而中国目前军人社会保障制度还未在法律层次得到完整确认，尽管国家在军人社会保障方面出台了一些相关法规和条例，如《中华人民共和国军官法》、《军人抚恤优待条例》和《军人保险制度实施方案》等，但是也只是一些分散的法律法规体系，缺少配套的实施性法规，而且内容和体系也有待完善。到目前为止，中国还没有一套完整的、独立的有关军人社会保障的法律制度，更没有制定《军人社会保障法》，缺少系统性和总体宏观性的规范。

四、中国军人社会保障与社会优抚制度改革路径

作为国家社会保障体系重要组成部分的军人社会保障和社会优抚制度，如何面对市场经济深入发展带来的机遇和挑战，适应国家以社会保险为核心的社会保障体制改革步伐加快的新形势，研究新情况，分析新矛盾，探索新思路，拿出新方法，逐步建立健全具有中国特色的军人社会保障和社会优抚制度体系，是实现军队后勤保障社会化的客观要求，是我们当前和今后一个时期需要重点研究的课题。我们认为，未来中国军人社会保障与社会优抚制度改革路径有如下几个方面。

1. 重定军人社会保障与社会优抚发展目标

国家社会保障发展战略的确立，为军人社会保障与社会优抚制度的发展指明了方向。从军人社会保障与社会优抚制度发展的现实情况出发，以科学发展观为指导，结合习近平主席关于新时期军队建设的重要指示，重新制定中国军人社会保障与社会优抚制度发展目标。可以用"保权益、求定型、谋整合、能协调"十二字来概括，即保权益——以切实保障军人权益为基本出发点；谋整合——谋求对军人社会保障资源的最大整合能力；求定型——力求军人社会保障在各方面更加定型；能协调——军人社会保障能协调好制度内外之间的关系。

2. 重组军人社会保障与社会优抚体系结构

从不同视角来考察军人社会保障与社会优抚体系结构，会有不同的表达方式。随着中国军人社会保障制度体系向多层次、多支柱的模式发展，有必要对军人社会保障与社会优抚体系结构进行重组。重划军人社会保障与社会优抚责任主体。中央政府是军人社会保障与社会优抚制度的第一责任主体，也是最终责任主体。第二责任主体是军队。军人社会保障与社会优抚需要解决什么样的问题，达到怎样的保障效果，军队自己是最清楚的。加之一些军人社会保障项目本身是由军队自己来组织实施的，因此，军队的责任也很大。第三责任主体是地方政府。中国的行政体制和财政体制决定了中国地方政府在军人社会保障与社会优抚制度实施中发挥着不可替代的作用。地方政府只有积极发挥"主人翁"作用，才可能减少军人社会保障制度实施中的阻力。第四责任主体是非政府组织。军人社会保障与社会优抚制度必须依托部分非政府组织，以提高保障效率和保障待遇。此外，根据权利和义务对等的原则，军人个人也要承担自己范围内的责任。

3. 重构军人社会保障与社会优抚管理体制

有必要在现行的体制上进行合并和重组，以实现军人社会保障与社会优抚管理体制的科学性与合理化。在行政管理机构设置上，中央军委下设军人社会保障与社会优抚委员会，军人社会保障与社会优抚委员会是军人社会保障的最高领导机构，具有对内领导、对外指导的职能。人力资源和社会保障部下设军人社会保障与社会优抚司，军人社会保障与社会优抚司是外部管理机构的一个中心，下设军人退役安置办公室和军人社会优抚办公室。这种管理体制基本上实现了集中统一与分工管理相结合、社会管理和军队管理

相结合、行政管理与业务管理相结合的目的。

4. 建立科学的待遇调整机制

要按照保障水平与经济社会发展同步增长的原则，适当提高优抚对象抚恤和生活补助、军休人员生活和医疗待遇、退役士兵安置和教育培训、自主择业军转干部退役金等相关优抚待遇的保障标准。同时，尽快建立起科学合理的优抚保障标准自然增长机制，根据相关因素的变化调整优抚保障水平，尽量避免优抚保障标准调整中存在的随意性、被动性、滞后性。与有的社会保障标准调整机制不同，优抚保障标准不宜仅仅或主要根据物价变动来调整，而应更多地与工资增长水平、人均收入增长水平、经济增长水平等指标挂钩，使优抚与保障对象能够更多地分享到经济发展和社会进步的成果。

5. 加强与其他相关社会保障政策的衔接

为加强军人社会保障与社会优抚政策与其他相关社会保障政策的衔接，应首先将符合条件的各类军人社会保障与社会优抚对象同其他社会成员一样纳入相应的社会保障体系，再由军人社会保障与社会优抚保障体系通过叠加的方式给予额外的特殊保障。也就是说，应将军人社会保障与社会优抚保障政策设计为在国家基本保障之上对特殊群体的补充保障政策。军人社会保障与社会优抚对象的医疗保障制度改革已经体现了这一原则：退出现役的残疾军人、在乡复员军人、带病回乡退伍军人以及享受国家抚恤和生活补助的烈士遗属、因公牺牲军人遗属、病故军人遗属、参战退役人员等优抚对象，先按照属地原则纳入城镇职工基本医疗保险、城镇居民基本医疗保险、新型农村合作医疗和城乡医疗救助体系，在此基础上再享受军人社会保障与社会优抚对象医疗补助。这有利于妥善衔接相关群体政策和待遇，使军人社会保障与社会优抚政策的优惠性得到较好体现。

6. 改革退役军人安置政策，大力推进货币化安置

虽然中国对转业干部和退役士兵等退役军人的安置政策进行了多次调整改革，但仍然具有比较明显的行政主导特征。在市场体制不很成熟、就业形势比较严峻和国家财力不太雄厚的情况下，这种安置政策对维护退役军人的合法权益、维护社会稳定发挥了积极作用，也能够减轻政府的安置支出压力。随着市场化的不断推进、企业单位用工自主权的增强及以"小政府、大服务"为目标的行政管理体制改革的日益深入，安置政策执行过程中面临的问题越来越突出。应分步推进货币化安置，适时适度取消计划分配和政府安排工作的做法。一是退役士兵不再由政府安排工作，逐步实现自主就业，并相应领取一次性退役金。二是将转业干部自主择业政策的适用对象，由军龄满20年的师、团、营级职务军人逐步放宽到所有符合转业条件的军官，相应压缩和最终取消转业干部的计划分配，改当前计划分配与自主择业双轨并行的安置政策为统一的自主择业政策。三是进一步完善货币化安置的具体方式，并合理提高安置标准。服役时间较短的退役士兵主要是领取一次性退役金。对军龄较长、年纪较大、就业相对困难的转业干部和转业士官，则应以逐月发放退役金为主。退休军人和无军籍职工，应按规定发放退休金。既可以是一次性退役金，也可以是逐月发放退役金，或两者结合。四是在统一的促进就业政策体系内，进一步完善和落实对退役军人的相关就业优惠政策，加强就业服务，使他们退役后能够找到比较满意的工作。对选择继续接受普通高等教育或高等职业教育的退役士兵，也要切实加大扶持力度。

7. 积极推动部分抚恤标准的城乡统一

按照《军人抚恤优待条例》的规定，目前定期抚恤金的标准分别参照城乡居民生活水平确定，因此，现行标准仍然存在一定的城乡差别。例如，2009年10月1日起开始执行的烈属、因公牺牲军人遗属、病故军人遗属定期抚恤金标准，对户籍在城镇的"三属"补助分别为7 940元/年、7 110元/年、6 690元/年，对户籍在农村的"三属"补助分别为4 760元/年、4 550元/年、4 350元/年。尽管目前农村居民平均收入水平和生活成本比城市居民要低一些，但这并不能作为制定差异性抚恤标准的依据，因为不同地区的城市居民在收入水平和生活成本方面同样存在较大差异。抚恤政策作为一种褒扬政策而非救济政策，对为共和国作出了牺牲和奉献的军人及其家属，应该无论城乡户籍均执行同样的标准。建议今后在提高定期抚恤金标准时向农村户籍军人进一步倾斜，逐步缩小差距，在中期实现标准的统一。

8. 积极培育和发展社会组织参与工作

目前，社会力量参与军人社会保障与社会优抚的途径还不是很多，军人社会保障与社会优抚工作的社会化程度不高。下一步，应大力鼓励和引导社会组织参与军人社会保障与社会优抚。可考虑从现有的基层群众性军人社会保障与社会优抚服务组织中，引导一批经济实力强、管理规范、制度健全、有一定专业水平的组织，转变为具有独立法人资格的社会团体或民间机构，使其实体化、专业化，成为职业化的从事军人社会保障与社会优抚的社会团体或民间机构，为优抚对象提供医疗、康复、保健、代养以及社会公益服务。这样，既能切实履行政府职能，又能充分利用社会财力、人力、物力及管理服务的优势，更好地为广大优抚对象服务。

推荐阅读书目

杨翠迎.2014. 国际社会保障动态——社会养老服务体系建设.上海:上海人民出版社

袁志刚.2005. 养老保险经济学.上海:上海人民出版社

推荐阅读材料

《社会福利与社会救助案例》主要包括特殊群体的社会福利篇、公共福利篇、教育和住房篇、城市社会救助篇、慈善事业和非政府组织篇，内容涵盖了老年人福利、儿童福利、残疾人福利、教育福利、住房保障、最低生活保障制度、城市流浪乞讨人员救助、法律援助、慈善事业、非政府组织等。全书以改革开放以来特别是近年来发生的事件为主线，通过中国重要报纸全文数据库、全国报刊索引检索、政府相关网站检索等，撷取该研究领域的典型个案进行理论分析。

资料来源: http://baike.baidu.com/view/5777459.htm

后　记

千淘万漉虽辛苦，吹尽狂沙始到金。在本书的写作过程中，融汇了劳动经济学领域许多专家的支持与奉献，更凝聚着"劳动经济学系列丛书"编写组各位成员的努力和辛苦！若没有王志浩负责的编写组的不懈努力，就没有本丛书的历史积淀和科学逻辑；若没有王巍负责的编写组的协作攻关，锐意创新，就没有本丛书的技术方法和数理分析。本丛书作为劳动经济学系列研究的阶段性成果，尚有许多不足和待完善之处，期待各位专家、同行和读者朋友提出宝贵的意见和建议！仅希望通过相关文献资源的归纳总结，将劳动经济学领域的相关研究规范化、系统化、可授化，在此向所有为本书提供借鉴参考的学术论文、学位论文、新闻报道、调研报告、微信公众号、网络资源等表示感谢！

本书得到了中国劳动保障科学研究院田小宝、张一名，首都经济贸易大学杨河清等专家的悉心指导和无私帮助。王志浩、杨光、李大宇、李巍、窦以鑫、符建华、陆丰刚等参与了本书的数理模型测算、数据信息采集、表格图形编辑等工作，在此一并表示感谢！

作　者

2016 年 6 月